ファイナンシャルプランナー
森本貴子

い
れる

お金の教室

大和書房

はじめに

あなたがこの本を手に取った理由は何でしょうか？

「お金がないせいで人生が楽しめない」

「貯金も投資も自己流でやっているけど、もっと効率的な方法があるのでは？」

「倹約し続けるのは正直、しんどい。資産を増やす方法が知りたい」

「子どもに十分な教育を受けさせたい」

「老後の心配をせずに暮らしていきたい」

いろいろな声が聞こえてきそうです。私がファイナンシャルプランナーという仕事を始めてから12年が経ち、これまでに２０００世帯以上の個別コンサルティングをしてきました。その経験を通して実感したのは、お金に対する不安、価値観、イメージは本当に人それぞれで、決して他人とは比較できないということ。そして、**お金ほど、効果的な貯め方、使い方を知っている人と、知らない人とで圧倒的な差が生じるものはない**、ということです。

私は、お金の世界には平等がないと思っています。しかし、**今どのような状況であれ、あなたの意思次第で、お金の流れはいつでも「変えることができる」**のです。

私は今までに全国で４００回以上のマネーセミナーに登壇してきましたが、参加者の方からこんな声をよく聞きます。

「もっと早く聞いていればよかった」

私自身、初めて真剣にお金と向き合ったのは40歳のときです。若いころから知識があったわけでも、用意周到に資産形成をしてきたわけでもありません。30代のときは海外のカーレース業界で働き、日本とヨーロッパを行き来する生活をしていたのですが、37歳のときに失業。多額の退職金をいただいたにもかかわらず、定職に就かず投資で失敗し、退職金をすべて使い果たしてしまいました。そんなときにあるファイナンシャルプランナーの方に出会い、「森本さん、このままだと大変なことになります。ちゃんとお金に向き合ったほうがいいですよ。まずはご自身のためにお金の勉強をなさったらどうですか？」と言われたのがきっかけでした。もしあのとき、「どうにかなるだろう」と高をくくって、何もしていなかったらと思うとぞっとします。

お金について勉強するのに遅すぎるということはありません。しかし、**お金というのは「知った者勝ち」であることも真実です。**

日本人は、特にお金について考えることに「ネガティブなイメージ」を持っている人が多いと思います。「投資」という言葉を聞くだけで、耳を塞いでしまう人もいます。

なぜでしょう？

日本の学校では、お金について教えてくれません。そのため社会人になってから、お金の知識がないまま投資にチャレンジして失敗してしまうケースが多く見られます。一度失敗するとそれがトラウマになり、「投資は危ない、損する」というイメージが植えつけられてしまうのです。

私は20代の頃、7年間ニューヨークに住んでいました。アメリカ人は子どものときから、しっかり自立できるように教育されます。お金との付き合い方についても子どもの頃から学んでいるので、投資も自己責任で行い、個人資産を増やしているというデータがあります。「医者、弁護士、ファイナンシャルプランナーの友だちを持て」という言葉があるほど、個人の金融リテラシーが全般的に高いのです。

日本では、お金のことをあまり他人と話さない習慣があり、それも金融リテラシーの低さに影響していると思います。いざ投資をしようとしても、相談する人がいないと、どうしても親や友人からのアドバイスに頼るしかありません。もちろんそのすべてが間違っているとは言いませんが、やはりご自身でしっかりお金について学んでいただきたいのです。

正しい知識があれば、老後資金や投資などについて過剰に不安をあおるメディアや、誤った情報にも惑わされません。

個別相談ではお金に対する漠然とした不安をお持ちの方に多く出会いますが、ほとんどの場合、「どれだけ必要なのか」という数字によるライフプランを描けていないだけです。実は**数字に向き合うことで、自由と安心が得られる**ということもあるのです。結婚されている方、小さいお子さんがいらっしゃる方、独身の方、それぞれで人生における「必要なお金」は違ってきます。その金額がわかれば、やるべきことがはっきりと見えてきます。

現在は残念ながら超低金利時代で、普通預金や定期預金ではまったくお金が殖えません。そのため、**資産運用で「お金に働いてもらう」方法を身につける**必要があります。

同時に、**「自分はどんな人生を歩みたいのか」「お金というツールを使って何を実現したいのか」を考える**ことが大切になってきます。これからの新しい世界、「ニューノーマル２・０」では人々の価値観や働き方が大きく変わっていくでしょう。新しい世界では、一人ひとりが本当に求める人生を、より自由に、実現しやすくなることを私は信じています。

ただし、自由になるということは、誰もが自分の人生により責任を持たなければならない時代になるということです。ニューノーマル２・０を生きる皆さんの新たな人生にこの本がお役に立てることを心から願っています。

２０２０年６月　森本貴子

CONTENTS

Lesson 3 お金を使う

Lesson 4 お金を納める

Lesson 5 お金で備える

Lesson 6 お金を運用する

Lesson 7 お金を稼ぐ

※本書に記載の情報は2020年6月時点のものです。
※データはわかりやすく一部簡略化などの加工をしています。
※運用はあくまでも自己の判断で行ってください。本書の情報による損害については、著者および発行元はいかなる責任も負いません。

KEYWORD

年金

納税

仕事

Lesson

1

お金を学ぶ

お金を学ぶ

「未来のお金」のことを考えてみよう

ゆとりある老後生活に備える

ゆとりある老後のために必要な生活費は、夫婦で月額36・1万円（2019年）。

一方、会社員で配偶者が専業主婦（夫）の場合の公的年金受給額は夫婦で約22・2万円、自営業者なら夫婦で約13万円しかありません。**不足分を補うために、早いうちから老後資金対策を考えておくことが大切です。**

ゆとりある老後生活のために必要なお金は？

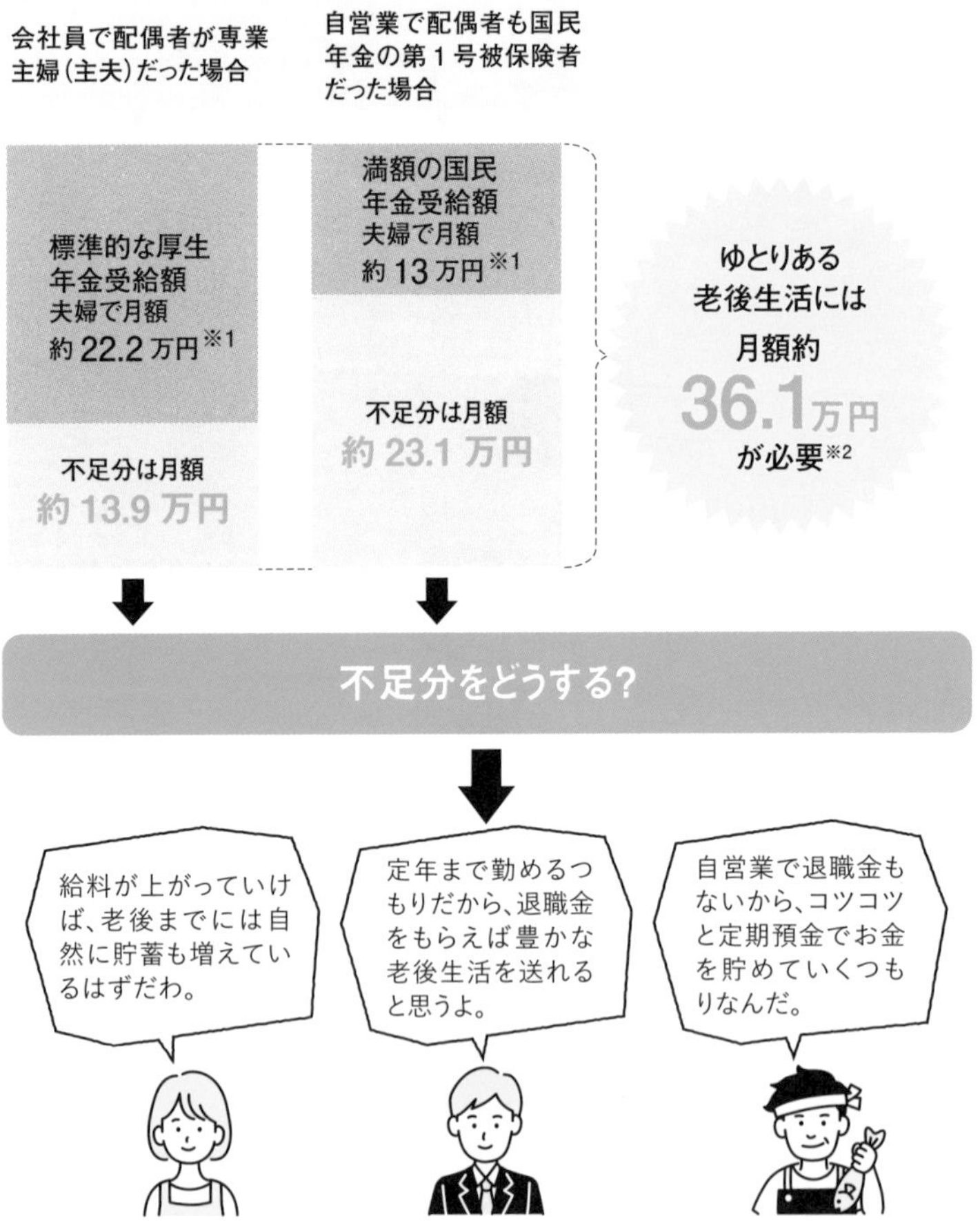

※1 標準的な厚生年金受給額、満額の国民年金受給額は厚生労働省「平成31年度の年金額改定について」のデータ

※2 ゆとりある老後生活費とは、最低日常生活費（平均22.1万円）に「ゆとりのための上乗せ額」（旅行やレジャー、趣味や教養など）を上乗せしたもの。生命保険文化センター「令和元年度 生活保障に関する調査（速報版）」のデータ

これからの収入増は期待できない

性別、勤続年数階級による賃金カーブ

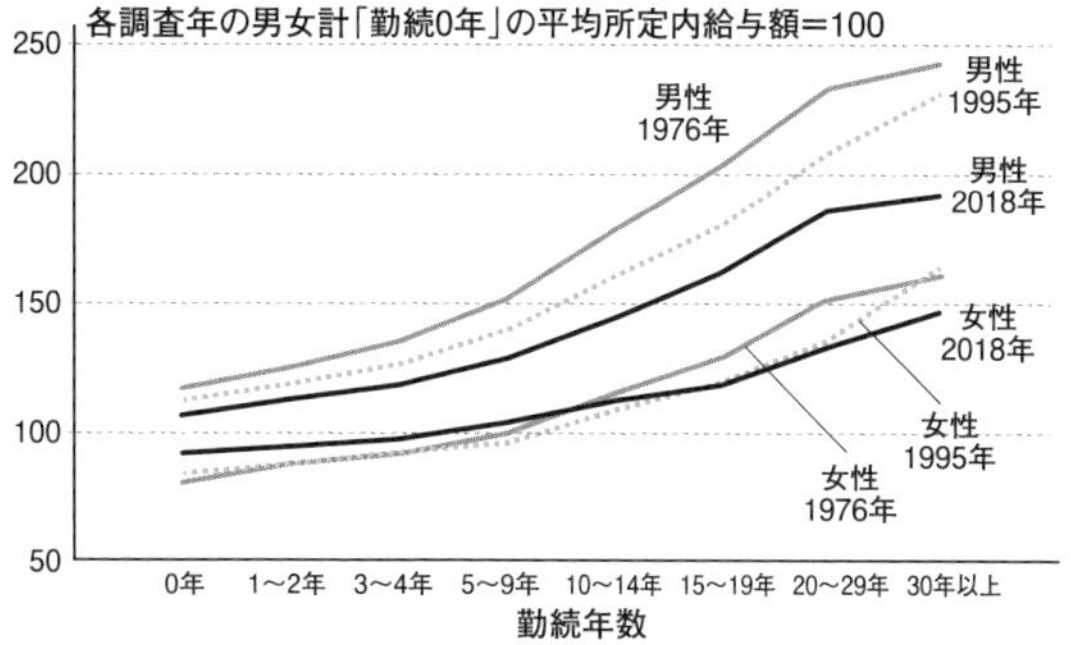

出典：労働政策研究・研修機構「早わかり グラフでみる長期労働統計」をもとに作成

退職金の金額は年々減少している

定年退職者1人平均退職給付額（勤続 20 年以上かつ 45 歳以上の定年退職者）

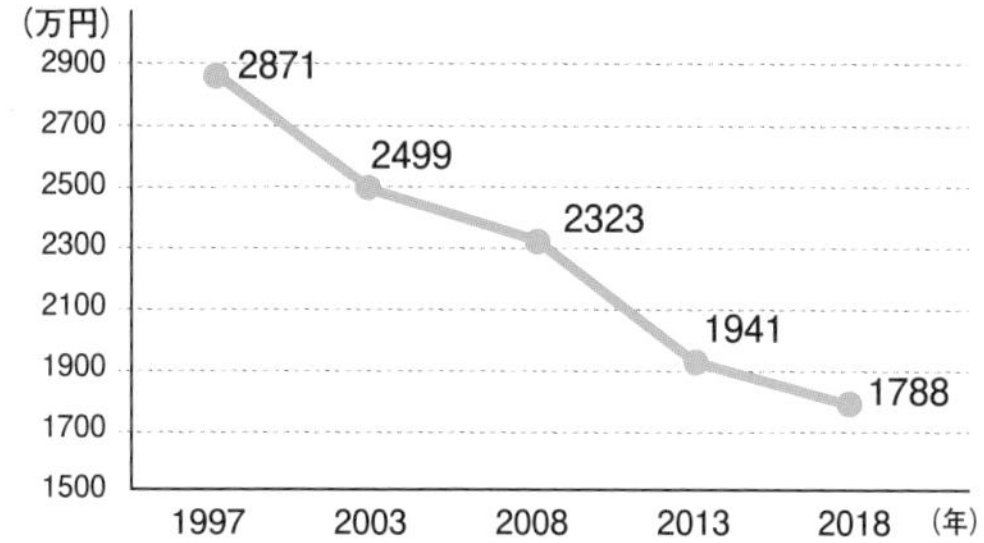

出典：厚生労働省「就労条件総合調査」（2018 年）をもとに作成

預金は超低金利がさらに右肩下がり

定期預金の金利推移（3 年定期預金）

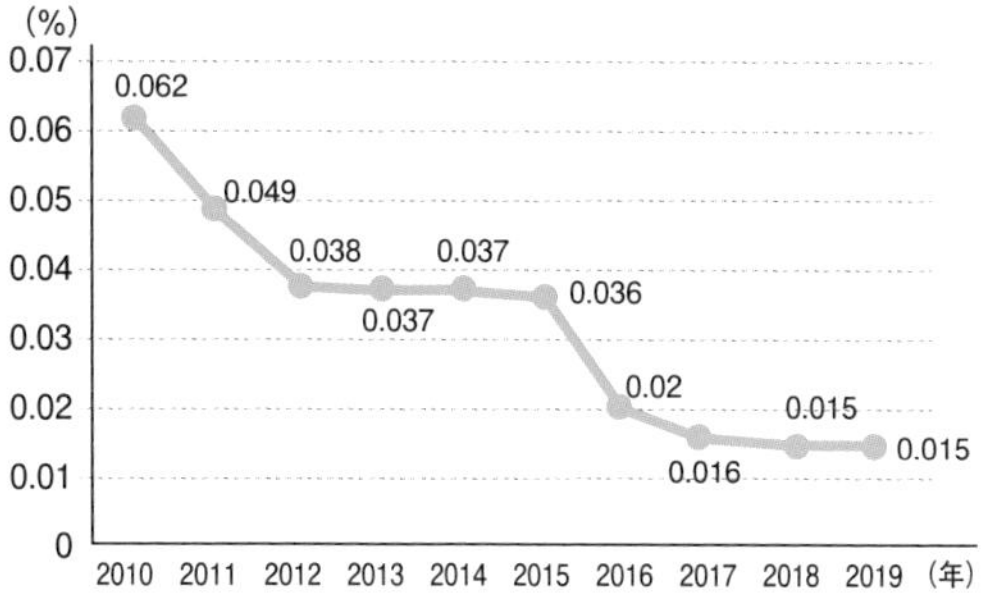

出典：日本銀行「金融経済統計月報」（2020 年 3 月）をもとに作成

豊かな老後のためには資産運用が必要 !!

年金や預金だけでは老後生活は難しい

年金の受給年齢の引き上げや退職金の減少、超低金利の長期化……。日本の現状を見ると、ゆとりある老後生活を公的年金と預金、退職金だけで支えることは難しくなっています。

年金は今後、給付水準の低下が予測されています。また、物価が上昇すれば、預金も目減りしてしまうおそれがあります。

そこで、将来のために資産運用（投資）も検討しましょう。

定期預金派と資産運用派、老後のお金はどうなる？

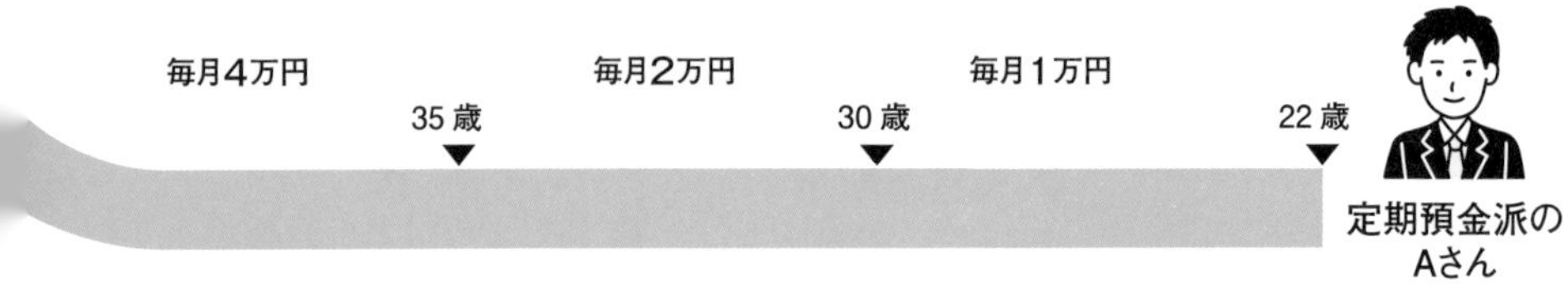

物価上昇によって預金は実質目減りしてしまう

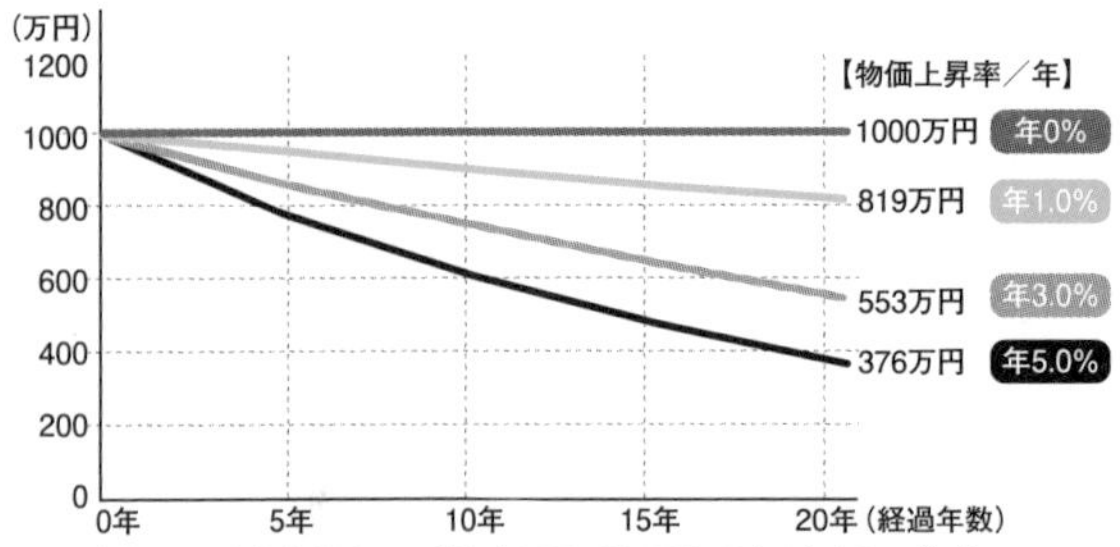

出典：三井住友銀行 HP「資産運用が必要な理由」をもとに作成

たとえば、これまで 100 円で買えた物が 150 円になると、物に対してお金の価値が 50 円分下がったことになる。同じように、預金のお金の額面は変わらなくても、物価上昇があれば実際の預金額の価値は減少してしまう。

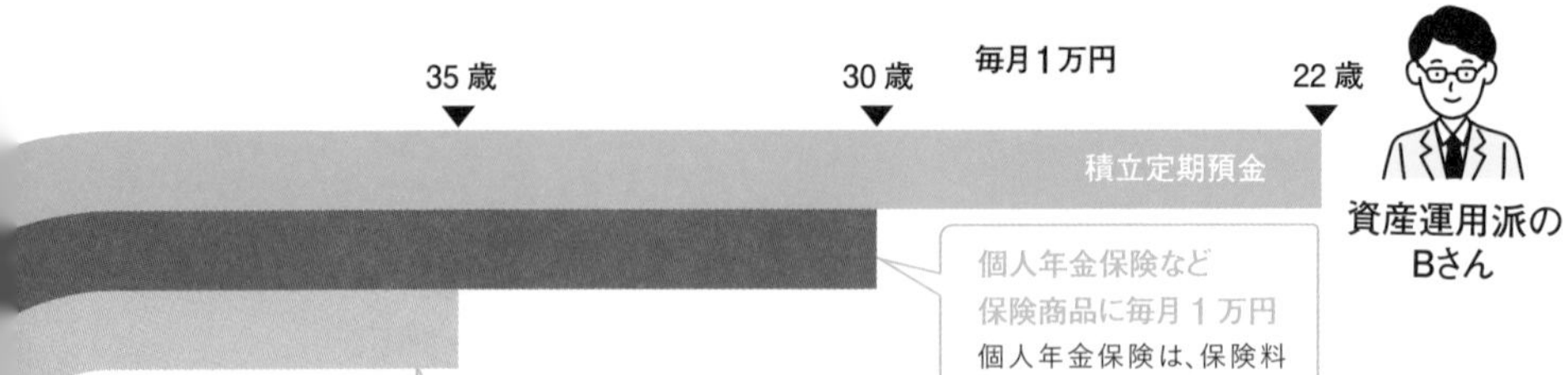

個人年金保険など保険商品に毎月 1 万円

個人年金保険は、保険料を納めることで、契約時に定めた時期から年金または一時金として保険金を受け取れる（→P.149）。確定年金、有期年金、終身年金の 3 種類がある。

確定拠出年金（DC、iDeCo）、つみたて NISA など投資商品に毎月 2 万円

確定拠出年金は、毎月の掛金で投資信託（定期預金や保険も可能）を運用し、60 歳以降に運用資産を受け取れる（→P.188）。掛金は所得控除が受けられ、運用益も非課税。
つみたて NISA は、毎月の積立金で株式投資信託などを運用し、運用益が非課税になる。非課税期間は 20 年間、投資限度額は年間 40 万円まで。

A さんの老後のお金

定期預金：約 1662 万円
退職金：1788 万円（2018 年平均額）
合計：**約 3450 万円**

厚生年金：夫婦で月額約 22.2 万円
ゆとりある老後生活（→P.14）を送ると、
貯蓄寿命は**約 20.7 年**（85.7 歳）

※貯蓄寿命は、貯蓄を切り崩して貯蓄額がゼロになるまでの年数

B さんの老後のお金

定期預金：約 518 万円
個人年金など：約 441 万円
確定拠出年金、NISA など：約 1637 万円
退職金：約 1788 万円（2018 年平均額）
合計：**約 4384 万円**

厚生年金：夫婦で月額約 22.2 万円
ゆとりある老後生活（→P.14）を送ると、
貯蓄寿命は**約 26.3 年**（91.3 歳）

65 歳で定年退職

少子高齢化で公的年金の給付水準は低下していく

日本の公的年金は、働く現役世代が払う保険料を現在の高齢者に支給する賦課方式。そのため、少子化が進むほど、年金の給付水準の低下が予想される。

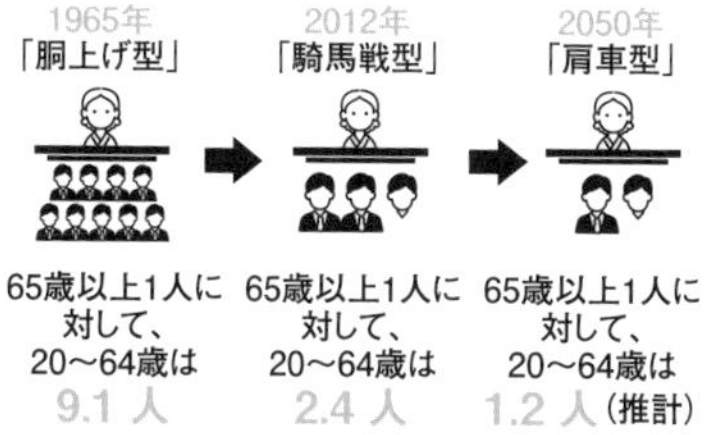

公的年金の所得代替率の推移予想

2019 年	2024 年	2040 年	2047 年
61.7%	60.2%	53.6%	50.8%

所得代替率とは、現役世代の手取り収入と比較した年金額の割合。2047 年には年金額が現役世代の収入の約半分になるかもしれない。

出典：厚生労働省「2019（令和元）年財政検証結果のポイント（経済：ケース III 人口：中位）」のデータをもとに作成

65 歳で定年退職

※積立定期の金利は 0.02%（複利）、個人年金などの保険商品の返戻率は 105%、確定拠出年金や NISA などの投資商品の利回りは 5%と仮定して計算
※iDeCo、つみたて NISA の利回りはあくまで仮定で、それよりも利回りが低下する可能性もある

お金を学ぶ

やりたいことに「必要なお金」を知ろう

ライフイベントに備えてお金を貯める

人生の歩み方は人それぞれですが、誰にも転機となるライフイベントがあるはずです。

ライフイベントには大きな支出が伴う場合が多いので、その支出をしっかり見据えながら老後資金を蓄えていくという生涯マネープランを持つことが大切です。どれくらいのお金が必要になるのか、一般的な例を紹介します。

START

就職する

就職活動費（スーツ代、交通費・宿泊費など）

約 14 万円

※株式会社ディスコ キャリタス就活 2019 学生モニター調査結果（2018 年 10 月）より

結婚する（→P.66）

婚約から新婚旅行までにかかる費用

約 487 万円

※ゼクシィ結婚トレンド調査 2019 より

新生活準備の費用

約 72 万円

※ゼクシィ新生活準備調査 2016 より

子どもが生まれる（→P.68）

出産費用（入院・分娩費用など）

約 51 万円

※国民健康保険中央会「正常分娩分の平均的な出産費用について（平成 28 年度）」より

自己負担分：**約 9 万円**

（出産育児一時金 42 万円が支給されるため）

ライフイベントに必要なお金以外に、ケガや病気、失業、転職などへの備えとして、生活費の 3 か月～ 1 年分の資金は用意しておきましょう。また、老後は生活資金のほかにも、家のリフォーム費用や子どもの結婚の際の援助資金なども準備しておきたいところですね。

親の介護（→P.154）

介護保険受給者 1 人あたり費用額（月額）

約 17 万円

※費用額は、保険給付額、公費負担額及び利用者負担額（公費の本人負担額を含む）の合計額。市区町村が直接支払う費用（償還払い）は含まない

※厚生労働省「介護給付費等実態統計の概況（平成 30 年度）」より。2019 年 4 月審査分

GOAL

老後の生活（→P.14）

ゆとりある老後のために必要な生活費（月額）

約 36.1 万円

※生命保険文化センター「令和元年度生活保障に関する調査（速報版）」より

60 歳以上夫婦世帯（無職）の平均支出（月額）

約 24 万円

※総務省「家計調査報告（2018 年）」より

生涯の収入と支出の推移例

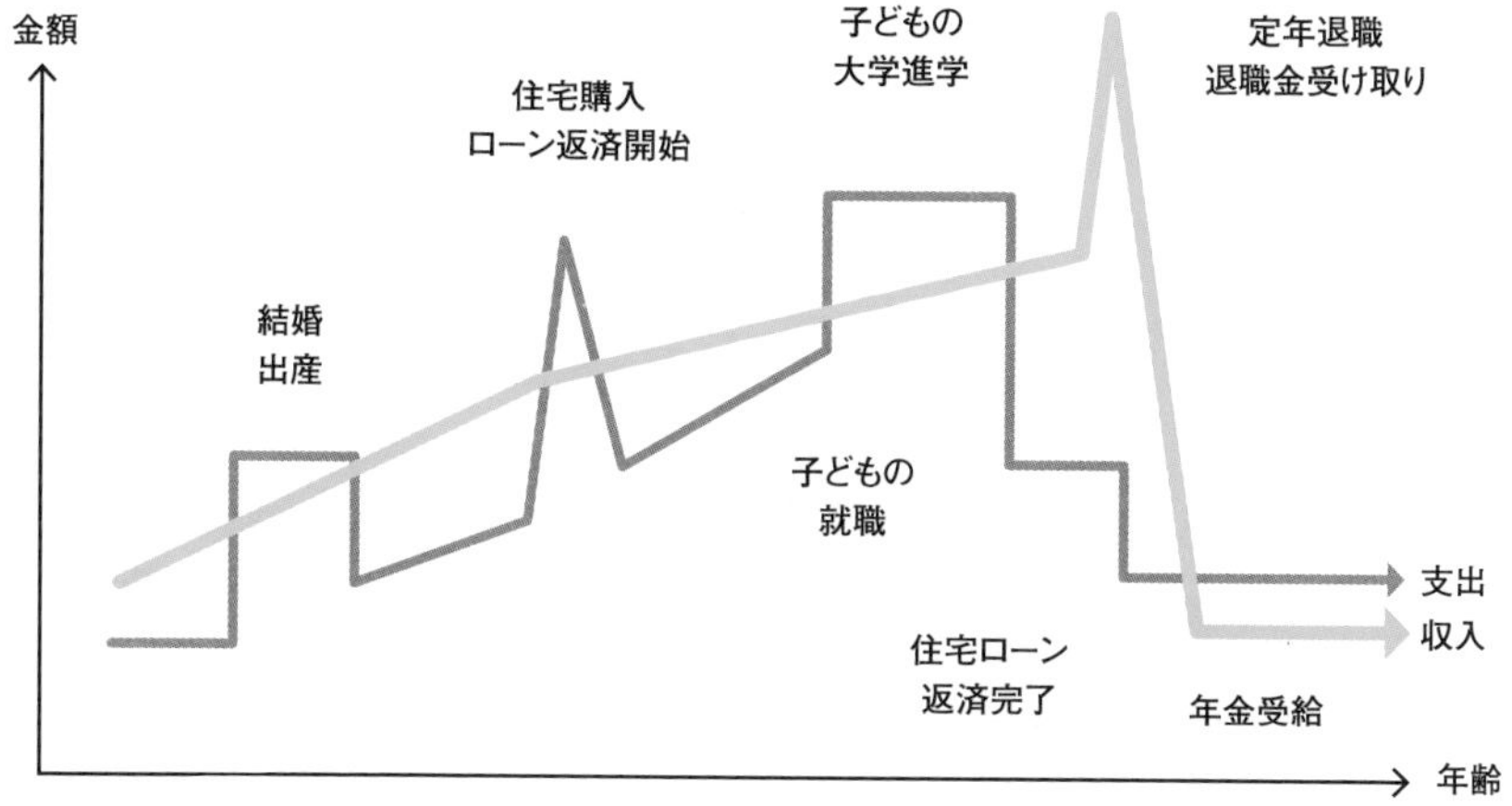

子育て&教育費（→P.70）

子ども１人あたり年間養育費

小学校入学前：約 104 万円　　小学生：約 115 万円
中学生：約 156 万円

※内閣府「平成 21 年度インターネットによる子育て費用に関する調査」

幼稚園入園から中学校卒業までの子ども１人あたり教育費総額（公立の場合）

約 406 万円

※文部科学省「平成 30 年度子供の学習費調査」より（学校教育費のほか、学習塾などの教育費も含む）

子どもの高校・大学進学（→P.72）

子ども１人あたりの高校教育費総額

公立高校：約 137 万円　私立高校：約 290 万円

※文部科学省「平成 30 年度子供の学習費調査」より（学校教育費のほか、学習塾などの教育費も含む）

4 年制大学の学生生活費（4 年間の総額）

国公立大学：約 573 万～ 605 万円
私立大学：約 802 万円

※日本学生支援機構「平成 28 年度学生生活調査」より（1年間の学生生活費を4倍して算出）

マイホームを買う（→P.76）

住宅の平均購入価格

マンション：約 4437 万円
土地付注文住宅：4113 万円
建売住宅：約 3442 万円

※住宅金融支援機構「2018 年度フラット 35 利用者調査」より

お金を学ぶ

損をしてしまう「心のクセ」に注意！

非合理的な判断が損失を招く

人間はさまざまな感情や心理によって理屈に合わない行動をしてしまうことがあります。**家計管理や資産運用でも、非合理的な心理に動かされて損失を招くことがあります。**

そこで、人間の経済行動を心理面から分析する行動経済学の知見から、損をしてしまう「心のクセ」を紹介しましょう。

無駄遣いをしてしまう心のクセ

メンタルアカウンティング

「心の会計」とも呼ばれる。本来は同じ金銭価値なのに、状況によって価値の感じ方が変わってしまう。たとえば、普段はスーパーで1円でも安い品物を探すのに、100万円単位などの大きな買い物をするときは、1万円程度の差は気にせずに買ってしまう。

ディドロ効果

何か新しいものを買ったら、まわりのものが貧相に見えてしまい、新しいものに合わせて他のものも買ってしまう。

希少性の原理

期間限定や人数限定といった宣伝文句によって希少性を感じると、つい欲しくなって高額でも買ってしまう。

対策

「それが欲しいかどうか（Want）」ではなく、「自分にとって必要かどうか（Need）」をしっかり考えることが大切。

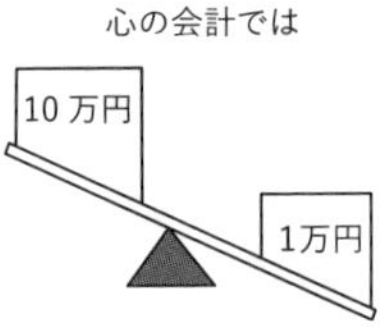

目先の利益に引きずられる心のクセ

時間割引

人間には将来の利益よりも目先の利益を過大評価する心理がある。たとえば、①明日1万円をもらえる、②1週間後に1万1000円がもらえるという2つの選択肢がある場合、多くの人は待つことが苦痛で、①の明日の1万円を選択してしまう。

選好逆転現象

状況によって、自分の中の選択優先順位が変わること。たとえば、クレジットカードでのリボ払い（→P.45）は金利が高く、結局損になるのに、「リボ払いならポイント増額」といったオマケがあると、ポイント欲しさにリボ払いを選んでしまうことがある。

対策

「これはお得！」と思った瞬間こそ警戒が必要。一度立ち止まって冷静に損得を計算する習慣をつけよう。

損失に過剰反応してしまう心のクセ

損失回避バイアス

人間は利益を得る満足より、損失による苦痛のほうを大きく感じる。そのため、たとえば長く値下がりを続けている株式でも、損切りの意思決定を先延ばしにしてしまう。また、損失を取り戻そうとして、さらに大きなリスクのある株式を買ってしまうこともある。

現状維持バイアス

人間は大きな変化におそれを感じる心理が働き、できるだけ現状を維持しようとする傾向がある。現状を維持したいという心理も、変化によって何かを失う危険を避けたいという、損失回避バイアスが背景にある。

保有効果

人間は何かを保有すると、その価値を本来の価値よりも高く見積もり、手放すことに抵抗感を持つ。この心理には、自分が持っているものを失うリスクを避けたい、という損失回避バイアスが影響している。

サンクコストの呪縛

サンクコスト（埋没費用）とは過去の取り戻すことのできないお金のことで、サンクコストをあきらめきれない心理が人間にはある。そのため、たとえば株式投資で早く手放したほうが損失が少なくて済む場合も、これまでつぎ込んだお金がもったいないからと手放すことをせず、損失を大きくしてしまうことがある。

対策

損をしたくないという心理が、さらに大きな損を招くことがある。感情で投資判断が左右されないように、自分の投資ルールを明確に決めておこう。

主観や直感で判断してしまう心のクセ

確証バイアス

自分の考えが正しいと思い込みたいがために、自分の考えに合った証拠ばかりを探してしまう心理。確証バイアスが強いと、自分の考えに合わない情報をすべて排除してしまい、正しい判断を下せない。

代表性ヒューリスティック

現実に起きている事柄よりも、自分が常識と考えている事柄を重視してしまう心理。ありがちなケースを無批判に信じて判断を下すと、現実を見誤ることがある。

利用可能性ヒューリスティック

自分が記憶している情報を優先して判断してしまう心理。たとえば、投資をする場合に「自分の知っている会社なら安心」という判断は、実は自分の知らない会社のほうが多く、もっと安心な株式があることを無視した判断になっている。

対策

急いで判断を下さず、じっくり時間をかけて情報を収集・分析しよう。あえて自分にとって不都合な情報にも目を向けることが肝心。

将来の家計の収支を「見える化」する

ライフプランの実現のためには、お金を管理し、貯蓄を殖やしていく知識と技術が大切になってきます。その知識と技術の総称が「パーソナルファイナンス」です。

まずは**ライフプランに沿ったキャッシュフロー表をつくり、家計の将来収支を「見える化」することから始めましょう。**

（単位：万円）

年	年	年	年	年	年	年	年	年
7年後	8年後	9年後	10年後	11年後	12年後	13年後	14年後	15年後
30	31	32	33	34	35	36	37	38
28	29	30	31	32	33	34	35	36
―	0	1	2	3	4	5	6	7
―	―	―	0	1	2	3	4	5
―	―	―	―	―	―	―	―	―
結婚 400万円 引っ越し 100万円	第一子誕生	保険見直し	第二子誕生 国内旅行 15万円	車購入 150万円	第一子幼稚園入園	住宅購入頭金 800万円 引っ越し 100万円	第二子幼稚園入園	第一子小学校入園
322	325	328	331	335	338	341	345	348
240	242	245	247	250	252	255	257	260
100						200		
662	567	573	578	585	590	796	602	608
180	184	187	191	195	199	203	207	211
150	150	150	150	150	150	200	200	200
			15					
		18	18	30	58	59	60	65
6	6	40	40	40	40	40	40	40
500				150		900		
836	340	395	414	565	447	1402	507	516
▲174	227	178	164	20	143	▲606	95	92
143	370	548	712	732	875	269	364	456

キャッシュフロー表の例

		西暦	年	年	年	年	年	年	年
ライフイベント		年後	現在	1年後	2年後	3年後	4年後	5年後	6年後
ライフイベント	家族構成・年齢	本人	23	24	25	26	27	28	29
ライフイベント	家族構成・年齢	配偶者	—	—	—	—	—	—	—
ライフイベント	家族構成・年齢	第一子	—	—	—	—	—	—	—
ライフイベント	家族構成・年齢	第二子	—	—	—	—	—	—	—
ライフイベント	家族構成・年齢	第三子	—	—	—	—	—	—	—
ライフイベント		ライフイベント	一人暮らし諸費用60万円	国内旅行5万円	英会話30万円	海外旅行20万円		海外旅行20万円	
キャッシュフロー表	収入	私の収入(手取り)	300	303	306	309	312	315	318
キャッシュフロー表	収入	配偶者の収入							
キャッシュフロー表	収入	親からの援助							
キャッシュフロー表	収入								
キャッシュフロー表	収入	①収入合計	300	303	306	309	312	315	318
キャッシュフロー表	支出	生活費	135	138	140	143	146	149	152
キャッシュフロー表	支出	住居費	96	96	96	96	96	96	96
キャッシュフロー表	支出	イベント費用		5		20		20	
キャッシュフロー表	支出	教育費							
キャッシュフロー表	支出	保険料		6	6	6	6	6	6
キャッシュフロー表	支出	その他			30				
キャッシュフロー表	支出	一時的な支出	60						
キャッシュフロー表	支出	②支出合計	291	245	272	265	248	271	254
キャッシュフロー表		年間収支(①−②)	9	58	34	44	64	44	64
キャッシュフロー表		貯蓄残高	9	67	101	145	209	253	317

状況に応じて時期と金額を見直していこう。

キャリアアップなどで収入増の努力を!

無駄遣いがないかチェックして、支出を減らす工夫も。

※本人・配偶者の収入の上昇率は1.0%で計算。生活費の上昇率は2.0%で計算。貯蓄残高の運用率は考慮していない
出典：日本FP協会「若手社会人のマネー&ライフプラン お役立ちハンドブック！」をもとに作成

PDCAサイクルで貯蓄目標を達成する

ライフプランに必要な貯蓄目標をどのように達成するかが、パーソナルファイナンスのキモになります。そこで、「お金のPDCAサイクル」を実行しましょう。

PDCAサイクルとは、**Plan（計画）→Do（実行）→Check（評価）→Action（改善）を繰り返すことで、継続的に業務を改善する手法のことです。**これによって、効率的な目標達成が可能になるはずです。

お金の不安をPDCAで一蹴しよう

Plan（計画）

自分のライフプランと照らし合わせながら、いつまでにどのくらいの金額を貯蓄するのか目標を明確化する。そのうえで実現のために毎月の貯蓄額を決めるなど、具体的なルールも検討する。

Do（実行）

給与からの自動振替による先取り貯蓄（→P.52）やiDeCo（→P.188）などを活用し、お金を貯めていこう。家計簿で毎月の収支を記録することで無駄遣いを抑え、その分を貯蓄にまわす工夫もしよう。

Check（評価）

計画通りに貯蓄が増えているか、最低でも1年に1度は貯蓄残高を確認しよう。計画通りに貯まっていないなら、無駄な支出を探したり、家計バランスシートで資産と負債（借金）、純資産も確認（→P.32）して、無理な貯蓄目標になっていないか見直そう。

Action（改善）

計画とのズレが出た原因がわかったら、具体的な対策を考えて実行する。ただし、生活を切り詰めないと貯蓄できないなら、目標貯蓄額を引き下げるなど柔軟に対応しよう。また、余裕資金（→P.164）ができているなら、それを投資にまわして「お金を殖やす」ことにもチャレンジ！

預金から投資へのシフトも検討しよう

家計の金融資産構成（日米欧比較）

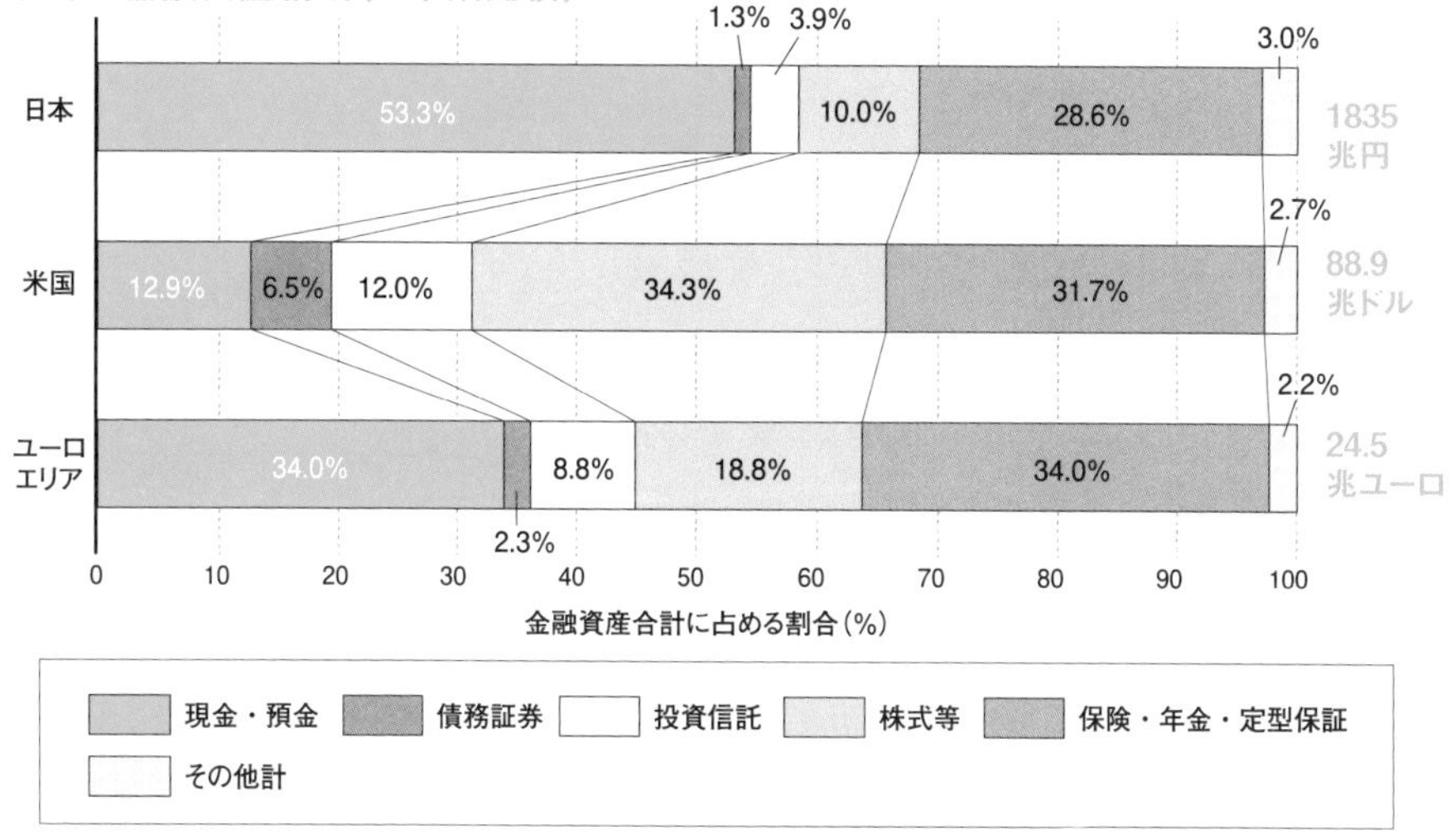

※「その他計」は、金融資産合計から、「現金・預金」「債務証券」「投資信託」「株式等」「保険・年金・定型保証」を控除した残差

出典：日本銀行調査統計局「資金循環の日米欧比較」（2019 年）をもとに作成

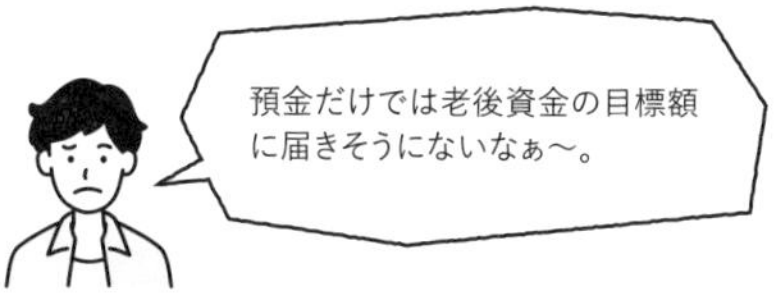

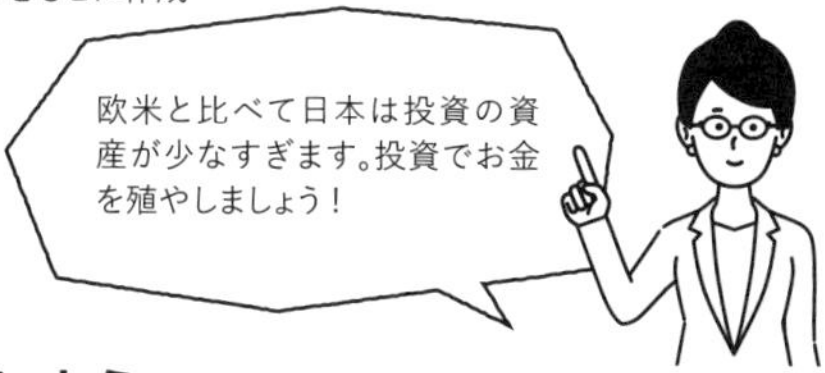

「良い借金」と「悪い借金」を区別しよう

生活費の借金は「悪い借金」の代表

特にリボ払いや分割払い、キャッシング（→P.48）など手軽にできる借金には注意！

少額でも知らぬ間に利子が増えて、結果的に高額な買い物をしたのと同じことになる。

将来的に資産となる場合は「良い借金」

住宅ローン（→P.82）や事業ローンなどは、借金ではあっても資産形成のための投資と同じ。

また、学資ローンなども、子どもの将来に良いリターンが期待できる。

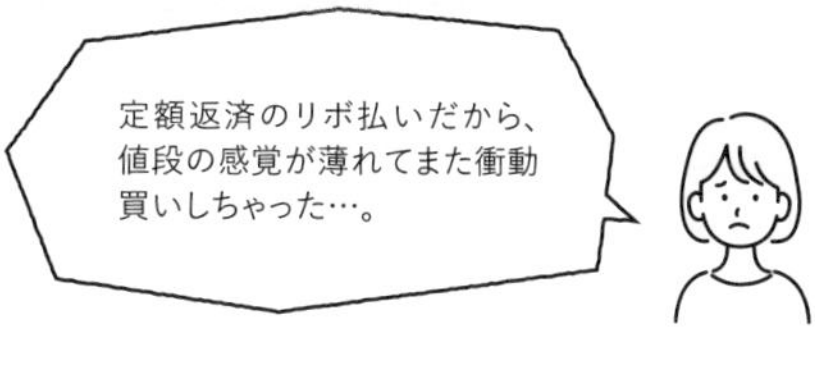

お金を学ぶ

投資は「長期の分散」を心がけよう

超低金利時代の今、預金だけでは十分な資産形成ができないため、お金を殖やす投資の重要性が高まっています。けれど、投資にはリスクがあることも事実。そこで、**初心者の投資ルールとしてほしいのが、長期の分散投資**（→P.164）。

長期の分散投資を心がければ、リスクを抑えることができるだけでなく、お金を殖やす効果も高まる可能性があります。

異なる特性の商品に分散投資をしよう

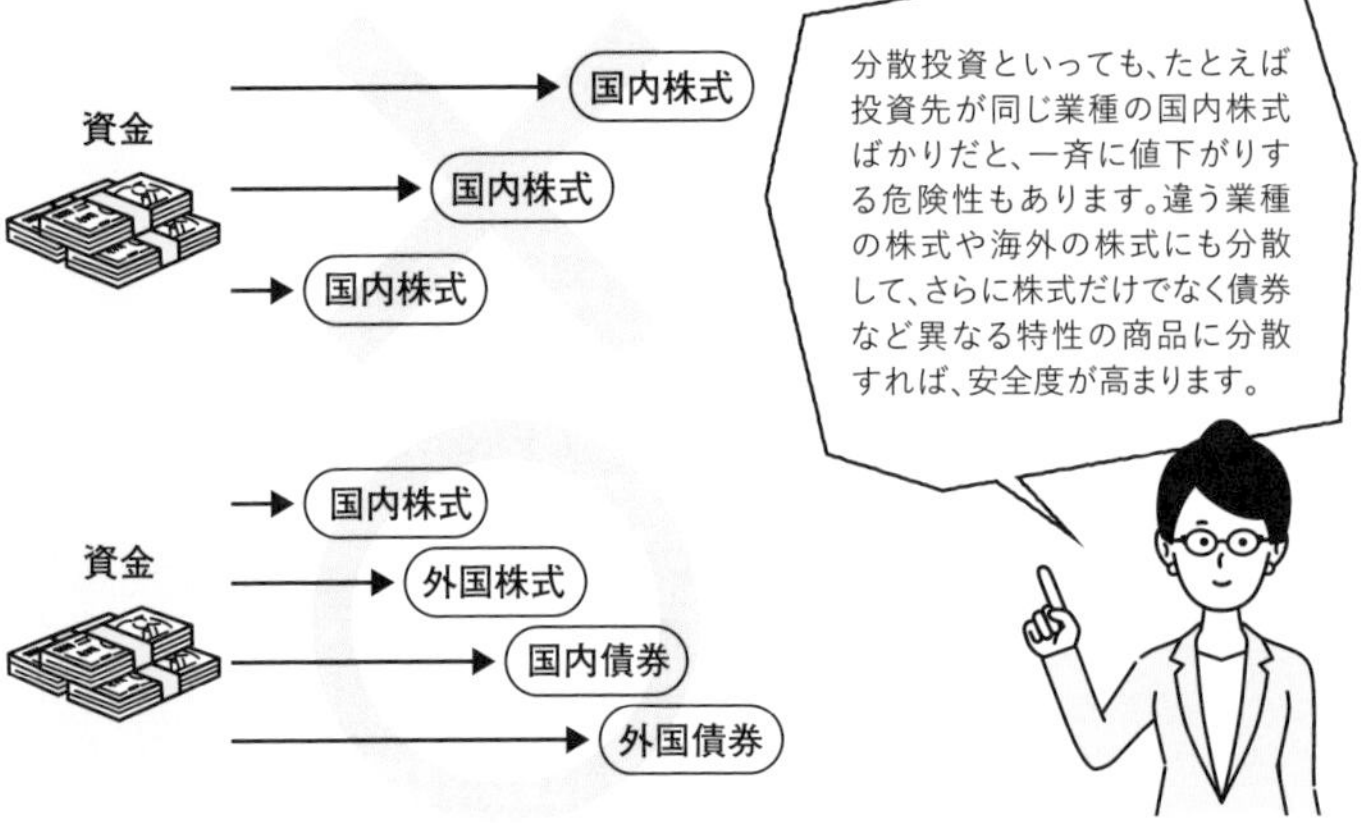

[定期預金＋国内の株・債券に半分ずつ投資]

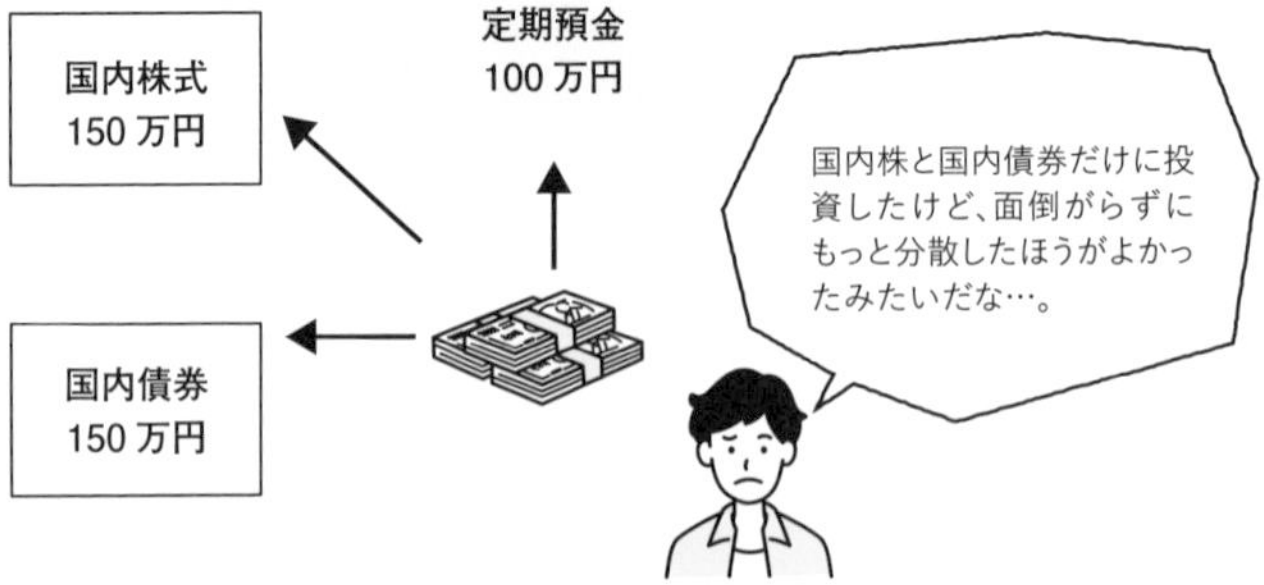

20年後の資産総額
Ⓐ定期預金 100.132万円 ＋ Ⓑ投資 414万円 ＝ **514.132万円**
※左ページ上段の投資実績グラフにより計算

積立・分散投資の効果（実績）

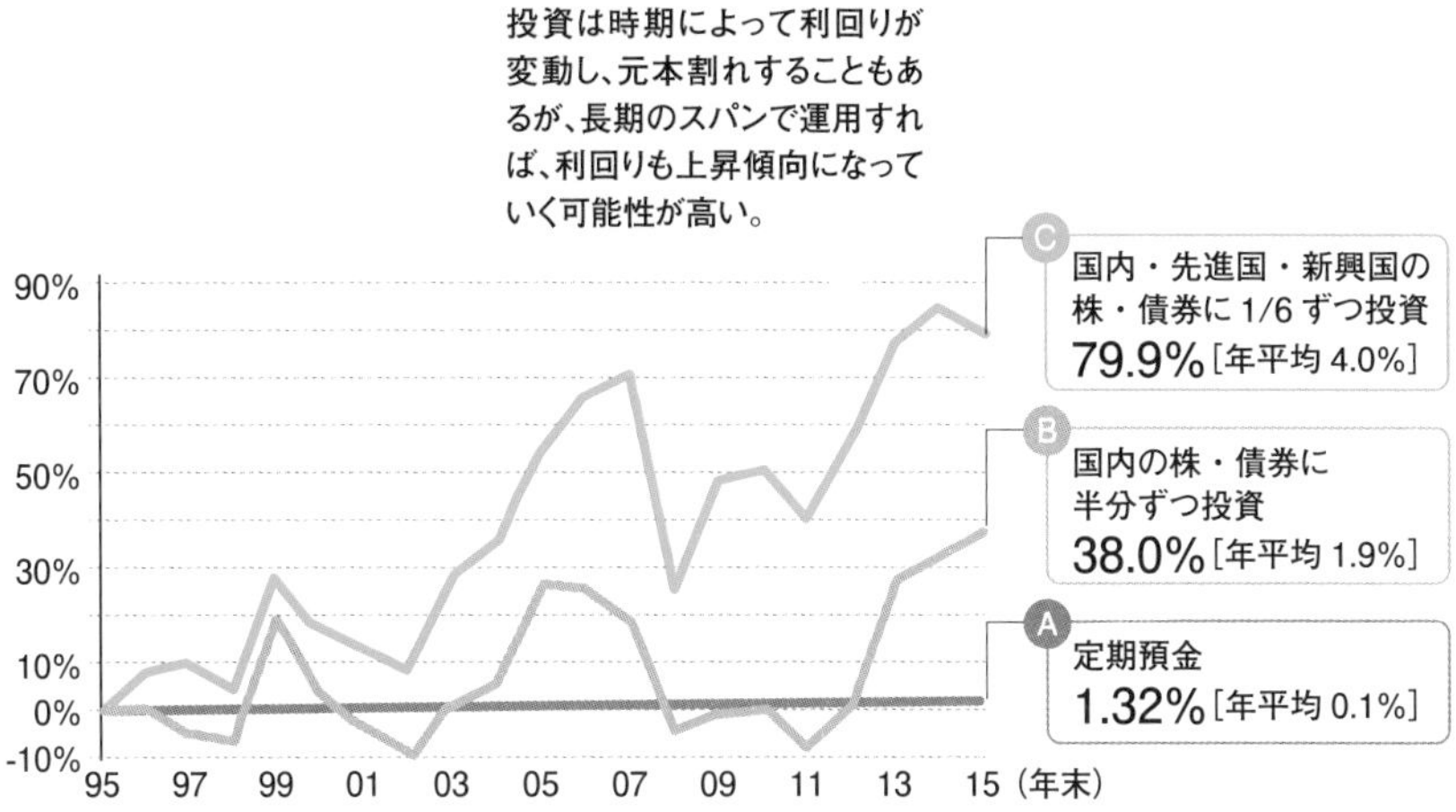

出所：金融庁作成

※ 各計数は、毎年同額を投資した場合の各年末時点での累積リターン
株式は、各国の代表的な株価指数をもとに、市場規模等に応じ各国のウェイトをかけたもの
債券は、各国の国債をもとに、市場規模等に応じ各国のウェイトをかけたもの
上図は過去の実績であり、将来の投資成果を予測・保証するものではありません

出典：金融庁「つみたて NISA 早わかりガイドブック」をもとに作成

同じ 400 万円でも、分散投資をすればするほど効果がアップ

［定期預金＋国内・先進国・新興国の株・債券に１／６ずつ投資］

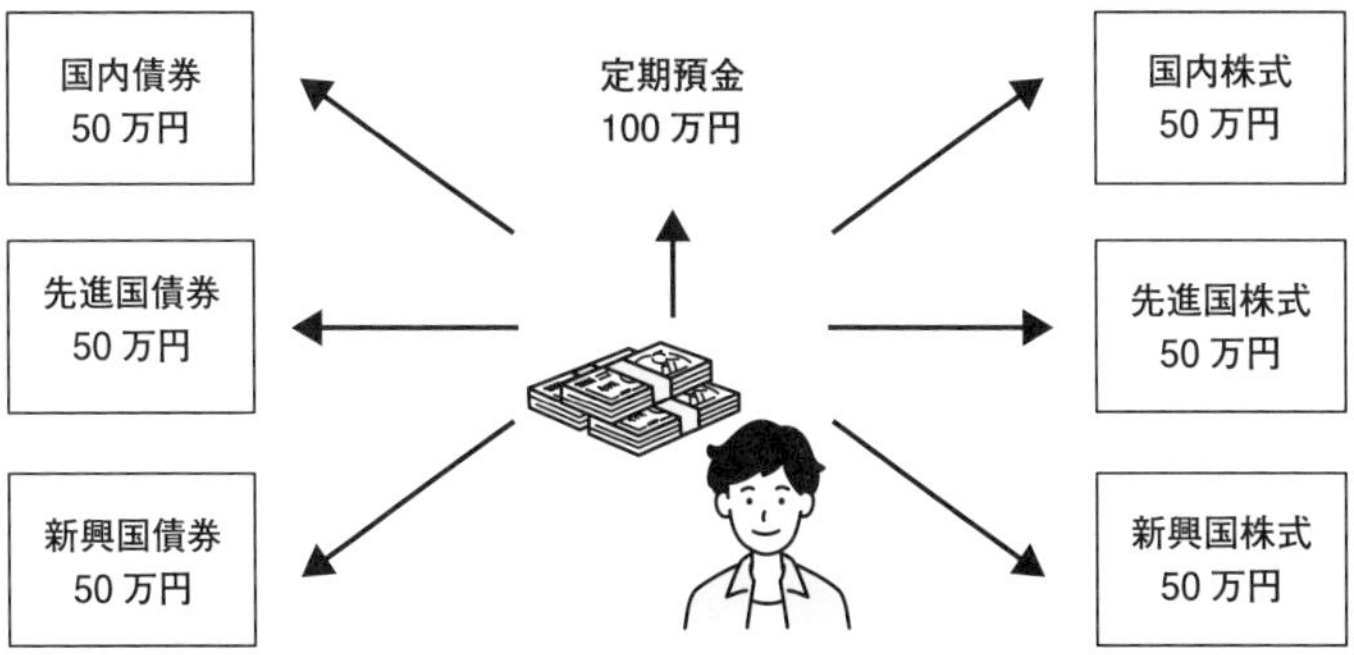

20 年後の資産総額
Ⓐ定期預金 100.132 万円 ＋ Ⓒ投資 539.7 万円 ＝ **639.832** 万円
※上段の投資実績グラフにより計算

金融リテラシーを高めよう

金融広報中央委員会の「金融リテラシー調査（2019 年）」によると、欧米よりも日本人の金融リテラシーは低いようです。たとえば、金融知識の正誤問題の正答率は、米国 53%に対して日本は 47%。英国、ドイツ、フランスの正答率も日本を上回っています。

そこで、金融庁でも下表のような「最低限身に付けるべき金融リテラシー」を公表し、啓蒙に努めています。金融リテラシーを高めて資産形成をしっかり行い、豊かな人生を実現しましょう。

最低限身に付けるべき金融リテラシー

家計管理		①適切な収支管理（赤字解消、黒字確保）の習慣化
生活設計		②ライフプランの明確化及びライフプランを踏まえた資金の確保の必要性の理解
金融知識及び金融経済事情の理解と適切な金融商品の利用選択	金融取引の基本としての素養	③契約にかかる基本的な姿勢の習慣化 ④情報の入手先や契約の相手方である業者が信頼できる者であるかどうかの確認の習慣化 ⑤インターネット取引は利便性が高い一方、対面取引の場合とは異なる注意点があることの理解
	金融分野共通	⑥金融経済教育において基礎となる重要な事項（金利［単利、複利］、インフレ、デフレ、為替、リスク・リターン等）や金融経済情勢に応じた金融商品の利用選択についての理解 ⑦取引の実質的なコスト（価格）について把握することの重要性の理解
	保険商品	⑧自分にとって保険でカバーすべき事象（死亡・疾病・火災等）が何かの理解 ⑨カバーすべき事象発現時の経済的保障の必要額の理解
	ローン・クレジット	⑩住宅ローンを組む際の留意点の理解 ・無理のない借入限度額の設定、返済計画を立てることの重要性 ・返済を困難とする諸事情の発生への備えの重要性 ⑪無計画・無謀なカードローン等やクレジットカードの利用を行わないことの習慣化
	資産形成商品	⑫人によってリスク許容度は異なるが、仮により高いリターンを得ようとする場合には、より高いリスクを伴うことの理解 ⑬資産形成における分散（運用資産の分散・投資時期の分散）の効果の理解 ⑭資産形成における長期運用の効果の理解
外部の知見の適切な活用		⑮金融商品を利用するにあたり、外部の知見を適切に活用する必要性の理解

出典：金融庁「最低限身に付けるべき金融リテラシー（4分野・15 項目）」をもとに作成

Lesson

2

お金を管理する

家計を支える可処分所得の考え方

可処分所得は消費と貯蓄に使うお金

収入がいくらであっても、実際は収入全部を自由に使えるわけではありません。**自由に使えるのは、支払い義務のある所得税や社会保険料などを収入から差し引いた残りのお金です。**その自由に使えるお金を「可処分所得（手取り収入）」といいます。

けれど、「自由に使えるお金」イコール「消費してしまっていいお金」が可処分所得と考えるのは間違い。家計は可処分所得によって支えられています。可処分所得を家計の中で有効に使うためには、**可処分所得を消費にだけ使うのではなく、貯蓄にも使うことが大切です。**

可処分所得（手取り収入）とは？

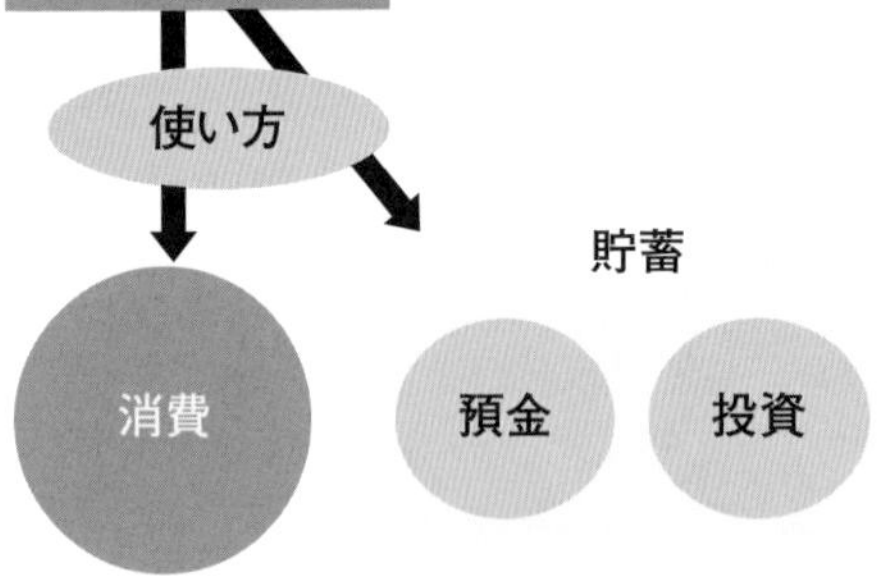

所得税は課税所得額に応じて5～45％の税率でかけられ、住民税は課税所得に対して一律10％の所得割と定額5000円の均等割を合算した額（→P.100）。社会保険料には、健康保険や厚生年金、介護保険、雇用保険などの保険料がある（→P.118）。

COLUMN　可処分所得と消費・貯蓄の関係

可処分所得は「消費と貯蓄を合わせたお金」と考えることもできる。
式で表すと、次のようになる。

可処分所得＝消費＋貯蓄

また、貯蓄を中心に考えてみると、次の式も成り立つ。

貯蓄＝可処分所得－消費

上記の式から、消費を減らせば、その分だけ貯蓄が大きくなることがわかる。
この式をいつも念頭に置き、計画的に可処分所得を消費と貯蓄に振り分けていこう。

給与明細から可処分所得が確認できる

下図は給与明細の例だが、会社員なら給与明細の差引支給額を見れば可処分所得を確認できる。なお、会社によっては、所得税や住民税、社会保険料のほかにも収入から控除する項目が加わる場合もある。

令和 2年　6月分　給与支給明細書

所属氏名	所属番号	社員番号	氏　　名
	022	051	□村△郎

勤怠	出勤日数	残業時間	休日労働	深夜労働				
	21	0	0	0:00				
	休日出勤	遅刻早退	欠勤日数					
	0	0	0					
支給額	基本給	役職手当	住宅手当	通勤手当	家族手当			
	200,000	25,000	10,000	12,000	5,000			
	残業手当	深夜残業手当	休日出勤手当					支給額合計
	0	0	0					252,000
控除額	健康保険	介護保険	厚生年金	雇用保険	(社会保険料)	(課税対象額)	所得税	住民税
	7,000	2,500	17,000	1,500			4,000	4,000
	財形貯蓄	旅行積立金						控除額合計
								36,000

差引支給額	216,000

本来の収入

可処分所得（手取り収入）

社会保険料、所得税、住民税などが収入から差し引かれる

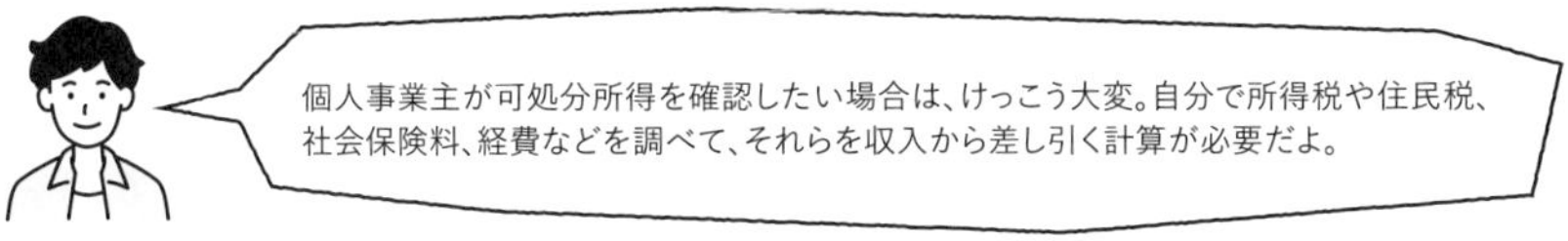

働くファミリー世帯の可処分所得はどれくらい？

2018 年の総務省「家計調査報告」では、2 人以上の勤労者世帯における可処分所得は平均 45 万 5125 円。50 代で可処分所得はピークに達するが、60 代以上になると大幅に減少している。

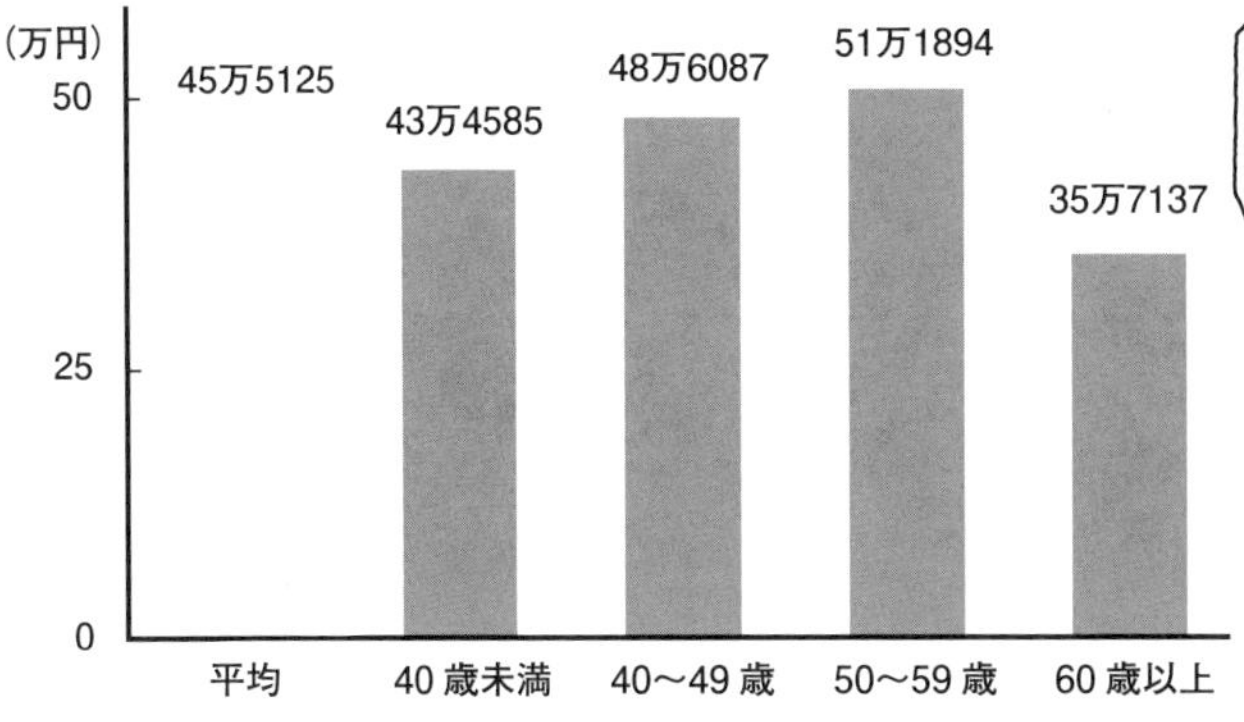

出典：総務省「家計調査報告」(2018 年)をもとに作成

家計を見直す

家計の「実態」を知るためには？

家計バランスシートで純資産を把握しよう

家計管理は、まず家計の実態を知ることが大事です。そこで、預貯金や投資信託などの資産、住宅ローンなどの負債を洗い出し、**家計バランスシートを作成しましょう。**

家計バランスシートでは、「純資産」に着目することが大切。「純資産」は、資産合計から負債合計を差し引いた本当の意味での資産です。**純資産がマイナスだったり少なすぎたりすると、健全な家計とはいえません。**

また、資産と負債はライフステージに伴って変化するので、**少なくとも年1回、定期的に家計バランスシートの見直しを行いましょう。**

あなたの家計バランスシートは？

現在、自分の資産額、負債額はどれくらいあるのか、このバランスシートの項目ごとに書き込んでみよう。家計の実態を「見える化」することが、家計管理の基本中の基本！

資産	
現金	万円
普通預金など	万円
定期性預金	万円
貯蓄型の保険	万円
株式	万円
債券	万円
投資信託	万円
その他の投資商品	万円
住宅（現在の市場価格）	万円
その他	万円
資産合計Ⓐ	万円

負債	
住宅ローン	万円
自動車ローン	万円
カードローン	万円
奨学金	万円
その他	万円
負債合計Ⓑ	万円

資産合計Ⓐ − 負債合計Ⓑ = 純資産　万円

出典：日本 FP 協会

家計バランスシートのチェックポイント

❶純資産がプラスかどうか？

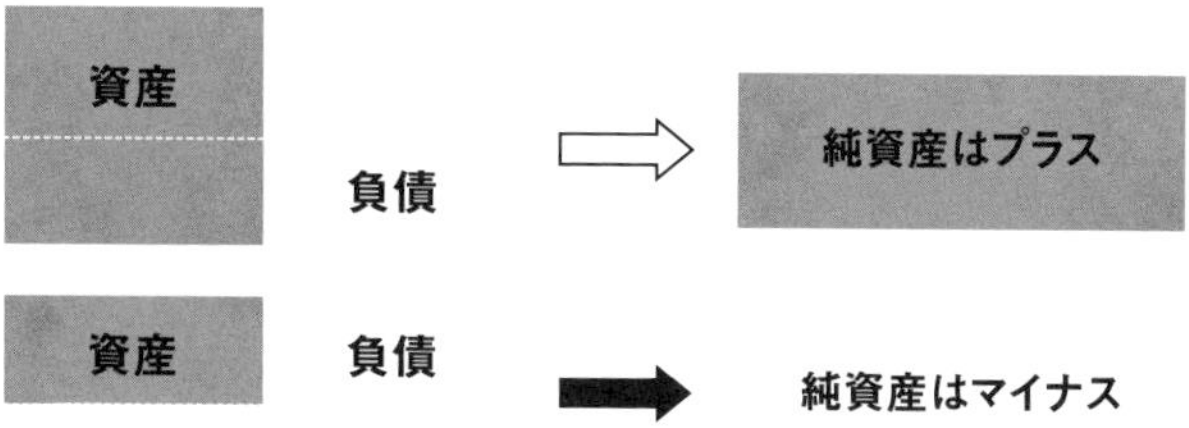

プラスの純資産を維持できれば、もしもの場合でも負債だけが残るという事態にならない。

マイナスの純資産では家計が超過債務の状態なので、対策を講じることが必要。

❷純資産は前年と比べてどう変化したか?

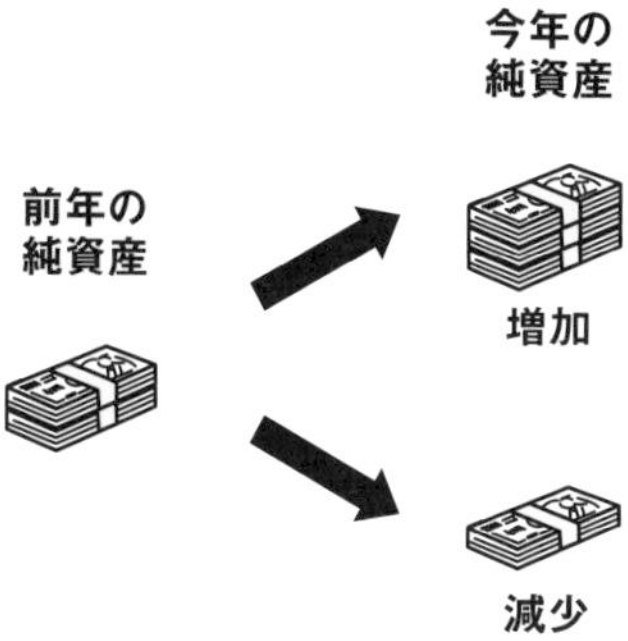

前年よりも純資産が増加していれば、家計の健全性もアップ！

前年よりも純資産が減少した場合、どの資産項目や負債項目の変動が原因なのかを把握しておこう。

COLUMN

純資産の増減の考え方

たとえば住宅ローンの繰り上げ返済などを行った場合、一時的に純資産が減少するケースもある。しかし、そうした将来的な負債の軽減のために一時的に純資産が減ったなら、一喜一憂する必要はない。長期のライフステージを見据えたうえで、純資産の増減を捉えることが大切だ。

純資産比率は 50%以上が理想

純資産比率とは、資産合計に対する純資産の割合。値（%）が大きければ大きいほど家計の健全度が高い。仮に負債合計がゼロならば、純資産比率は 100%となる。一般に家計の純資産比率は 50%以上が理想とされる。

純資産（資産合計－負債合計） ÷ 資産合計 ＝ 純資産比率

COLUMN

純資産額が同じでも、内訳によって純資産比率は異なる

純資産額が同じ 2000 万円 の A さんと B さんの例で、資産と負債の額によって純資産比率がどのように異なるか見てみよう。

A さんの場合

純資産 2000 万円の内訳：資産 4000 万円で負債 2000 万円
➡純資産比率は 50%

B さんの場合

純資産 2000 万円の内訳：資産 8000 万円で負債 6000 万円
➡純資産比率は 25%

家計簿をつけるのは何のため？

家計簿をつけ続ければ支出の現状が把握できる

家計簿をつける目的は、**家計の改善点を見つけ、無駄な支出を抑えることです**。そのためには、何にどのくらいお金を使っているのか、**支出の現状を把握することが前提となります**。けれど、三日坊主で終わってしまっては、支出の現状などわかりません。**家計簿はつけ続けてこそ効果を発揮する**ものなのです。

家計簿を長続きさせるコツは、自分が使いやすいものを選ぶことです。ノート式だとつけ忘れがちな人におすすめなのは、スマホの家計簿アプリ。いつも持ち歩けて、買ったその場で出費を記録できます。

押さえておきたい基本の費目例

家計簿の費目分けは大まかでかまわない。費目を細かく分けすぎると、記入が面倒になり挫折してしまうことも。下記の例も参考にして、自分に合った費目分けを考えよう。

毎月ある程度決まった支出額が予想できる費用	固定費		住居費	家賃、住宅ローン、管理費、固定資産税など
			水道光熱費	水道代、電気代、ガス代など
			通信費	携帯電話料金、固定電話料金、インターネット関連費用など
		必要な場合	一般保険料	民間の医療保険料、生命保険料、損害保険料など
			教育費	子どもの学費、塾代、習い事代など
			車関連費	駐車場代、車の保険料など
月によって支出額が変わってくる費用	変動費		食費	食料品代、飲料代、仕事先での昼食代など
			衣服費	服、靴や帽子、鞄、クリーニングなどの支出
			交通費	通勤以外の電車・バス代、車のガソリン代など
			日用品費	ティッシュ、洗剤、化粧品、医薬品などの支出
			娯楽・交際費	外食や飲み会、映画や本などの支出
			その他	旅行代、美容院代、家電製品の買い替え、病院での治療費など

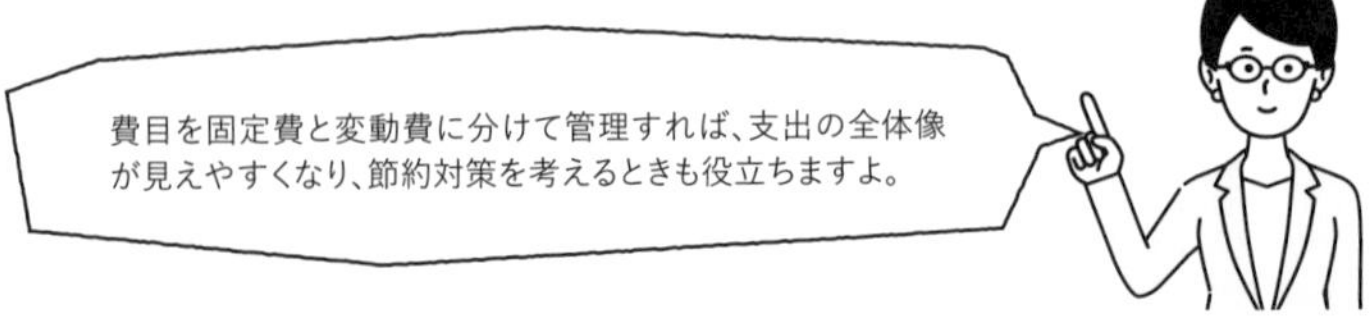

あなたに適した家計簿のタイプは？

それぞれの家計簿のタイプのメリット・デメリットを考えて、自分の使いやすい家計簿を選ぼう。

- パソコンやスマホを使い慣れていない
- 電卓で計算することが苦にならない

➡

ノート式の家計簿

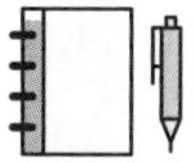

自作の場合は作成に手間がかかるが、フォーマットや費目を自由に決められる。一方、市販のものは自分に合うようにカスタマイズできないが、決まった費目に書き込むだけなので簡単に始められる。自作、市販ともに、集計などは自分で計算する必要がある。

- 関数入力などエクセルを使いこなす知識がある
- 自分に合ったフォーマットや費目を設定したい

➡

エクセルを使った家計簿

独自のフォーマットや費目を自由に設定でき、家計簿アプリよりもカスタマイズ性が高い。また、自動で集計や結果のグラフ化もできる。ただし、ファイル破損のリスクもあるので、定期的なバックアップを心がけよう。

- いつもスマホを持ち歩き、操作にも慣れている
- とにかく簡単に手早く家計簿をつけたい

➡

スマホの家計簿アプリ

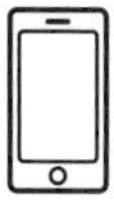

レシートを撮影するだけで、品目と金額を読み取って自動的に費目分けしてくれたり、金融口座と連携して、入出金を自動的に記録してくれる機能を持つアプリもある。スマホの家計簿アプリは集計やグラフ化も簡単で便利だが、セキュリティには十分な注意が必要。

無料で使える人気のスマホ家計簿アプリ

アプリ名	レシート読取り	口座連携	会員登録	特徴
マネーフォワード	○	○	必要	大きな特徴は、証券口座なども含め2600種を超える口座連携があること。有料版（月額500円）は、理想の家計収支と比較して、節約ポイントがわかる家計診断機能なども備えている。
Zaim	○	○	必要	連携口座は約1500種。家族のスマホと家計簿を共有できる。有料版（月額480円）には、世帯構成や収支をもとに、国や自治体からもらえる給付金を見つけてくれるユニークな機能もある。
おカネレコ	△	×	不要	簡単操作が特徴の手動入力型で、1か月までレシート読み取りが可能。支出と関連する写真の登録や、入力忘れを防ぐリマインダーなどの便利機能を備える。有料版（買い切り480円）はレシート読み取り機能がある。
Monelyze	×	×	不要	手動入力型のシンプル家計簿。動きの軽快さ、費目のカスタマイズの自由度がウリ。iCloudで家計簿データをバックアップできることも特徴。

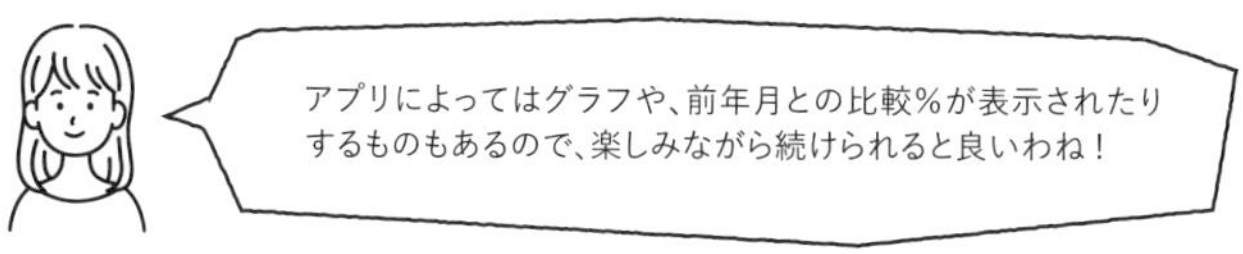

家計簿の集計結果で家計バランスをチェック！

　毎日の記入は、1円単位までの正確さは不要。**ざっくりした家計簿であっても、家計バランスさえわかれば十分です。**おおよその集計結果を見直してみるだけでも、おのずと家計の引き締めにつながります。

　さらに、**理想とする家計バランスと実際の家計バランスとを比較して、改善点を見つけましょう。**たとえば、ある費目の理想のバランスは10％なのに、実際は20％にもなっている場合、それが改善点となります。

　改善点の支出を抑えることができれば、その分を貯蓄にまわせます。ただし、必要な支出なら無理に抑えることはありません。**自分にとって必要な支出か、無駄な支出かを見極めることも大切です。**

家計簿から改善点を見つけよう

理想の家計バランスと比べて、割合が大きく上回っている費目は改善が必要！　改善策を実行したら、翌月の集計結果でその効果を確認しよう。

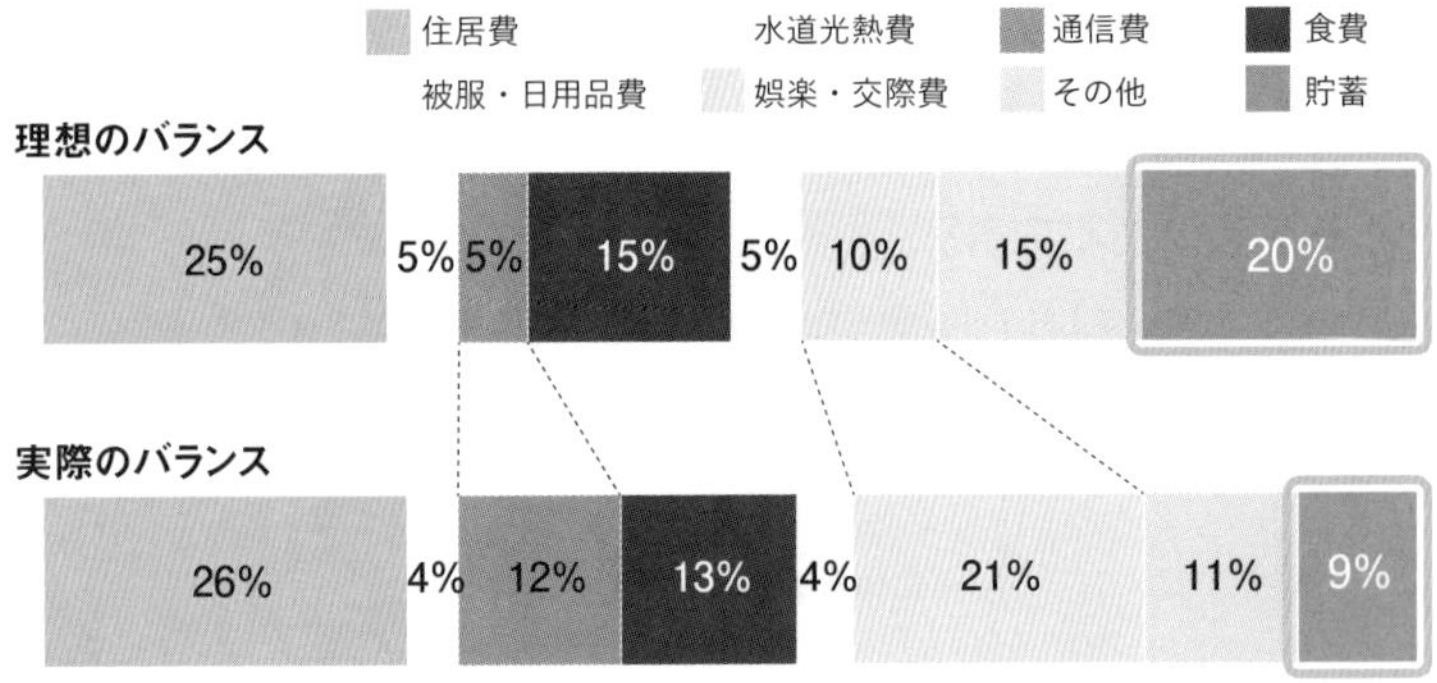

ここが改善点！
他の費目はほぼ理想のバランスに近いのに、ここだけ大幅に違っているという場合、その費目の支出を減らす工夫を。

改善点の支出を減らせば、そのお金を貯蓄にまわせるので、貯蓄割合も理想に近づく。

理想の家計バランスは人それぞれ　COLUMN

「これが絶対的な理想の家計バランス」といったものはない。年齢や世帯状況、価値観やライフスタイルによって、理想の家計バランスは違ってくる。けれど、共通する目標は貯蓄を殖やすこと。貯蓄の割合が2割以上(→P.52)になるように考えて、理想の家計バランスを決めていこう。

みんなの家計バランスを見てみると…

下表は、総務省「家計調査」をもとにした世帯状況と年齢別の平均家計バランスの例。費目ごとの内訳は一般的な家庭のものと異なる場合もあるが、理想の家計バランスを考える際に、ある程度の目安として参考になるはずだ。

働いているシングル世帯（男性）

（単位%）

	～34歳	35～59歳
食料	15.9	15.2
住居	10.8	8.6
光熱・水道	2.4	3.4
家具・家事用品	1.2	1.3
被服及び履物	2.1	1.4
保健医療	1.2	2.0
交通・通信	9.4	10.0
教養娯楽	6.5	6.3
その他の消費支出	6.8	10.8
黒字率	43.7	41.0
（金融資産純増率）	（ 45.3 ）	（ 44.1 ）

働いているシングル世帯（女性）

（単位%）

	～34歳	35～59歳
食料	15.3	15.3
住居	13.0	7.8
光熱・水道	2.9	4.1
家具・家事用品	1.4	2.5
被服及び履物	4.5	4.1
保健医療	2.5	3.0
交通・通信	10.6	10.0
教養娯楽	7.5	7.8
その他の消費支出	12.1	17.4
黒字率	30.1	30.0
（金融資産純増率）	（ 47.9 ）	（ 32.6 ）

働いているファミリー世帯

（単位%）

	～34歳	35～39歳	40～44歳	45～49歳	50～54歳	55～59歳
食料	13.6	15.7	15.7	15.8	14.9	15.4
住居	7.2	4.5	3.5	3.4	3.4	3.1
光熱・水道	4.0	4.3	4.3	4.3	4.2	4.4
家具・家事用品	2.3	2.4	2.3	2.4	2.2	2.6
被服及び履物	2.6	2.7	2.6	2.9	2.7	2.6
保健医療	2.3	2.6	2.3	2.4	2.2	2.6
交通・通信	10.7	11.2	10.8	12.0	11.1	12.4
教育	1.9	3.3	4.4	6.4	5.7	3.5
教養娯楽	5.4	7.1	7.1	7.1	6.1	5.9
その他の消費支出	8.9	9.7	10.1	12.1	14.0	15.0
黒字率	41.0	36.7	36.8	31.1	33.4	32.4
（金融資産純増率）	（ 37.9 ）	（ 33.9 ）	（ 34.1 ）	（ 31.0 ）	（ 32.5 ）	（ 32.8 ）

黒字率には貯蓄にまわした部分だけでなく、保険料や借入金返済に充てられた部分も含まれる。黒字率の中の金融資産純増率が、貯蓄にまわした割合となる。

※「住居費」に住宅ローン返済額は含まれていない
　交際費は「その他の消費支出」に含まれる
　%は可処分所得（手取り収入）に対する割合を示す
　小数点第2位以下は四捨五入のため、総計100%にならない場合がある
出典：総務省「家計調査」2019年をもとに作成

家計を見直す

本当に効果的な家計節約術は？

決め手は固定費の見直しと使途不明金の退治

節約術の王道は、固定費の見直しです。固定費とは住居費、水道光熱費、通信費、保険料など毎月ほぼ決まった額で出ていくお金。食費などの節約は毎日の頑張りが必要ですが、**固定費なら一度削減してしまえば、意識しなくても自動的に節約効果が続きます。**

そして、**使途不明金の退治も効果的。**さほど必要のない買い物は記憶に残らず、使途不明金になりがちです。つまり、使途不明金は無駄遣いの温床になることが多いのです。そこで、**使途不明金にメスを入れれば、それまで気づかなかった無駄遣いをあぶり出せます。**

保険料の見直し

- ライフステージの変化に合わせて保障額や保障期間、特約を見直し、必要最低限の保障内容に変更する（→P.144）。
- 保険料を月払いではなく、まとめて年払いにすると割安になる。

水道光熱費の見直し

- 今より安い電気・ガス料金プランの会社があれば乗り換える。
- 電気とガスをセット契約すると割安になる。
- 今よりも電力アンペアが低いプランに変更すると、料金が安くなる。

通信費の見直し

- 普段自分からあまり通話しない、または通話時間が短い人は、携帯電話を格安 SIM に乗り換えると割安になる。
- インターネット回線と携帯電話をセットで契約すると、料金が割引される。

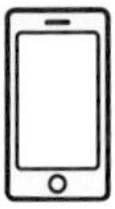

COLUMN

格安 SIM って何？

SIM とは、携帯電話でデータ通信や通話を行うために必要な IC カード。今使っているスマホと格安 SIM カードを組み合わせれば、毎月の携帯電話料金を数千円減らすことができる。ただし、携帯電話の端末自体に制限がかけられていて利用できない場合もあるので注意が必要。また、大手携帯電話会社に比べると通信速度や通話品質が下がり、無料通話プランに時間制限がある。

固定費を減らすテクニック

固定費の見直しは、金額の大きいものから始めよう。そうすることで節約効果も高くなる。

効果大

住居費の見直し

- 借入先の銀行と交渉して、現在の住宅ローンの金利を下げてもらう。
- 金利の低い他の銀行の住宅ローンに借り換える（→P.90）。
- 賃貸の場合、家賃が収入の 3 割を超えるなら、もっと安い家賃の物件に引っ越す。敷金・礼金なしの賃貸物件を選ぶ。

車関連費の見直し

- 現在の車が普通車の場合、軽自動車に乗り換えると税金や車検代などが安くなる（→P.40）。
- 車の利用頻度が少ない場合、車を手放してカーシェアリングなどを利用すると維持費がかからない（→P.42）。

COLUMN 住宅ローン借り換えの注意点

住宅ローンを借り換える際には、借換金額の 2～3% 程度の手数料がかかる。そのため返済中のローンの状況によっては、借り換えるとかえって損になる場合もある。借り換えの際は、借り換え後の返済総額と手数料との合計額をシミュレーションして、損か得かを見極めよう。

他の銀行の住宅ローンに借り換えられてしまい、せっかくの顧客を失うのは困るというのが銀行の本音です。だから、住宅ローン金利の引き下げ交渉に応じてくれる銀行も多くなっていますよ。まずは借入先の銀行と交渉してみて、ダメなら借り換えという方法がベストです。

使途不明金をなくす方法は？

実は 100 円単位の少額出費が使途不明金になっていることが多い。けれど、チリも積もれば山となり、放っておくと使途不明金はどんどん増えてしまう。

1. 小さな買い物でもレシートをもらう。レシートがない場合は、金額と品目をメモに残しておく。

↓

2. レシートやメモを見て、1 日の終わりに家計簿に収支を記録する。

↓

3. 家計簿上の残高と財布にある実際の残金がだいたい合っているか確認。

→

4. 残高と実際の残金が合わなければ、その差額分（使途不明金）を何に使ったのかを明らかにする。

COLUMN こんな出費が使途不明金になりやすい

- 自販機やコンビニでの「ちょっと買い」
- 子どもの学校のPTA会費や遠足代
- 旅行などの際の飲食代やお土産代
- 仲間とのランチや飲み会での割り勘代

使途不明金の中身を明らかにすることで、無駄遣いがどれだけあるかが見えてくる。使途不明金の退治は、無駄遣いの排除につながる！

家計を見直す

車にかかるコストはどれくらい?

マイカーを持つと維持コストも必要

マイカーを持つと、自動車ローンの返済だけでなく、**駐車場代やガソリン代、自動車税などさまざまな維持費もかかります。**2人以上世帯(勤労者)の自動車等購入による平均支出は、2019年で月1万251円、維持のための平均支出は月2万333円で、毎月3万円以上がマイカー関連の支出となっています。

　けれど、車が生活の足という人や、ドライブが趣味でいつも車を乗りまわしている人には、マイカーの支出は必要コスト。その中で**少しでも支出を抑えたいなら、維持費の安い軽自動車にする**ことも検討しましょう。

マイカーの維持にかかるコスト

駐車場代

戸建てで駐車スペースがある人以外は、駐車場代が必要。都心などでは、月3万円以上かかる場合がある。

税金

普通車は排気量に応じて2万5000〜11万円の自動車税、軽自動車は1万800円の軽自動車税が毎年かかる(いずれもエコカーは減額)。また、0.5トンごとに4100円の自動車重量税(エコカーは減額)が毎年かかるが、車検時にまとめて支払うことになっている。なお、車の購入時には消費税、環境性能割、自動車重量税がかかる。

ガソリン代

レギュラーガソリンなら120円/L前後が近年の相場。月額いくらかかるかは、車の燃費や走行距離による。

保険料

加入義務のある自賠責保険は最短の12か月契約なら年間1万3410円程度。任意保険は年齢や補償内容などにより保険料が異なるが、年間5万〜20万円程度。

車検代

車検は隔年(新車時は3年後)で受ける義務がある。車検の際には、自動車重量税を含む法定費用と整備料や手数料などが必要で、通常は5万〜10万円くらいはかかる。

消耗品代

タイヤは5〜6年が寿命、バッテリーは3〜4年が寿命、エンジンオイルは最低でも年に1回の交換が必要。消耗品の価格は数千円から数万円と幅広い。

環境性能割、自動車税減税がスタート！

2019 年 10 月に従来の自動車取得税が廃止され、車の購入時の税金として環境性能割が導入された。また、2019 年 10 月以降に買った新車から自動車税が引き下げられた。

【環境性能割（自家用車）】

	2020 年度燃費基準			左記に該当しない場合
	達成+20%	達成+10%	達成	
登録車	非課税	1%	2%	3%
軽自動車	非課税		1%	2%

※電気自動車や燃料電池車などの次世代自動車は非課税
※2021 年3月 31 日までは税率がさらに1%軽減

【2019 年 10 月以降に買った新車の自動車税（自家用車）】

660 cc超 1000 cc以下	2 万 5000 円	3000 cc超 3500 cc以下	5 万 7000 円
1000 cc超 1500 cc以下	3 万 500 円	3500 cc超 4000 cc以下	6 万 5500 円
1500 cc超 2000 cc以下	3 万 6000 円	4000 cc超 4500 cc以下	7 万 5500 円
2000 cc超 2500 cc以下	4 万 3500 円	4500 cc超 6000 cc以下	8 万 7000 円
2500 cc超 3000 cc以下	5 万円	6000 cc超	11 万円

COLUMN　エコカーなら税金がもっと軽減される

期間限定だが、エコカーを買った場合、燃費基準の達成度に応じて自動車税・軽自動車税や自動車重量税が軽減される。

- グリーン化特例：2021 年 3 月末までに購入したエコカーの新車の自動車税が 50 ～ 75%軽減、軽自動車税が 25 ～ 75%軽減される。
- 自動車重量税のエコカー減税：2021 年 4 月末までのエコカーの新車購入または初回車検は、自動車重量税が 25 ～ 100%軽減される。

自動車保険の種類

事故の加害者になると、賠償が億単位になる場合もあるので、対人賠償保険や対物賠償保険は無制限補償で契約しよう。

自賠責保険			加入義務のある保険。補償額は死亡で最大 3000 万円、後遺障害で最大 4000 万円、傷害で最大 120 万円が限度
任意保険	相手方への補償	対人賠償保険	事故で歩行者や相手の車の搭乗者を死傷させた場合に、補償を行う保険
		対物賠償保険	事故で他人の物や相手の車を破損させた場合に、補償を行う保険
	自分・同乗者への補償	人身傷害補償保険	事故で自分や同乗者が死傷した場合に、実際の損害額が補償される
		搭乗者傷害保険	事故で自分や同乗者が死傷した場合に、定額で補償される
		無保険車傷害保険	無保険の車との事故で自分や同乗者が死傷した場合に補償される
		自損事故保険	自損事故で自分や同乗者が死傷した場合に定額で補償される
	車の補償	車両保険	事故や自然災害などで自分の車が被害を受けた場合に補償される

たまに車を使うだけならカーシェアリングが安い

　交通の便の良い都心に住む人にとって、マイカーは必需品とはいえません。普段の通勤や買い物には、車よりも公共交通機関を使ったほうが便利な場合もあります。「だから車をたまにしか使わない」というのなら、いっそのこと**マイカーを持たずに、必要なときにはカーシェアリング、場合によってはレンタカーを利用する**という選択肢もあり得ます。

　マイカーをあまり使わないのに、維持費を払い続けるのはもったいないこと。**車の利用頻度が少ない人であれば、実はカーシェアリングのほうが安く済むことが多いのです。**自分のライフスタイルに照らし合わせて、マイカーが本当に必要なのか見直すことも大事です。

マイカー、カーシェアリング、レンタカーの特徴

	マイカー	カーシェアリング	レンタカー
使い方	自分で購入して自由に使う。メンテナンスも自分で業者に依頼	月々の会費を支払い、会員間で車を共同利用。利用の際は、専用ステーションに出向いて車を借りる	レンタカー業者の店舗でレンタル契約して車を利用。支払いは利用のたびに行う
コスト	● 車の購入費は一般的に100万～300万円 ● 維持コストに最低でも年間20万円以上は必要	● 月会費は1000円前後の業者が多い ● 15分利用なら200円前後、6時間利用なら4000円前後が相場 ● 自動車保険代、ガソリン代などは不要	● 車種によって料金に差があるが、6時間利用なら5000～1万円程度 ● 保険代やガソリン代（満タンで返却が一般的）がかかる
メリット	● 必要なときにいつでも乗れる ● 自宅や駐車場から目的地まで直接向かえる ● 車を「所有」する満足感がある	● 利用時に面倒な手続きがなく、パソコンやスマホで簡単に予約できる ● 予約や利用が24時間可能 ● 10分、15分などの短時間から利用できる	● カーシェアリングよりも車種が豊富で、目的に合った車を選べる ● 借りた店舗以外の店舗にも返却できる「乗り捨て」が可能
デメリット	● 購入や維持にかなりのコストがかかる ● 定期的に点検や車検を受ける必要がある ● 常に置いておける駐車スペースの確保が必要	● 予約が混んで、自分の利用したい時間に乗れないこともある ● 専用ステーションは都心に多く、郊外の人が利用する際は不便なことも	● レンタル契約など利用時の手続きに手間がかかる ● 分単位で利用できず、短時間の利用には向かない ● 一般的にカーシェアリングよりも料金が割高になる

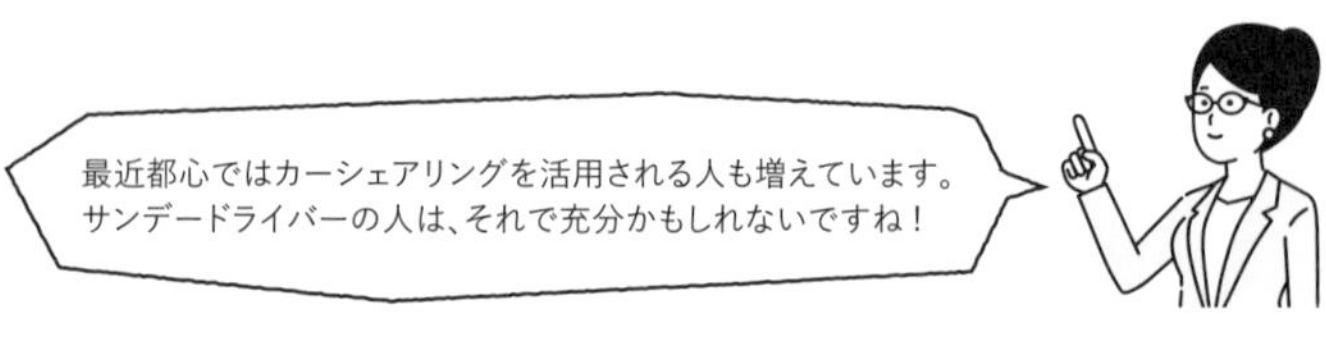

マイカーとカーシェアリングのコストを比べてみると…

マイカーとカーシェアリングのどちらがお得なのか、車の利用シーンによる具体的な月額コストをシミュレーションしてみた。

条件設定

使用する車

【使用車種】ホンダフィット13GF【マイカー保有年限】7年【マイカーの固定費】合計5万4096円

- 自動車ローン：月額1万8546円（車両価格145万5300円、3年ローン、頭金・ボーナス払いなし、金利4.475%）
- 自動車税月額：2542円（グリーン化特例は考慮しない）
- 自賠責保険代：月額865円（36か月契約+24か月契約×2）
- 駐車場代：月額3万円
- 車検代：月額2143円（1回9万円で算定）【ガソリン代】150円/L、実燃費17km/Lとして計算

料金プラン

カレコ・カーシェアリングクラブの「ベーシックプラン（ベーシッククラス車種）」
※プラン内容は下段「おすすめのカーシェアリング会社」参照

	食材や日用品の買い物	外食やショッピング	日帰りドライブ
1回の走行距離	10km	20km	100km
1回の利用時間	2時間	6時間	12時間

休日のみのレジャー利用

外食やショッピング：月4回
日帰りドライブ：月2回
➡ マイカー 月額 5万6572円
カーシェアリング 月額3万920円

車を休日くらいしか利用しないのなら、カーシェアリングが断然お得！

ときどき生活利用&ときどきレジャー利用

食材や日用品の買い物：月15回
外食やショッピング：月4回
日帰りドライブ：月2回
➡ マイカー 月額 5万7892円
カーシェアリング 月額5万6120円

買い物などの生活用にも月半分は利用するなら、マイカーもカーシェアリングもコストは同じくらい。

日常的な生活利用&ときどきレジャー利用

食材や日用品の買い物：月24回
外食やショッピング：月4回
日帰りドライブ：月2回
➡ マイカー 月額 5万8682円
カーシェアリング 月額7万1240円

いつも生活の足として車を使っているのなら、マイカーのほうが安く済む。

おすすめのカーシェアリング会社

	ステーション数／車両台数※	料金プラン（個人プランのベーシック車種）	特徴
タイムズカーシェア	1万2683ステーション／車両2万6798台	●月額基本料880円（事実上無料） ●時間料金220円/15分、6時間パック4290円、12時間パック6490円、24時間パック8690円など ●距離料金：6時間以上の利用は16円/km	圧倒的なステーション数、車両台数を誇る
カレコ・カーシェアリングクラブ	2304ステーション／車両3959台	●月会費：980円（事実上無料） ●時間料金140円/10分、6時間パック4080円、12時間パック5700円、24時間パック7300円など ●距離料金：6時間を超える利用は16円/km	登録料が無料。平日プランに10分90円の最安値料金がある
オリックスカーシェア	1867ステーション／車両3160台	●月額基本料：840円（事実上無料） ●時間料金210円/15分、6時間パック3700円、12時間パック5200円、24時間パック6700円など ●距離料金：16円/km	他社と比べて長時間パックの安さが特徴

※ステーション数と車両台数（2019年9月時点）の出所：カーシェアリング比較360°「カーシェアリング市場動向」

家計を見直す

キャッシュレス決済を賢く使いこなそう

ポイントを貯めれば現金決済よりお得

キャッシュレス決済のメリットは、現金を持ち歩かなくてもよく、会計もスピーディー、**支払額に応じてポイントもつく**ことです。貯まったポイントは買い物にも使えるので、**現金決済より断然お得！**

そこで、水道光熱費や携帯電話料金、保険料などの**固定費をクレジットカード払いにする**と、毎月確実にポイントを貯められます。また、電子マネー機能付きのクレジットカードを持ち、**電子マネーのチャージをクレジットカードから行う**と、電子マネーとクレジットカード両方のポイントがつき、ポイントの「二重取り」ができます。

キャッシュレス決済の種類

電子マネー、デビットカード、クレジットカードについて、それぞれの特徴を知り、上手に使い分けていこう。

前払いタイプ

お金を事前にチャージしておき、チャージ額から使った分が差し引かれる。

- プリペイド型電子マネー

Suica、nanaco、WAON、楽天 Edy など

メリット

- クレジットカードのような入会審査が不要。
- チャージ額の範囲内でしか使えないので、使いすぎを防げる。

デメリット

- チャージ限度額が少ない（5 万円までなど）。
- 電子マネーの種類によっては使える店や場所が限られる場合も。

即時払いタイプ

支払いと同時に、銀行口座から支払い額が引き落とされる。

- デビットカード

Visa デビット、JCB デビット、J-Debit など

メリット

- クレジットカードのような入会審査が不要。
- 預金残高の範囲内であれば、高額な支払いにも利用できる。

デメリット

- ポイントの還元率が低い。
- 支払いは一括支払いのみで、分割払いやリボ払いはできない。

後払いタイプ

毎月使った分がまとめて後日、銀行口座から引き落とされる。

- クレジットカード

VISA、JCB、Mastercard など

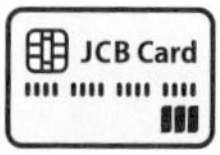

メリット

- ほとんどの場所で利用することができる。
- 利用明細が発行されるので、家計管理にも便利。

デメリット

- 入会審査があり、一定の収入などがないとカードを持てない。
- 持っている以上のお金も使えるので、使いすぎるおそれもある。

COLUMN　後払いタイプの電子マネーもある

ほとんどの電子マネーは事前にチャージが必要な先払いタイプだが、iD、QUICPay など後払いタイプの電子マネーもある。後払いタイプの電子マネーは、クレジットカードと連携しており、利用額はクレジットカードの支払いと一緒に引き落とされる仕組み。

クレジットカード利用の際の注意ポイント

分割払いやリボ払いは高くつく

分割払いやリボルビング払いは手数料がかかる。そのため、月々の支払いは少額でも、結果的に実際の買い物金額より大きな額を支払うことになる。分割払いやリボ払いはできるだけ避けて、一括払いを心がけよう。

リボルビング払いとは?

月々の利用金額や利用件数に関係なく、毎月ほぼ一定の金額を支払っていく支払い方法。リボ払いの金利は年 15%程度が一般的で、たとえば 20 万円の買い物をして月々1万円のリボ払いなら、支払総額は 22 万 5777 円(うち手数料 2 万 5777 円)にもなる。

使うカードは多くても 2 枚に絞ろう

たくさんのクレジットカードを持っていると、会費も多くかかるうえ、ポイントも分散して不経済。使わないカードは解約して、普段使いのカードと仕事用に使うカードを 1 枚ずつに絞り込めば、ポイントを効率良く貯めることができる。

毎月の利用明細は必ず確認しよう

カード決済はお金を使ったという実感が湧きにくいので、使いすぎに注意しよう。無駄遣いを防ぐためには、毎月の利用明細の確認が大切。ネットでも明細は見られるが、紙の明細を郵送してもらったほうが忘れずにチェックできる。

あなたに合ったクレジットカードは?

クレジットカードと一口《ひとくち》にいっても、さまざまなものがある。自分のライフスタイルや目的などに応じて利用するカードを選ぶことが大切だ。

		年会費	ポイント還元率	特徴
ポイント重視派	楽天カード	無料	1.0 ~ 3.0%	楽天市場での買い物は、いつでもポイント還元率が 3%になる
	JCB CARD W	無料	1.0 ~ 5.5%	スターバックスではポイント 5.5%、セブン - イレブンや Amazon では 2%のポイントがつく
	Orico Card THE POINT	無料	1.0 ~ 2.0%	入会後 6 か月間はポイント還元率 2%
	dカード	無料	1.0 ~ 4.0%	ローソンでは代金が 3%オフになるうえ、2%のポイントも。また、マツモトキヨシでは 4%のポイント
	Yahoo! JAPAN カード	無料	1.0 ~ 2.0%	100 円につき 1 ポイントの T ポイントが貯まり、T カードとしても利用可能
旅行好き派	ANA アメリカン・エキスプレス®・カード	7700 円	1.0 ~ 1.5%	有効期限がなく、ANA マイルを貯めることができる。ANA グループでの利用はポイントが 1.5 倍に
	JAL カード TOKYU POINT ClubQ	2200 円 (初年度無料)	0.5 ~ 1.0%	JAL マイルが貯まるカードだが、東急百貨店など東急系列店の利用で、マイルに加えて TOKYU ポイントもつく
買い物好き派	ファミマ T カード	無料	0.5 ~ 1.5%	ファミリーマートでの利用は、ショッピングポイントと合わせて 2%のポイントに。T ポイント加盟店での利用は、T ポイントもつく
	イオンカード セレクト	無料	0.5 ~ 1.0%	イオン系列店での利用は還元率 1.0%。さらに毎月 20 日・30 日は代金が 5% オフになる

※データは 2020 年 2 月現在のもの

COLUMN マイルは優れもの

通常のポイントをお金に換算すると、1 ポイントあたり 1 円が相場。けれど、マイルを貯めて、たとえば東京・大阪間の特典航空券に交換すると、1 マイルあたりの価値は 4 円以上になる場合もある。飛行機を利用する機会が多い人には、マイルがもらえるカードがおすすめ。

クレジットカードの中には、電子マネー機能が付いたものもあるのよ。現金がなくても、クレジットカードから電子マネーに簡単にチャージできるから便利なのよ。

人気のスマホ決済はメリットがいっぱい

いまや20～30代の9割以上がスマホを持つ時代。キャッシュレス決済も、スマホの決済アプリを利用する人が増えています。スマホ決済なら、財布もカードもいらず、スマホひとつだけでOK。**クレジットカードと紐付けして、ポイントの「二重取り」も可能**。また、支払い履歴が記録されるので、**家計管理もラク**です。さらに、決済アプリによっては、**個人間送金の機能や、公共料金の請求書のバーコードを読み込むだけで支払いができる機能**もあります。

けれど、**気をつけたいのはセキュリティ**。スマホ画面のロックのために、必ずパスワードや生体認証を設定して、他人が勝手に使えないようにしておきましょう。

スマホ決済の仕組み

スマホ決済の基本的な仕組みは、電子マネーやキャッシュカードなどでの支払いを、スマホの決済用アプリを介して行うというもの。スマホ決済の金額を通信キャリアの料金とまとめて支払うキャリア決済や、貯めたポイントをスマホ決済に使えるものもある。

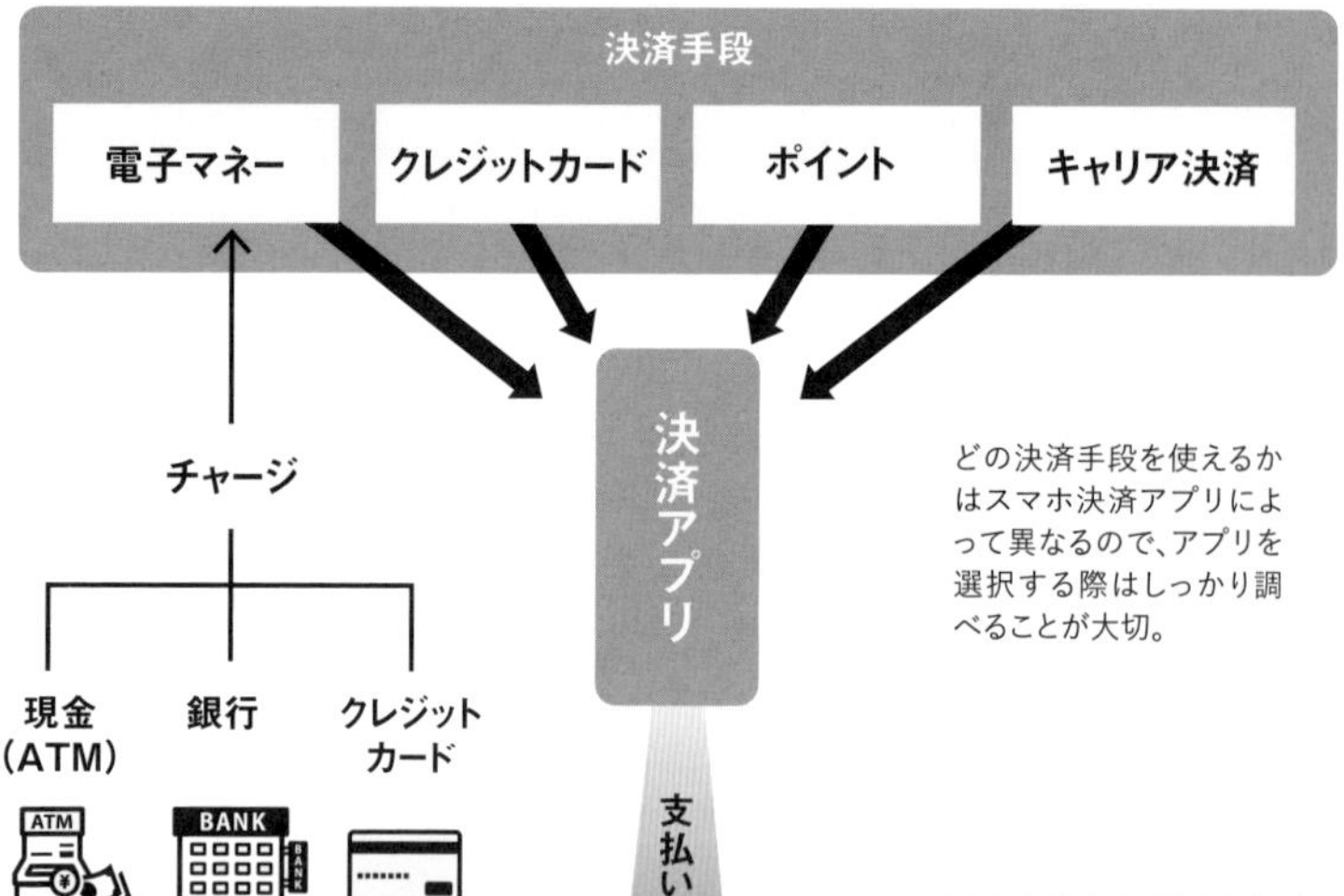

COLUMN

デビットカードが使えるアプリはあるの？

スマホ決済の手段は電子マネーとクレジットカードが主流。しかし、数は少ないがデビットカードが使えるアプリもある。「PayPay」「ゆうちょPay」などがデビットカードにも対応している。

スマホ決済の支払いまでの流れ

支払い方法には、非接触型 IC 決済と QR コード決済がある。QR コード決済の場合、店側にコードを読み取ってもらう方式と、利用者が店側のコードを読み取る方式とがある。

1 アプリのダウンロード
自分のスマホの OS で利用できるアプリかどうかに注意！

2 ユーザー登録
電話番号やパスワードなどを入力してアカウント設定を行う。

3 決済・チャージ手段の登録
スマホ決済に必要なクレジットカード情報や銀行口座などを登録する。

4 店舗で支払い

非接触型 IC 決済
対応アプリ：おさいふケータイ、Apple Pay、Google Pay など

QR コード決済
FeliCa 搭載のスマホを専用端末にかざすことで決済
対応アプリ：PayPay、楽天ペイ、LINE Pay、d払いなど

[ストアスキャン方式]

アプリにコードを表示し、店側がコードを読み込んで決済

[ユーザースキャン方式]

店側の表示コードをアプリで読み取り、支払い金額を入力。それを店側が確認して決済

主なスマホ決済アプリ

	PayPay	楽天ペイ	LINE Pay	d払い
決済方法	●PayPay 残高（電子マネー） ●クレジットカード ●キャリア決済（ソフトバンク・ワイモバイルのユーザーのみ） ●デビットカード	●楽天キャッシュ（電子マネー） ●クレジットカード ●楽天スーパーポイント	●LINE Pay カード（電子マネー） ●クレジットカード（オンライン決済の場合のみ）	●ドコモ口座（電子マネー） ●d ポイント ●クレジットカード ●キャリア決済（ドコモのユーザーのみ）
ポイント還元率	**1.5%**（PayPay 残高払いとヤフーカード払いのみ対象）	**0.5%**（楽天カード払いの場合は 1.5%）	毎月の支払総額によって **0.5 〜 2%**	**0.5%**（dカード払いの場合は 1.5%）
チャージ方法	●銀行口座 ●ヤフーカード ●セブン銀行 ATM など	●楽天カード ●楽天銀行 など	●銀行口座 ●セブン銀行 ATM など	●銀行口座 ●セブン銀行 ATM など
特徴	Yahoo! JAPAN のサービスを利用する場合、ボーナスポイント1%が付与される	利用には楽天会員の登録が必要	LINE アプリ内の「ウォレット」の一機能。使えば使うほど還元率が高くなる	NTT ドコモの提供サービスだが、誰でも利用可能
個人間送金	○	○	○	○
請求書払い	○	×	○	×

気軽なキャッシングは禁物

キャッシングは高金利 返済総額が大きくふくらむ

ほとんどのクレジットカードには、キャッシング機能があります。コンビニなどのATMで簡単にお金を借りられるのは便利ですが、**年18％という高金利が一般的。**ならば銀行のカードローンならよいかというと、こちらの金利も**年15％という場合が多い**ようです。

軽い気持ちでキャッシングしてしまうと、**大きな利息で返済総額がふくらみ、家計を苦しめることになりかねません。**「お金がないときはキャッシングをすればいい」などと考えず、まずは家計を見直して使いすぎをチェックすることが先決です。

返済期間による返済総額の違い

条件設定

●キャッシング額：50 万円　●金利：年率 18%　●返済方式：元金定額リボルビング方式

●借入日：2020 年 1 月 10 日

返済期間	毎月の元金返済	利息	返済総額
10 か月	5 万円	4 万 1248 円	54 万 1248 円
13 か月	4 万円	5 万 738 円	55 万 738 円
17 か月	3 万円	6 万 6310 円	56 万 6310 円
25 か月	2 万円	9 万 7542 円	59 万 7542 円
50 か月	1 万円	19 万 1281 円	69 万 1281 円

返済期間 長　返済総額 大

大きなキャッシングをしても、毎月の返済額が少額だからOKというのは大間違いです！　毎月の返済額を少なくして返済期間が長くなればなるほど、返済総額が大きくなって損をすることになりますよ。

COLUMN

キャッシング返済方式の種類

キャッシングはたいていリボ払いで返済するが、リボ払い返済にはいくつかの方式がある。クレジットカードの場合は「元金定額方式」か「元利定額方式」、カードローンの場合は「残高スライド元利定額方式」が主に採用されている。

元金定額方式	元金返済分の金額を固定にして返済していく方式。毎月の返済額は、元金返済分に利息分を上乗せした金額になる。そのため、借入残高が減れば月々の返済額も減っていく
元利定額方式	毎月の返済額を固定して返済していく方式。固定返済額には利息分も含まれている。同じ返済期間ならば、元金定額方式よりも返済総額が増えやすい
残高スライド元利定額方式	基本は元利定額方式と同じだが、返済を続け一定の借入残高以下になると、その月から新たな固定返済額（それまでの返済額よりも減る）にスライドする方式

キャッシングの返済ができない場合はどうなるの？

決められた日までに返済できない場合には遅延損害金が発生し、放っておくとクレジットカードやカードローンの利用が止められる。そして最悪の場合は、預金や給与が差し押さえられてしまうこともある。

① 決められた返済日に返済しないと
➡
- 翌日からカードの利用が停止される。
- 1日ごとに年率15～20%の遅延損害金が加算される。
- 数日後に、自宅に督促《とくそく》のハガキ・封書が送られてくる。

② 返済日から1～2か月過ぎても返済しないと
➡ 一括返済を求める内容証明郵便が送られてくる。内容証明は裁判の際の証拠となる。

③ 返済日から2か月以上返済しないと
➡ 信用情報機関に延滞情報が記録される（いわゆるブラックリストへの掲載）。

④ 返済日から3か月以上返済しないと
➡ 裁判を起こされ、裁判所の許可が下りれば、預金や給与を差し押さえられる（ただし、給与の差し押さえは手取り額の4分の1まで）。

COLUMN

信用情報機関に延滞情報が記録されると…

信用情報機関は、クレジットカードやカードローンを利用する人の個人情報や利用履歴を記録し、加盟するクレジットカード会社や金融機関などに情報提供を行っている。信用情報機関に延滞情報が記録されると、新たにクレジットカードをつくる際やローンを申し込む際、審査に通りにくくなる場合がある。

どうしてもお金が必要なら、低利貸付も

金利の高いクレジットカードやカードローンでのキャッシングは、しないに越したことはない。けれど、どうしてもお金が必要な場合、条件によっては下の例のような低利貸付もあるので検討してみよう。

	生活福祉資金貸付制度	求職者支援金融融資	労働金庫のフリーローン
対象者	条件を満たす低所得世帯、障害者世帯、高齢者世帯	求職中で職業訓練受講給付金を受給する予定者	労働金庫に出資している団体の構成員や生協組合員、その他の一般の勤労者
内容	貸付資金には生活支援費、住宅入居費、一時生活再建費、教育支援費などがある。申し込み先は都道府県の社会福祉協議会	職業訓練受講給付金だけでは訓練受講中の生活費が不足する場合に、借入が可能。ハローワークに申込み、貸付要件の確認などの手続きが必要	結婚資金や旅行資金、教育資金など使い途は自由。ただし、事業目的や投機目的には利用できない
貸付上限	貸付資金の種類によるが、たとえば生活支援費は2人以上世帯で月20万円以内	単身者などは月額5万円×受講予定訓練月数、配偶者などがいる場合は10万円×受講予定訓練月数	中央ろうきん・長野ろうきん・沖縄ろうきん：500万円 中国ろうきん：300万円 その他のろうきん：1000万円
金利	無利子または年1.5%	年3%	年6～8%程度

貯蓄はどのくらいあればいいの？

ライフプランによって貯蓄の目標額も違ってくる

人それぞれに価値観も環境も異なるので、どれくらいの貯蓄が必要なのかは一概にはいえません。そこで、まずは自分のライフプランを考えることから始めましょう。**将来の夢や希望を明確にして、その実現のために必要な貯蓄額を検討する**のです。

実際に貯蓄目標額を決めるには、たとえば住宅購入や子どもの進学など、ライフイベントを具体的に書き出してみるとよいでしょう。**どんな目的にどれだけのお金が、どの時期に必要になるのか**について、あらかじめ計画を立てておけば、それに応じた貯蓄の目標額が自然と見えてきます。

年代別の貯蓄額と負債額

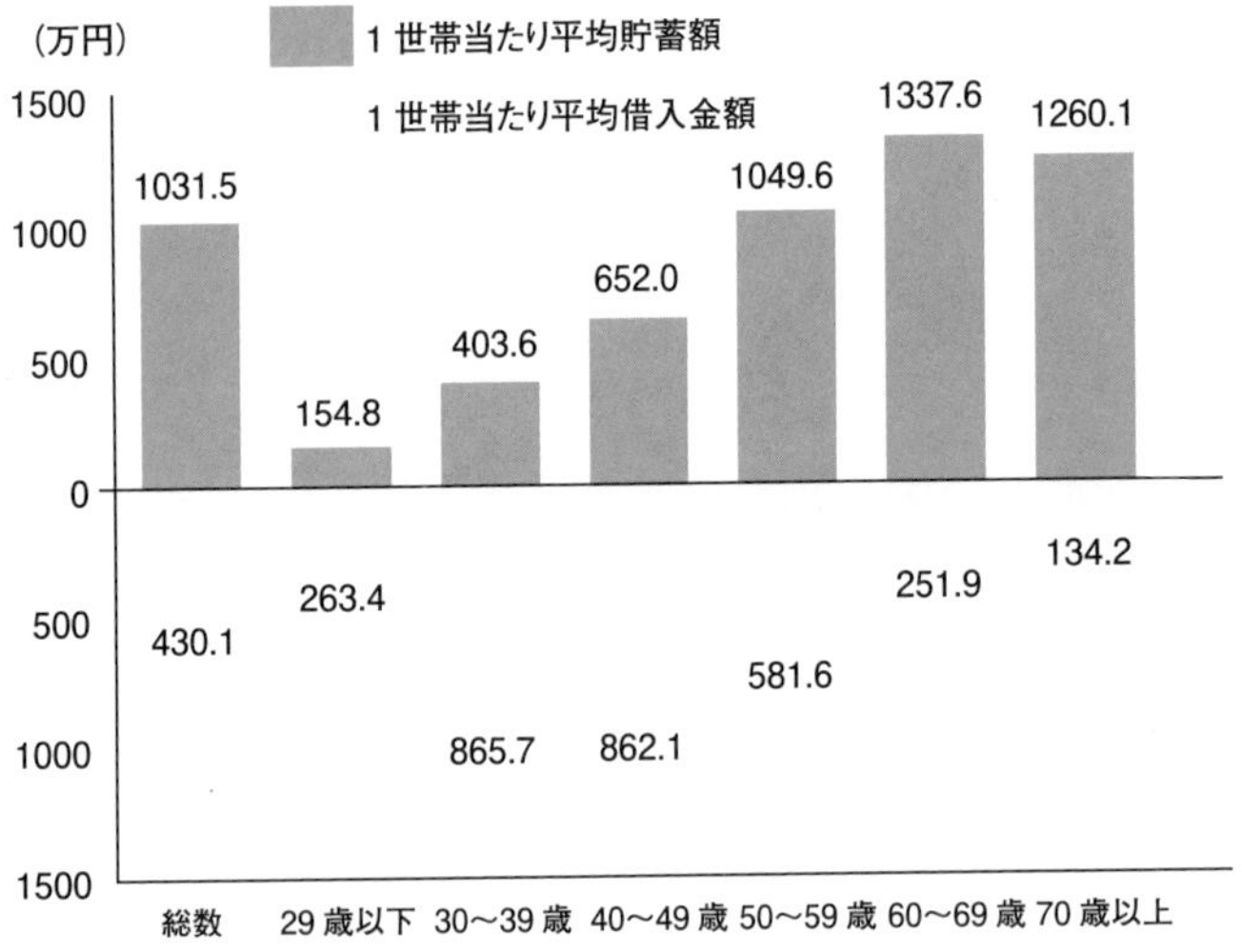

※「1 世帯当たり平均貯蓄額」には、不詳及び貯蓄あり額不詳の世帯は含まない
「1 世帯当たり平均借入金額」には、不詳及び借入金あり額不詳の世帯は含まない
年齢階級の「総数」には、年齢不詳を含む
上記の数値は、熊本県を除いたものである

出典：厚生労働省「平成 28 年国民生活基礎調査の概況」をもとに作成

30 ～ 50 代は収入が増える一方で、子どもの教育費などで支出も増える時期です。住宅ローンの支払いもあって、貯蓄はなかなか大変ですよね。でも、その時期を過ぎれば、子どもの教育費やローンも減って、貯蓄しやすい時期が来ますよ。頑張ってください！

ライフプランを具体化しよう！

自分の将来をイメージして、ライフイプランをさらに具体的なイベントに落とし込もう。そして、それぞれのイベントにかかるお金を下のシートにまとめ、貯蓄計画を練ってみよう。

記入例

年	家族の年齢					ライフイベント	かかるお金
	夫	妻	第一子	第二子	第三子		
令和5年	40	38	10	7		分譲マンション購入	マンション購入の頭金 300 万円
令和10年	45	43	15	12		長女高校入学、長男中学校入学	私立高校の初年度納入金 70 万円、公立中学入学費用 10 万円
令和13年	48	46	18	15		長女大学入学、長男高校入学	私立大学の初年度納入金 120 万円、私立高校の初年度納入金 70 万円

年	家族の年齢					ライフイベント	かかるお金
	夫	妻	第一子	第二子	第三子		

出典：日本 FP 協会「くらしとお金のワークブック」をもとに作成

賢く貯める

確実にお金が貯まる方法がある

「先取り貯蓄」で強制的に貯蓄分を確保する

生活費を使って残った分を貯蓄するのではなく、**貯蓄をして残った分で生活する、という考え方をすれば自然とお金が貯まります。**さらに確実に貯めるには、「先取り貯蓄」が効果的。先取り貯蓄とは、月給が入ったら、その一部を自動振替で強制的に貯蓄してしまう方法です。

先取り貯蓄は、**年収の2割以上を目標に**しましょう。たとえば、退職までの平均年収を４００万円として、40年間働いた場合、毎年2割平均で貯蓄できれば３２００万円。その全部を老後資金にまわせなくても、最低限の老後資金は持てるはずです。

みんなの貯蓄率はどのくらい？

可処分所得（手取り収入）のうちどのくらいの割合を貯蓄にまわしているのか、総務省「家計調査」のデータで紹介しよう。

働いているファミリー世帯の貯蓄率

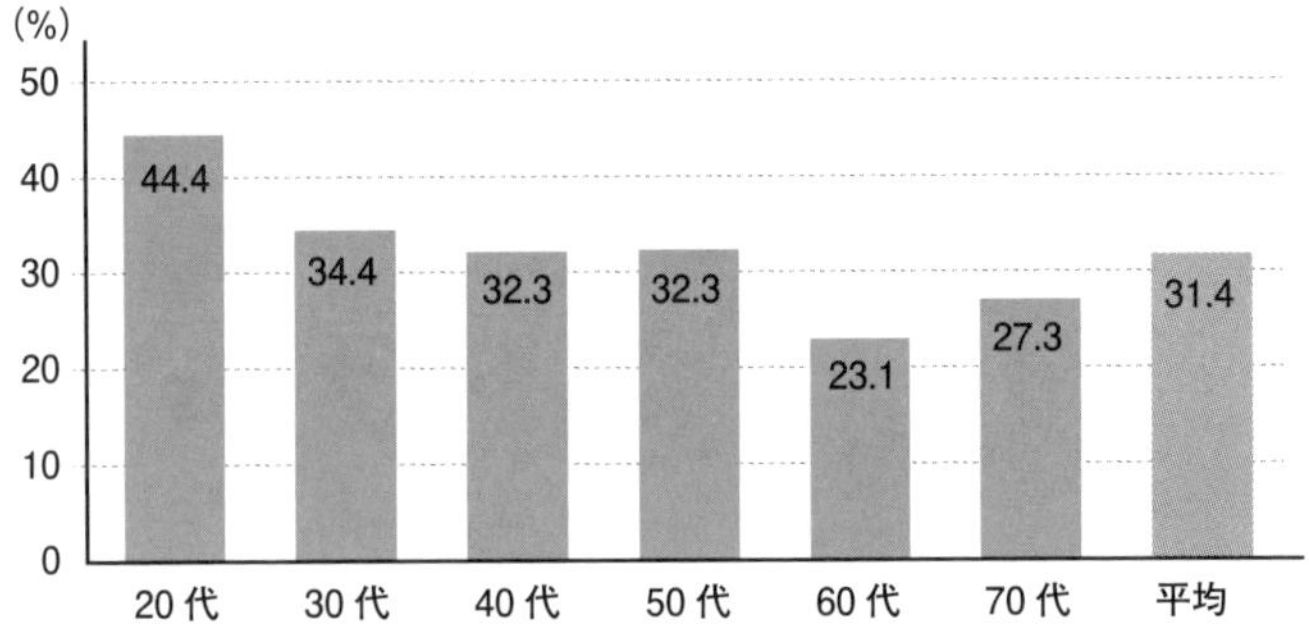

働いているシングル世帯の貯蓄率

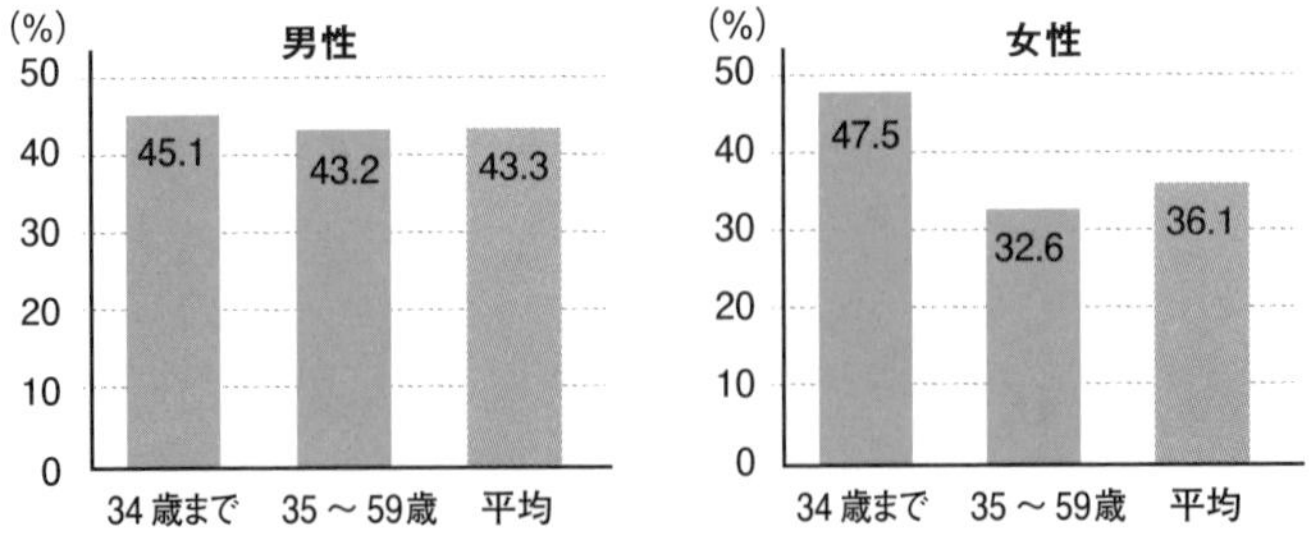

出典：総務省「家計調査」2019年をもとに作成

ファミリー世帯の場合、特に20代の貯蓄率が高いようね。20代は、まだ子どもにそれほどお金がかからない時期で、住宅ローンなどを抱えていないケースもあるから、「お金の貯めどき」といえそうよ。

「貯蓄上手」になるための心得

今、どれくらいの貯蓄があるか、しっかり把握しておく	現状を把握することが、貯蓄意識を持つための第一歩。家計バランスシートをつくり、定期的に資産状況をチェックしよう。→P.32
毎月の生活費を知り、予算を立ててお金を使う	まずは家計簿を活用して、無駄な支出を削ろう。予算を立てて計画的にお金を使えば、貯蓄にまわせるお金が増えるはず。→P.34
「お金を使って余ったら貯蓄」という考え方は禁物	なりゆきまかせではお金は貯まらない。積立定期預金などで先取り貯蓄をしてしまい、残り分を支出にあてるのが賢いやり方。→P.52
いつまでにいくら貯めるか、目標額を設定する	結婚資金や住宅購入資金などの目的を決め、それをいつまでにどれくらい貯めるか、目標を明確に持つとモチベーションも高まる。→P.50
お金を普通預金に預けたままにしない	生活費用と貯蓄用の口座を分ければ、貯まったお金に手を付けてしまう心配がない。金利の高い預金に移し替えれば、さらにお得。→P.58

「先取り貯蓄」で自動的に貯まる仕組みをつくる

給料が入るたびに、お金が貯蓄口座に自動振替される仕組みにしておけば、貯蓄が苦手な人でもお金を貯められます。けれど、貯蓄のために普段の生活が苦しくて困るというのでは本末転倒。毎月の貯蓄額は無理のない範囲で決めましょう。

会社

給与振込

普通預金口座

生活費分

貯蓄分
(目標は2割以上)

必要に応じて
引き出す

自動振替で先取り貯蓄

先取り貯蓄をして残った分が、生活に使うお金。手取り収入の全部を使えないので、しっかり支出の予算を立て、無駄遣いを抑えよう。

貯蓄用の口座

積立定期預金(→P.56)
iDeCo(→P.188)
つみたて NISA(→P.184) など

利息と金利の仕組みを知ろう

1年間の利息の金額は金利をもとに計算する

銀行は、お金を会社や個人に貸して利子をもらうことによって、収益を得ています。貸付の資金源は私たちの預金なので、収益の一部を利息として預金につけてくれるのです。

預金にどのくらい利息がつくのかは、金利をもとに計算します。**金利とは、元本（預金額）に対する1年間の利息の割合を示したものです。**1000万円を金利0・1％で預けると、1年間の利息は1万円になります。実際の預金は、**固定金利か変動金利か、単利か複利かによって利息の額も違ってくる**ので、預金を選ぶ際にしっかり確認しましょう。

金利と利息の関係

金利は預金につく1年間の利息を割合で示したもの。
利息の金額は元本に金利を掛けて算出する。

利息＝元本 × 金利

金利の差による利息の金額

	金利 0.1%	金利 0.2%	金利 0.3%	金利 0.4%	金利 0.5%
預金 100万円の利息	1000円	2000円	3000円	4000円	5000円
預金 500万円の利息	5000円	1万円	1万5000円	2万円	2万5000円

※税金は計算に含んでいない

「固定金利」と「変動金利」の違い

固定金利

経済状況が変化しても、預入時の金利が解約日まで適用される。定期預金は固定金利が一般的。

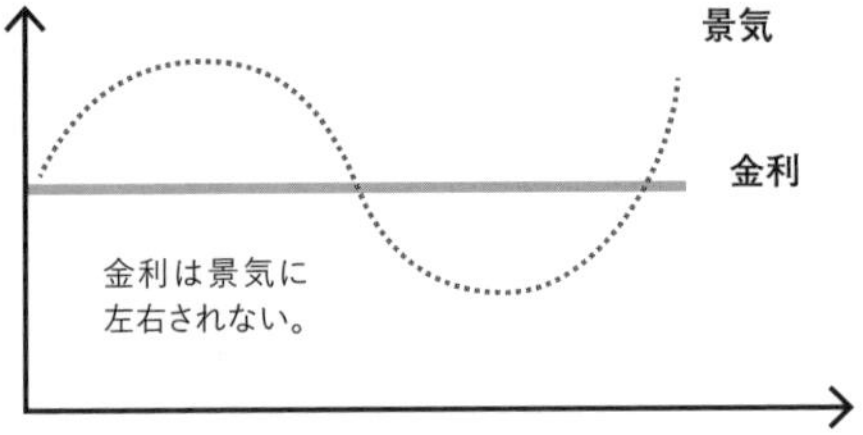

変動金利

経済状況の変化に応じて、一定期間ごとに金利が変動する。普通預金は変動金利が適用される。

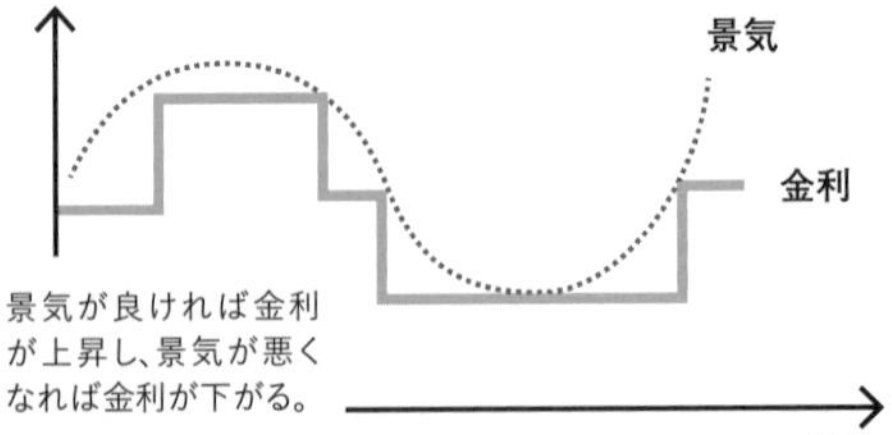

景気が悪いときは金利が下がらない固定金利が安全ですが、景気が上向きの時期なら、景気とともに金利も上がる変動金利のほうが有利ですよ。

どうして預金に利息がつくの？

銀行は預金によって集めたお金で貸付を行い、貸付で得た収益の一部を利息として預金者に還元している。

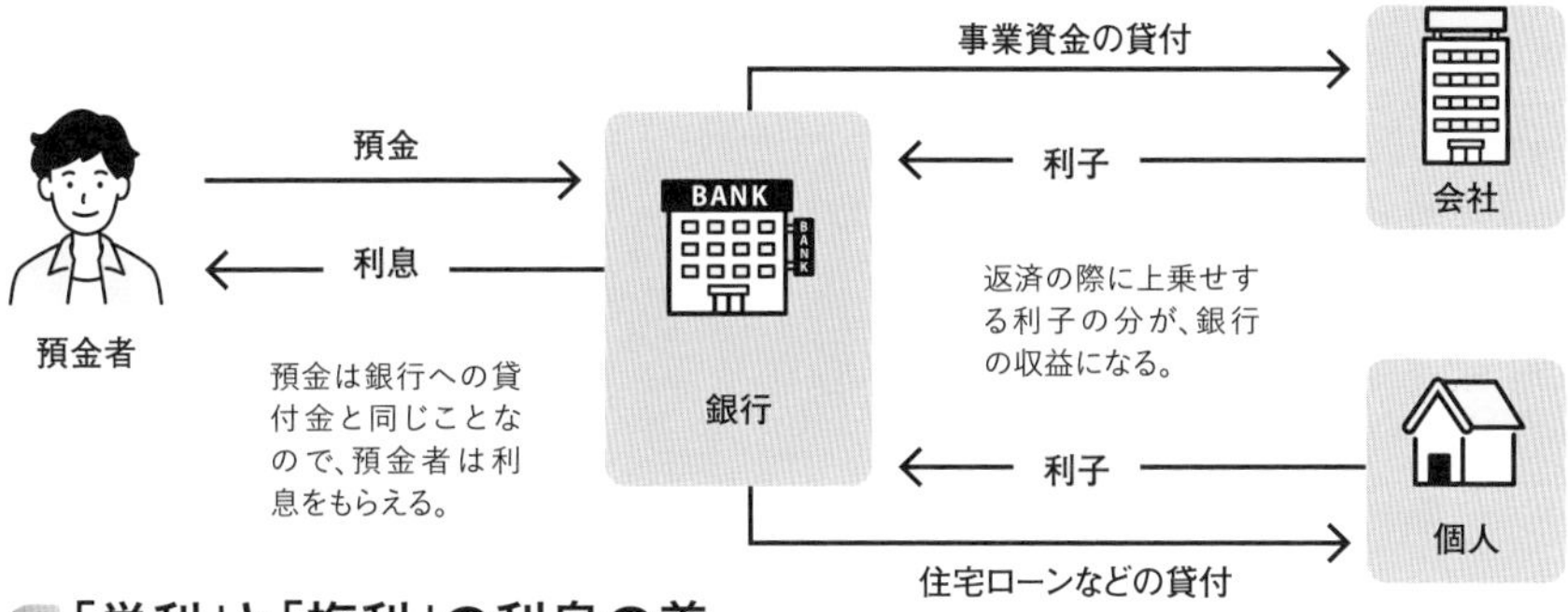

「単利」と「複利」の利息の差

利息のつき方には、「単利」と「複利」がある。「複利」の場合は元本に利息を組み入れた金額で利息計算をするので、利息も雪だるま式に増えていく。

単利とは?

最初に預け入れた元本にのみ利息がつく。預入年数が長くても、毎年の利息の金額は同じまま。

利息総額の計算方法

預入金額 × 金利 × 預入年数

複利とは?

元本に利息を加えた金額に対して利息がつく。預入年数が長いほど、年々利息の金額が増えていく。

利息総額の計算方法

{預入金額 ×（1＋金利）^{預入年数}} －預入金額

1000万円を金利5%で5年間預けた場合

単利の利息

毎年50万円ずつの利息がついていき、利息の金額が変わることはない。

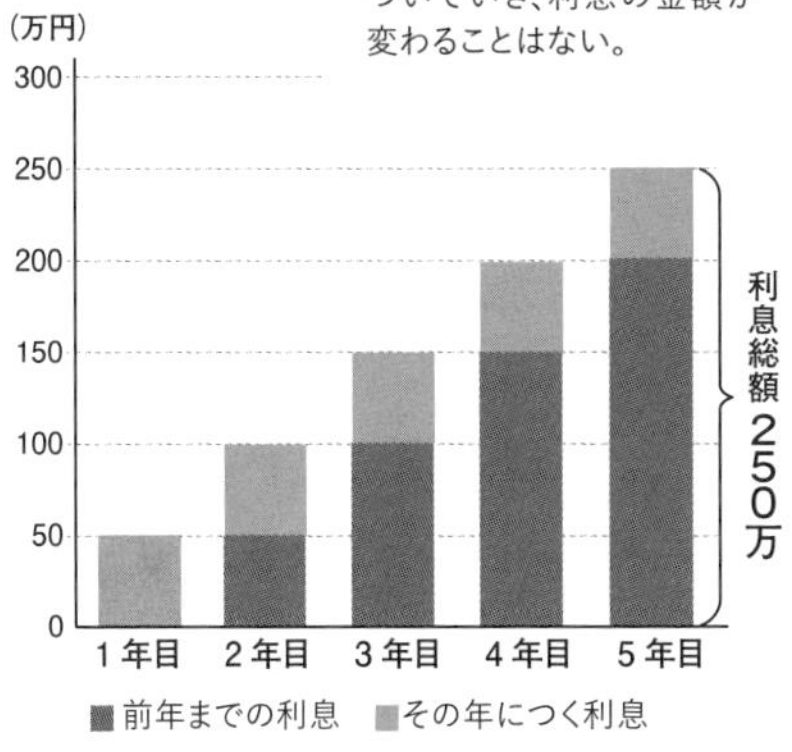

	1年目	2年目	3年目	4年目	5年目
前年までの利息	0	50	100	150	200
その年につく利息	50	50	50	50	50
利息総額	50	100	150	200	250

複利の利息

前年の利息を元本に加えた金額で利息計算をするので、年数を経るほどその年の利息は大きくなっていく。

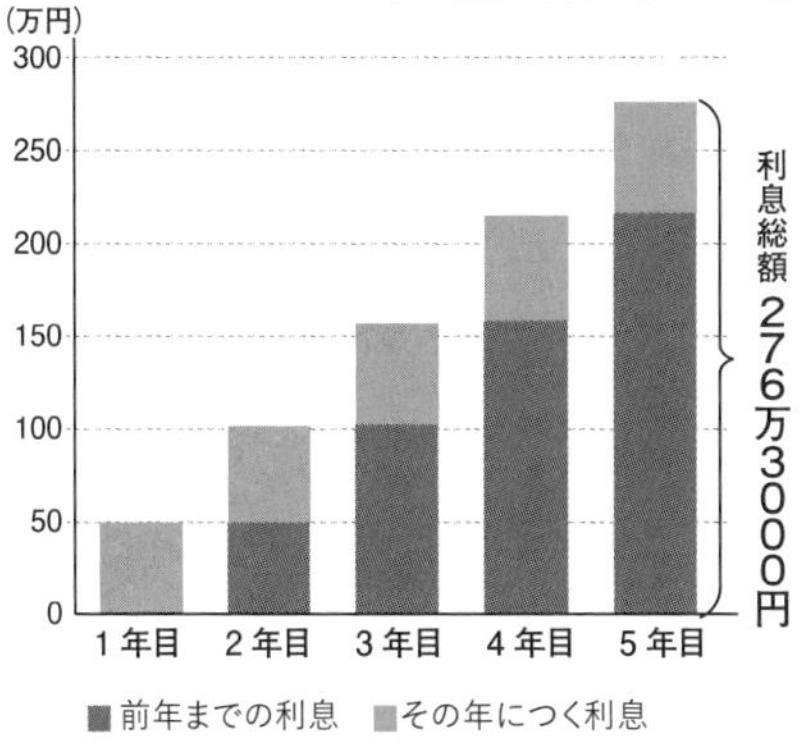

	1年目	2年目	3年目	4年目	5年目
前年までの利息	0	50	102.5	157.6	215.5
その年につく利息	50	52.5	55.1	57.9	60.8
利息総額	50	102.5	157.6	215.5	276.3

※グラフ、表の単位は万円。税金は計算に含んでいない

賢く貯める

預金はどう活用すればいいの？

普通預金は生活用、貯めるのは定期預金で

銀行預金には、種類によって適した活用法があります。普通預金は「生活のお財布」として便利ですが、**自由に引き出せるので貯蓄には向きません**。一方、定期預金なら原則、満期まで引き出せず、使ってしまう心配がないので、貯蓄に適しています。**貯蓄が苦手な人は、先取り貯蓄に積立定期預金の利用がおすすめ。**

ただし、超低金利時代の今、預金は「お金を殖やす」手段ではなく、「お金を守る」手段です。**預金でお金を守りながら、将来に向けてお金を殖やしていくために、投資による資産運用も検討しましょう。**

こんな目的にはこの預金を活用

普段の生活費を管理したい	➡	**普通預金** 預け入れと引き出しがいつでも自由にできる。給与や年金の受け取り、公共料金やクレジットカード代金などの支払いに使える。
毎月、先取り貯蓄でお金を貯め始めたい	➡	**積立定期預金** 決まった日に普通預金から一定額を定期預金として積み立てる。期間を決めて積み立てるタイプと、期間を決めずに積み立てるタイプがある。普通預金よりは金利が良い。
まとまったお金を貯めておきたい	➡	**定期預金** 原則的に決められた満期日まで引き出しができないが、普通預金よりは金利が良い。スーパー定期のほか、大口定期預金や期日指定定期預金、変動金利定期預金などの種類がある。
臨時支出に備えておきたい	➡	**貯蓄預金** いつでも預け入れや引き出しができるが、給与などの受け取りや公共料金などの支払いはできない。残高が一定額以上になると、普通預金より高めの金利になる。
事業用の預金口座がほしい	➡	**当座預金** 手形や小切手の支払いに使われる。利息はつかないが、銀行が万が一破綻しても、全額が保護される。

COLUMN

ゆうちょ銀行の預金商品

ゆうちょ銀行の場合、預金という名称ではなく「貯金」という。普通預金は「通常貯金」、定期預金は「定期貯金」や「定額貯金」、貯蓄預金は「通常貯蓄貯金」に該当する。

ネット定期預金の金利の例

都市銀行などの定期預金の金利は、0.01%というのが一般的(2020 年 5 月現在)。そこで、少しでも有利な定期預金を利用したいなら、ネット銀行や地方銀行のネット定期預金を探そう。

	1 年定期	2 年定期	3 年定期	預入期間	預入金額
オリックス銀行(e ダイレクト定期預金)	0.15%	0.22%	0.25%	6 か月・1 年・2 年・3 年・5 年	100 万円以上(1 円単位)
香川銀行セルフうどん支店	0.18%	0.18%	0.20%	1 年・2 年・3 年・5 年	10 万円以上 100 万円まで(1 円単位)
大光銀行えちご大花火支店(スターマイン定期預金)	0.20%	0.20%	0.20%	1 年・2 年・3 年	1 万円以上 1000 万円未満(1 円単位)
あおぞら銀行(ネット定期預金)	0.20%		0.15%	6 か月・1 年・3 年・5 年	50 万円以上(1 円単位)
大和ネクスト銀行	0.05%	0.05%	0.05%	1 か月・3 か月・6 か月・1 年・2 年・3 年・5 年	10 万円以上(1 円単位)

※データは 2020 年5月現在。キャンペーン金利は除く

COLUMN 定期預金の満期後も自動継続したいときは?

定期預金の自動継続には、元利金継続型と元金継続型があるが、複利効果の期待できる元利金継続型を選ぼう。

- 元利金継続型:満期時までの利息を元本に組み入れた金額で、定期預金が継続される。
- 元金継続型:満期時までの利息は普通預金に入金され、元本だけが定期預金として継続される。

ネット定期預金では、ボーナス時期などに金利上乗せキャンペーンを行うことも多いんだ。キャンペーンの機会を狙えば、さらに有利にお金を預けられるよ。

預入期間は短めのほうが有利な場合も

現在の定期預金は、預入期間が長くても短くても金利はほとんど同じ。今後、金利が上がる可能性もあるので、金利上昇に即応できるように短期の定期預金にしたほうが有利だ。

100 万円の 5 年定期を満期まで継続した場合

預入時の金利が 0.2%なら、2 年後に金利が 0.5%に上昇しても、5 年後の満期まで 0.2%の金利が適用されてしまう。

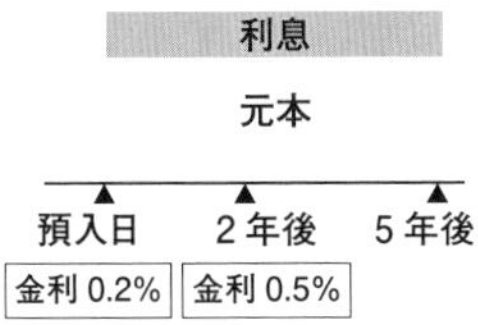

固定金利の定期預金は預入時の金利が満期まで適用される。

5 年後の利息総額=1 万 45 円

※半年複利、固定金利の定期預金として計算。税金は計算に含めない

100 万円の 1 年定期を 5 年間自動継続した場合

2 年後に金利が 0.5%に上昇した場合、それ以降の 1 年定期預金には 0.5%の金利が適用される。

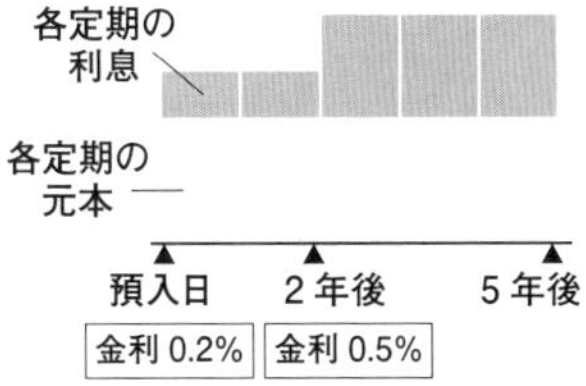

預入期間を短めに設定しておいたほうが、金利が上昇したときに即応できて有利。

5 年後の利息総額=1 万 9139 円

※元利金継続型、固定金利の定期預金として計算。税金は計算に含めない

賢く貯める

銀行口座の上手な使い方は？

「普段使いの銀行」と「お金を守る銀行」を持つ

銀行の使い方の基本は、「普段使いの銀行」と「お金を守る銀行」を持つこと。**目的別に銀行を使い分けると、効率的にお金を貯められます。**「普段使いの銀行」を給与などの振込先にして、公共料金などの支払いも同じ銀行の口座振替で行えば、無駄な手数料が省けます。

「普段使いの銀行」はお金を頻繁に出し入れするので、利便性重視で選びましょう。一方、**「お金を守る銀行」は、できるだけ金利が良い定期預金を扱う銀行を選びましょう。**余裕資金があるなら、銀行に限らず証券会社も視野に入れ、資産運用を始めましょう。

銀行にはいくつもの種類がある

銀行の種類と特徴を知り、自分の目的に合った銀行を利用するようにしよう。

	特徴	取扱商品
都市銀行	大都市を拠点として、全国に支店を展開。資金力があり、信用度も高い	各種の預金やローンのほか、外貨預金、投資信託や各種債券、保険など。幅広い商品ラインナップが特徴
地方銀行	地方都市を中心に、特定エリア内に支店を置く地域密着型の銀行。ネット支店で、高金利の定期預金などを扱っている場合もある	各種の預金やローン、外貨預金、投資信託、国債など。都市銀行と比べるとラインナップが少ない
ネット専業銀行	原則、店舗を持たず通帳もなく、インターネット上で取引を行う銀行。定期預金の金利が高く、手数料も安いのが強み。ただし、公共料金の自動振替ができない銀行もあるので注意	各種の預金やローン、外貨預金など。銀行によっては、投資信託や保険も扱っている。積立定期預金があるのは、まだ楽天銀行とソニー銀行のみ
流通系銀行	現在、イオン銀行、セブン銀行、ローソン銀行がある。コンビニやスーパーの店舗に窓口やATMを設置して営業。利用に応じてポイントが貯まるサービスもある	普通預金や定期預金、カードローンなど。イオン銀行では積立定期預金、外貨預金、投資信託も扱っている
ゆうちょ銀行	全国の郵便局ネットワークを窓口として使える。個人の利用には、通常貯金が 1300 万円まで、定期貯金などの定期性貯金が 1300 万円までという預入限度額がある	各種の貯金やローン、投資信託や国債など
信用金庫	銀行ではないが、銀行と同じように利用できる。ただし、融資は原則的に一定地域内に住む会員でなければ受けられない	一般の銀行と同様の各種預金やローン、投資信託や国債など。保険を取り扱っている信用金庫もある

※データは 2020 年 2 月現在

「普段使いの銀行」のチェックポイント

利便性はどうか?

自宅や職場の近辺に利用できるATMや窓口があるか、インターネットバンキングができるかどうかもチェックしよう。

手数料はいくらか?

時間外や土日祝日のATM手数料、他行ATMやコンビニATMの手数料、振込手数料などをチェック。手数料が無料になるサービスがあるかどうかも調べよう。

給与の振込先にできるか?

会社によっては、給与の振込先銀行が指定されている場合がある。自分の選んだ銀行を給与の振込先にできるか会社に確認しておこう。

効率的にお金を貯める銀行口座の活用例

銀行口座を賢く使い分けてフル活用することで、効率的にお金を貯めることができる。使い分け方の例をここで紹介しよう。

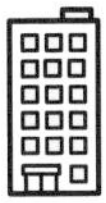

給料

自動振込

水道光熱費
クレジットカード
代金 など

自動振替

生活費

普段使いの銀行

普通預金

まずは自分にとって利便性の良い銀行を選び、普通預金口座を開設。生活費のやりくりに使うので、ATM 利用料もしっかり調べて銀行選びをしよう。

自動積立

積立定期預金

積立定期預金を利用して毎月、先取り貯蓄を実行。積立の預入日に普通預金が残高不足ということがないように、給料日直後に預入日を指定しておくと間違いがない。

定期預金

1 年ごとなど期間を区切って、積立定期預金のお金を 1 本の定期預金にまとめていけば、いくらくらい貯まったかすぐにわかって便利。

まとまった
お金を
預け替える

お金を守る銀行

ネット定期預金など

1 年ごと、100 万円ごとなど目安を決めて、ある程度まとまったお金は金利の良い銀行に移していこう。金利の高さなら、ネット専業銀行や地方銀行のネット支店のほうが優れている(→P.57)。

余裕資金が
できたなら

**お金を殖やす口座
(銀行・証券会社など)**

iDeCoや NISA口座で投資信託

資金に余裕があるのなら、iDeCo(→P.188)や NISA 口座(→P.184)を利用した投資信託もぜひ検討しよう。投資信託には元本保証がないが、金利は定期預金よりもはるかに高い。iDeCo や NISA 口座を使えば、投資の利益が非課税になる。

普通預金口座を開設すると、特に申し出ない限り総合口座の通帳を渡してくれる。総合口座は普通預金、定期預金を一つにまとめた口座なので便利。銀行によっては、積立定期預金なども総合口座で扱える。

賢く貯める

インターネットバンキングのメリットは？

24時間いつでも取引できて手数料もお得！

インターネットバンキングのメリットは、何といっても利便性。インターネットバンキングならば、銀行の窓口やATMに行かなくても、**自宅のパソコンやスマホから24時間いつでも取引ができます。**

また、**窓口やATMよりも振込などの手数料が安く、為替手数料も安いことが魅力です。**さらに、**ネット専業銀行や地方銀行のネット支店の定期預金は、一般的な銀行よりも高金利。**なかには普通預金の金利も高いというケースがあります。利用申し込みはネットで簡単にできるので、ぜひ利用を検討してみるとよいでしょう。

インターネットバンキングでどんなことができるの？

現金の入出金以外なら、通常の銀行窓口で行うほとんどの取引がインターネットバンキングでもできる。

税金・各種料金の支払い

税金などPay-easy（ペイジー）マークがある払込書なら、必要情報を入力するだけでネットを通じて支払いができる。また、公共料金の口座振替もネットで申し込める。ただし、公共料金の口座振替に対応していないケースもあるので注意。

振込・振替

振込を行う場合、窓口やATMよりも一般的に手数料が安い。自行宛の振込なら、手数料が無料という銀行も多い。

口座の開設

窓口に行かなくても、パソコンやスマホから本人確認書類や顔写真をアップロードして、必要情報を入力するだけで口座開設の申し込みができる。

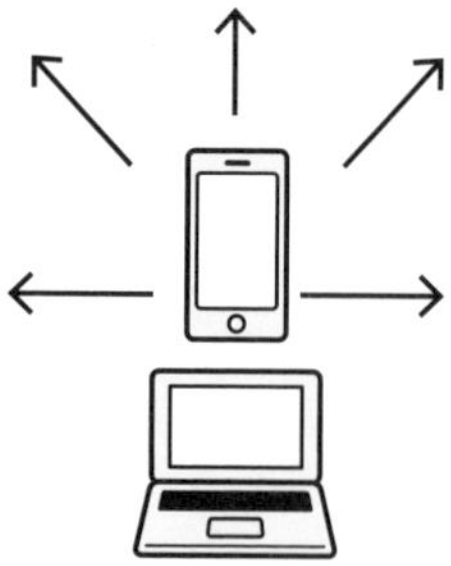

残高・入出金明細の照会

Web上で預金残高や入出金の明細をいつでも確認できる。通帳紛失の心配がなく、窓口やATMでの通帳記帳の手間も省ける。

ローンの申し込み

住宅ローンなどをネットで申し込める。一部繰り上げ返済や借り換えの申し込みもでき、その際の手数料が無料になる場合が多い。

COLUMN　インターネットバンキングのセキュリティ対策

- OSやソフトウェアのアップデートプログラムを必ず適用しよう。
- セキュリティ対策ソフトをインストールして、定期的に定義ファイルの更新も行おう。
- 不審なメールは安易に開封したりせず、怪しいと思ったら銀行に問い合わせよう。
- インターネットバンキングのホームページで、注意喚起情報を常に確認しよう。

ネット銀行の場合、現金の入出金は、提携している銀行のATMやコンビニのATMを使うのよ。口座を開設する前に、それらが自分の利用しやすい場所にあるか、手数料がかかるのかなどをしっかり確認しておこう。

インターネット専業銀行のサービス

ネット専業銀行は金利の高さで注目されているが、金利以外にお得なサービスを提供している場合も多い。主なネット専業銀行の金利とともに、特徴的なサービスを紹介しよう。

ジャパンネット銀行

ネット専業銀行の草分け。T ポイントを現金に交換できる（100 ポイント=85 円の交換レート）。また、「ヤフオク！」の落札支払い手数料、「PayPay マネー」の出金手数料が無料。

普通預金の金利：0.01% ※1
1 年定期の金利：0.02%

楽天銀行

取引に応じて楽天スーパーポイントが貯まり、ポイントを楽天市場などでの買い物に使える。楽天証券との連携口座「マネーブリッジ」を利用すると、普通預金の金利が 0.10%に大幅アップ！

普通預金の金利：0.10% ※2
1 年定期の金利：0.02%

ソニー銀行

外貨建て金融商品が充実。ソニー銀行のデビットカードは、ショッピングの利用代金を外貨預金からも引き落とせて、海外 ATM で米ドルやユーロなど現地通貨の引き出しも可能。

普通預金の金利：0.001%
1 年定期の金利：0.02%

住信 SBI ネット銀行

取引によって貯まったポイントを現金や JALのマイルにも交換できる。SBI 証券と連携して、預金残高を自動的に投資商品の運用資金に充当できる「ハイブリッド普通預金」は、金利も高い。

普通預金の金利：0.01% ※3
1 年定期の金利：0.02%

au じぶん銀行

スマホアプリで、残高・入出金照会、振込などの基本的な取引のほか、外貨取引も利用できる。また、au ユーザーは、取引に応じてポイントが貯まる。

普通預金の金利：0.01% ※4
1 年定期の金利：0.05%

大和ネクスト銀行

口座開設には、大和証券の口座開設が必要。普通預金を大和証券の口座に手数料なしで自動振替できるので、投資を行うのに便利。

普通預金の金利：0.005%
1 年定期の金利：0.05%

＊データは 2020 年5月現在
※1：ジャパンネット銀行の普通預金の金利は 100 万円未満の場合。 ※2：楽天銀行の普通預金の金利は「マネーブリッジ」を利用した場合。 ※3：住信 SBI ネット銀行の普通預金の金利は「ハイブリッド普通預金」を利用した場合。 ※4：au じぶん銀行の普通預金の金利は au カブコム証券で「じぶん銀行自動引落（口座振替）※リアル版」を設定した場合

主なインターネットバンキングの振込手数料

インターネットバンキングは手数料が安いことも魅力。たとえば都市銀行の窓口でお金の振込を行うと、通常、自行宛でも 300 円以上、他行宛なら 600 円以上かかってしまう。

銀行	自行宛	他行宛		優遇制度など
		3 万円未満	3 万円以上	
みずほダイレクト（みずほ銀行）	無料（同一支店宛）	220 円	440 円	自行本支店宛は 3 万円未満 110 円、3 万円以上 220 円。取引状況に応じて、他行宛が最大月 3 回まで無料になる優遇制度あり
SMBC ダイレクト（三井住友銀行）	無料	220 円	440 円	みなと銀行宛は 110 円、SMBC 信託銀行宛は無料。取引状況に応じて、みなと銀行宛が無料、ジャパンネット銀行の本人名義口座宛が無料になる優遇制度あり
三菱 UFJダイレクト（三菱 UFJ 銀行）	無料	220 円	330 円	取引状況に応じて、他行宛が最大月 3 回まで無料になる優遇制度あり
ジャパンネット銀行	無料	176 円	275 円	預金平均残高 3000 万円以上の場合、他行宛が月 5 回まで無料になる優遇制度あり
au じぶん銀行	無料	178 円	283 円	三菱 UFJ 銀行宛は無料。取引状況に応じて、他行宛が最大月 15 回まで無料になる優遇制度あり
楽天銀行	無料	168 円	262 円	取引状況に応じて、他行宛が最大月 3 回まで無料になる優遇制度あり
ソニー銀行	無料	月 1 回まで無料、以降は 220 円		取引状況に応じて、他行宛が最大月 11 回まで無料になる優遇制度あり
新生銀行	無料	月 1 回まで無料、以降は 314 円		取引状況に応じて、他行宛が月 5 回または 10 回まで無料になる優遇制度あり
住信 SBI ネット銀行	無料	157 円		三井住友信託銀行宛は無料。取引状況に応じて、他行宛が最大月 15 回まで無料になる優遇制度あり

※データは 2020 年5月現在。 みずほ銀行のデータは 2020 年 3 月 1 日 からの改定内容

賢く貯める

預金以外にも貯蓄型の金融商品がある

注目は「iDeCo」と「つみたてNISA」

一般的に金利が低い貯蓄型の商品の中で、近年注目されているのが、「iDeCo（個人型確定拠出年金）」と「つみたてNISA」です。どちらも**毎月一定額の積立で投資信託などを運用して、お金を殖やしていく仕組みです**。運用で得た利益は非課税、iDeCoの場合なら掛金も所得控除されます。

また、会社によっては、給料から天引きで積立貯蓄ができる**財形貯蓄制度**があります。さらに近年は**企業型の確定拠出年金**（**企業型DC**）を導入している会社も増えており、預金以外の選択肢が広がっています。

3つの財形貯蓄を知っておこう

財形貯蓄は、給料からの天引きで貯蓄を殖やす仕組み。お金の積立先としては、個人年金、積立保険、定期預金などもある。財形貯蓄の種類を知り、払い出し条件なども確認したうえで自分に合ったものを選ぼう。

	財形住宅貯蓄	財形年金貯蓄	一般財形貯蓄
目的（用途）	住宅購入、リフォームなど	老後の年金の受け取り	自由
対象者	満55歳未満の勤労者		勤労者
積立期間	5年以上		3年以上
払い出し条件	●本人が居住し、床面積50m² 以上の住宅購入・リフォームであること ●中古住宅は、築後20年以内（耐火構造なら築後25年以内）のもの ●リフォームは工事費用が75万円を超えること	満60歳以降で、5年以上20年以内（保険商品の場合、終身受け取りも可能）	貯蓄開始から1年経過後は払い出し自由
税金の優遇措置	●貯蓄などは元本550万円まで非課税 ●保険などは払込額550万円まで非課税 ●財形住宅貯蓄と財形年金貯蓄を併せて利用した場合、合算して貯蓄残高550万円まで非課税	●貯蓄などは元本550万円まで非課税 ●保険などは払込額385万円まで非課税	非課税の優遇措置なし
目的外の払い出しをした場合	●5年間さかのぼって課税される ●災害等一定の事情による目的外の払い出しは、特例により非課税		

会社を退職すると、財形貯蓄は払い戻しされますよ。ただし、2年以内に再就職して、再就職先の会社に財形制度があれば、そのまま継続できます。

主な貯蓄型の金融商品

iDeCo（個人型確定拠出年金）（→P.188）

掛金を積み立てて投資信託などを運用し、貯まったお金は 60 歳以降に年金または一括で受け取る（年金と一括受取の併用も可能）。運用利益は非課税で、掛金も所得控除される。
iDeCo（個人型）のほかに、会社が退職金制度として導入する「企業型」の確定拠出年金もある。

つみたてNISA（→P.184）

積立投資によって、投資信託などを運用できる制度。年間の積立額は 40 万円という上限が設けられているが、積立投資で得た利益は最長 20 年間非課税という大きなメリットがある。ただし、口座開設ができるのは 2042 年まで。

財形貯蓄

会社が給料から預金分を天引きして積立をしてくれるので、自動的にお金が貯まる。「財形住宅貯蓄」「財形年金貯蓄」「一般財形貯蓄」という種類がある。会社員や公務員、派遣社員などが利用でき、個人事業主は利用できない。

個人年金保険（→P.149）

保険料を一定期間払い込み、60 歳など契約時に定めた年齢に達すると、お金を年金として受け取れる。生存している限り一生涯年金を受け取れる「終身年金」、契約した一定期間だけ年金を受け取れる「有期年金」、生死に関係なく契約した一定期間年金を受け取れる「確定年金」がある。ドル建個人年金は金利が高く人気。

養老保険（→P.139）

生命保険の一種。保険期間中に死亡した場合には死亡保険金を、生存して満期を迎えると死亡保険金と同額の満期保険金を受け取れる。また、中途解約の場合も解約返戻金を受け取れる。

終身保険（→P.139）

生命保険の一種。保障が一生涯続き、死亡した場合には死亡保険金が受け取れる。養老保険と同様に中途解約の場合に解約返戻金があり、解約返戻金は年金として受け取ることも可能だが、満期保険金はない。

COLUMN　会社が社内預金を設けている場合もある

福利厚生の一環として、社内預金を設けている会社もある。社内預金は、会社が給与やボーナスから一定額を天引きして、社員の貯蓄を代行する。金利は会社により異なるが、一般的に銀行預金よりも金利が高い。

金融商品ではありませんが、実は百貨店積立や旅行積立がすごくお得！積立をして満期になると、百貨店積立はボーナス分がついた買い物券、旅行積立は積立総額以上の旅行券がもらえます。百貨店積立の金利は 8% 以上のケースがありますし、旅行積立の金利も 1.5 ～ 3%はありますよ。

金融機関や生命保険会社が破綻したら預金や生命保険はどうなるの？

●一般預金は 1000 万円と利息分が保護される

銀行などの金融機関が破綻した場合、普通預金や定期預金などの一般預金等は、預金保険制度によって一定額が保護されることになっています。

保護される預金額は、１つの金融機関で１人当たり 1000 万円と利息分です。それを超える部分は、破綻した金融機関の残余財産の状況次第となり、預金と利息の全額が戻ってこない可能性もあります。

●生命保険にも一定の契約者保護がある

生命保険会社が破綻しても保険契約は消滅せず、生命保険契約者保護機構によって守られます。保険契約は保護機構の資金援助で救済保険会社が引き継ぎますが、救済保険会社が現れなかった場合は、保護機構が設立する承継保険会社または同機構自らが引き継ぎます。

ただし、保険契約の引き継ぎの際に次のようなマイナス面もあります。

責任準備金の削減	生命保険会社が将来の保険金等の支払いに備えて積み立てていた責任準備金の補償は、90％まで
予定利率の引き下げ	引き継ぐ保険会社によっては、契約時の予定利率が引き下げられることがある

責任準備金の削減や予定利率の引き下げによって、受け取る保険金が減ってしまう場合もあります。

なお、生命保険会社の破綻後、救済保険会社などへの保険契約の引き継ぎが完了するまで、解約はできないことになっています。

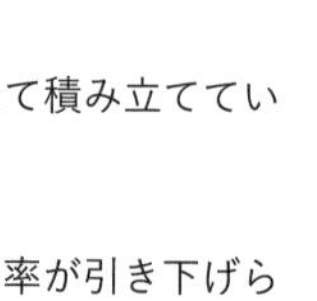

Lesson

3

お金を使う

ライフステージとお金

結婚資金と結婚後の家計は？

結婚と新生活準備にかかるお金を把握する

婚約から新婚旅行までにかかった費用は、２０１９年の全国平均で約４８７万円。新生活準備のためにかかった費用は２０１６年の平均で約72万円。ご祝儀や親からの援助が期待できる場合は、自己負担額を抑えることができます。

新生活を始めるにあたっては、まずは**これまでにおたがいが使っていた家具や家電を持ち寄り、足りない分は買い足す**と、余計な出費が抑えられるでしょう。

結婚後のお金の管理については、**夫婦それぞれのライフスタイルや性格に合ったもの**を選びましょう。

結婚にかかる費用

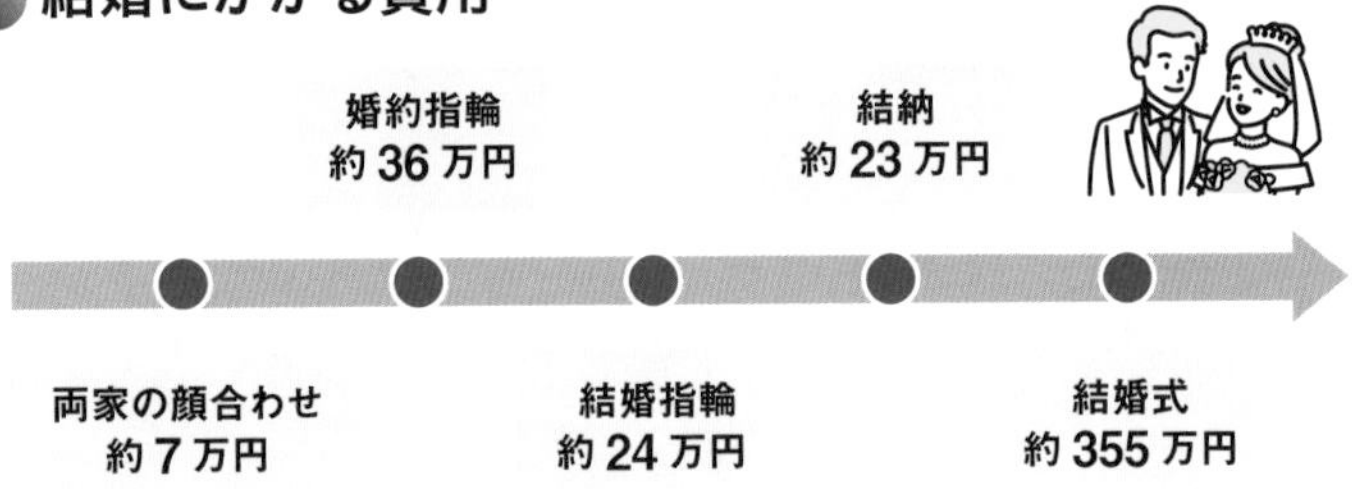

出典：「ゼクシィ結婚トレンド調査 2019」をもとに作成

新生活準備にかかるお金

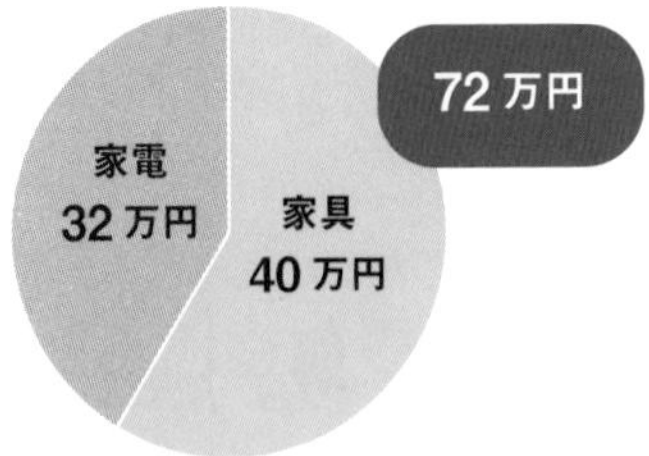

新生活準備のためにかかった費用の平均は、2016 年で約 72 万円。「50 万円未満」が 47％で最も高く、次いで「50 万～100 万円未満」「100 万～ 150 万円未満」が続く。

※住居費を除く
出典：「ゼクシィ新生活準備調査 2016」をもとに作成

COLUMN　ナシ婚という選択も今は当たり前

最近では、入籍のみで結婚式を挙げない「ナシ婚」を選択するカップルが増えている。「ナシ婚」のメリットは、なんといっても多額の結婚費用を浮かせられること。その分を貯金や新居の準備など、ふたりにとって必要なものに使うことができる。一方デメリットは、思い出に残らない、結婚報告の手間がかかるなどが挙げられる。そこで「ナシ婚」層は、指輪の購入や記念写真の撮影などで思い出づくりをしたり、身内や親しい友人だけの食事会を開いたり、SNS 上で結婚の報告をしたりといった工夫をしている。

専業主婦世帯 or 共働き世帯のメリット・デメリット

近年、夫婦共働き世帯の数は増加し、2018 年には共働き世帯は専業主婦世帯の 2 倍以上となっている。専業主婦と共働き、それぞれのメリット・デメリットについて確認し、おたがいが納得のいく形を選択しよう。

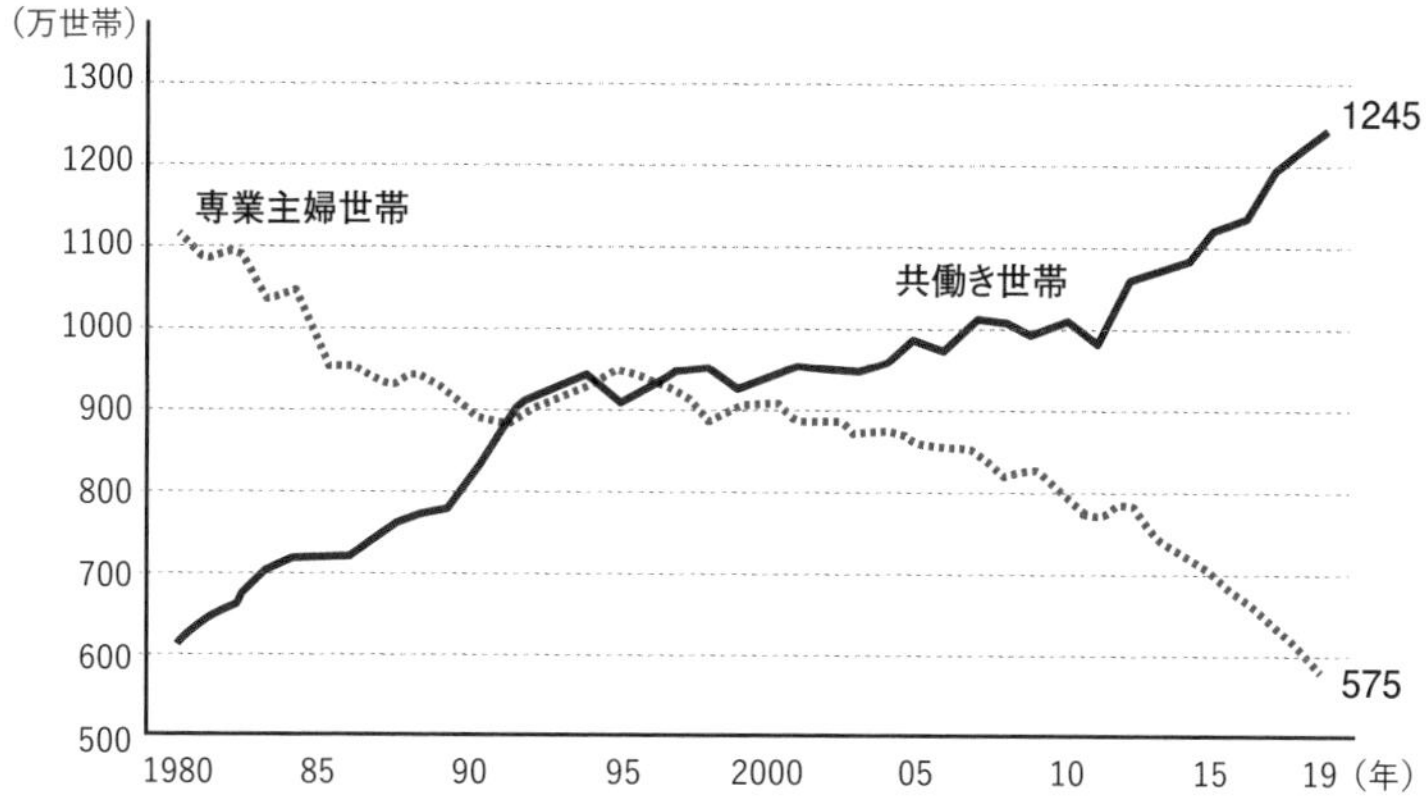

資料出所
厚生労働省「厚生労働白書」、内閣府「男女共同参画白書」、総務省「労働力調査特別調査」、総務省「労働力調査(詳細集計)」
*1「専業主婦世帯」は、夫が非農林業雇用者で妻が非就業者(非労働力人口及び完全失業者)の世帯。
*2「共働き世帯」は、夫婦ともに非農林業雇用者の世帯。　*3 2011 年は岩手県、宮城県及び福島県を除く全国の結果。
*4 2013 年～ 2016 年は、2015 年国勢調査基準のベンチマーク人口に基づく時系列用接続数値。
出典：労働政策研究・研修機構「専業主婦世帯と共働き世帯　1980 年～ 2019 年」

専業主婦

メリット

- 時間の融通がきく
- 子どもの急な体調不良にも対応しやすい
- 家事に時間をかけられる

デメリット

- 社会復帰が難しい
- 夫に先立たれた場合、急激に家計が苦しくなる
- 共働き世帯に比べて、収入が低い

共働き

メリット

- 家計が安定する
- 老後に受け取れる年金が多い
- 出産時の給付金が専業主婦より多い

デメリット

- 育児や家事が負担になる
- 時間の融通がきかない
- 保育料や洋服代、交際費など、専業主婦に比べて支出が多い

夫婦の家計管理の方法

共通管理型

- 夫婦それぞれが決まった金額を家計へ入れて管理する方法。
- おたがいに家計の支出を把握できる。
- おたがいの貯蓄状況が把握できないので、お金が貯まりにくい。

分担管理型

- 費用項目ごとに分担を決めて管理する方法。
- 分担した項目の支出以外は自由に使える。
- おたがいの貯蓄状況が把握できないので、お金が貯まりにくい。

一括管理型

- 夫または妻のどちらかが家計のすべてを一括管理する方法。
- 家計全体の把握がしやすく、お金が貯まりやすい。
- 自由になるお金が少ない。

ライフステージとお金

出産にはいくらかかる？

公的支援の活用で負担減 産休・育休中も給付あり

入院・分娩にかかる費用は、全国平均で約51万円です。このうち、42万円は出産育児一時金でまかなえるので、**自己負担分は平均約９万円**になります。出産育児一時金は直接支払制度もあります。入院・分娩費**は地域による差が大きいので、里帰り出産も検討するといいでしょう。**

妊娠中にかかる費用のうち、**妊婦健診は、ほぼ無料**で受けられますが、自治体によって助成の範囲や方法が異なります。

ベビー用品は、レンタル、フリーマーケット、バザーなどを利用すれば出費を抑えることができます。

妊娠～子育てにかかる費用

自治体に妊娠を届けると、受診券がもらえる方式が多い（自治体によって異なる）。
※里帰り出産の場合、居住地の自治体が発行した受診券は使えないので医療費がかかるが、助成金を支給する自治体もある

妊娠中	出産時	出産後
妊婦健診 14回までは 原則公費負担	入院・分娩費 全国平均50.6万円 （出産育児一時金42万円） 自己負担は差額の8.6万円	ベビー用品 3万円～
マタニティ用品 5万円～		内祝い お祝い金の1/3～1/2
		行事費ほか

出産にかかる費用は、地域による差が大きい。
【最高】東京都 平均62.2万円
【最低】鳥取県 平均39.6万円
最高と最低の差は、平均22.6万円！
※里帰り出産の場合、夫婦それぞれの往復交通費も必要

お宮参りなどの費用は、両親（子どもの祖父母）が負担するケースも多い。

出典：国民健康保険中央会「正常分娩分の平均的な出産費用について（平成28年度）」をもとに作成

ベビー用品はお祝いでもらえることもあるよ。親しい相手なら、何が欲しいか、伝えておくのもいいね。

妊娠～子育てでもらえるお金

妊娠中	出産	出産後

← 社会保険料（健康保険料・厚生年金保険料）免除 →

産休

出産手当金

産前 42 日
（多胎の場合は 98 日）
標準報酬日額※1× 2/3 支給

産後 56 日

出産育児一時金
42 万円

育休

育児休業給付金

半年まで
休業開始時賃金日額※2
× 支給日数
×67%

半年～子どもが 1 歳になる日まで（子どもが 2 歳になる日までの延長可能）
休業開始時賃金日額※2
× 支給日数
×50%

「出産手当金」とは、会社員や公務員が、産休中に勤務先の健康保険から受け取れるお金。契約社員やパート、派遣社員なども対象となる。

「出産育児一時金」とは、妊娠 4 か月（85 日）以上で出産する健康保険加入者などが受け取れるお金。国民健康保険の加入者や配偶者の健康保険の被扶養者にも支給される。

育休が延長されるのは、保育所に申し込んだが入れなかった場合など。「パパ・ママ育休プラス」制度を使えば、子どもが 1 歳 2 か月になるまで給付金を受け取れる。

※1 標準報酬日額：標準報酬月額（給与などの金額に応じて、健康保険や厚生年金保険が定めている金額）を 30 日で割った額
※2 休業開始時賃金日額：育休開始前の 6 か月分の収入の合計を 180 日で割った額

このほか、自治体独自の助成制度もあるわよ。不妊治療に対する助成もあるから調べてみよう。

COLUMN

出産育児一時金は直接支払制度も

健康保険が医療機関へ出産育児一時金を直接支払う制度もある。入院・分娩費が 42 万円より高い場合、本人は差額のみ支払えばよいので、窓口での支払い金額が少なくてすむ。病院・産院がこの制度を利用しているかを確認しておくこと。

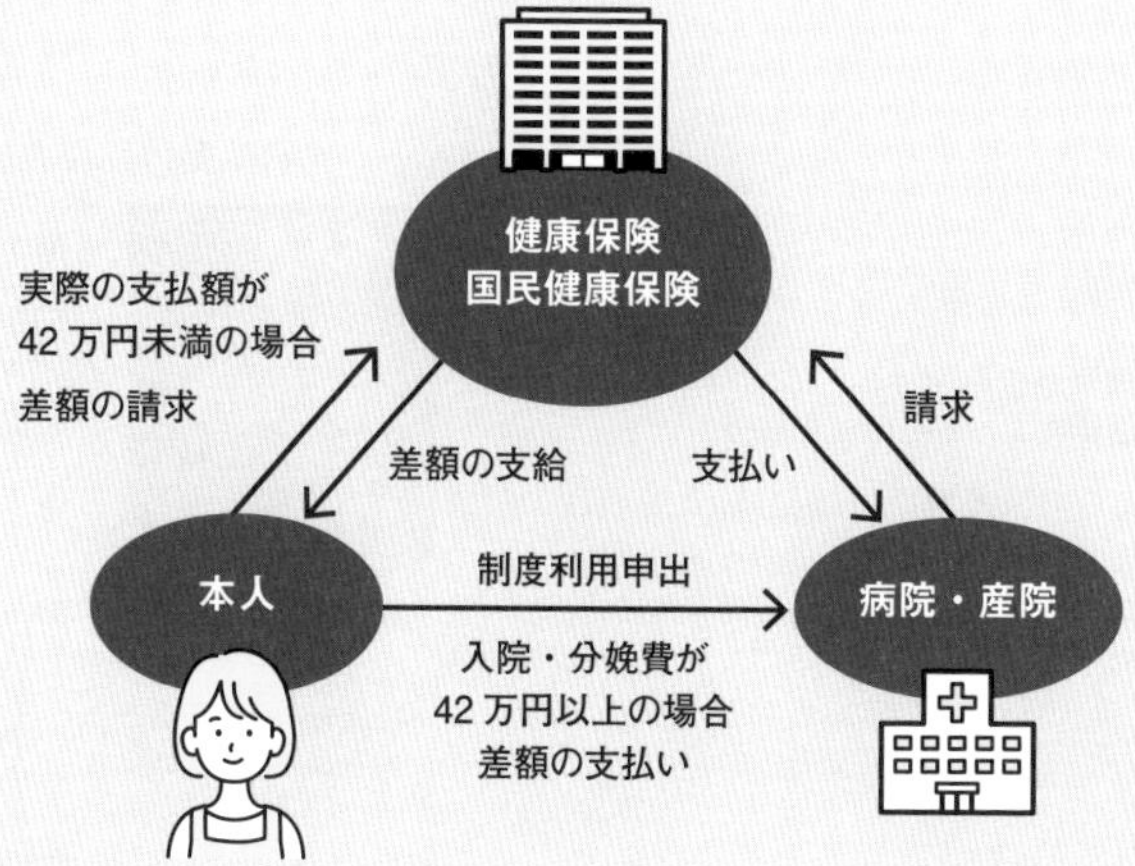

子育て支援制度を活用する

養育費は公的支援で負担減 保育所や幼稚園も利用可能

子どもを育てるには、教育費などの他に、衣服や食費、生活用品などの費用がかかります。子ども1人あたりの**年間養育費は、未就園児で約84万円、保育所・幼稚園児で約122万円**です。子育てへの費用負担を減らすため、**児童手当や医療費助成などの公的支援もあります。**

子どもを預ける場所は、子どもの年齢や条件によって、幼稚園、保育所、認定こども園などがあります。特に0歳児や1歳児は待機児童が多いので、子どもを預けて働きたい人は妊娠中から情報を集めておくといいでしょう。

子ども1人あたりの年間養育費

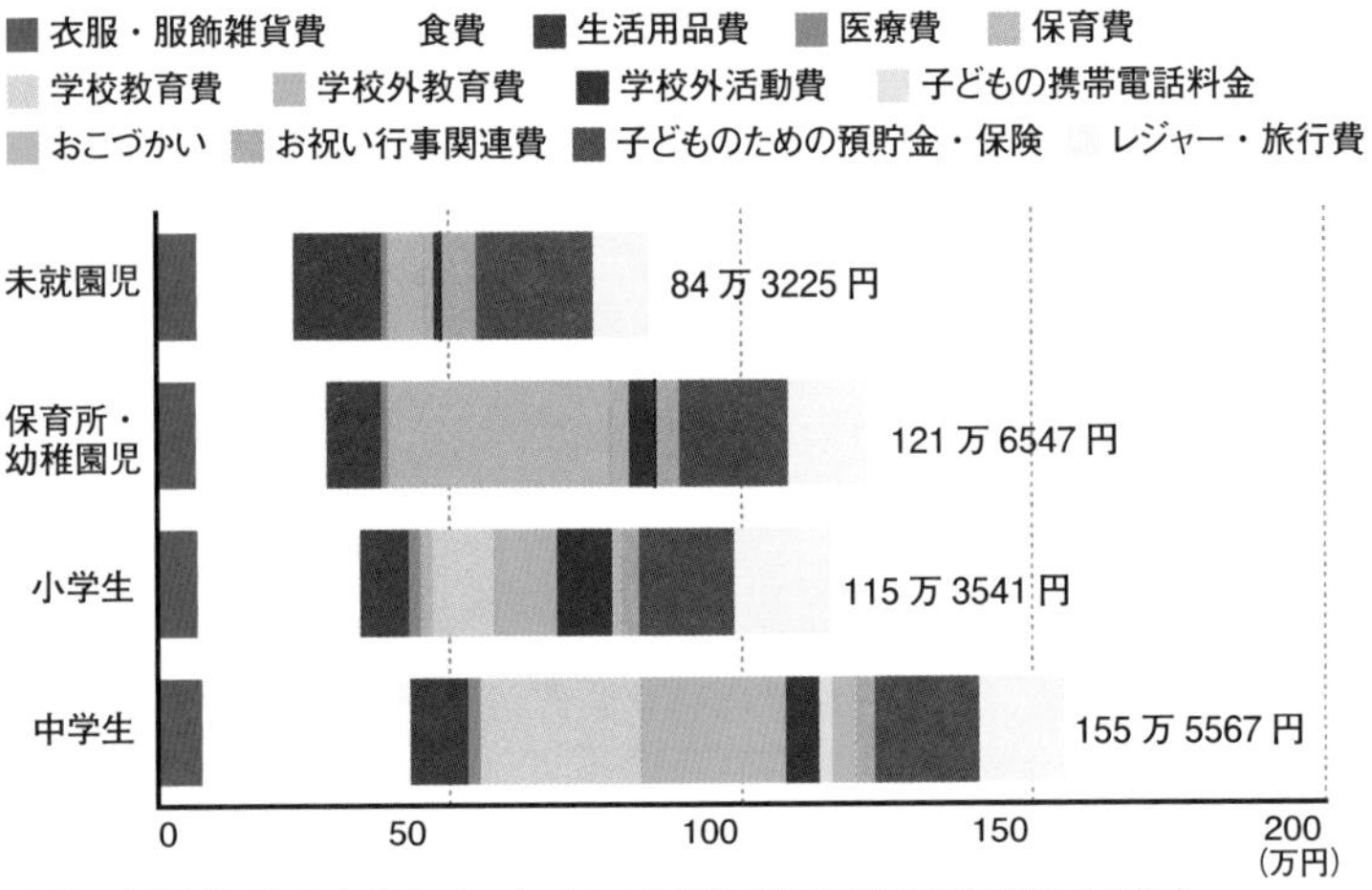

出典：内閣府「平成21年度インターネットによる子育て費用に関する調査」をもとに作成

児童手当（1人あたり月額）

3歳未満	一律1万5000円
3歳以上小学校修了前	1万円（第3子以降は1万5000円）
中学生	一律1万円

COLUMN

医療費助成制度は、自治体によって内容が異なる

子どもの医療費助成制度は、全国の自治体で実施されており、それぞれ内容が異なる。対象となる子どもの年齢や保護者の所得制限の有無、窓口支払いの有無、自己負担の有無など、自分の住んでいる自治体の制度を確認しておこう。

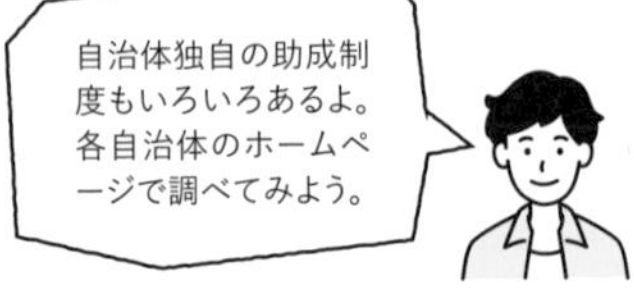

子どもの保育・教育施設

子どもの年齢と保育の必要性によって幼稚園、認定こども園、保育所、地域型保育に区分される。

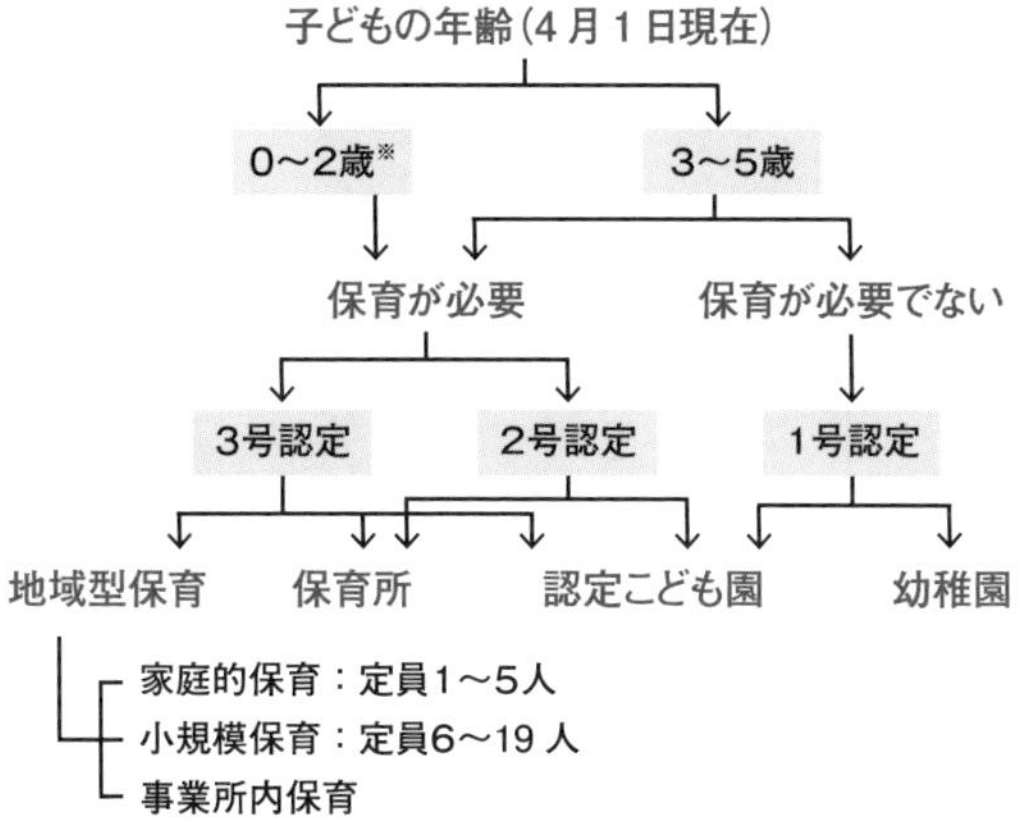

「保育が必要」の条件

就労、妊娠・出産、保護者の疾病、障害、求職活動など。市町村が認定する。

※子どもの年齢が0～2歳で、保育が必要でない場合は認定の必要はない。ただし、必要に応じて、一時預かりなどの支援が利用できる

保育料の上限は世帯の所得によって決まる

階層区分	保育料の上限額の基準（月額、3号認定）
生活保護世帯	0円
市町村民税 非課税世帯	9000円
所得割課税額 4万8600円未満	1万9500円
所得割課税額 9万7000円未満	3万円
所得割課税額 16万9000円未満	4万4500円
所得割課税額 30万1000円未満	6万1000円
所得割課税額 39万7000円未満	8万円
所得割課税額 39万7000円以上	10万4000円

出典：内閣府・文部科学省・厚生労働省「子ども・子育て支援新制度ハンドブック（施設・事業者向け）（平成27年7月改訂版）」をもとに作成

COLUMN

3～5歳児の保育料が無償化に

2019年10月から、3～5歳児の幼稚園、保育所、認定こども園等の利用料が無償化された。認可外保育施設等でも月額3.7万円までの利用料が無料になった。ただし、給食費や延長料金などは必要。

COLUMN

待機児童数は年齢・自治体によって異なる

2019年4月1日現在の待機児童数は1万6772人で、前年より3123人減った。最も多いのは東京都世田谷区。次いで兵庫県明石市、埼玉県さいたま市と続く。

年齢別待機児童数	
0歳児	2047人
1・2歳児	1万2702人
3歳以上児	2023人
合計	1万6772人

引っ越すなら、待機児童が少ない市町村がいいわね。定員に空きがあれば、年度の途中でも保育所に入れることもあるのよ。

ライフステージとお金

子どもの教育費を準備する

幼稚園～大学で1000万円以上必要。早めの準備を

幼稚園から高校卒業までの教育費の総額は、すべて**公立で約540万円**、すべて**私立で約1830万円**です。また、大学の学費は、平均で4年間の総額が**約480万円**かかります。このほかに、習い事などにかかる費用も必要です。

高校生には**高等学校等就学支援金制度**、大学生には**奨学金制度**といった支援制度もありますが、子どもが小さいうちから計画的に準備しておくといいでしょう。教育費を貯めるには、万が一の場合の死亡保障があり、貯蓄性の高い終身保険も選択肢の1つとしておすすめです。

幼稚園～高校の教育費（総額）

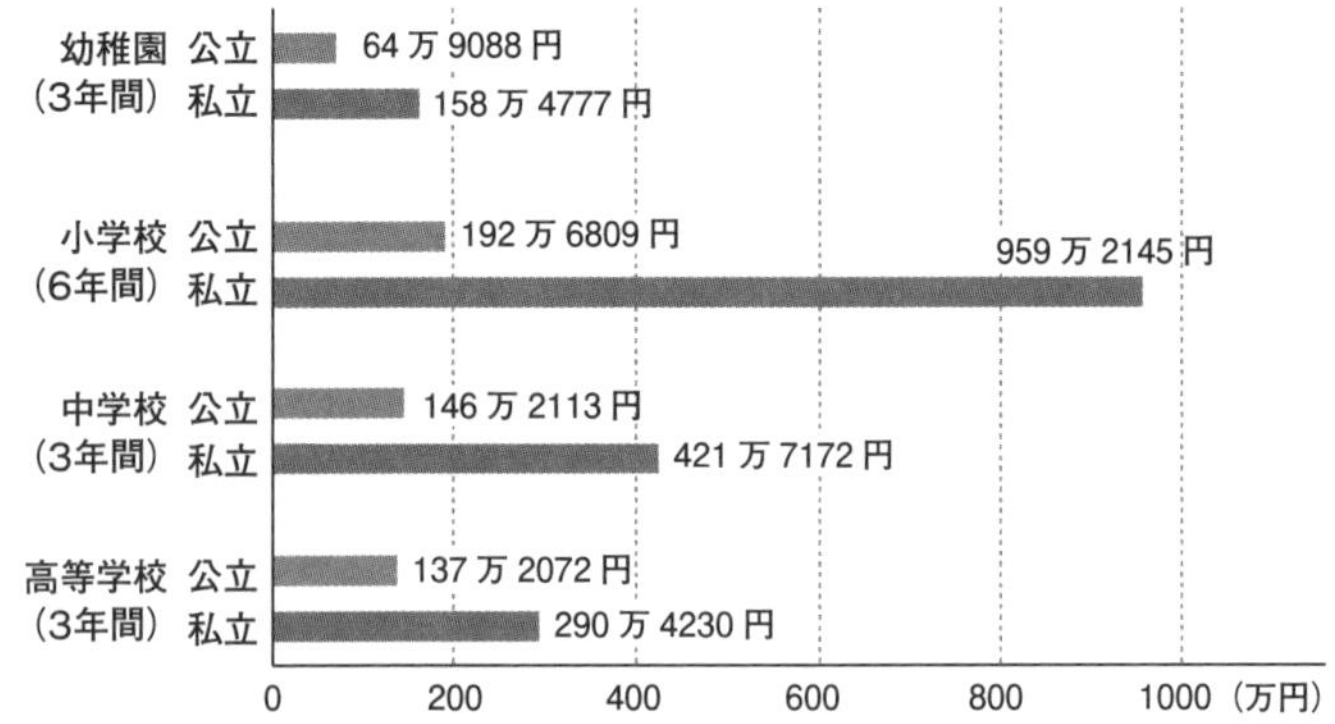

※学校教育費のほか、学習塾などの教育費も含む

出典：文部科学省「平成30年度子供の学習費調査」をもとに作成

4年制大学の学生生活費（4年間の総額）

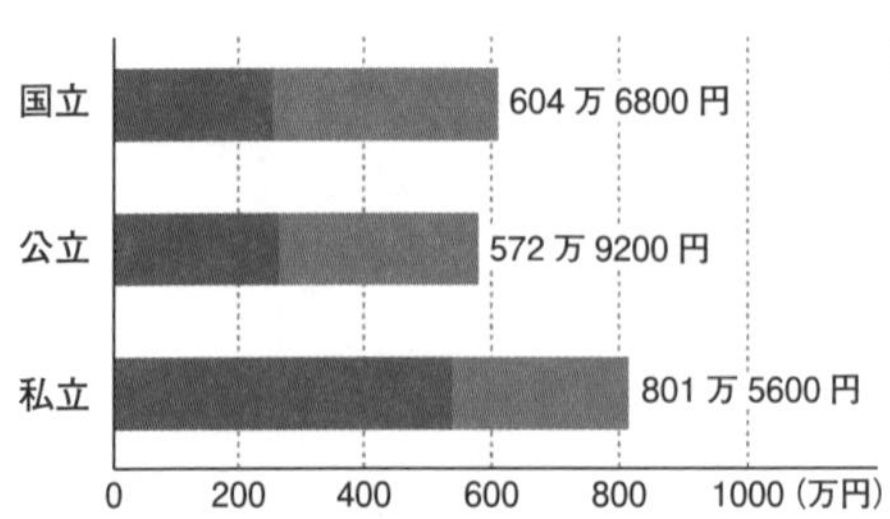

※1年間の学生生活費を4倍して算出

出典：日本学生支援機構「平成28年度学生生活調査」をもとに作成

教育費の貯め方

方法	特徴や注意点
貯蓄	●子ども名義の専用口座をつくり、児童手当をそのまま貯める ●積立定期預金などを活用する ●他の用途に流用しない、強い意志が必要
学資保険（こども保険）	●妊娠中から加入できるものもある ●子どもの進学時期に合わせて満期を設定できる ●契約者が死亡したときは、その後の保険料が免除され、保険金は支払われることが多い ●元本割れに注意が必要。「返戻率」を確認する

教育費の不足分を補うには

方法	特徴や注意点
奨学金	●給付型と貸与型がある ●日本学生支援機構の奨学金のほか、各大学独自の制度や自治体の制度もある ●2020年4月入学者から「高等教育の修学支援新制度（授業料等減免と給付型奨学金）」が実施される 日本学生支援機構の奨学金 奨学金 ├ 貸与型 │　├ 第一種奨学金（無利息） │　└ 第二種奨学金（利息付） └ 給付型
教育ローン	国（日本政策金融公庫） ●金利が安い（固定金利 年1.66%） ●限度額は350万円 ●子どもの数に応じた年収制限がある 民間 ●金利が高い（～年3.90%ぐらい） ●限度額は最高1000万円くらい ●審査期間が短い（最短即日のものもある）

日本学生支援機構の奨学金（月額）

		自宅	自宅外
第一種	国公立	2万～4万5000円	2万～5万1000円
	私立	2万～5万4000円	2万～6万4000円
第二種	2万～12万円（1万円刻み）		
給付型	国公立	9800～2万9200円	2万2300～6万6700円
	私立	1万2800～3万8300円	2万5300～7万5800円

COLUMN 高等学校等就学支援金制度

高校などの生徒を対象にした、国による授業料支援の仕組み。保護者等の年収が910万円以内の場合に支給される。

離婚をすればお金もかかる

離婚後の収入を確保する ひとり親家庭の支援も活用

結婚した人の**3組に1組が離婚**する時代です。離婚する際には、夫婦の**共有財産の分割や子どもの養育費などの話し合いが必要です。**弁護士などの専門家の力を借りることも考えましょう。そのほかにも、引っ越し代や家具の購入費用もかかります。**離婚後の生活費も事前に準備しておきましょう。**特に、婚姻中に自分の収入が少なかった人は、就職するまでの生活費が必要です。子どもを引き取る場合、ひとり親家庭に対して、さまざまな公的支援があります。**申請が必要なものが多いので、制度を知っておきましょう。**

離婚時～離婚後の生活にかかる費用

項目	内容・費用の目安	節約法
引っ越し・入居	●引っ越しだけなら3万～10万円程度 ●アパート等を借りるなら、入居時費用として敷金などで20万円程度	●実家に戻れば家賃は不要 ●UR賃貸住宅や公営住宅などを利用すれば、敷金・礼金は不要の場合も
家具等	●家具や家電は、これまで使っていたものを2人で分ける ●分けられないもの、相手に渡ってしまうものは、新しく購入する費用が必要	●リサイクルやフリーマーケットを利用 ●友人・知人から不要なものを譲ってもらう
弁護士費用	●1時間あたり5000～1万円程度 ●裁判費用は2万円～	●市町村の相談窓口や法テラスなどの無料相談を利用
生活費	●婚姻中に収入が少なかった人は、45～90万円(3か月～半年分)は必要 ●正社員など、安定した収入が見込める人は、1、2か月分でもかまわない	●実家に戻れば生活費が節約できる ●仕事を続ける

仕事を探すとき、子ども連れでも利用できるマザーズハローワークやマザーズコーナーもあるよ。

COLUMN **養育費をもらっている母子家庭は約24%**

厚生労働省が発表した2016年度の「全国ひとり親世帯等調査」によれば、養育費を受け取っている母子家庭世帯の割合は24.3%。母子家庭世帯の7割以上に養育費が支払われていない。ただし、相手に支払う能力があるとは思えないなどの理由から、最初からもらおうとしないケースも多い。

離婚で得られるお金

項目	内容
財産分与	● 共有財産（婚姻中に築いた財産）は、原則として半分ずつに分ける。家具や不動産など、分けられないものは金銭に換算することもできる。一括払い、分割払い、現物払いがある ● 結婚前に持っていた各自の財産は、各自のものになる
年金分割（→P.130）	● 厚生年金のみに適用。国民年金は対象外 ● 離婚後2年以内に請求する ● 2人の話し合いによって分割割合を決める「合意分割」と、第3号被保険者（→P.125）が請求して半分ずつ分ける「3号分割」がある
慰謝料	● 原因や支払い能力によって異なる。0円～数百万円と幅が大きい
子どもの養育費	● 子どもの数、年齢、夫婦の収入などによって異なる ● 目安として、裁判所の算定表がある

養育費の算定表の見直し

2019年12月に、裁判所の「養育費算定表」が見直され、養育費が全体的に増額となった。

例1：（父）年収400万円、（母）年収100万円
子ども2人（14歳以下）
父から母へ月額4万～6万円

例2：（父）年収700万円、（母）年収200万円
子ども2人（14歳以下）
父から母へ月額10万～12万円

海外では、自治体による養育費の立て替えや、給与からの天引き制度のある国もあります。日本でも、兵庫県明石市では、市が立て替える制度を検討中です。

COLUMN

養育費の取り立て専門会社

養育費の取り決めをしても、約束通りに支払ってもらえないことがある。そんな場合、養育費の取り立て専門会社を利用すると、養育費を立て替えて支払ってもらえる。依頼者は、元の結婚相手と直接やりとりをしないですむ。

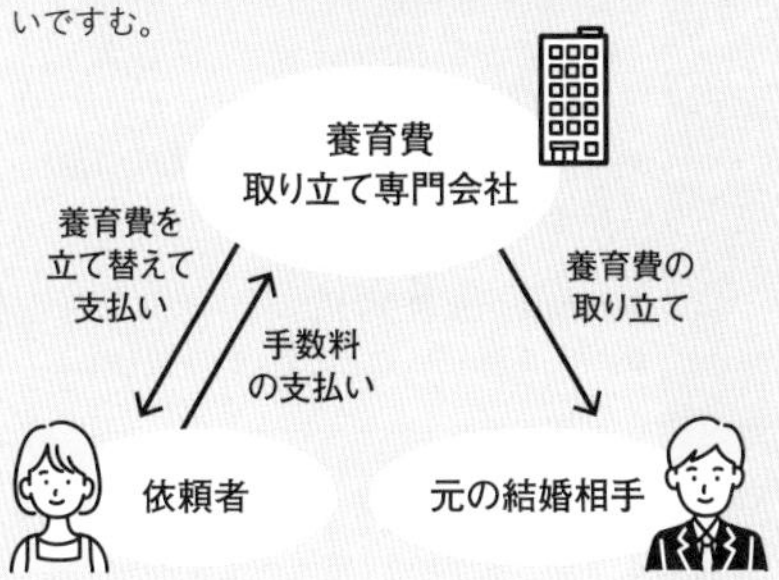

ひとり親家庭への支援

児童扶養手当（月額）

子どもの数		全部支給	一部支給
子ども1人の場合		4万2910円	4万2900円から1万120円まで
子ども2人以上の加算額	2人目	1万140円	1万130円から5070円まで
	3人目以降（1人につき）	6080円	6070円から3040円まで

※児童扶養手当の金額は、子どもの人数と所得によって全部支給か一部支給となる。また、所得制限額を超えている場合は支給されない

お得はどっち？ マイホーム VS. 賃貸

お金の面だけでは どちらがトクとは言えない

マイホームは購入後に住宅価格や金利が変動し、一方、賃貸は住み替えで支出が変化するので、どちらがトクかは単純に比較できません。

マイホームは何と言っても自分の財産になるので、**将来的な安心感があるのが大きなメリット**です。ただし**地価の変動に伴い資産価値が下がるリスク**もあります。また固定資産税、修繕費用など、**持ち家ならではの支出も加わります。**

賃貸はお金を払い続けても、**自分のものにならないことがデメリット**ですが、必要に応じて**簡単に転居できるメリットがあります。**

購入と賃貸のメリット・デメリット比較

持ち家は自分の財産になるという点で大きなメリットがあるが、一方で、責任とリスクも伴う。収入の減少や失業でローンが支払えなくなる可能性も検討しておく必要がある。

	メリット	デメリット
購入	●自分の財産になり、子どもなどに残すこともできる ●家主に気づかうことなく、自由に使える ●ローン返済後は、何があっても住居が確保できているため、老後など収入が少なくなっても安心 ●不動産価値の変動によって資産価値が上がる	●大きな初期費用がかかる ●ローンを組むために、安定収入や社会的な立場が保証されている必要がある ●ローンだけでなく、固定資産税、修繕費なども別途支払う必要がある ●不動産価値の変動によって資産価値が下がる ●引っ越しがしにくくなる
賃貸	●初期費用が少ない ●収入が低い人などでも、家を借りることができる ●転職、家族の増減など、ライフスタイルの変化によって借り換えられる ●建物の老朽化への対応を考えなくてよい	●老後など収入が少なくなっても家賃を支払い続ける必要がある ●リフォームなどが自由にできない ●最終的に自分の財産にならない

COLUMN　二世帯住宅が節税対策に

相続のときに有利になるのが、「小規模宅地等の特例」という制度。たとえば親の自宅を相続する場合、同居していた人には、土地の評価額を最大で80%減額することができるため、相続税をグンと引き下げることができる。
以前は完全に同居か、二世帯住宅でも中で行き来できる構造である必要があったが、税制改革で、完全に分離している住宅も対象に加えられた。親と同居する可能性があり、住宅購入を考えているなら、この機会に二世帯住宅も検討してみるとよいだろう。

住宅にかかる費用50年分の比較

メリット：最終的には自分の財産になる（購入）

メリット：ライフスタイルに応じて住み替え、支出をコントロール（賃貸）

	購入	賃貸
物件の条件	新築マンションを購入 価格3000万円 頭金400万円 管理費等2万円 （21年目以降は3万円） 毎月の返済額8万6112円 住宅ローン借入額2600万円 金利2%固定、返済期間35年	● 1～5年 2DKで家賃8万円 ● 6～30年　子どもが中学生に 3LDKで家賃13万円 ● 31年～　子ども独立 2DKで家賃8万円 ※2年に1回家賃1か月分の更新料
入居時費用	頭金400万円 諸経費90万円（価格の3%） 引っ越し費用30万円	敷金・礼金・仲介手数料各1か月、合計3か月で24万円 引っ越し費用30万円
住宅ローン／家賃の総額	住宅ローンの総支払額 3616万7040円 （うち利子の分1016万7040円）	家賃の総額 6300万円 ● 1～5年＝480万円 ● 6～30年＝3900万円 ● 31年～＝1920万円
その他費用	固定資産税・都市計画税416万円 団体信用生命保険料185万円 リフォーム費用300万円（15年後に50万円、25年後に250万円）	転居時の敷金・礼金・仲介手数料63万円（2回分） 引っ越し費用60万円（2回分） 更新料の総額244万円
住宅ローン控除・すまい控除（減税）	マイナス約239万円	
合計	約6360万円	約6691万円

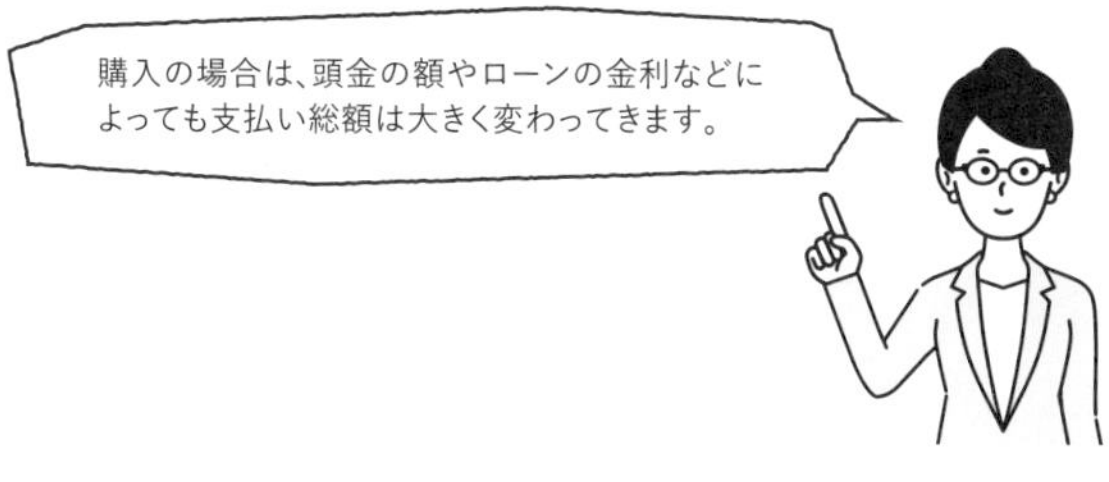

戸建てかマンションか、新築か中古か？

一生住むか、住み替えるかがひとつの判断基準

マイホームには戸建てまたはマンション、新築または中古の選択肢があります。

戸建ては一般的に土地付きのため**物件価格が高くなりがちですが、資産価値としてはマンションよりも有利**とされています。一方、マンションは場所によるものの**比較的売却しやすい**ので、住み替えを検討している場合におすすめ。

中古は価格の安さがメリットですが、**築年数の古い物件はそれだけ、管理費や修繕費用も高く**なります。また、便利な場所にある物件のほうが資産価値が高くなります。

戸建てとマンションの特徴

さまざまな要素を比べて判断することが重要。下記に加え、「庭付きの家に住みたい」「広々としたバスルームが欲しい」などといった、自分の住まいへの思いも大切な検討要素だ。

		購入費用	維持費用	間取り・設備	安全性
戸建て	新築	土地付きの場合は高額になる。一般的に、物件仲介の手数料を要するため初期コストも高くなりやすい。注文住宅ではさらに高額に	老朽化に備えて積み立てておく必要がある	注文住宅なら自分好みの間取り、仕様にできる。建売でも、セミオーダーで間取りや仕様を選べるものも	耐震・耐久性は建て方・構造による。窓が多く独立しているので、防犯には各自で気をつける必要がある
	中古	場所や建物の仕様によっては割安に入手できる場合も	築年数によってはリフォームが必要	仕様が古く、間取りが前の居住者に合わせてつくられている場合も	2000年以降の木造住宅であれば、改正建築基準法にのっとり基礎部分が強化されている
マンション	新築	便利な場所にある物件ほど高額	共用部の修繕積立金が毎月徴収されるほか、建物の老朽化によって大きな額が、別途臨時でかかることも	最新の仕様になっており、間取りもライフスタイルに合わせて選べる場合が多い	鉄筋なので耐久性が高く、最新の耐震基準に沿って建てられている。居住者以外が勝手に出入りできないため、防犯性も高い
	中古	築年数が長いほど安くなるが、便利な場所にある物件は高額	修繕積立金が新築に比べ高くなる	リノベーションにより最新式になっている場合も多い	1981年6月以降に建築されたものであれば、新耐震基準にのっとって建てられている（セキュリティ性については物件による）

どちらを選ぶ？ ライフプランに合わせて選択を

戸建て

- 土地部分の資産価値が高い
- 至便性によって売却のしやすさが大きく異なる
- 間取りや仕様を自分好みにできる
- 住宅部分が老朽化すると売りにくくなる（取り壊し費用がかかる）

➡ **建て替えて長く住む派におすすめ！**

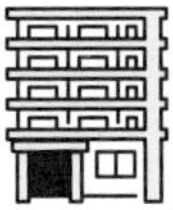

マンション

- 汎用性の高い間取りや設備が用いられている
- 建て替えにはマンション所有者の多くの合意が必要
- 古い物件ほど修繕積立金が高くなる

➡ **売却・賃貸して住み替える派におすすめ！**

子どもの誕生や成長、親との同居など、長い人生ではいろいろなことがあるよ。住宅を購入する際には、そのときにどちらが自分にとって有利なのか、考えてみることも大切。

中古住宅流通シェアの推移

新設着工戸数が増減しているのに対し、既存住宅（中古住宅）の流通はほぼ横ばい。10 年前から新設着工が増えるのと反比例して、中古住宅のシェアは下がり気味。このように住宅市況によって変化するものの、中古住宅の需要は常に一定していると見ることもできる。

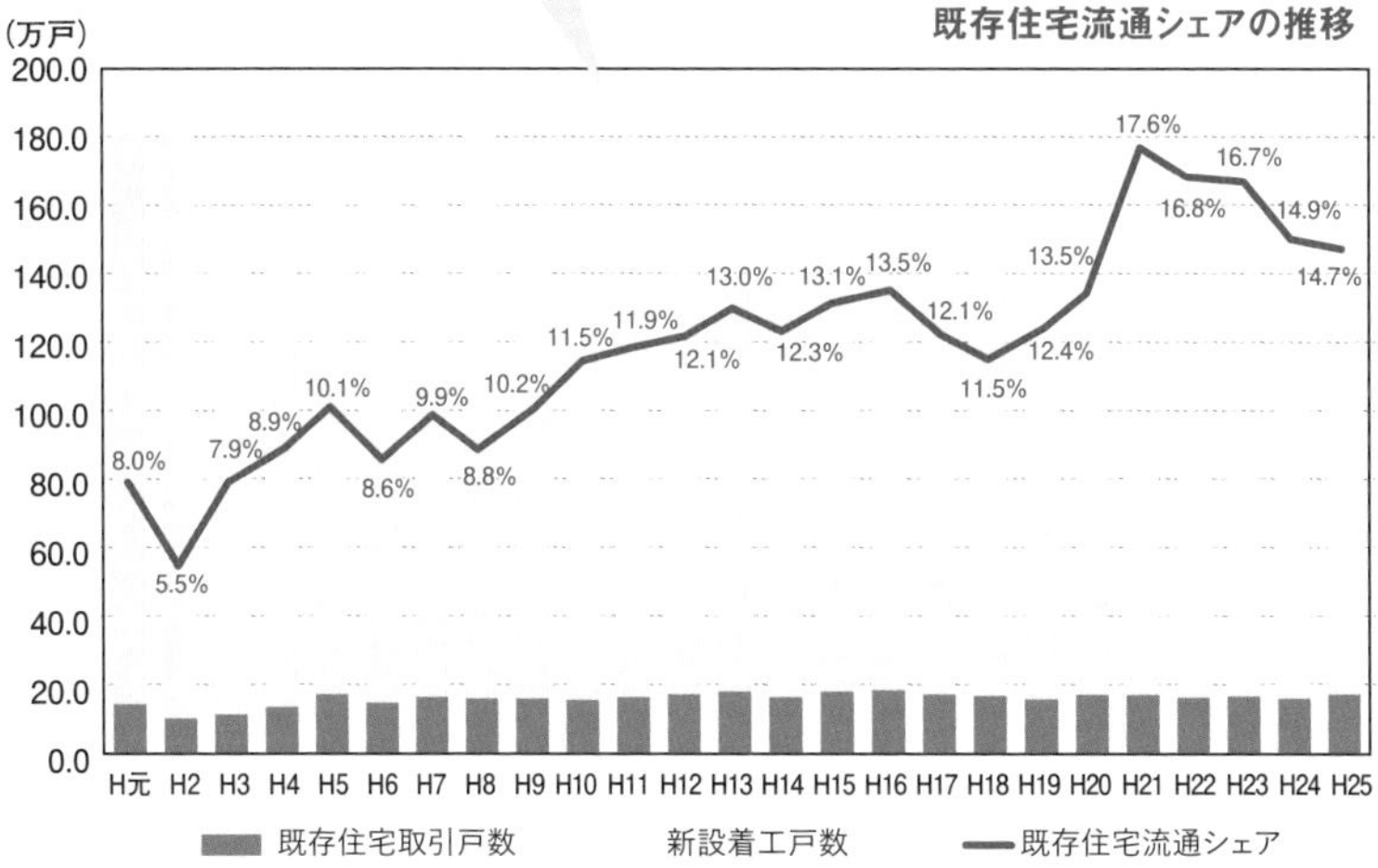

出典：国土交通省「平成 30 年度住宅経済関連データ」をもとに作成

中古住宅を購入する場合は、建築が新耐震基準を満たしているかも要チェック！　1981 年 6 月以後に建築確認されている物件なら安心ですよ。

購入可能な家はいくらくらい？

毎月支払えるローンの額から購入可能な金額を割り出す

物件の購入額は、年収の7倍（個人事業主は5倍）が目安となります。また、毎月返済できるローンの額からも目安がわかります。

　賃貸の場合、毎月の家賃は収入の3割程度が目安とされていますが、家を購入する場合は、ローンのほかに修繕積立金などの維持費がかかります。したがって、**ローンの返済額は理想的な家賃より、2万〜3万円低い設定にしておくのが無難**です。

　返済額が決まったら、金利と返済期間から、借入可能額が割り出せます。これに頭金を足した額が購入可能な物件の金額になります。

自己資金は物件価格の3割が理想

住宅を購入する際には、物件価格の3割の自己資金を確保しておくことが理想的。頭金2割、諸費用1割の計3割を目安に自己資金を用意しておくとよい。ただし、超低金利時代の今は、住宅ローンの金利がかなり低いので、頭金ゼロという考え方も有効。

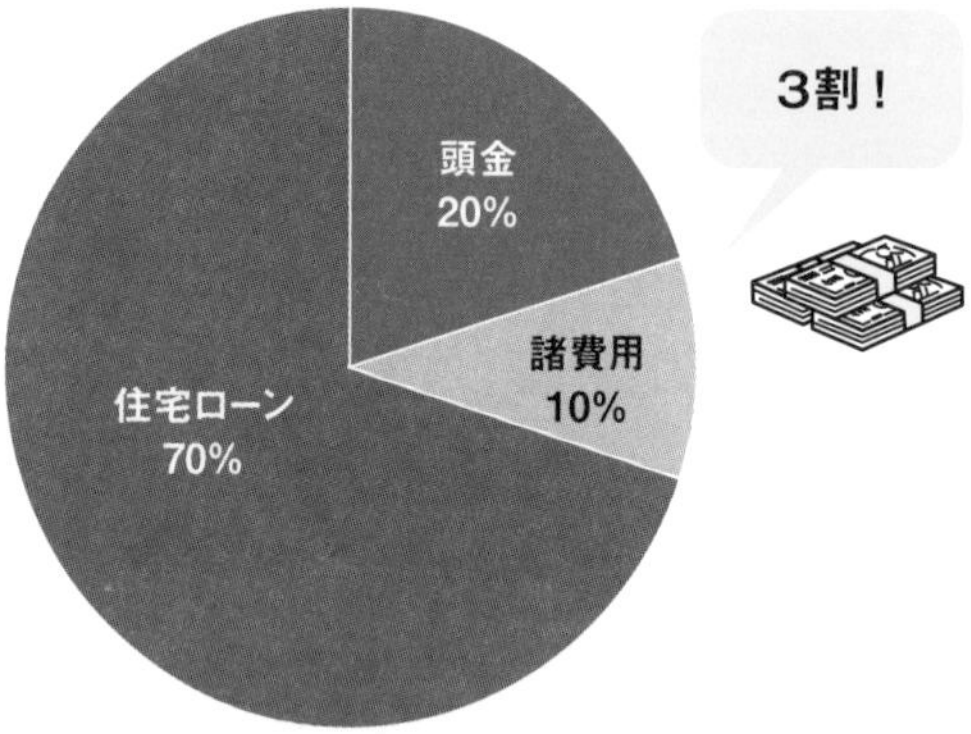

たとえば… **購入金額が3000万円の物件の場合**

頭金600万円＋諸費用300万円＝900万円

初期費用に最低900万円を用意しておくことが大切！

COLUMN　貯蓄を全額頭金にあててもOK？

頭金の額が多いほど、住宅ローンの借入額が少なくて済み、金利分の負担が低くなる。だからと言って、貯蓄をすべて頭金にあてるのはNG。いざというときのための費用も残しておくのが鉄則。生活費の3〜6か月分（派遣社員や個人事業主なら6か月〜1年分）程度は常に準備しておくようにしよう。子どもがいる場合は、教育資金のための積立も始めておく。

物件購入額の目安

① まずローン返済額を決める

月収 ×0.3 (　)万円 ー 購入後の維持費／月 (　)万円 ＝ ローン返済額／月 (　)万円

固定資産税、火災保険料のほか、マンションなら管理費と修繕積立金がかかる。戸建ては 2 万円程度、マンションは 3 万 5000 円程度を目安に。

② 物件価格を割り出す

借り入れ価格（下の表参照） (　)万円 ＋ 頭金の額 (　)万円 ＝ 購入可能な物件価格 (　)万円

たとえば…

月収 25 万円の場合

25×0.3=7 万 5000 円 – 3 万 5000 円（マンションの場合） ＝毎月のローン返済額は 4 万

35 年ローンを組んだ場合

借り入れ価格 1416 万円 ＋ 頭金 600 万円 ＝ 2016 万円の物件が購入可能！

下の表を参考に借り入れ可能額を割り出す。ここでは利率 1.0%で計算。

返済期間、年利から割り出す借り入れ可能額

毎月の返済額	利率	借り入れ可能額（万円） 30 年	35 年
4 万円	1.0%	1243	1416
	1.5%	1158	1306
	2.0%	1082	1207
	2.5%	1012	1118
	3.0%	948	1039
	3.5%	890	967
6 万円	1.0%	1865	2125
	1.5%	1738	1959
	2.0%	1620	1810
	2.5%	1520	1680
	3.0%	1420	1560
	3.5%	1340	1450
8 万円	1.0%	2487	2834
	1.5%	2318	2612
	2.0%	2160	2414
	2.5%	2020	2240
	3.0%	1900	2080
	3.5%	1780	1940

毎月の返済額	利率	借り入れ可能額（万円） 30 年	35 年
10 万円	1.0%	3109	3542
	1.5%	2877	3265
	2.0%	2710	3020
	2.5%	2530	2800
	3.0%	2370	2600
	3.5%	2230	2420
12 万円	1.0%	3730	4251
	1.5%	3477	3919
	2.0%	3250	3620
	2.5%	3040	3360
	3.0%	2850	3120
	3.5%	2670	2900
14 万円	1.0%	4352	4959
	1.5%	4056	4572
	2.0%	3790	4230
	2.5%	3540	3920
	3.0%	3320	3640
	3.5%	3120	3390

利率は銀行や市況などによって常に異なりますので、その都度、銀行のホームページで調べましょう。また銀行によっては、月々の返済額や年収などを入力すれば購入予算を割り出せるサービスも提供していますよ。

マイホームを買う

自分に合った住宅ローンはどれ？

状況を考慮して自分に合ったタイプを選ぶ

住宅ローンはローンの中でも最も金利が低く抑えられているものの、借りる金額が大きく返済期間も長いため、最終的に支払う**利息は非常に高額**になります。たとえば3000万円を金利2・0％、35年のローンで借り入れれば、利息は約1174万円にも上るのです。

ローンを設定する際はよく考えて、できるだけ利息を低く抑えましょう。

住宅ローンには「**変動金利**」「**固定金利選択型**」「**固定金利**」の**3タイプ**があります。購入時点での金利の状況や、自分の収入や生活、将来的な展望などを考慮に入れて検討することが大切です。

住宅ローンの3つのタイプ

変動金利

ローンを組んだ後も一定期間ごとに金利が見直され、毎月の返済額も5年ごとに見直すローン。

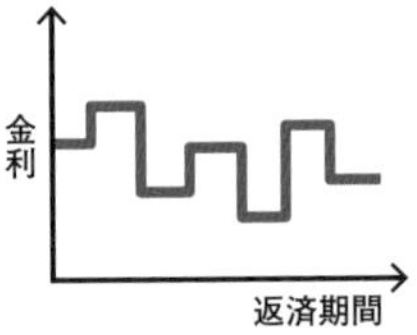

メリット

金利が低い。

デメリット

その時々の金利によって返済額が変わるため、返済総額やローンが終わる時期が明確に決まらない。

↓

金利が高い時期、金利が下がる時期（マイナス金利）におすすめ。金利の低いときにできるだけ繰り上げ返済を行うなど、金利の変動を読んでおくとよい。

固定金利

ローンを組んだときの金利が最後まで変わらないローン。毎月の返済額も一定。

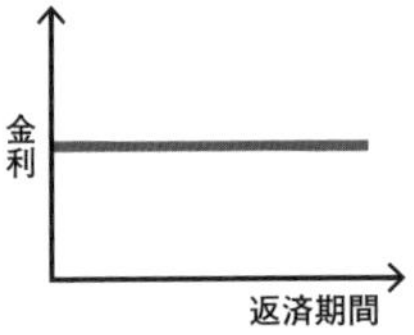

メリット

ローンを組んだ際に総返済額とローン返済時期が決まる。

デメリット

金利が高い。収入減や物価変動にかかわらず同じ利息を払う必要がある。

↓

金利が低い時期におすすめ。収入や立場が安定しており、長期間で計画的に返済できる人に向く。

固定金利選択型

固定と変動のハイブリッドタイプ。ローンを組んでから10年などは固定金利で、その後固定か変動かを選択する。

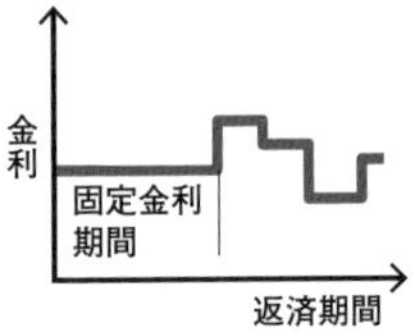

メリット

金利が比較的低く、収入が安定しない・低い時期などに一定額で返済できる。その後は金利の変動を見ながら柔軟に対応できる。

デメリット

返済総額や返済時期が確定しない。

↓

将来的に収入が上がるなど、返済額を増やせる人におすすめ。

変動型は金利が低く、毎月の返済額が上がっても125％までなので、変動型を選ぶ人が多いですよ。ただし金利が上がると返済額が増えたり返済期間が延びることもありますので、金利の上下を見ながら、返せるときにできるだけ多く返済しておくのが大切ですね。

返済方法の2つのタイプ

住宅ローンの返済には、元利均等返済と元金均等返済という種類がある。

元利均等返済

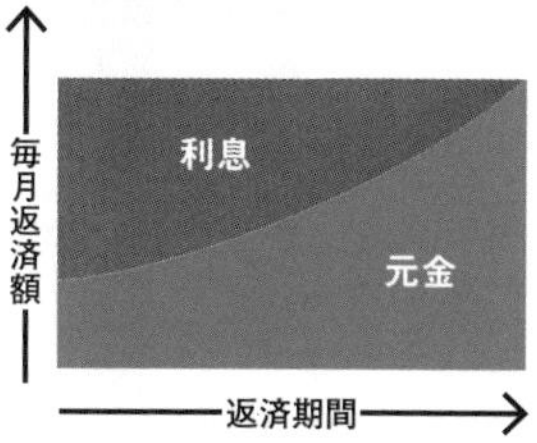

金利の上下にかかわらず、毎月の返済額は一定。ただし金利が上がると元本の返済額が少なくなるため、返済期間が延びる可能性がある。

たとえば…

ローン借り入れ時 10 万円の返済額のうち、
1 万円が利息、9 万円が元金返済にあてられる

⬇

5 年後 金利が上がり、10 万円の返済額のうち、
2 万円が利息、8 万円が元金返済にあてられる

⬇

元金の返済額が減少！

元金均等返済

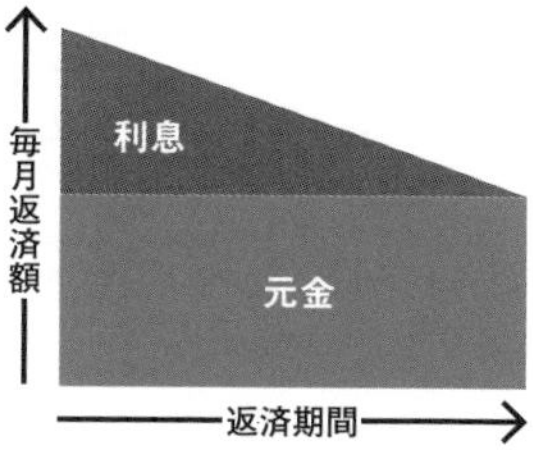

毎月の返済額のうち、元金の金額が一定。ローンを組んだ際の利息が最大になり、返済が進むごとにローンの額も減っていく。

元金均等返済は借り入れ当初の額が非常に高額になるため、実際には元利均等返済を利用する人が多い。

ローンの種類と特徴

民間ローン	銀行（ネット銀行含む）、信用金庫、住宅ローン専門企業など民間の企業が提供するローン。さまざまな種類があり、異なる金利タイプを組み合わせられるなど選択肢が豊富。
フラット 35	住宅金融支援機構が民間企業と提携して提供しているローン。固定金利のみを扱う。
財形住宅融資	公的住宅ローン。財形貯蓄を 1 年以上続けており、残高が 50 万円以上ある場合、低い金利で有利にお金を借りられる。金利タイプとしては 5 年ごとの固定金利で、金利見直しの際の上限金額が設定されていないため注意が必要。

財形住宅融資は使用に条件がありますが、金利が低く、手数料などもかからないのでおトクです。金利変動のリスクに備えて、固定金利のみのフラット 35 と組み合わせる使い方もおすすめですよ。

マイホームを買う

住宅ローンの返済計画はどうする？

人生プランに合わせて ゆとりのある返済計画を

　長期にわたって返済していく住宅ローン。できるだけ早く完済することが望ましいですが、かといって、ローンの返済に追われて、人生の楽しみがなくなっては、マイホームを建てた意味がありません。

　生活費や将来に向けた貯蓄が捻出できるほか、**年に2回ぐらいは旅行ができるぐらいの余裕**をもたせておきたいものです。

　ローン返済計画を立てる上でまず大切なのは、**定年までに完済できること**。自分の収入や人生プランに合わせて、無理のない返済計画を立てましょう。

住宅ローンを組む際の注意点

以下を押さえておくことで、余裕のあるローンを組むことができる。

Check 1	定年までに終わるように返済期間を設定する	➡ 今 30 歳で会社の定年が 65 歳なら、長くても 35 年のローンにする
Check 2	頭金は物件価格の 2 割が理想	➡ 3000 万円の物件なら 600 万円。購入時にはその他の諸経費が 1 割かかることも忘れずに
Check 3	夫婦の収入を検討し、誰が借りるかを決める	➡ 共働きの場合はペアローンという選択肢も
Check 4	ボーナス併用払いは避ける	➡ ボーナスは会社の業績によって大きな変動があるので、あてにするとリスクが高い
Check 5	貯金すべてを住宅購入にあてるのは NG	➡ 住宅購入後も生活費 6 か月～1 年分は残しておくこと

返済負担率とは？

年収に占めるローンの年間返済額の割合を「返済負担率」と言う。余裕をもって返済するには、20%以内に収めるのが望ましいとされている。

返済負担率の計算式

年間の返済額（毎月返済額 ×12 か月＋ボーナス返済額）÷ 税込み年収 ×100
＝返済負担率

たとえば…

毎月 8 万円を返済、ボーナス返済なし、年収 400 万円の場合

8 万円 ×12 か月 ÷400 万円 ×100 ＝ 24%

数字が大きいほど返済が滞るリスクが高い！
できれば 20%以内に

65 歳までの返済計画例

現在 30 歳で、年収が 400 万円の場合

年収 400 万円 ×0.2=80 万円

返済負担率 20%の支払額は年間 80 万円(月約 6 万 7000 円)。

以下の表に照らすと、定年 65 歳までの 35 年ローン(固定金利 1.5%)なら、1000 万あたり月々3 万 618 円。
2000 万円分なら 3 万 618 円 ×2 = 6 万 1236 円。
支払い能力は月 6 万 7000 円まであるので、2000 万円のローンが無理なく組める計算になる。

1000 万円あたりの毎月の返済額

年利(%)	30 年返済	35 年返済
1.0	3 万 2163 円	2 万 8228 円
1.5	3 万 4512 円	3 万 618 円
2.0	3 万 6691 円	3 万 3126 円
2.5	3 万 9512 円	3 万 5749 円
3.0	3 万 2160 円	3 万 8485 円
3.5	4 万 4904 円	4 万 1329 円
4.0	4 万 7741 円	4 万 4277 円
4.5	5 万 668 円	4 万 7325 円

夫婦の収入を合わせれば、さらに借り入れの増額が可能に

共働きなら、夫婦の収入を合算したり、ペアローンによって、借り入れを増やすことができる。夫と妻で借入額の比率を変えたり、固定と変動などを組み合わせてリスク分散をすることも可能。所得税の住宅ローン控除もそれぞれ受けられる。ただし、夫と妻がそれぞれ会社員で、収入が安定していることが条件となる。

夫(妻)のみが契約者となる		ペアローンを組む
夫の収入のみで審査	妻の収入も合算して審査	夫と妻それぞれの収入で審査
契約者は夫 1 人	夫が契約者で、妻は連帯保証人あるいは連帯債務者	それぞれが契約し、おたがいに連帯保証人となる

COLUMN　住宅ローンの審査項目は？

住宅ローンは高額なため、利用するには一定の条件を満たしている必要があり、さらにローン会社による審査がある。借入時に 20〜70 歳で、完済時に 80 歳未満であるという年齢の制限のほか、会社員などで安定収入があることも重要な要件。さらに、カードローンの借り入れ・返済実績なども考慮される。つまり、ローンを長期にわたって返済できるだけの将来的な収入が保証されていることと、信用がおけるかどうかを総合的に判断する。

住宅購入の優遇制度も賢く利用して

国には住宅購入を支援するさまざまな優遇制度があります。

その一つが**住宅ローン控除。住宅購入後10年の間、年間最大40万円が控除されます。**なお、住宅ローン控除を受けるには確定申告が必要になります。

また、年収が一定額以下の場合には、所得に応じて「**すまい給付金**」を受け取ることもできます。

親に住宅資金を援助してもらう場合の優遇制度もあります。それが、「住宅取得資金の贈与の非課税制度」で、住宅を取得するための贈与であれば、一定額までは贈与税がかかりません。贈与を受けた翌年3月15日までに住居を購入することが条件となります。

所得税が軽減される住宅ローン控除は必ず利用を

確定申告をすることにより、所得税のうち、以下の計算式で割り出した金額が、10 年の間免除される。また、控除額が所得税より上回っていた場合は、翌年の住民税から控除される（上限 13 万 6500 円。2021 年までの入居に限る）。

住宅ローン控除の計算式

住宅ローンの年末残高　× 0.01 ＝　控除額（上限 40 万円）

省エネルギー性に優れるなどの長期優良住宅は上限が 50 万円！

住宅ローン控除の要件

- 住宅取得 6 か月以内に入居し、引き続き居住している
- 家屋の床面積（登記面積）が $50m^2$以上である
- 床面積の 2 分の 1 以上がもっぱら自己の居住用である
- 控除を受ける年の所得が 3000 万円以下である
- 住宅ローンの返済期間が 10 年以上である
- 中古住宅の場合は建築後 20 年以内（耐火建築物は 25 年以内）で、耐震基準に合致している

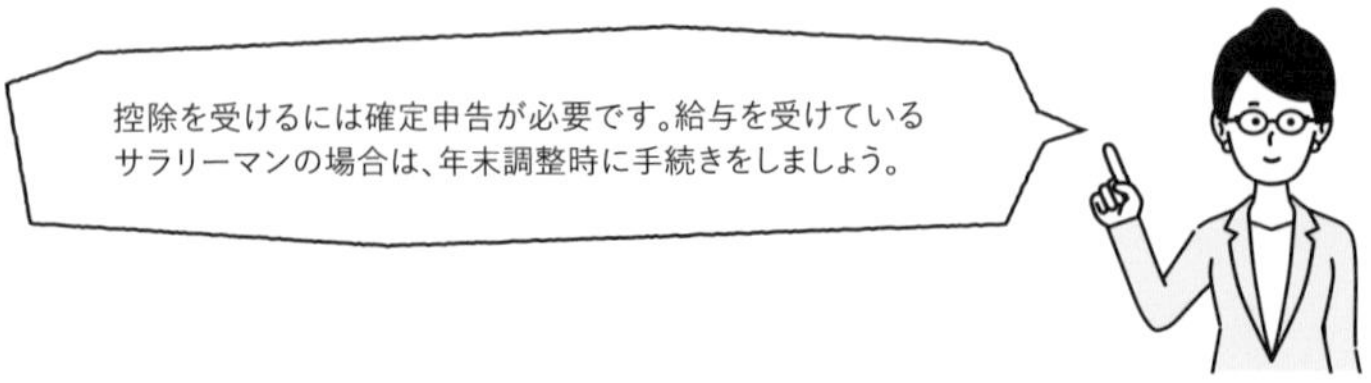

住宅のための援助は贈与税がかからない

2021 年までは、親や祖父母などから住宅の資金を援助してもらう場合、贈与税が非課税になる。

非課税の特例

- 最大 1000 万円まで（令和 2 年 4 月〜3 年 3 月）
- 省エネ性・耐震性に優れた住宅はさらに+500 万円まで非課税
- 税務署への申告が必要

贈与を受けた翌年の 3 月 15 日までに住居を取得し、居住または居住が決まっている必要がある！

すまい給付金が利用できる可能性も

2021 年 12 月まで、収入の目安が 755 万円以下の人であれば給付を受けることができる。ただし収入は目安で、持分割合、扶養家族の人数などによっても受給資格と給付額が異なる。

例 年収が 500 万円以下であれば、扶養家族が 2 人の場合、50 万円の給付が受けられる

すまい給付金受給額の計算式

持分割合 × 給付基礎額 ＝ 給付額

持分割合：所有権の割合。夫婦で頭金とローンを半々で出した場合は 50%ずつになる。

給付基礎額：市区町村の発行する課税証明書にて確認。

すまい給付金の申請方法

入居後 1 年 3 か月以内にすまい給付金事務局への申請が必要です。詳しくは、すまい給付金のホームページ（http://sumai-kyufu.jp/）で確認しましょう。

消費税率引き上げに伴う住宅取得者の負担増と給付の関係イメージ

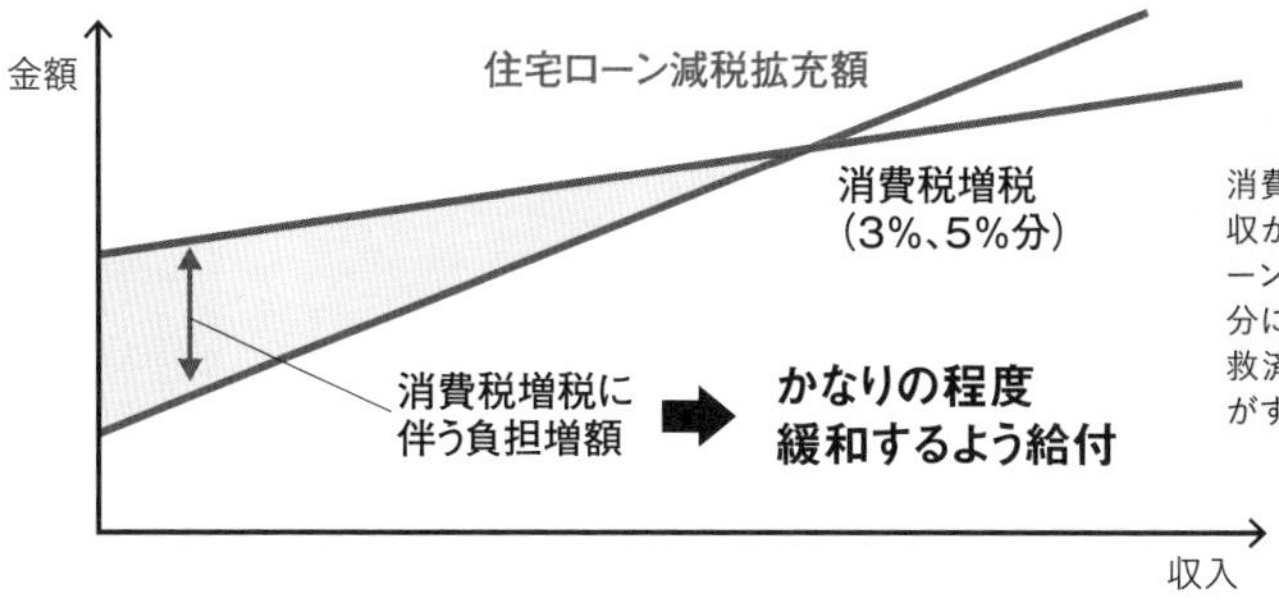

消費税率の引き上げにより、年収が一定以下の人には住宅ローン減税の負担軽減効果が十分に及ばなくなってしまう。その救済措置として設置されたのがすまい給付金制度。

出典：国土交通省すまい給付金ホームページをもとに作成

マイホームを買う

住宅ローンの繰り上げ返済はお得なの？

金利が高い時期は余裕があれば繰り上げ返済を

生活に余裕があれば、繰り上げ返済を行ってローン残額を減らしていくこともできます。

繰り上げ返済とは、毎月のローン返済に加え、**余剰金やボーナスなどを使って臨時に返済する**こと。

借り入れ時には返済額に占める利息の割合が高いので、繰り上げ返済をするなら**早いうちのほうが、効果的にローンを減らすことができます。**

ただし、これも金利が高い時期（変動型の場合）に限ってのこと。低い時期に繰り上げ返済をしても、あまり意味はありません。余剰金を運用にまわしたほうが、かえって得になることもあります。

繰り上げ返済の２つのタイプ

期間短縮型　毎月の返済金額はそのまま、返済の期間が短縮する 。

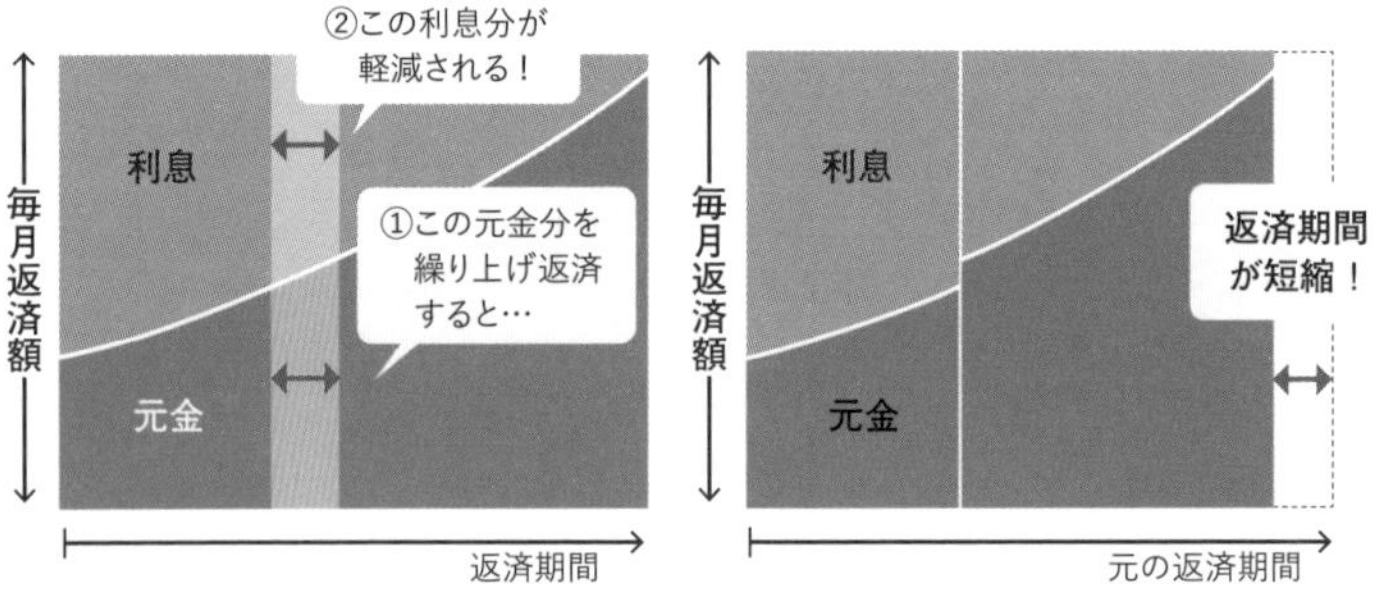

メリット　利息の軽減効果が高く、早く完済できる。

※繰り上げ返済する金額によっては期間が短くならない場合もあるので、シミュレーションをしてみること

返済額軽減型　返済期間はそのままで、毎月の返済金額が減る。

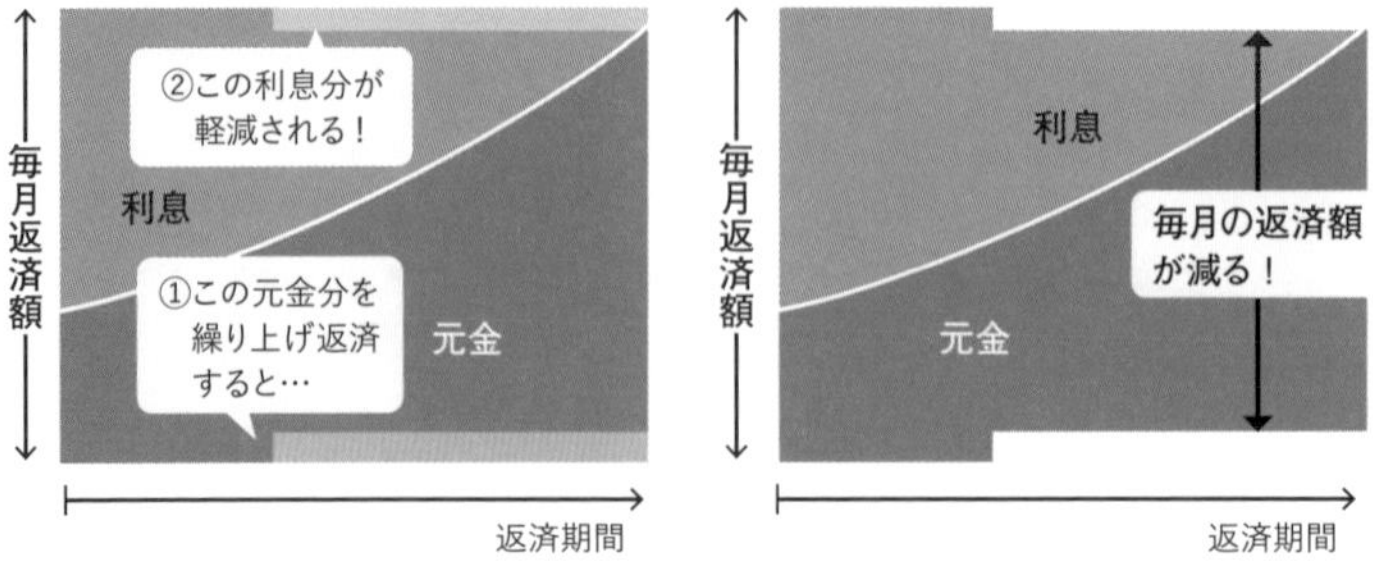

メリット　毎月の返済の負担が軽減し、家計が安定する。金利が上がったとき、収入が減ったときなどにおすすめ。

※元利均等返済の場合

繰り上げ返済シミュレーション

繰り上げ返済の２つのタイプ「期間短縮型」と「返済額軽減型」。それぞれのタイプ別に、1年後に繰り上げ返済した場合と10年後の場合でシミュレーションしてみた。繰り上げ返済は早い時期に行うほうが得で、より多くの利息を減らすことができる。

条件設定　3000万円を35年ローン（金利2.0%）で借り入れ
ボーナスなし

1年後に100万円を繰り上げ返済した場合

	毎月の返済額	残りの返済期間	総返済額
繰り上げ返済なし	9万9378円	34年	4173万8760円
期間短縮型	9万9378円	32年5か月	4082万2207円
返済額軽減型	9万5998円	34年	4135万9720円

約92万円お得に！（繰り上げ返済なし→期間短縮型）
約38万円お得に！（繰り上げ返済なし→返済額軽減型）

繰り上げ返済は早めに行うほうがお得

10年後に100万円を繰り上げ返済した場合

	毎月の返済額	残りの返済期間	総返済額
繰り上げ返済なし	9万9378円	25年	4173万8760円
期間短縮型	9万9378円	23年8か月	4112万5689円
返済額軽減型	9万5140円	25年	4146万7360円

約61万円お得に！（繰り上げ返済なし→期間短縮型）
約27万円お得に！（繰り上げ返済なし→返済額軽減型）

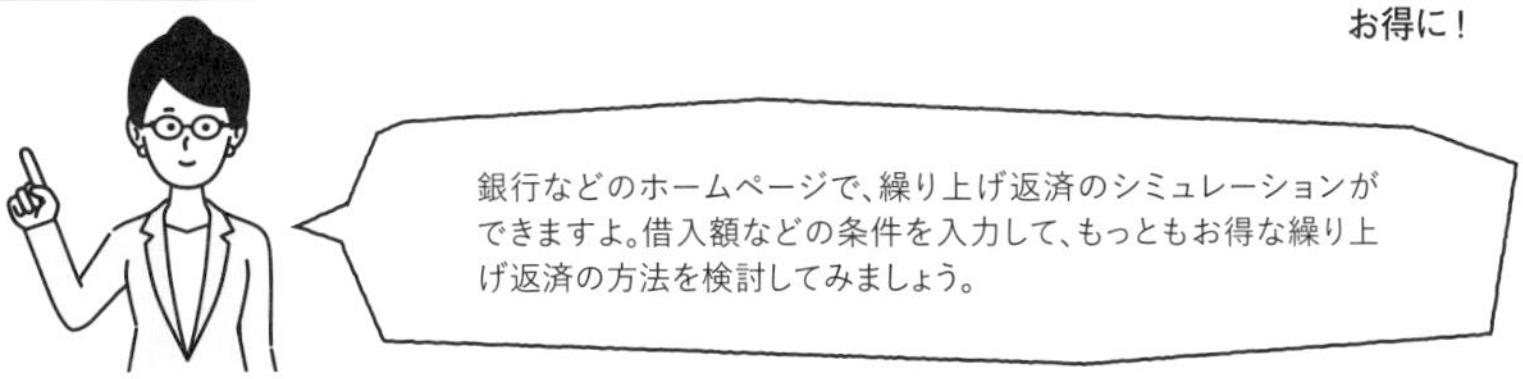

参考資料：三井住友銀行ホームページの「一部繰上返済シミュレーション」で計算

COLUMN　繰り上げ返済のポイント

- 繰り上げ返済の種類を知って、自分に合うタイプを選択する
- 借り入れてから早いうちのほうが、利息軽減効果が高い
- 教育・老後資金やいざというときの貯蓄はしっかり確保し、余剰資金で行う
- 金利が低い時期は繰り上げ返済に向かない。資金があれば運用を

住宅ローンを借り換えるタイミングは？

借り換えは積極的に検討を
かかる費用と比較するのが重要

住宅ローンの金利は、金融機関やその時々の市況によってかなり異なります。場合によっては、ローンを組んだときより有利に借りられるようになっている可能性もあります。

そうしたときに行うのが、ローンの借り換えです。**退職金や子どもにかかるお金の見通しがついたタイミング**で、一度借り換えを検討してみるのもおすすめ。とくに**借り入れ時より金利が低くなっていたら、返済総額が軽減する可能性があります。**ただし費用がかかるので、ローン残額と秤《はかり》にかけて、有利になるほうを選びましょう。

借り換えが有利になる3つの法則

その1 ローンを組んだときより、現在の金利が1%以上低い
その2 残り返済期間が10年以上
その3 ローン残高が1000万円以上

➡ 3つの要件を満たせば、借り換えのメリットがある！

手数料によっては、金利差がもっと少ない場合でも有利になると言われていますよ。金融機関のホームページなどでもシミュレーションできるので、調べてみましょう。

借り換えにかかる費用

借り換えにかかる諸費用は、ローン残高の1%が目安となる。事務手数料が定率型の場合、金額が高くなる傾向にある。

完済のための手続き	全額繰り上げ返済手数料	金融機関によって異なり、無料〜5万円。利用中のローンの金利が固定か変動か、窓口かインターネットかなどによっても異なる
	保証会社事務手数料	全額繰り上げ返済をすると、借入時に一括で払った保証料が差し戻されるが、そのうち、1万円前後の手数料がかかる場合も
新規のローンの手続き	保証料	金融機関によって異なり、無料のところもある。分割の場合、金利に0.2%上乗せした金額のところが多い。一括払いのほうが割安で、1000万円借りて20万円程度
	事務手数料	借りる金額に応じて一定の割合を払う「定率型」と、金額が変わらない「定額型」がある。金融機関によって異なる
	印紙代	借り入れる金額が1000万円以上5000万円以下の場合は2万円
登録手続き	登録免許税（抵当権抹消）	登記の抵当権抹消にかかる税金。不動産の個数×1000円。土地付き一戸建てなら、土地、家屋それぞれにかかるため、1000円×2で2000円
	登録免許税（抵当権設定）	抵当権設定にかかる税金。借入金額の0.4%。2000万円なら8万円
	司法書士報酬	司法書士により異なる。相場は5万〜10万円

借り換えメリットの試算

条件設定 返済期間 35 年（金利固定・元利均等返済）、2000 万円の住宅ローンを 10 年で借り換える（残額約 1154 万円）
手数料 1%相当の約 11 万円を借り入れ金額に上乗せ
借り換え前の金利 3.0%、借り換え後は 2.0%の場合

借り換えによるメリットは

	残額	年数	金利	毎月の返済額	年間返済額	返済総額
借り換え前	1154 万円	25 年	3.0%	5 万 4723 円	65 万 6676 円	1641 万 6900 円
借り換え後	1165 万円	25 年	2.0%	4 万 9379 円	59 万 2548 円	1481 万 3700 円

差額△160 万 3200 円

Point!

借り換えによるメリットの分、借り入れ期間を短く

メリット 1 返済期間が短くなる

メリット 2 返済総額が少なくなる

メリット 3 変動金利型の場合、金利上昇リスクが低下

毎月返済額を借り換え前と
同程度の 5 万 5000 円にすると…

⬇

3 年間の短縮、返済総額は
1440 万 9648 円となり、
約 200 万円の低下

毎月の返済額は
5 万 5000 円で、
借り換え前と
ほぼ同じ額に

完済時期は3年間短縮

返済総額は約 200 万円もダウン！

マイホームを買う

住宅ローンを返せなくなったときは?

返済できないと住宅を失うことにも……

住宅を購入する際には、**ローンを返せなくなるという事態も念頭に置いておく**必要があります。給料が下がったり、失業、病気など、人生にはさまざまなリスクがあるからです。住宅ローンは、住宅を担保に高額なお金を借りている状態です。購入者がローンを払えなくなると、**最終的には住宅を手放して債務の支払いにあてる**ということになります。

しかし、その前に、返済の条件を変更してもらい、毎月の負担を軽減する手段があります。支払いが滞る前に、ローンを組んだ金融機関に交渉してみましょう。

住宅ローンの仕組み

住宅ローンは住宅を担保にした借金。ローンを組む際に、住宅に抵当権を設定する。ローンを支払えなくなると、抵当権と債権が銀行から保証会社に移行。保証会社は銀行への債務を弁済する代わりに、住宅を売却するなどして資金を回収する。

※抵当権:支払いが滞った際、担保物件を処分して債務を回収する権利

住宅ローンが滞ったら…

- 返済が遅れると、毎月の返済額に延滞損害金が加算(フラット35の場合は年率14.5%)
- 延滞情報が個人信用情報機関に登録される(将来的にローンの利用が難しくなる)
- 一括返済を求められる

⬇

それでも返済できない場合は…

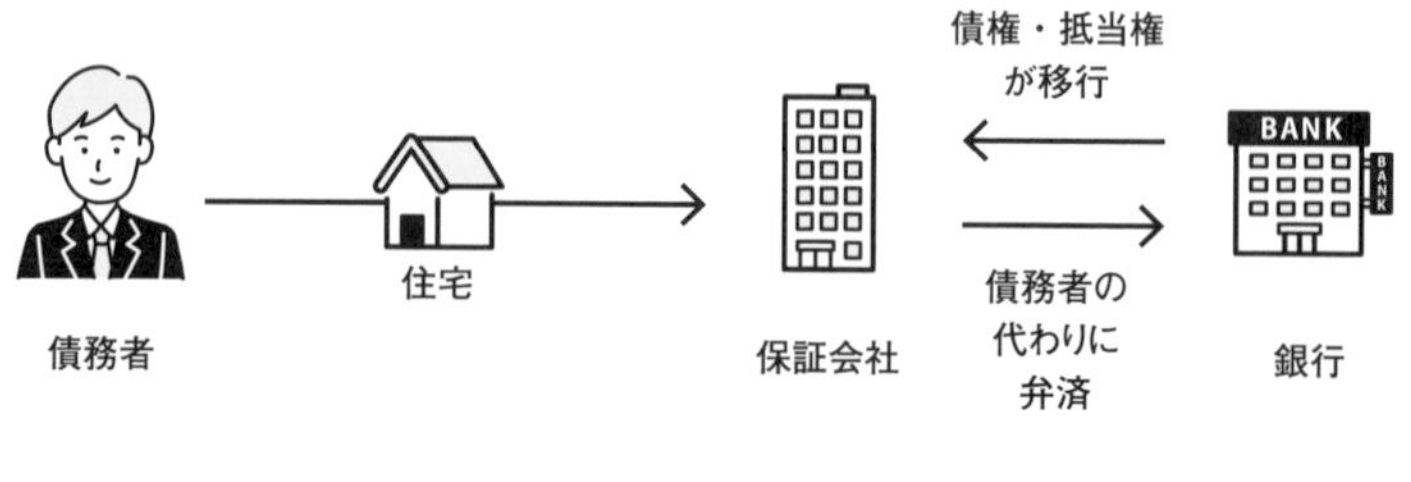

住宅ローンの条件変更例

- 毎月払いとボーナスの併用 ➡ 毎月払いのみへ
- 毎月払いのみ ➡ 毎月払いとボーナスの併用
- 毎月払いとボーナス払い分の内訳変更
- 元金均等返済 ➡ 元利均等返済（逆パターンも可能）

住宅金融支援機構の返済支援制度

収入が減って苦しい場合などには、特別な条件変更を受けることもできる。ただし、すでに月々の支払いを延滞していると支援を受けるのが難しくなる場合も。早めに相談することが大切。

A 返済期間の延長により、返済額を軽減

以下の 3 つの項目すべてに該当する場合

① 離職や病気等の事情により返済が困難になっている
② 返済方法の変更により、今後の返済が継続できる
③ 次のいずれかに当てはまる
- 年収が年間返済総額の 4 倍以下
- 月収が「世帯人員 ×6 万 4000 円」以下
- 年収に対するすべての住宅ローンの年間返済額の割合が、以下の表の比率を超えており、前年の収入が前々年と比べて 20%以上減った

	300 万円未満	300 万～400 万円未満	400 万～700 万円未満	700 万円以上
返済負担率	30%	35%	40%	45%

⬇

最長 15 年、返済期間の延長が可能　※返済総額は増える

さらに、失業中である、収入が 20%以上減ったなどの場合は…

⬇

利息のみを支払う元金据え置き期間を、最長 3 年設定可能。
元金据え置き期間中は金利の引き下げができる場合も

B 一定期間返済額を減額

教育費や医療費など、一定期間支出の増加が見込まれる場合など

⬇

一定期間にわたって返済額が減らせる
※減額期間が終了した後の返済額は増える

マイホームを買う

家を買うときに気をつけたいこと

「見た目の金額」が購入できる価格ではない

住宅の購入計画を立てる際に知っておきたいのが、**広告などに示されている金額以外に、購入後の費用を含めて多くのお金がかかる**ことです。マンションではローンのほかに、**管理費や修繕積立金**が毎月必要になります。これらは建物の経年とともに上がっていきます。年に一度は**固定資産税**がかかります。

また、10年、20年と住んでいれば**リフォーム**の必要も生じてきますので、準備しておく必要があります。

そのほか、火災保険、地震保険、団体信用生命保険料などの保険料があります。

住宅にかかわる保険を知る

保険料は地域や建物の構造、新築か中古か、戸建てかマンションか、家族構成や年齢などによって異なる。保障内容もさまざまなので、複数の損害保険会社から見積りをとり、比較検討するとよい。

団体信用生命保険	住宅ローン支払中の死亡や高度障害に備えるもので、契約者に万が一のことがあった際もローンが完済できるように積み立てる。銀行系のローンの場合は毎月の支払額に含まれるが、フラット 35 の場合は独自で加入が必要
火災保険	マンションの場合で年額 3 万～4 万円。火災のほか、水災や破損に備えるものも
地震保険	火災保険とは別途契約が必要。地震の際の建物や家財の損害を保障する
家財保険	火災保険でカバーできない家財を保障するもので、火災保険の付帯契約として加入する

COLUMN 申込金と手付金の違いは？

申込金は、売買契約を結ぶ前に、物件を予約するために支払うもの。他に購入を希望する客がいても、申込金を支払っておくことで優先的に売買契約を結ぶことができる。そのまま契約すれば、購入代金の一部として充当される。またあらかじめ取り決めた優先期間内であれば、契約を取りやめても返金される。

手付金は売買契約締結時に購入代金の一部を支払うもので、正式には解約手付のこと。契約締結後に解約した場合、この手付金は返金されない。

申込金 ＝ 契約前 契約を結ばなくても返金される

手付金 ＝ 契約時 契約締結後に解約しても返金されない

住宅購入にかかる諸費用

契約時	印紙税	売買契約書にかかる税金（印紙代）
	登録免許税	土地・建物の登記にかかる税金
	登録手数料	登録手続きを代行する司法書士などの料金
	手付金・申込金	申込金は契約前、手付金は契約時に支払うもの。申込金はかからないこともある
ローン手続き時	印紙税	ローンの契約書にかかる税金（印紙代）
	登録免許税	ローンの抵当権設定の登記にかかる税金
	登録手数料	登録手続きを代行する司法書士などの料金
	事務手数料	住宅ローンを借りる金融機関に払う手数料
	ローン保証料（一括の場合）	返済が滞った場合に備え、保証会社に支払う
	各種保険料（一括の場合）	右ページ参照
入居時	修繕積立基金（一時金）＊	共有部分の老朽化に備え、積み立てる
	消費税	建物部分だけで、土地にはかからない
	不動産取得税	不動産取得に際してかかる地方税。軽減措置があり、非課税になることもある
入居後	固定資産税	土地と建物の所有者にかかる地方税
	都市計画税	土地と建物の所有者にかかる地方税で、地域によってはかからない場合もある
	各種保険料（分割の場合）	右ページ参照
	修繕積立金＊	共有部分の老朽化に備える基金で、月々支払う。築年数とともに金額も上がる
	管理費＊	エントランス、廊下、植栽などの共用部分にかかる維持管理費で、月々支払う。築年数とともに金額も上がる

＊マンションのみ

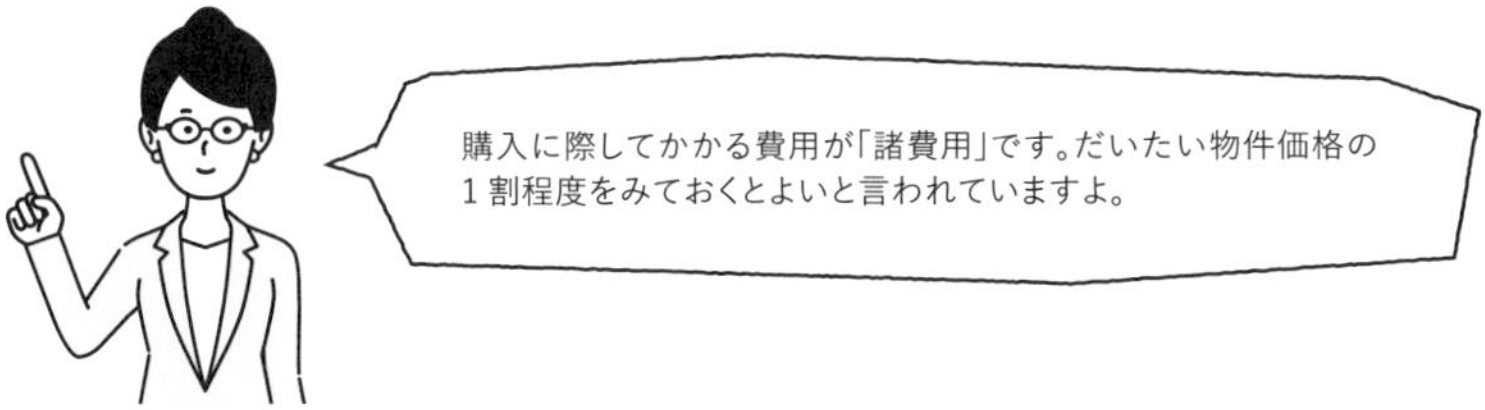

住宅ローン金利は契約者の“信用度”で決まる

住宅ローンでは、広告などに示されている金利より、実際に借り入れるときの金利（適用金利）を下げてもらえる場合がほとんどです。

どれぐらい下げてくれるかは、契約当事者によって異なります。たとえば、もともとの金利が2.5%だったとして、Aさんには−1.5%の1.0%、Bさんには−1.6%の0.9%といった具合に、人によって違う金利が設定されるのです。

どのような人であれば、有利な金利で住宅ローンを組めるのでしょうか。

まずは、収入が安定していること。大手企業の正社員で、勤務年数も長い人などが優遇されると言えるでしょう。また借入額が年収に見合っているかどうかや、車など、他のローンの有無なども含めて審査されます。

なお、金利うんぬん以前にそもそも貸してもらえない、審査で落ちてしまうこともよくあります。金融機関では、ローン審査時に「信用情報」と言って、年収や勤務先、転職履歴、公共料金の支払い、ローン、クレジットカードの利用履歴といった、さまざまな金融情報のデータを参照し、判断の基準にします。

支払いの滞りはもちろん、レンタルDVDの遅延など、ちょっとしたことも傷になってしまうのです。これらは情報をとりまとめている「情報センター」に自分で照会することもできるので、これから住宅ローンを組むときや、借り換えを考慮しているときに取り寄せて、自分の“信用度”をチェックしてみるのもおすすめです。CIC、日本信用情報機構、全国銀行個人信用情報センターなどがネットや郵送による照会を1000円程度の手数料で受け付けています。

CIC（指定信用情報機関）	https://www.cic.co.jp
日本信用情報機構（JICC）	https://www.jicc.co.jp
全国銀行個人信用情報センター	https://www.zenginkyo.or.jp/pcic/

※2020年5月1日現在

Lesson

4

お金を納める

お金を納める

所得税・住民税の基本を押さえよう

源泉徴収票で税額を確認 収入と課税所得は異なる

税金にはさまざまな種類がありますが、身近なものとして、**所得税**と**住民税**があります。会社員の場合、会社が所得税を天引きして納める、源泉徴収という仕組みがあります。**自分が1年間にどれだけ税金を払ったかは、源泉徴収票を見ればわかります**。個人事業主などは、自分で確定申告をして、所得税・住民税を納めます。

所得税や住民税の税額は、課税所得をもとに決められます。課税所得は、収入から必要経費を引き、さらに各種控除を引いて求めます。詳しい計算方法は、このあとのページで紹介していきます。

源泉徴収票の見方

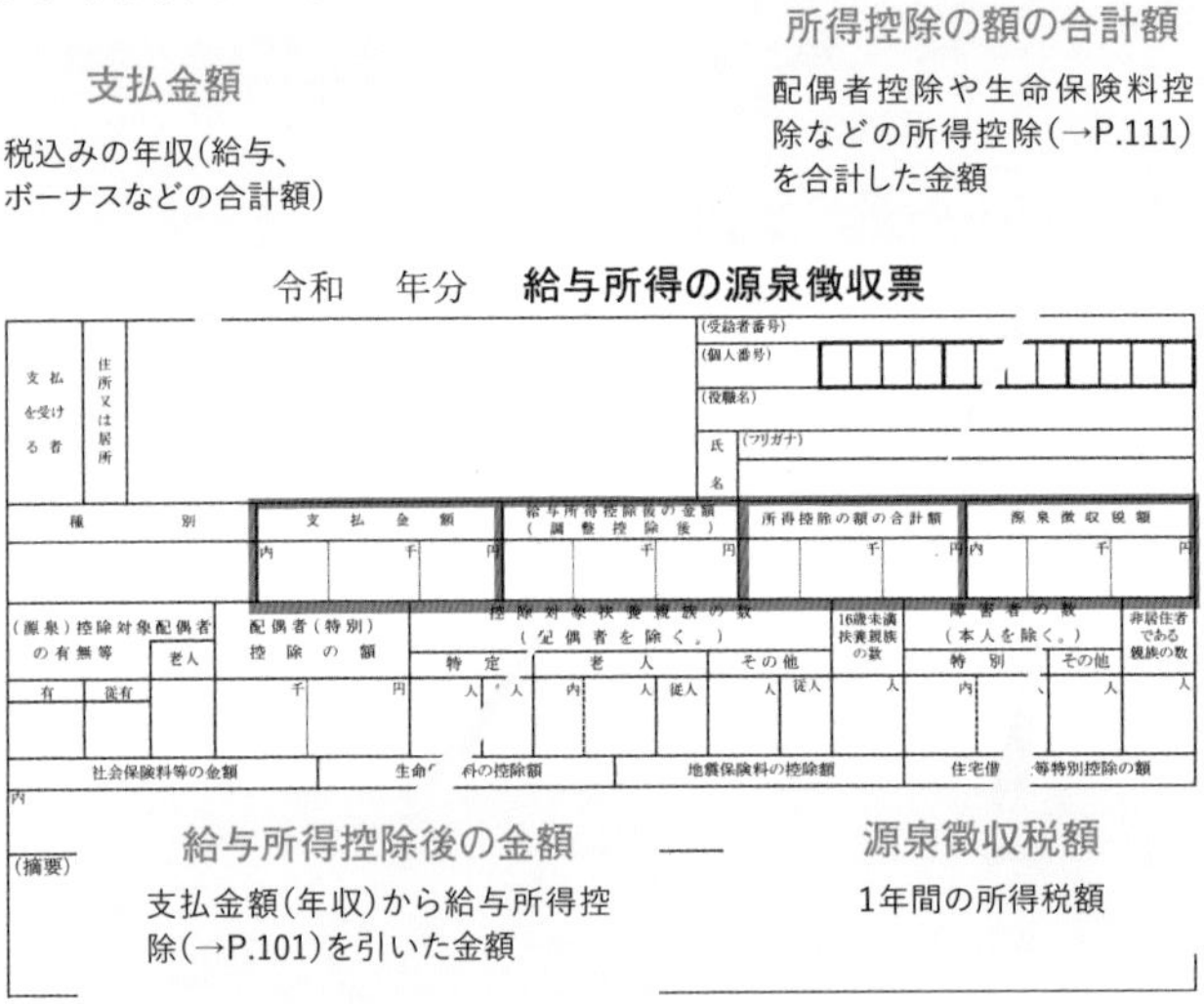

収入と所得の関係

収入 － 必要経費(給与所得控除) ＝ 所得

所得 － 所得控除 ＝ 課税所得

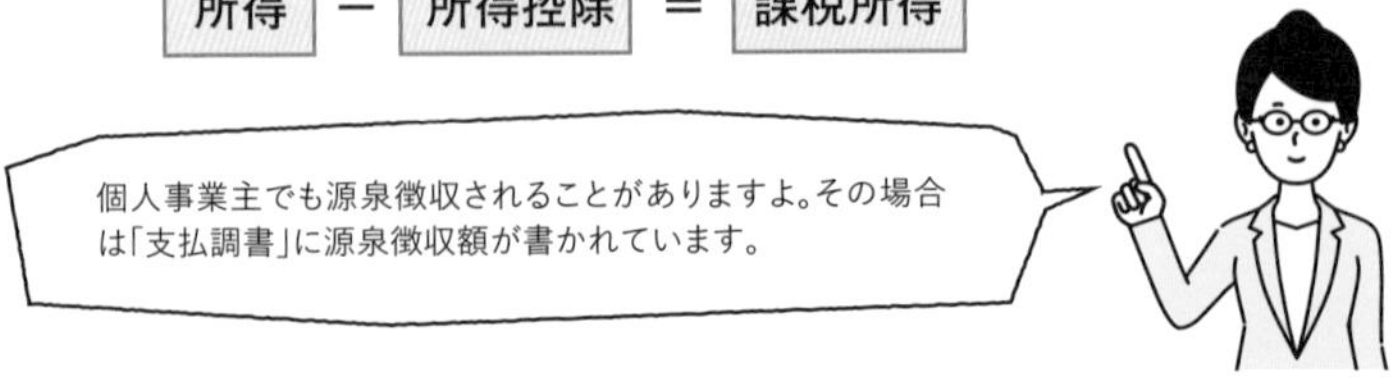

所得の種類

利子所得	銀行の預金や郵便貯金の利子など
配当所得	株主や出資者が法人から受ける配当、投資信託などによる所得
不動産所得	土地や建物などの不動産の貸し付けなどによる所得
事業所得	農業や製造業、卸売業、小売業、サービス業などの事業による所得
給与所得	勤務先から受け取る給料、賞与など
退職所得	退職手当や厚生年金基金の一時金など
山林所得	山林を伐採・立木のままで譲渡することによる所得
譲渡所得	土地、建物、ゴルフ会員権などの譲渡などによる所得
一時所得	懸賞や福引の賞金や競馬や競輪の払戻金、生命保険の一時金など
雑所得	公的年金や著述家や作家以外の人が受ける原稿料や印税など、上記 9 種類の所得に当てはまらない所得

出典：国税庁ホームページをもとに作成

税金の種類

国に納める税金

税を納める人と負担する人が同じ税金

税を納める人と負担する人が異なる税金

		直接税	間接税
国税		所得税、法人税、相続税、贈与税など	消費税、酒税、たばこ税、関税など
地方税	道府県税	道府県民税、事業税、自動車税など	地方消費税、道府県たばこ税、ゴルフ場利用税など
地方税	市町村税	市町村民税、固定資産税、軽自動車税など	市町村たばこ税、入湯税など

地方公共団体に納める税金

出典：国税庁「税の学習コーナー」をもとに作成

酒税は、ビール大びん1本で約 139 円、たばこ税は1箱(20 本)で約 265 円だよ。入湯税は、温泉に入ったときにかかる税金だね。

お金を納める

所得税・住民税の税額は？

税額は累進課税
経費と所得控除を引く

所得税・住民税の税額は、課税所得をもとに決められていて、課税所得が多いほど、税率が高くなる累進課税になっています。

課税所得を求める際には、まず、**収入から必要経費（給与所得控除）を引いて所得を求めます。**給与所得控除の額は、収入総額によって決められています。

次に、**所得から所得控除を引いて、課税所得を求めます。**所得控除にはさまざまな種類があります（↓P.111）。支払った額の全額が控除されるものと、一部が控除されるものがあります。

課税所得の求め方

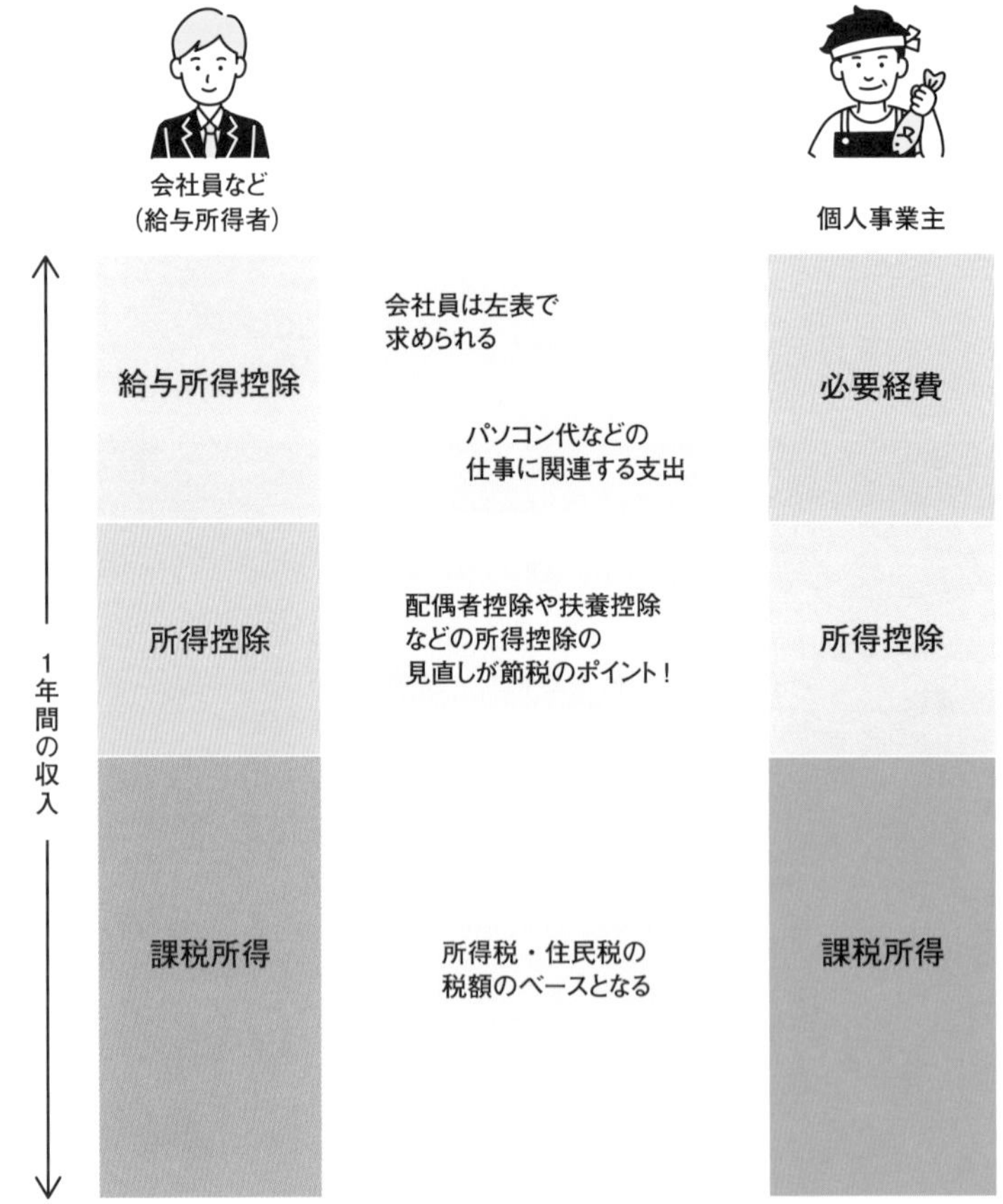

給与所得控除額の求め方

（令和 2 年分以降）

給与等の収入金額	給与所得控除額
162.5 万円以下	55 万円
162.5 万円超 180 万円以下	収入金額 ×40%−10 万円
180 万円超 360 万円以下	収入金額 ×30%+8 万円
360 万円超 660 万円以下	収入金額 ×20%+44 万円
660 万円超 850 万円以下	収入金額 ×10%+110 万円
850 万円以上	195 万円（上限）

例

年収 350 万円の A さんの場合

350 万円 ×30%+8 万円＝113 万円

所得税の速算表

（平成 27 年分以降）

課税される所得金額	税率	控除額
195 万円以下	5%	0 円
195 万円超 330 万円以下	10%	9 万 7500 円
330 万円超 695 万円以下	20%	42 万 7500 円
695 万円超 900 万円以下	23%	63 万 6000 円
900 万円超 1800 万円以下	33%	153 万 6000 円
1800 万円超 4000 万円以下	40%	279 万 6000 円
4000 万円超	45%	479 万 6000 円

※2037 年末まで、復興特別所得税（所得税額の 2.1%）が加算される

例

課税所得 300 万円の場合

300 万円 ×10%−9 万 7500 円
＝20 万 2500 円

住民税額の求め方

住民税額 ＝ 課税所得額 × 10%（所得割） ＋ 均等割 5000 円

均等割 5000 円
- 道府県民税　1500 円
- 市町村民税　3500 円

所得税額の求め方(会社員の場合)

例1

A さん(28 歳・女性)

年収 300 万円
社会保険料 約 41 万円
配偶者・子ども なし

収入		給与所得控除		給与所得
300 万円	−	98 万円	=	202 万円

300 万円 ×30%+8 万円(→P.101)

給与所得		所得控除		課税所得
202 万円	−	89 万円	=	113 万円

所得控除合計額

社会保険料控除額 41 万円…①
基礎控除額 48 万円…②
①+②=89 万円

課税所得		税率		控除額		復興特別所得税		所得税額
113 万円	×	5%	−	0 円	×	1.021	=	5 万 7687 円

実際に支払う所得税の金額は…… **5 万 7600 円** 100 円未満は切り捨て

例2

Bさん(37 歳・男性)

年収 700 万円
社会保険料 100 万円
生命保険料 4 万円
配偶者 あり(年収 120 万円)

収入		給与所得控除		給与所得
700 万円	−	180 万円	=	520 万円

700 万円 ×10%+110 万円(→P.101)

給与所得		所得控除		課税所得
520 万円	−	189 万円	=	331 万円

所得控除合計額

社会保険料控除額 100 万円…① 基礎控除額 48 万円…②
配偶者特別控除額 38 万円…③ 生命保険料控除額 3 万円…④
①+②+③+④=189 万円

課税所得		税率		控除額		復興特別所得税		所得税額
331 万円	×	20%	−	42 万 7500 円	×	1.021	=	23 万 9425 円

実際に支払う所得税の金額は…… **23 万 9400 円** 100 円未満は切り捨て

実際に計算してみましょう

年収	万円	配偶者の年収	万円
社会保険料	万円	生命保険料	万円

収入		給与所得控除		給与所得
	−		=	

※101 ページの表参照

給与所得		所得控除		課税所得
	−		=	

課税所得		税率		控除額		復興特別所得税
	×	%	−		×	1.021

所得税額

=

社会保険料控除		万円
配偶者控除		万円
生命保険料控除		万円
その他の控除		万円
基礎控除	48 万円*	
所得控除 合計		万円

※110～111 ページ参照

*令和 2 年分以降は、合計所得金額が 2400 万円以下の場合、48 万円の基礎控除を受けられる

出典：「令和元年分 所得税及び復興特別所得税の確定申告の手引き」をもとに作成

住宅に関する控除

住宅借入金等特別控除 （通称：住宅ローン減税）	期間	住宅の取得から 10 年間
	控除額	年末の住宅ローン残高の1％（最高 40 万円） 所得控除（→P.111）とは異なり、税額から直接控除される
	条件	・年収 3000 万円以下 ・住宅の床面積が 50 m^2 以上 ・床面積の半分以上が自己の居住用
特定増改築等住宅借入金等特別控除	一定のバリアフリー改修工事や省エネ改修工事を含む増改築をした場合に控除される	
住宅耐震改修特別控除	住宅に耐震改修をした場合に所得税が控除される	
住宅特定改修特別税額控除	住宅に一般断熱改修工事などを行った場合に所得税が控除される	
認定住宅新築等特別税額控除	耐久性・耐震性など一定の条件を満たした住宅を新築・購入した時に受けられる控除	

COLUMN　セルフメディケーション税制による医療費控除の特例

1年間の特定の医療品（市販品）の購入費が 1 万 2000 円を超える場合の所得控除。本人と配偶者、親族の分を合計できる。通常の医療費控除との選択適用になる。対象商品※はレシートに記載されている。

※医師によって処方される医薬品（医療用医薬品）から、ドラッグストアで購入できる OTC 医薬品に転用された医薬品（スイッチ OTC 医薬品）

お金を納める

会社員は年末調整で税金が戻る場合も

正確な税額算出で還付もあり
扶養家族や保険料を記入

会社員の場合、源泉徴収によって、毎月の給料から所得税が天引きされます。1年間の税額の合計を正確に計算し直すため、**12月に年末調整**が行われます。その結果、本来の税額より払いすぎていた人はその分が還付され、逆に、納めた税額が不足する人は追加徴収されます。

たとえば、1年の途中で**扶養家族が増えた人や、生命保険料などの控除がある人は、年末調整によって税金が戻ってきます。**

年末調整に必要な書類には、「扶養控除等（異動）申告書」、「配偶者控除等申告書」などがあります。

年末調整と確定申告の違い

年末調整は、会社が給与所得者の代わりに税務署へ申告・納税を行う。一方、確定申告は、納税者自身が１年間の所得を計算し、税務署へ税額を自己申告し、税金を納める。

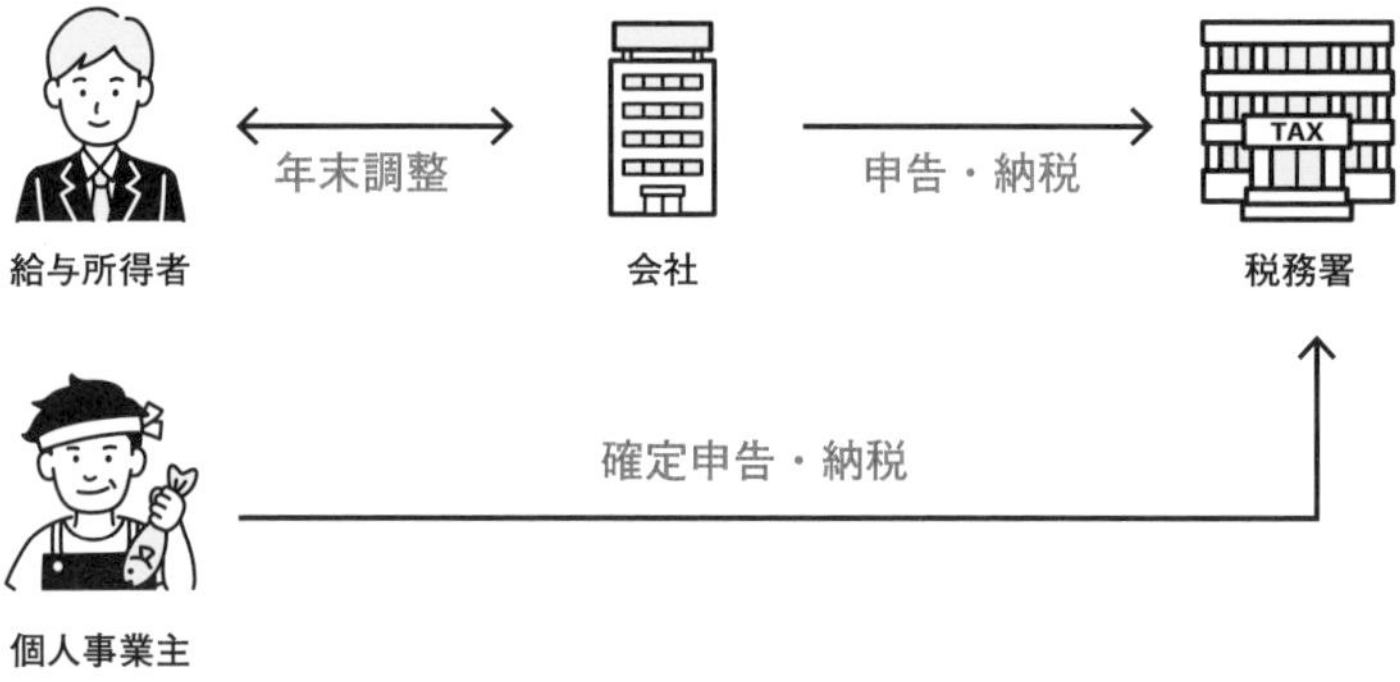

年末調整の対象になる人

対象になる人（主な例）	対象にならない人
● 給与所得者（パートやアルバイトなども含む） ● 1年を通じて勤務している人 ● 年の中途で就職し、年末まで勤務している人 など	● 1年間の給与収入金額が 2000 万円を超える人 ● 年の中途で退職した人 など

12 月の給与などの支払いの後に退職した人や死亡退職した人、心身の障害で退職後も再就職できない人などは、年末まで勤務していなくても年末調整の対象になります。

給与所得者の扶養控除等（異動）申告書

扶養している配偶者や親族がいる場合、勤務先に扶養控除申告書を提出することで、控除を受けることができる。

源泉控除対象配偶者

その年の収入が95万円以下の配偶者がいる場合に記入する。

障害者、寡婦、寡夫または勤労学生

自分や配偶者、扶養親族が該当する場合に記入する。

控除対象扶養親族

16歳以上の扶養対象親族がいる場合に記入する（その年の収入が48万円以下）。

他の所得者が控除を受ける扶養親族等

共働き夫婦で子どもを配偶者の扶養に入れる場合、配偶者と子どもの名前を記入する。

16歳未満の扶養親族

16歳未満の扶養親族がいる場合に記入する。

年末調整の対象になる人は、この書類を提出しないと年末調整が受けられないので、扶養している配偶者や親族がいなくても必ず提出しなければならないのよ。

給与所得者の保険料控除申告書

1年間に払った保険料を記入し、生命保険会社から送られてくる「生命保険料控除証明書」を添付して提出すると、控除を受けることができる。

生命保険料控除

対象となるのは、「一般の生命保険料」「介護医療保険料」「個人年金保険料」の3つ。

地震保険料控除

火災保険に地震保険特約をつけて加入し、保険料を払っている場合に記入する。

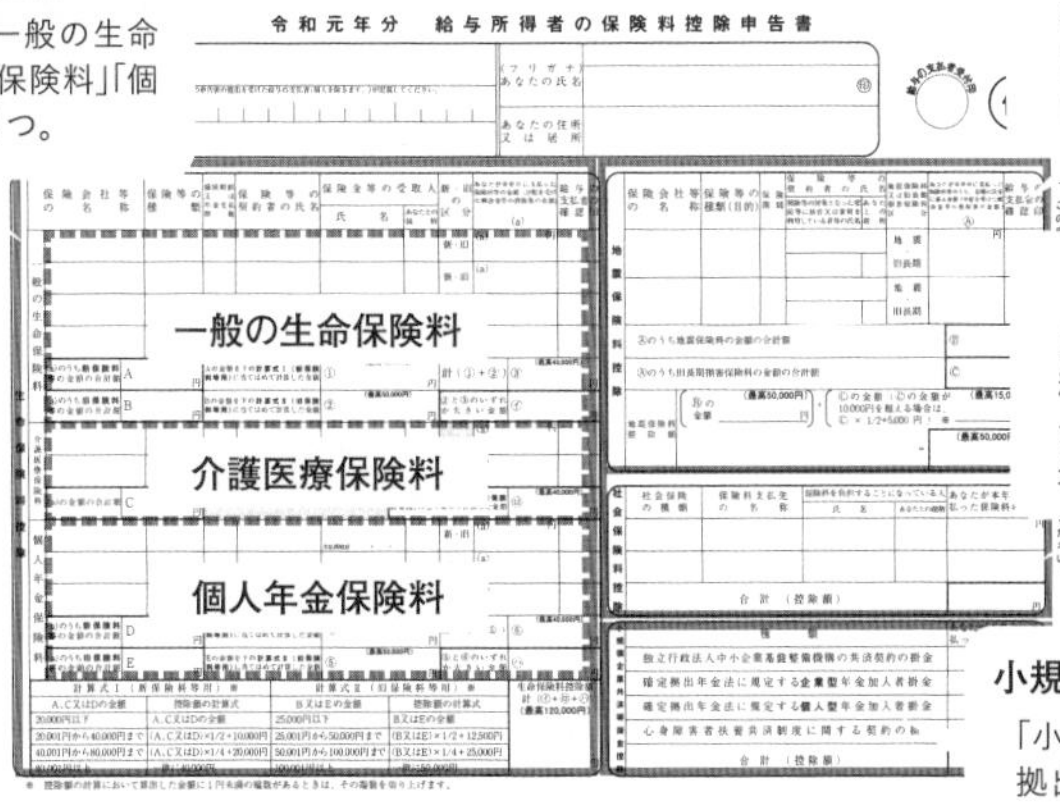

社会保険料控除

自分や親族の社会保険料で、勤務先から差し引かれていないものがある場合に記入する。

小規模企業共済等掛金控除

「小規模企業共済」と「確定拠出年金」の掛金を支払っている場合に記入する。

住宅ローンを支払っている場合の控除は、「給与所得者の（特定増改築等）住宅借入金等特別控除申告書」に記入するよ。

自営業者は確定申告で納税

家賃なども経費にできる
会社員も必要な場合がある

個人事業主などの**自営業者は、自分で確定申告をする**必要があります。1年間（前年）の収入（売上金額）から経費を引いて所得を計算し、さらに各種控除を引いて税額を求めます（→P.111）。

会社員の場合は、収入に応じて給与所得控除が自動的に決まっていますが、**自営業者の場合は、自分で必要経費を算出します。**自宅で仕事をしている場合には、**家賃なども経費**として計上することができます。

なお、会社員でも、確定申告が必要な場合や、確定申告をすると税金が安くなる場合があります。

確定申告の流れ

個人事業主など確定申告が必要な人は、申告前に必要な書類を用意して申告書に記入し、申告期間内に提出しよう。

確定申告に必要な書類

- 給与所得や公的年金等の源泉徴収票（原本）
- 私的年金等を受けている場合には支払金額などがわかるもの
- 医療費の領収書等、社会保険料（国民年金保険料）控除証明書、生命保険料の控除証明書、地震保険料（旧長期損害保険料）の控除証明書、寄附金の受領証 など

確定申告書を入手
- 申告書は、国税庁のサイトからダウンロード可能
- 市町村役所や自治体のサービスコーナー、出張所などでも入手可能

↓

申告書に記入
- 収入、必要経費、源泉徴収額、各種控除などを記入
- 申告書の「第一表」「第二表」ともに記入

↓

申告書を提出
- 申告期間は2月16日～3月15日（年によって異なる）
- 税務署の窓口のほか、郵便やインターネットでも提出可能

↓

還付
- 源泉徴収額が本来の税額より多い場合、税金が戻ってくる

確定申告書にはAとBの2つの様式があります。このうち申告書Aはサラリーマンやパート勤務の人、申告書Bはフリーランス・個人事業主が使用します。

自営業者が必要経費にできるもの

自営業者が必要経費にできるものには、主に次のようなものがある。

経費	内容
給料賃金	人を雇っている場合に支払う給料
外注工賃	外注した場合に支払った金額
減価償却費	高額な固定資産を一定期間にわたって計上する際の費用(パソコンなど)
地代家賃	事業所などの土地や建物にかかる賃借料や使用料
水道光熱費	事業を運営するために必要な水道料金や電気料金などの費用
旅費交通費	仕事で出かけた場合の交通費
通信費	通信のために必要な費用(電話、インターネットなど)
広告宣伝費	商品やサービスの広告や宣伝にかかる費用
接待交際費	取引先との接待費用や事業に関わる交際費用。取引先へのお中元やお歳暮なども含む
修繕費	仕事に必要なものが壊れた場合の修理費
消耗品費	文房具やプリンターのインクなどの消耗品にかかる費用
福利厚生費	会社が従業員の満足度を向上することを目的として使う費用
雑費	その他の費用

自宅で仕事をしている場合は、家賃や光熱費の半額程度(場合による)を経費として算定できるのよ。

会社員の確定申告

年間所得が多い人や、2 か所以上から給与所得のある人などは、会社員の場合でも確定申告が必要となる。

確定申告が必要	確定申告をすると税金が安くなる
● 年間給与が 2000 万円超 ● 2 か所以上から給与をもらっている ● 副業の所得が年間 20 万円以上 ● 不動産所得がある　など	● 住宅ローンがある ● 多額の医療費がかかった ● 寄附をした ● 退職し、再就職しなかった　など

自営業者でも源泉徴収される場合があるよ。確定申告をすると、払いすぎた税金が戻ってくることも。

青色申告には さまざまなメリットがある

確定申告の方法には、**青色申告**と**白色申告**があります。青色申告をすることができるのは、不動産所得、事業所得、山林所得のある人です。青色申告をするには、事前に「**青色申告承認申請書**」を税務署長に提出する必要があります。青色申告以外の場合は白色申告になります。

青色申告には、**税金が安くなる特別控除や、翌年以降への赤字の繰り越しなどのメリットがあります。**その分、きちんと帳簿をつける必要があり、手間がかかります。

青色申告のうち、不動産所得、事業所得のある人で、複式簿記で貸借対照表と損益計算書を作成して期限内に提出した場合は、**最高65万円の特別控除**が受けられます。

青色申告と白色申告

青色申告は、税務署への開業報告や確定申告の時に決算書を作成する必要があるが、白色申告に比べて税制上さまざまなメリットがある。

	青色申告		白色申告
帳簿	簡易簿記	複式簿記 貸借対照表、損益計算書	特に指定なし
特別控除	最高 10 万円	最高 65 万円	なし
事前申請	必要		不要
期限後の申請	可能	不可	可能
赤字の繰り越し	翌年以降3年間可能		不可

COLUMN　青色申告で必要な複式簿記とは？

青色申告には「簡易簿記」と「複式簿記」の 2 種類の記帳方法がある。このうち、最高 65 万円の特別控除を受けるには、複式簿記による複数の帳簿作成が義務付けられている。なかでも主要簿と呼ばれる「仕訳帳」と「総勘定元帳」の 2 つの作成が必要となる。
このほかにも、「現金出納帳」「預金出納帳」「売掛帳」などの目的別に取引を管理するための補助簿と呼ばれる帳簿が 6 つほどある。

令和2年分以後の所得税の申告について、青色申告特別控除の見直しが行われ、青色申告特別控除の控除額が、65 万円から 55 万円に引き下げられます。ただし、複式簿記による複数の帳簿作成に加え、e-Tax（国税電子申告・納税システム）を使用することにより、65 万円の特別控除を受けることができますよ。

確定申告書の記入例

確定申告書にはAとBがある。Aは会社員や年金受給者向け。一方、Bは所得の制限がなく、誰でも使用できる確定申告書となり、個人事業主や不動産収入がある人向け。

確定申告書には、毎回、マイナンバー（個人番号）を記入する必要がある。

〇〇 税務署長
令和 2 年 2 月 17 日

令和 01 年分の 所得税及び復興特別所得税 の 申告書B

FA0125

第一

住所（又は事業所・事務所・居所など）	〒×××-××××	個人番号	××××××××××××
	〇〇市〇〇町 ×-×-××	フリガナ	コクゼイ タロウ
	〇〇市〇〇町 ×-×-××	氏名	国税 太郎
		性別 男 女 / 職業	〇〇小売業
		屋号・雅号	国税商店
		世帯主の氏名	国税 太郎
		世帯主との続柄	本人
令和 年1月1日の住所	同上	生年月日	3 45.08.01
		電話番号（自宅・勤務先・携帯）	XXX－XXX－XXXX

（単位は円）

収入金額等	事業 営業等	㋐	40572600
	事業 農業	㋑	
	不動産	㋒	16000000
	利子	㋓	
	配当	㋔	80000
	給与	㋕	1920500
	雑 公的年金等	㋖	
	雑 その他	㋗	150000
	総合譲渡 短期	㋘	
	総合譲渡 長期	㋙	
	一時	㋚	100000
所得金額	事業 営業等	①	5367200
	事業 農業	②	
	不動産	③	1279200
	利子	④	
	配当	⑤	80000
	給与 区分	⑥	11640000
	雑	⑦	130000
	総合譲渡・一時 ㋘＋{(㋙＋㋚)×½}	⑧	50000
	合計	⑨	8070400
所得から差し引かれる金額	社会保険料控除	⑩	1380912
	小規模企業共済等掛金控除	⑪	180000
	生命保険料控除	⑫	40000
	地震保険料控除	⑬	25000
	寡婦、寡夫控除	⑭	0000
	勤労学生、障害者控除	⑮～⑯	750000
	配偶者（特別）控除 区分	⑰～⑱	380000
	扶養控除	⑲	1210000
	基礎控除	⑳	380000
	⑩から⑳までの計	㉑	4345912
	雑損控除	㉒	230000
	医療費控除 区分	㉓	111400
	寄附金控除	㉔	263000
	合計（㉑＋㉒＋㉓＋㉔）	㉕	4950312

（税理士署名押印 電話番号 － － ㊞）

種類／特農の表示／整理番号

税金の計算	課税される所得金額（⑨－㉕）又は第三表	㉖	3120000
	上の㉖に対する税額又は第三表の㊽	㉗	214500
	配当控除	㉘	8000
	区分	㉙	
	（特定増改築等）住宅借入金等特別控除 区分	㉚	00
	政党等寄附金等特別控除	㉛～㉝	10000
	住宅耐震改修特別控除 住宅特定改修・認定住宅新築等特別税額控除 区分	㉞～㊲	
	差引所得税額	㊳	196500
	災害減免額	㊴	
	再差引所得税額（基準所得税額）（㊳－㊴）	㊵	196500
	復興特別所得税額（㊵×2.1%）	㊶	4126
	所得税及び復興特別所得税の額（㊵＋㊶）	㊷	200626
	外国税額控除 区分	㊸	
	源泉徴収税額	㊹	67567
	申告納税額（㊷－㊸－㊹）	㊺	133000
	予定納税額（第1期分・第2期分）	㊻	101200
	第3期分の税額（㊺－㊻） 納める税金	㊼	31800
	第3期分の税額（㊺－㊻） 還付される税金	㊽	△
その他	配偶者の合計所得金額	㊾	
	専従者給与（控除）額の合計額	㊿	500000
	青色申告特別控除額	51	
	雑所得・一時所得等の源泉徴収税額の合計額	52	15315
	未納付の源泉徴収税額	53	
	本年分で差し引く繰越損失額	54	
	平均課税対象金額	55	
	変動・臨時所得金額 区分	56	
延納の届出	申告期限までに納付する金額	57	16800
	延納届出額	58	15000

還付される税金の受取場所：銀行・金庫・組合・農協・漁協／本店・支店・出張所・本所・支所／郵便局名等／預金種類 普通・当座・納税準備・貯蓄／口座番号・記号番号

整理欄：区分 A B C D E F G H I J K／異動 L／管理 名簿／補完 確認

総所得金額から所得控除の合計額を差し引いた額に、所得税率を掛けて計算。ここから、さらに税額控除として認められるものを差し引いて、最終的な税額を計算する。

その年の1月1日～12月31日までの間に得られた収入を、所得ごとに記入する。

社会保険料控除や医療費控除、生命保険料控除、扶養控除などの所得から控除が認められる金額を記入する。

専従者給与（控除）の合計額や青色申告特別控除額、未納付の所得税および復興特別所得税の源泉徴収税額などを記入する。

出典：国税庁「所得税及び復興特別所得税の確定申告の手引き（確定申告書B用）」をもとに作成

所得控除をフル活用 申請を忘れずに

所得税の税額は課税所得をもとに決められています（→P.100）。**課税所得を低くするために、所得控除を活用しましょう。**所得控除には、左ページのように、さまざまな種類があります。これらの控除を受けるには、年末調整（→P.104）などの際に申請が必要です。

所得控除のうち、**配偶者（特別）控除**は、本人と配偶者の所得（給与所得）によって決まります。また、**生命保険料控除**には「一般生命保険料控除」「介護医療保険料控除」「個人年金保険料控除」の3種類があり、それぞれ**最高4万円の控除**が受けられます。

配偶者控除と生命保険料控除

配偶者控除の金額

控除を受ける納税者本人の合計所得金額	配偶者の合計所得金額	
	38万円以下	老人控除対象配偶者※
900万円以下	38万円	48万円
900万円超950万円以下	26万円	32万円
950万円超1000万円以下	13万円	16万円

※老人控除対象配偶者とは、控除対象配偶者のうち、その年12月31日現在の年齢が70歳以上の人をいう

生命保険料控除の金額

	年間の支払保険料等	控除額
新契約（平成24年1月1日以後に締結した保険契約等）に基づく場合の控除額	2万円以下	支払保険料等の全額
	2万円超4万円以下	支払保険料等×1/2＋1万円
	4万円超8万円以下	支払保険料等×1/4＋2万円
	8万円超	一律4万円
旧契約（平成23年12月31日以前に締結した保険契約等）に基づく場合の控除額	2万5000円以下	支払保険料等の全額
	2万5000円超5万円以下	支払保険料等×1/2＋1万2500円
	5万円超10万円以下	支払保険料等×1/4＋2万5000円
	10万円超	一律5万円

出典：国税庁HP「所得金額から差し引かれる金額（所得控除）」をもとに作成

平成30年分以後は、控除を受ける納税者本人の合計所得金額が1000万円を超える場合は、配偶者控除は受けられません。

所得控除の種類

雑損控除	災害や盗難、横領によって住宅や家財などに損害を受けた場合に、一定額を控除できる
医療費控除	本人や配偶者・親族のために支払った医療費が、一定の金額以上だった場合に一定額を控除できる。通院費や予防接種、入院時の食事代も含む（一部の金額）。セルフメディケーション税制による医療費控除の特例も選択できる
社会保険料控除	本人や配偶者・親族が負担することになっている次の社会保険料のうち、支払ったり、給与などから差し引かれたりした保険料がある場合に全額控除できる 健康保険料、国民健康保険料（税）、後期高齢者医療保険料、介護保険料、労働保険料、国民年金保険料、国民年金基金の掛金、厚生年金保険料 など
小規模企業共済等掛金控除	小規模企業共済の掛金、確定拠出年金法の企業型年金加入者掛金および個人型年金加入者掛金（iDeCo の掛金など）、心身障害者扶養共済制度の掛金を支払った場合に全額控除できる
生命保険料控除	新（旧）生命保険や介護医療保険、新（旧）個人年金保険の保険料を支払った場合に一定額を控除できる
地震保険料控除	損害保険契約等のうち、地震等損害部分の保険料を支払った場合に一定額を控除できる
寄附金控除	国、都道府県、市区町村、日本赤十字社などへの寄附金を支払った場合に一定額を控除できる。ふるさと納税も該当する
障害者控除	障害者は 27 万円、特別障害者（障害者のうち、特に重度の障害のある人）は 40 万円、同居特別障害者（特別障害者と常に同居している配偶者や扶養親族）は 75 万円を控除
寡婦・寡夫控除	寡婦は 27 万～ 35 万円、寡夫は 27 万円を控除。収入制限あり
勤労学生控除	勤労学生である場合、27 万円を控除。合計所得金額が 65 万円より多い場合、勤労以外の所得が 10 万円より多い場合を除く
配偶者（特別）控除	本人と配偶者それぞれの合計所得金額に応じて、最高 38 万円が控除できる。老人控除対象配偶者（70 歳以上）の場合は最高 48 万円
扶養控除	扶養親族の年齢などによって 38 万～ 63 万円が控除できる
基礎控除	合計所得金額が 2400 万円以下の場合、48 万円が控除される（令和 2 年分以降）

寡婦または寡夫とは、夫または妻と死別、もしくは離婚した後も婚姻をしない人のことです。さらに、寡婦・寡夫控除を受けられるのは、扶養する親族がいたり子どもがいるなどの条件があります。

親が亡くなったあとの相続税は？

土地や建物は金銭に換算 基礎控除がある

亡くなった人（被相続人）から財産を相続した場合は、相続税がかかる場合があります。財産の種類には、**土地、建物、有価証券、預貯金、現金**などがあります。土地や建物は金銭に換算します。**海外にある財産も課税対象になります。**

相続した財産から被相続人の債務と葬式費用を除き、**基礎控除を引いた額に相続税がかかります。**基礎控除は、配偶者は1億6000万円または配偶者の法定相続分相当額のどちらか高いほう。それ以外は3000万円＋（600万円×法定相続人の数）で求めます。

相続税を払う必要がある人・必要がない人

相続税の金額は、相続人の数によって変わる。以下の計算式で遺産総額より控除額が上回れば、相続税を支払う必要がない。

相続税の基礎控除額

=3000 万円+(600 万円 × 法定相続人の数)

※法定相続人の数：相続の放棄をした人を含めた場合の相続人の数

例 法定相続人が配偶者と子ども 3 人の場合の基礎控除額
3000 万円+(600 万円 ×4)=5400 万円

遺産総額 < 基礎控除額 ⇒ 相続税を払う必要がない
遺産総額 > 基礎控除額 ⇒ 相続税を払う必要がある

相続順位

配偶者	常に相続人になる
第1順位：子どもや孫	被相続人の相続開始以前に死亡しているときなどは孫
第2順位：父母や祖父母	被相続人に子や孫がいないとき、 被相続人の相続開始以前に死亡しているときなどは祖父母
第3順位：兄弟姉妹	被相続人に子や孫、父母や祖父母もいないとき、 被相続人の相続開始以前に死亡しているときなどは 甥、姪

相続税の申告が必要かどうか、国税庁の「申告要否の簡易判定シート」サイトで調べてみよう。シートに入力すると、判定結果が出るよ。

相続税がかかる財産

被相続人が亡くなった時点で所有していた財産 ※日本国外にある財産も課税対象	土地や建物などの不動産、現金、預金、株式や公社債などの有価証券、貴金属、書画骨董など、金銭的な価値があるものはすべて課税対象になる
みなし相続財産	死亡保険金や退職金など ※ただし、一定の金額までは非課税
相続時精算課税適用財産	生前贈与を受けていて、贈与税の申告の際に相続時精算課税を適用していた場合
暦年課税適用財産	被相続人が亡くなる前3年以内に贈与を受けた財産

相続税がかからない財産

日常的に礼拝している物	墓地や墓石、仏壇、仏具、神を祭る道具など
生命保険金の一部	「500 万円 × 法定相続人の数」までは非課税
死亡退職金の一部	「500 万円 × 法定相続人の数」までは非課税
国や地方公共団体へ寄付した財産	相続により取得した財産を国、地方公共団体、特定の公益法人などに寄付した場合
公共事業用財産	宗教、慈善、学術など公益目的の事業を行う人が、公益事業のために使う場合
心身障害者共済制度の給付金を受ける権利	被相続人が心身障害者共済制度の給付金を受けており、その給付金を受ける権利を相続する場合

相続財産の価額から控除できる債務と葬式費用

債務	被相続人の債務。借入金、未払金、未納の税金など
葬式費用	お寺・葬儀社などへの支払い、お通夜に要した費用など ※墓地や墓碑などの購入費用、香典返し、法要などの費用は含まない

相続税の申告期間は、被相続人が亡くなってから 10 か月以内です。
相続放棄の期限は 3 か月以内に決めないといけません。

COLUMN 相続税の節税対策「小規模宅地等の特例」

亡くなった人から宅地を相続した場合、土地の評価額が高い都市部などでは多額の相続税がかかることも。このような場合に「小規模宅地等の特例」で土地の評価額を最大 80%まで減額できる。事業で使われていた土地の場合は 400 m²、住宅として使われていた土地は 330 m² までの部分は 80%減額、貸付用に使われていた土地の場合は 200 m² までの部分については 50%減額される。

配偶者控除や生前贈与などを利用して相続税を減らす

相続税の計算方法は、左ページの通りです。配偶者の控除額は1億6000万円もありますので、配偶者に分ける財産を多くすると、相続税の金額を減らすことができます。

相続税額を減らす方法の一つとして、生前贈与があります。**生前贈与では、贈与を受ける人1人につき1年あたり110万円の基礎控除があります。**生前贈与をすることで、贈与する人の財産を減らすことができます。ただし、相続開始前3年以内に贈与を受けた財産には相続税が課税されます。

また、**生命保険金は一定金額までは非課税**（→P.113）なので、生命保険を利用することでも相続税額を減らすことができます。

税額から控除されるもの

未成年者控除	相続人が20歳未満の場合は、20歳に達するまでの年数1年につき10万円控除
障害者控除	相続人が障害者の場合は、85歳に達するまでの年数1年につき10万円（特別障害者の場合は20万円）控除
暦年課税に係る贈与税額控除	正味の遺産額に加算された「相続開始前3年以内の贈与財産」の価額に対する贈与税額が控除
相続時精算課税に係る贈与税額控除	遺産総額に加算された「相続時精算課税の適用を受ける贈与財産」の価額に対する贈与税額が控除

生前贈与を活用して相続税を減らす

生前贈与とは、生前に自分の財産を他人へ無償で渡すことをいう。贈与財産に対しては贈与税が課される。贈与税の課税システムの一つである暦年贈与を選択すれば1年あたり110万円まで贈与税は発生しない。

例 相続財産：8000万円、相続人：子ども3人

生前贈与をしなかった場合 → 相続税 330万円

8000万円−4800万円=3200万円

基礎控除額　課税資産

子　子　子

生前贈与をした場合

15年間、3人に110万円ずつ贈与

110万円×3人×(15 − 3年)

= 3960万円

3960万円−4800万円=−840万円

生前3年以内に贈与したものについては基礎控除の対象にはならず、相続税の対象となる

→ 相続税 0円

相続税の計算例

課税価格の合計額：相続財産1億円、配偶者が 6000 万円、子 2 人が 2000 万円ずつ相続した場合

(課税価格の合計額)		(基礎控除額)		(課税遺産総額)
1億円	−	3000 万円＋(600 万円 ×3 人)	＝	5200 万円

課税遺産総額を法定相続分であん分

配偶者 $\left[\frac{1}{2}\right]$ 2600 万円	子 $\left[\frac{1}{2}\times\frac{1}{2}\right]$ 1300 万円	子 $\left[\frac{1}{2}\times\frac{1}{2}\right]$ 1300 万円
(× 税率) 340 万円	(× 税率) 145 万円	(× 税率) 145 万円

相続税の総額　630 万円

相続税の総額を実際の相続割合であん分

配偶者 $\left[\frac{6000万円}{1億円}\right]$	子 $\left[\frac{2000万円}{1億円}\right]$	子 $\left[\frac{2000万円}{1億円}\right]$
378 万円	126 万円	126 万円

実際に納付する相続税

あん分した税額から各種の税額控除の額を差し引いた後の金額

配偶者　0 円	子　126 万円	子　126 万円

相続税の速算表

法定相続分に応ずる取得金額	税率	控除額
1000 万円以下	10%	−
1000 万円超～ 3000 万円以下	15%	50 万円
3000 万円超～ 5000 万円以下	20%	200 万円
5000 万円超～ 1 億円以下	30%	700 万円
1 億円超～ 2 億円以下	40%	1700 万円
2 億円超～ 3 億円以下	45%	2700 万円
3 億円超～ 6 億円以下	50%	4200 万円
6 億円超	55%	7200 万円

法定相続分の主な例

相続人		法定相続分
子がいる場合	配偶者	2 分の 1
	子	2 分の 1 (人数分に分ける)
子がいない場合	配偶者	3 分の 2
	父母	3 分の 1 (人数分に分ける)
子も父母もいない場合	配偶者	4 分の 3
	兄弟姉妹	4 分の 1 (人数分に分ける)

出典：国税庁「相続税のあらまし」、国税庁パンフレット「暮らしの税情報 p39、40 財産を相続したとき」をもとに作成

この事例で、配偶者が 8000 万円、子2人が 1000 万円ずつ相続した場合は、子の相続税額は 63 万円ずつになります。

ふるさと納税は お得な節税対策

　ふるさと納税とは、自分の選んだ自治体に寄附（ふるさと納税）を行った場合に、寄附額のうち2000円を超える部分について、所得税と住民税から原則として全額が控除される制度。全額控除される寄附金額には、収入や家族構成等に応じて一定の上限があります。

　寄附に応じて、寄附先の自治体から返礼品（寄附額の3割程度に相当）がもらえます。なお、「返礼品なし」を選ぶこともできます。

　原則として確定申告が必要ですが、ふるさと納税ワンストップ特例制度を利用すれば、確定申告が不要になります。

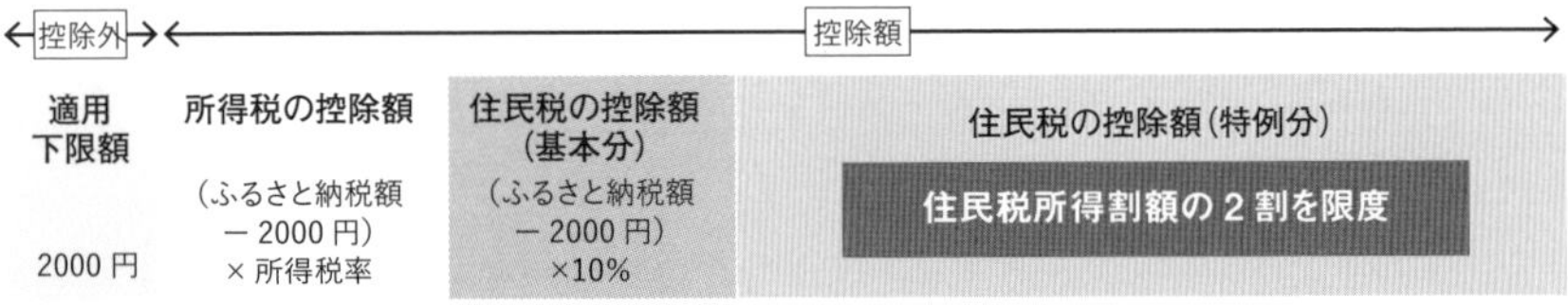

全額（2000円を除く）控除されるふるさと納税額（年間上限）の目安

（単位：円）

本人の年収	独身または共働き	夫婦（配偶者の収入なし）	共働き＋子1人（大学生）	夫婦＋子1人（高校生）
300万円	2万8000	1万9000	1万5000	1万1000
400万円	4万2000	3万3000	2万9000	2万5000
500万円	6万1000	4万9000	4万4000	4万
600万円	7万7000	6万9000	6万6000	6万
700万円	10万8000	8万6000	8万3000	7万8000
800万円	12万9000	12万	11万6000	11万
900万円	15万1000	14万1000	13万8000	13万2000
1000万円	17万6000	16万6000	16万3000	15万7000

ふるさと納税ワンストップ特例制度

- 確定申告が不要
- 会社員などの給与所得者が対象
- ふるさと納税先の自治体数が5団体以内
- 各ふるさと納税先の自治体に特例の適用に関する申請書を提出する必要がある

※「共働き」：配偶者（特別）控除の適用を受けていない場合（配偶者の給与収入が201万円超の場合）
「高校生」：16歳から18歳の扶養親族
「大学生」：19歳から22歳の特定扶養親族
中学生以下の子どもは控除額に影響がない

出典：総務省「全額控除されるふるさと納税額（年間上限）の目安」をもとに作成

Lesson 5

お金で備える

社会保険を知る

知っておきたい社会保険の基本

社会保険はなぜ必要？ 種類と制度を把握する

人生ではときとして予測できないことが起こる場合もあります。病気やケガ、出産あるいは高齢になって働けなくなったり失業したりしたときなど、**いざというときの生活を保障してくれるのが社会保険です。**

社会保険には、**公的医療保険・公的年金保険・介護保険・労働保険**があります。日本では原則として全国民が社会保険に加入（労働保険は事業主が加入）しますが、勤務形態や立場で受けられる給付が異なります。また、保険料を滞納すると、給付が受けられなくなることもあるので注意しましょう。

社会保険の種類

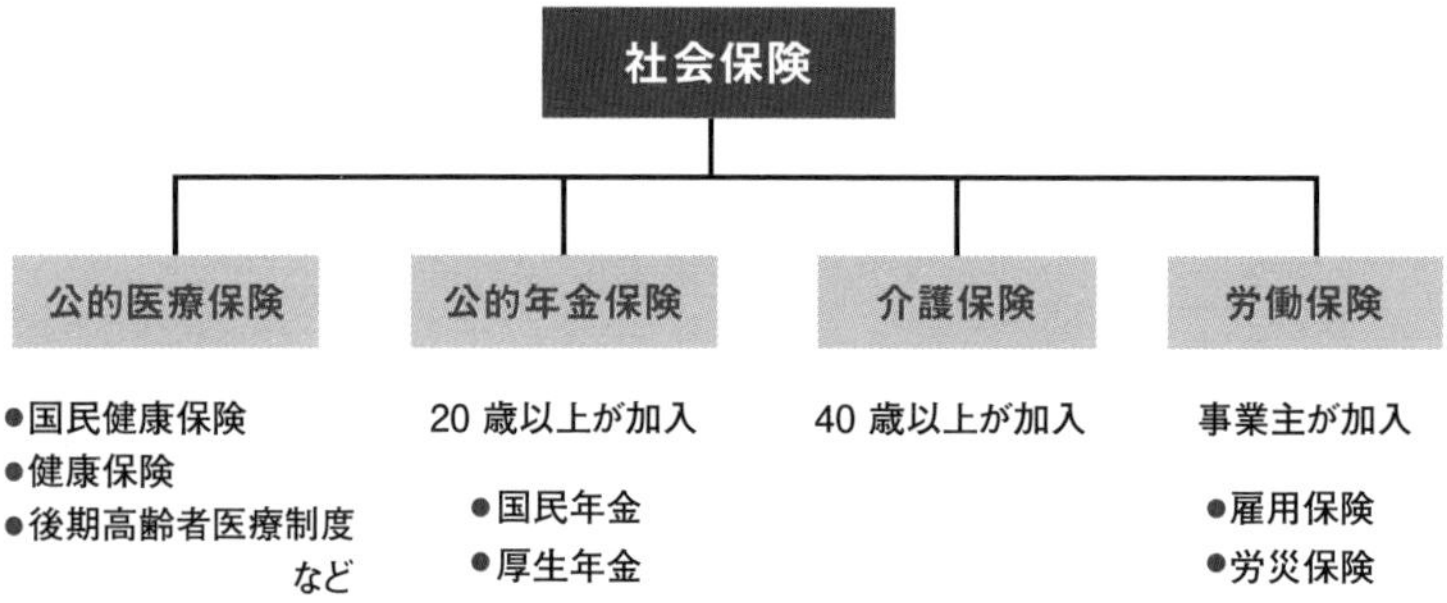

COLUMN　保険料を滞納するとペナルティが科される場合も

会社員や公務員の場合、社会保険の保険料は原則として給与から天引きされるが、国民健康保険加入者など自分で納める人の場合、保険料を滞納すると延滞日数に応じて延滞金を上乗せして支払わなければならないこともある。また、医療費を一時的に全額自分で支払わなければならなくなったり、財産が差し押さえられたりするケースもある。

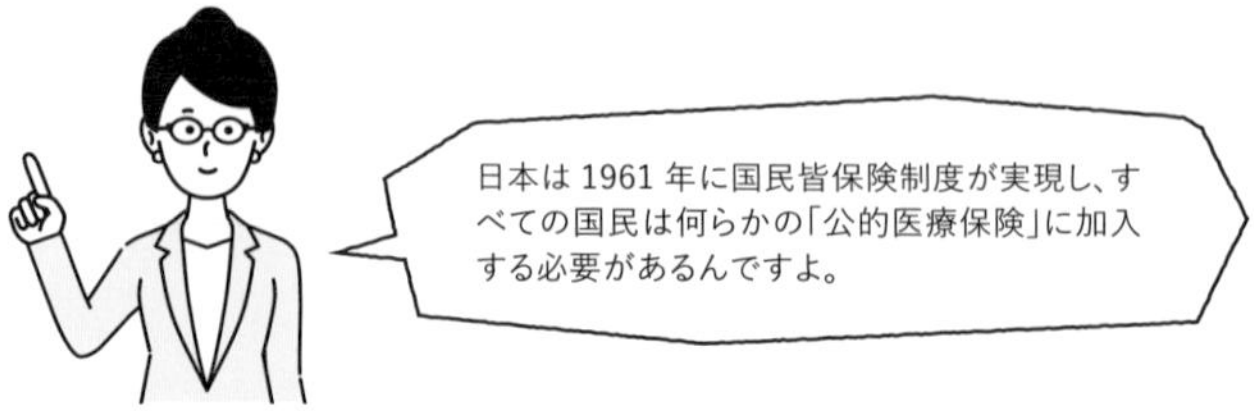

もしものときの社会保険からの給付

公的医療保険

↓ P.120

●病気やケガをしたとき

かかった金額の一部を負担することで医療機関を受診できる。

国民健康保険

- 自営業者、個人事業主、農林漁業者などが加入
- 各自治体などが運営

健康保険

- 会社員が加入
- 組合健保、協会けんぽが運営

原則3割（義務教育就学前と 70 ～ 74 歳は 2 割）負担

後期高齢者医療制度

- 75 歳以上が加入
- 各都道府県に設立された広域連合が運営

原則 1 割負担
（現役並み所得者は 3 割）

●子どもが生まれたとき

出産や育児で一時金や手当金が支払われる。

- 出産育児一時金
- 出産手当金（国民健康保険以外）

公的年金保険

↓ P.124

原則として 65 歳から決まった金額を一生受け取れる仕組み

国民年金

- 基礎年金として 20 歳以上 60 歳未満の全国民が加入

厚生年金

- 基礎年金に上乗せする形で会社員、公務員が加入

受け取れる年金の種類

- 老齢給付（老齢基礎年金・老齢厚生年金）
- 障害給付…一定の障害で障害認定されたときから受け取れる
- 遺族給付…年金加入者の扶養者（配偶者・子どもなど）が受け取れる

介護保険

↓ P.154

原則として 65 歳以上で要介護状態になったときに介護サービスを利用できる

*40 歳以上で加入。健康保険料に上乗せして徴収される
*65 歳以上は、原則として年金から天引きされる

労働保険

↓ P.132

労働者を雇用している事業主が加入し、労働保険料を納付する

雇用保険

失業などの際、一定期間、失業保険（求職者給付）の給付金を受け取れる

労災保険（労働者災害補償保険）

仕事中や通勤中に起きた災害や事故などが原因で病気やケガ、死亡した場合、労働者やその遺族が給付金を受け取れる

病気やケガに備える公的医療保険

公的医療保険を活用して医療費負担を軽減する

日本では全国民がいずれかの公的医療保険に加入しています。健康保険証を提示することで、原則としてかかった費用の**3割を負担することで医療を受けることができます。**

また、自己負担額が重くなりすぎないように、月ごとの治療費などが一定金額を超えた場合に、超えた金額を支給する制度（**高額療養費制度**）などもあります。

なお、高齢者の医療費が増加していることから、高齢者の公的医療保険は別の制度で運営されるようになりました。**75歳以上になると後期高齢者医療制度に加入します。**

公的医療保険の主な種類と特徴

保険名	加入者	医療保険者（運営者）	負担割合	保険料
国民健康保険 	自営業者 個人事業主 農林漁業者 など	各自治体など	原則3割※1	所得割＋均等割 （医療分に加え、後期高齢者支援金分も所得割と均等割で加算される。所得割を計算する料率や均等割の額は各自治体で異なる）
健康保険 	会社員 ※会社員以外でも加入条件を満たす人も含む	組合健保 全国健康保険協会（協会けんぽ）	原則3割※1	組合や都道府県で異なるが、標準報酬月額の9～11%程度を勤務先と加入者で半々で支払う ※東京都の協会けんぽの場合、9.87%（令和2年度3月分～）
後期高齢者医療制度 	75歳以上	各都道府県に設立された広域連合	原則1割※2	所得割＋均等割 （所得割を計算する料率や均等割の額は各広域連合で異なる）

※1 義務教育就学前と70～74歳は2割（70～74歳の現役並み所得者は3割）
※2 現役並み所得者（単独世帯の場合は年収383万円超、夫婦2人世帯の場合は年収520万円超）は3割

保険診療の流れ

被保険者は医療保険者に保険料を支払う。医療機関にかかった場合、被保険者は診療費の一部負担分を支払い、残りは医療保険者に請求される。

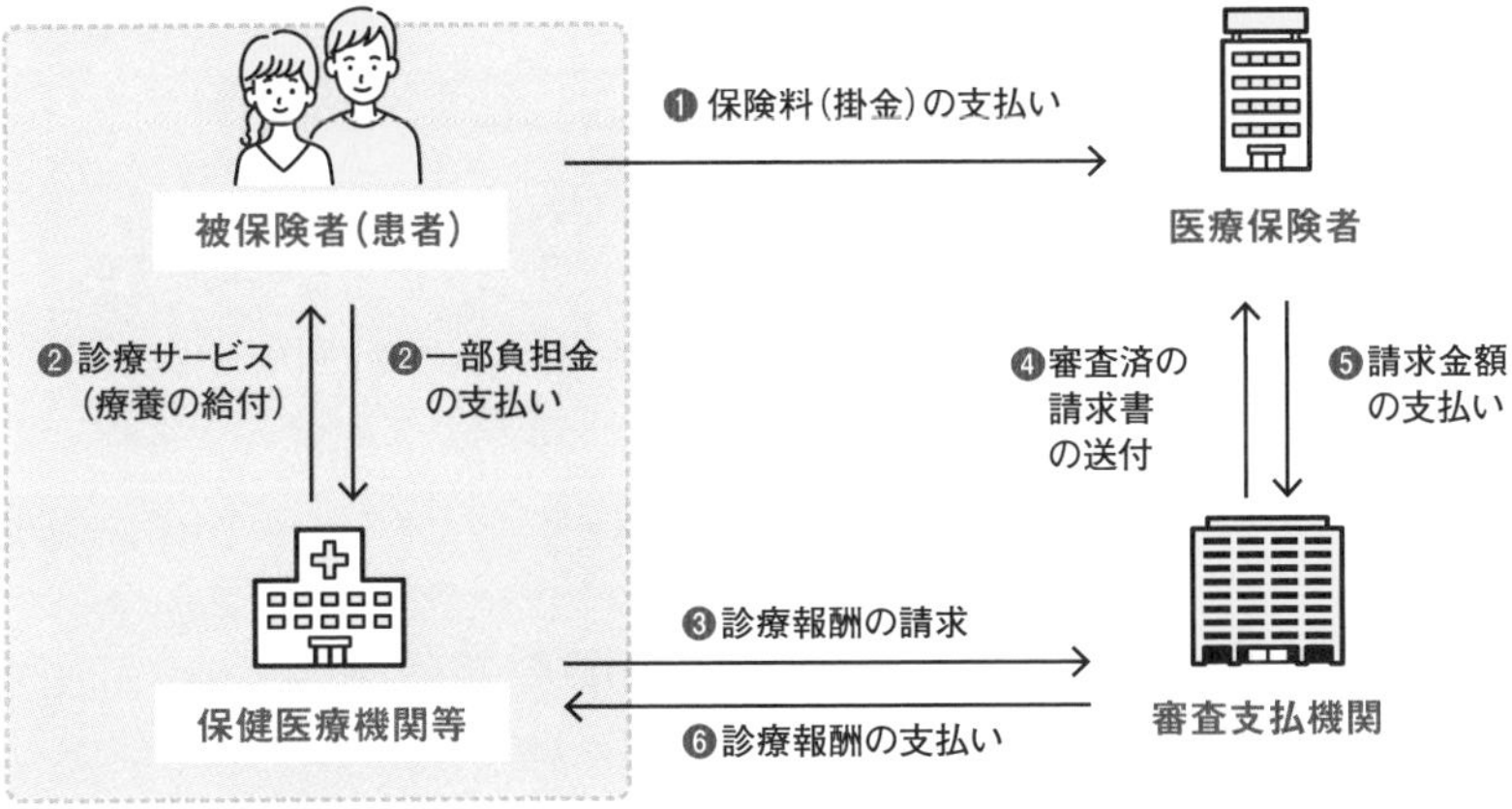

出典:厚生労働省「我が国の医療保険について」をもとに作成

保険料の算定方法

保険料は収入を基準にして算出されるが、保険者や地域によって保険料率が異なる。

国民健康保険　所得割+均等割(医療分と後期高齢者加算分それぞれ)

例 東京都江戸川区(2019年度) 28歳単身者 世帯年収280万円の場合

所得割

①医療分 = (世帯年収280万円ー基礎控除33万円) × 保険料率(7.72%) = 19万684円
②後期高齢者加算分 = (世帯年収280万円ー基礎控除33万円) × 保険料率(2.15%) = 5万3105円

均等割

③ 医療分 = 4万1100円　④後期高齢者加算分1万2000円

①〜④の合計=29万6889円(年額)

健康保険　標準報酬月額 × 保険料率を事業主と加入者で折半

例 東京都の協会けんぽ(2019年度) 28歳 標準報酬月額24万円の場合

24万円 ×9.90% = 2万3760円 ÷2 = 1万1880円(加入者月額)

後期高齢者医療制度　所得割+均等割

例 東京都(2019年度)78歳単身者 公的年金収入が250万円の場合

①所得割 = {公的年金収入250万円ー公的年金控除(330万円未満は120万円)ー基礎控除33万円}
× 保険料率(8.80%)= 8万5360円
②均等割 = 4万3300円

①②の合計 = 12万8660円(年額)

公的医療保険での実際の自己負担額は？

医療費は原則として3割負担だが、入院した場合には医療費以外の負担も発生する。また、希望して個室に入院した場合には差額のベッド代などがかかってくる。

医療保険が使えるもの

- 通常の治療費
- 入院の部屋代

医療保険が使えないもの

- 入院中の食事代（1食 460 円※1）
- 差額ベッド代（1日平均 6188円※2）
- 高額先進医療費
- 雑費（パジャマ・スリッパ・洗面具・テレビカード代など）

※1 厚生労働省で定める標準負担額
※2 出典：厚生労働省「主な選定療養に係る報告状況」平成 29 年 7 月1日現在

医療費が高額になった場合に使える高額療養費制度

月ごとの治療費などが一定金額（自己負担限度額）を超えた場合に、超えた金額が後で払い戻される制度。自己限度額は収入によって異なる。

70 歳未満の場合

標準報酬月額	1か月の自己負担限度額	多数回該当の場合※
83 万円以上	25 万 2600 円＋（医療費－84 万 2000 円）× 1％	14 万 100 円
53 万～ 79 万円	16 万 7400 円＋（医療費－55 万 8000 円）× 1％	9 万 3000 円
28 万～ 50 万円	8 万 100 円＋（医療費－26 万 7000 円）× 1％	4 万 4400 円
26 万円以下	5 万 7600 円	4 万 4400 円
住民税非課税者など	3 万 5400 円	2 万 4600 円

※1年間に3回以上、高額療養費の支給を受けた場合、4回目から自己負担額がさらに軽減される

COLUMN 入院した場合の費用の例

28 歳・男性・会社員・標準報酬月額 30 万円

症状：急性虫垂炎で入院。虫垂切除の手術
入院日数：6 日間
入院費用：約 13.5 万円（45 万円の 3 割負担）
雑費（保険適用外）：食事代、パジャマ・タオルのレンタル（ 1 日 500 円）、テレビカード代など、約 2 万 5000 円

●高額療養費制度を利用して実際にかかった医療費は

8 万 100 円＋（ 45 万円 － 26 万 7000 円）× 1％ ＝ 8 万 1930 円

健康保険なら傷病手当金も

健康保険加入者(国民健康保険は除く)が病気やケガで働けなくなった場合、標準報酬日額を基準に傷病手当金が支給される。ただし、会社から給与が支払われている場合や出産手当金を同時に受けられる場合は原則として支給されない。休んだ期間のうち最初の3日(待期)を除き、4日目から1年6か月まで受けられる。

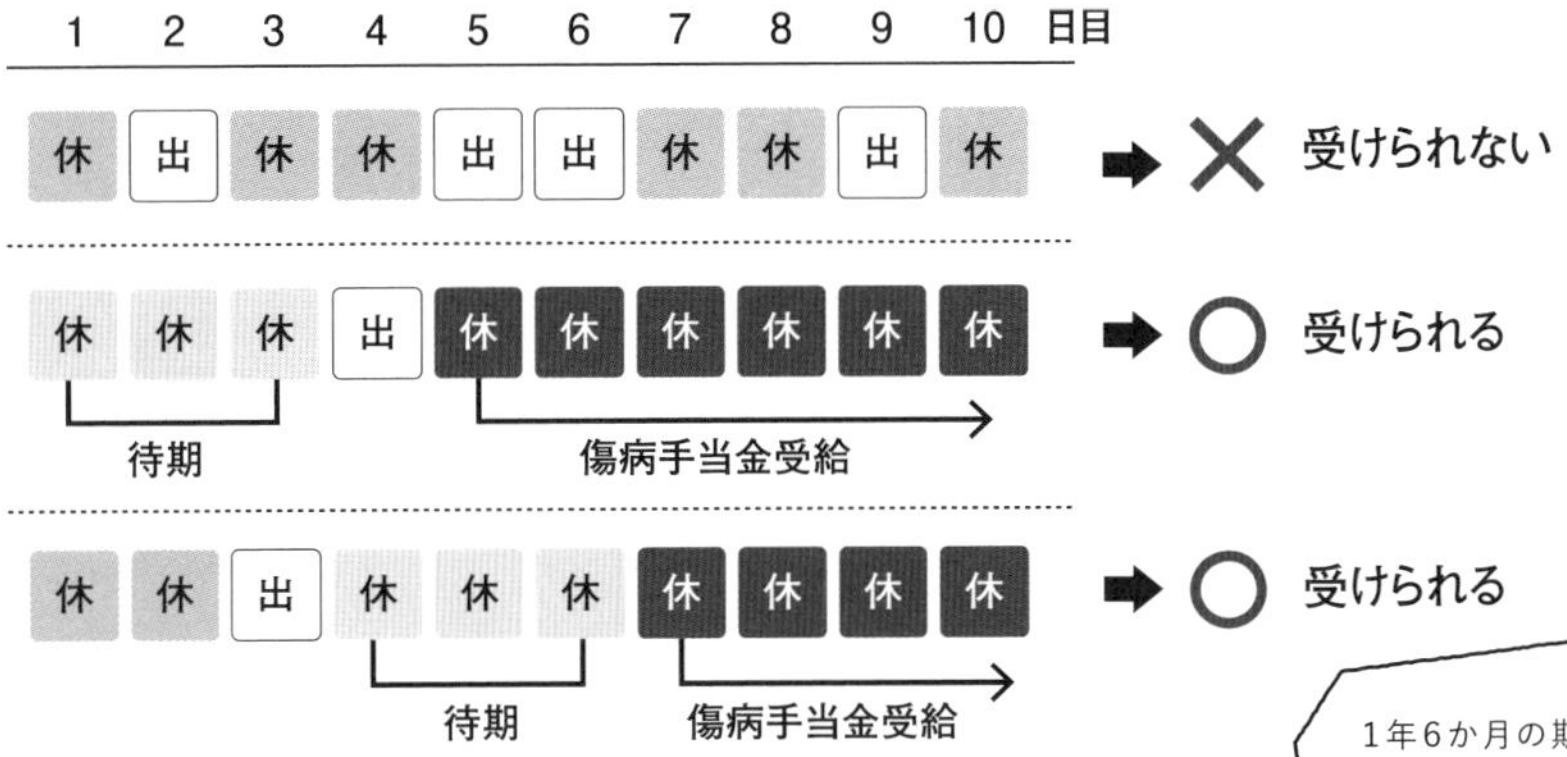

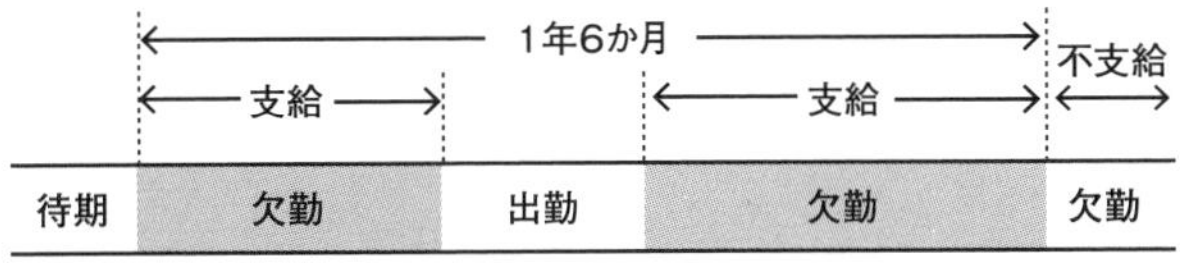

傷病手当金はどれぐらい支給される?

支給開始日の以前12か月間の各標準報酬月額を平均した額 ÷30日 ×3分の2

例 標準報酬月額が28万円(3か月間)と30万円(9か月間)の場合
(28万円 ×3か月+30万円 ×9か月)÷12か月 ÷30日 ×3分の2 = 6553円

※30日で割ったときと3分の2を掛けたときに四捨五入している

COLUMN

支給開始日以前の期間が12か月ない場合は?

①支給開始日の月以前の継続した各月の標準報酬月額の平均額

②標準報酬月額の平均額(30万円:支給開始日が2019年4月1日以降)

①と②のいずれか、低い額を使用して計算する

社会保険を知る

老後の暮らしに備える公的年金保険

65歳から一生を保障 支給額は上乗せで増やせる

公的年金とは老後に決まった額が支給される制度で、基礎年金として20歳以上60歳未満の**全国民が加入する国民年金**と、それに上乗せする形で**会社員・公務員の加入する厚生年金**があります。さらに、私的年金としてその上に積み増しできる**企業年金**や、**個人型確定拠出年金**（**iDeCo**）（→P.194）などがあります。

公的年金は原則として**65歳から受け取れます**が、若くても障害状態になったときや、遺族が受け取れる場合もあります。また、受け取る年齢を繰り下げることで、支給額を増やすこともできます。

現役世代が支える公的年金

公的年金は働くことのできない人を社会全体で支える仕組みで、現役世代の納める保険料や税金、積立金が受給者の年金給付に充てられる。保険料を納める人が減り受給者が増えると一人当たりの負担は増えるため、バランスを取りながら給付水準が調整されている。

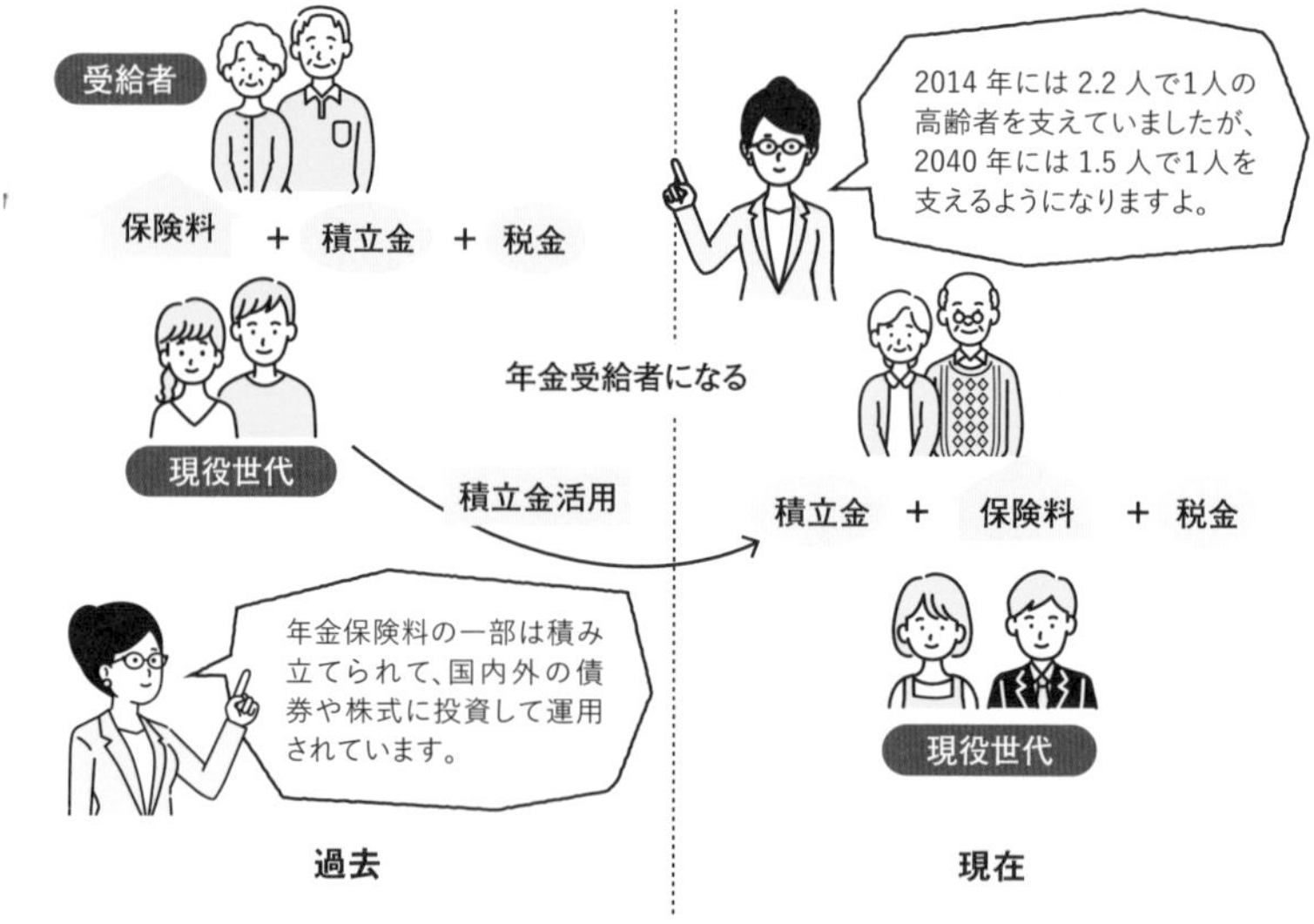

公的年金はいつからもらえる？

一定の年齢になった場合以外でも受け取れることがある。

老齢給付	障害給付	遺族給付
原則65歳から 老齢基礎年金 老齢厚生年金	一定の障害で障害認定されたときから	死亡した年金加入者の扶養者（配偶者・子どもなど）に支給

年金は4階建てで、ベースとなるのが国民年金

年金は4階建ての構造で、1・2階部分は公的年金、3・4階部分は企業や個人が独自に加入する私的年金に該当する。1階部分は国民年金(基礎年金)、それに上乗せする2階部分は厚生年金や国民年金基金など、3階部分は企業年金や確定拠出年金、4階部分は個人年金で構成されている。

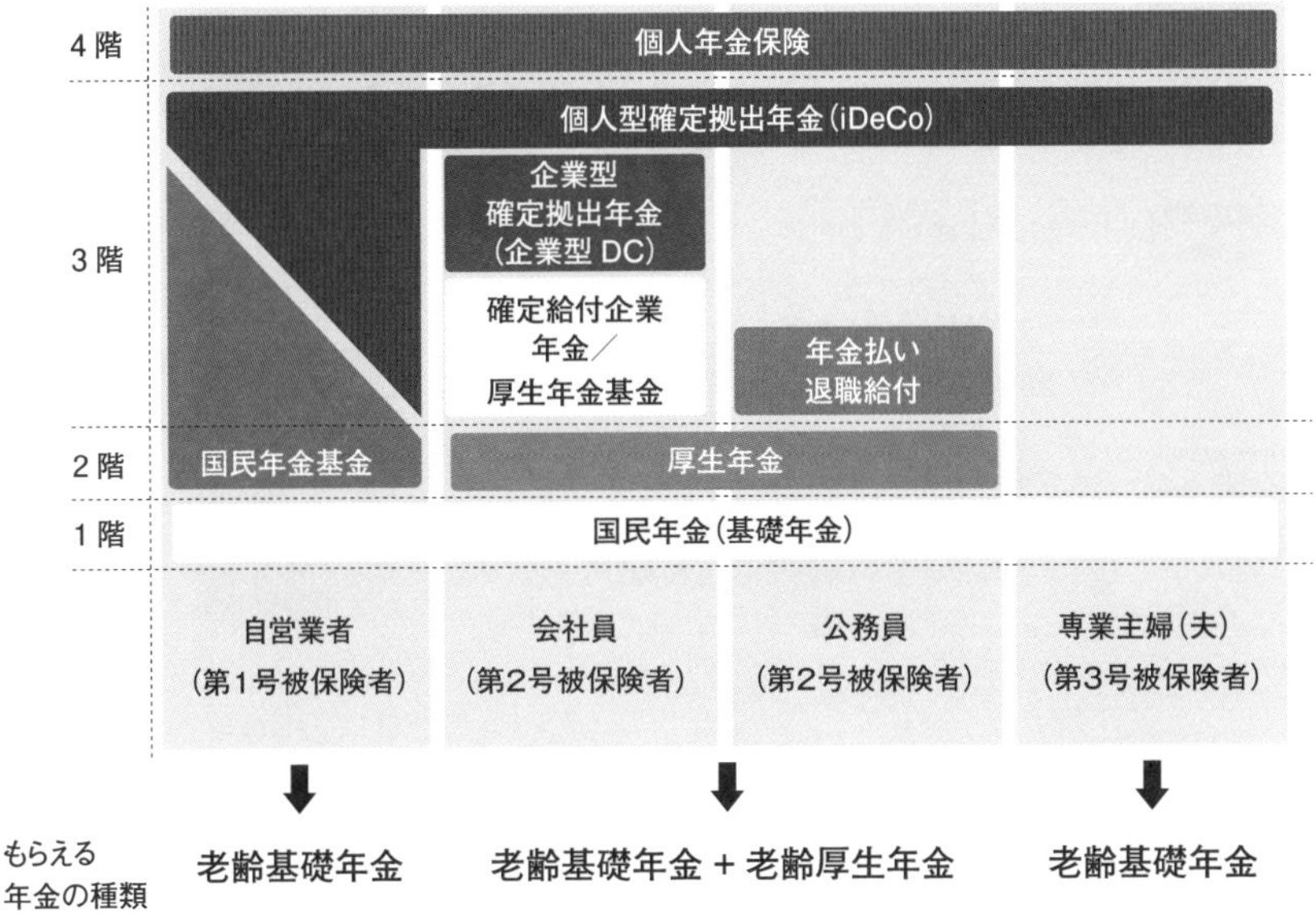

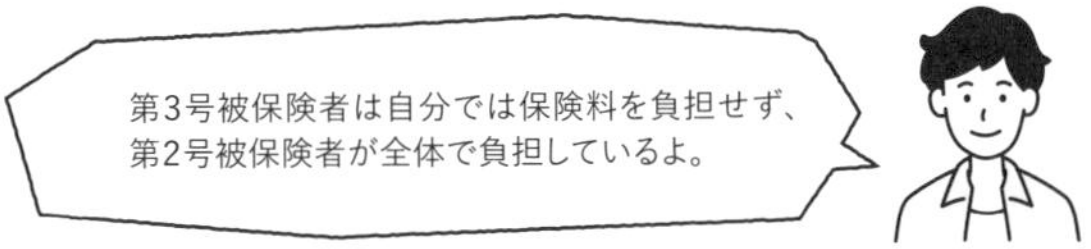

公的年金をもらえる条件は?

公的年金に加入している

国民年金の加入は20歳から60歳未満

↓

納付猶予や免除されることも

学生や所得が低いなどの理由で、保険料の納付が難しい場合の猶予と免除制度もある(→P.127)

加入期間が10年以上ある

満額の老齢基礎年金をもらうには40年加入が必要

↓

加入期間で給付額が決定される

給付金額は物価や年金制度改革で変更されるが、40年間加入で老齢基礎年金は月額約6.5万円(2019年度)

65歳以上

支給開始年齢の、繰上げ・繰下げもできる

↓

繰上げ・繰下げで支給金額が変わる

繰上げは60歳からできるが、支給金額は減額される。逆に繰り下げると増額される(→P.150)

公的年金はどれだけもらえる？

夫婦ともに会社員だった場合、片方のみ働いていた場合、自営業の場合など、もらえる額は世帯ごとに異なってくる。

ケース1　夫婦ともに会社員

夫　老齢基礎年金＋老齢厚生年金 ＝ 月額 約 22 万 3000 円
妻　老齢基礎年金＋老齢厚生年金 ＝ 月額 約 15 万 6000 円

世帯計
月額 約 37 万 9000 円

ケース2　夫が会社員で妻が専業主婦

夫　老齢基礎年金＋老齢厚生年金 ＝ 月額 約 22 万 3000 円
妻　老齢基礎年金 ＝ 月額 約 5 万 3000 円

世帯計
月額 約 27 万 6000 円

ケース3　夫婦ともに自営業

夫　老齢基礎年金 ＝ 月額 約 5 万 9000 円
妻　老齢基礎年金 ＝ 月額 約 5 万 3000 円

世帯計
月額 約 11 万 2000 円

※老齢基礎年金、老齢厚生年金とも男女別の平均額を四捨五入している
出典：厚生労働省「平成 30 年度厚生年金保険・国民年金事業の概況」をもとに作成

老齢厚生年金は現役時の加入期間や標準報酬月額などで違ってきますよ。自分が受け取れる額の目安は「ねんきん定期便」などで確認しましょう。

受け取る年金を増やすには

国民年金加入者でも、付加年金や国民年金基金で受取額を上乗せできる。また、個人型確定拠出年金（iDeCo）（→P.188）は専業主婦など第 3 号被保険者も加入できる。厚生年金の場合、さらに上乗せできる企業年金を導入している会社もある。

国民年金にプラス

付加年金	●第 1 号被保険者が保険料に上乗せして納める ●月額 400 円を納付すると、「200 円 × 納付月数」が毎年の年金に加算 例 付加年金納付期間が 15 年の場合、3 万 6000 円（200 円 ×15 年 ×12 か月）が毎年加算
国民年金基金	●第 1 号被保険者が任意で加入できる ●加入は「全国国民年金基金」または「職能型国民年金基金」に申し込む ●年金のタイプ（終身年金・確定年金）や加入口数を自由に選べる

企業年金の種類

確定給付企業年金（DB）	●会社が拠出から運用・管理・給付までの責任を負う ●掛金は基本的に会社が負担。導入には会社と従業員で合意が必要 ●運用・給付は企業年金や委託を受けた生命保険会社・信託会社が行う ●決まった額が支払われる
企業型確定拠出年金（DC）	●会社が導入。自動的に加入する場合と、自分で加入を選べる場合がある ●掛金は会社が負担。会社負担分に自分が上乗せできる場合もある ●会社が選んだ金融商品の中から選んで自分で運用 ●運用実績に応じた額が支払われる

国民年金保険料の支払いが困難なときは？

学生や所得が低く保険料を納めることが難しい場合には、申請することで保険料の納付を免除や猶予する制度がある。また、未納の保険料は後から納められる（追納）。

	対象	所得の基準	申請先
免除	本人・世帯主・配偶者の前年所得が一定額以下の場合や失業した場合	【全額免除】 （扶養親族等の数＋1）×35 万円＋22 万円 【4分の3〜4分の1免除】 78 万円〜 158 万円＋扶養親族等控除額＋社会保険料控除額等	住民登録地の役所・役場の国民年金担当窓口
納付猶予	20 〜 50 歳未満で、本人・配偶者の前年所得が一定額以下	（扶養親族等の数＋1）×35 万円＋22 万円	住民登録地の役所・役場の国民年金担当窓口
学生納付特例	本人の本年度所得が一定額以下の学生	118 万円＋扶親族等の数 ×38 万円＋社会保険料控除等	住民登録地の役所・役場の国民年金担当窓口 年金事務所 在学中の学校

出典：日本年金機構サイトをもとに作成

猶予・免除を申請した期間の保険料は 10 年以内なら追納できるよ。払い忘れなどによる未納での追納期間は2年以内だよ。

受給期間や年金額への影響は?

	老齢基礎年金		障害基礎年金 遺族基礎年金 （受給資格期間への算入）
	受給資格期間への算入	年金額への反映	
納付	あり	あり	あり
全額免除	あり	あり（2分の1）	あり
一部納付 （4分の3〜4分の1免除）	あり	あり （8分の5〜8分の7）	あり
納付猶予　学生納付特例	あり	なし	あり
未納	なし	なし	なし

出典：日本年金機構サイトをもとに作成

一部納付や免除の期間は年金を受け取るために必要な期間に算入されるけれど、受け取れる年金額は少なくなるのよ。

COLUMN　年金の見込額が確認できる「ねんきん定期便」と「ねんきんネット」

自分の公的年金の加入記録は、「ねんきんネット」や「ねんきん定期便」で確認できる。

- **ねんきん定期便**… 日本年金機構から毎年誕生月に届き、これまでの保険料納付額や加入期間、加入実績に応じた年金額、直近1年間の状況が記載されている。50 歳以上になると、現在の年金加入制度に 60 歳まで継続して加入した場合の年金の見込額が記載される。
- **ねんきんネット**… 日本年金機構のサイトで、自分の年金記録や年金の見込額などが確認できるサービス。利用には「ねんきんネット」への登録が必要。

社会保険を知る

配偶者の死亡などでも公的年金を受給できる

働き手をなくしたときの遺族給付と障害給付

病気や事故などで、若いうちに亡くなる場合もあります。一家の生活を担う働き手をなくしたときに、**残された家族の生活を支えるのが公的年金の遺族給付**です。また、病気や事故で障害を負ってしまい働けなくなったときには**障害給付を受けられる**場合があります。

遺族給付も障害給付も**国民年金か厚生年金かにより、支給される額は異なります。**さらに18歳未満の子どもの有無によって支給期間や加算される額などが異なってきます。また、障害給付では、**障害認定を受ける必要があります。**

遺族給付はどれぐらいもらえる？

国民年金加入者（自営業）には遺族基礎年金、厚生年金加入者（会社員）には遺族基礎年金と遺族厚生年金が支給される。

（2019年度の場合）

		自営業（遺族基礎年金）	会社員（遺族基礎年金＋遺族厚生年金）標準報酬月額35万円の場合
配偶者（妻・夫）と子ども	子どもが1人の期間	月額約**8万4000**円（年額100万4600円=78万100円+22万4500円※1）	月額約**13万1000**円（年額157万5600円=100万4600円+約57万1000円※2）
	子どもが2人の期間	月額約**10万2000**円（年額122万9100円=78万100円+22万4500円×2）	月額約**15万**円（年額180万100円=122万9100円+約57万1000万円※2）
	子ども3人の期間	月額約**10万9000**円（年額130万3900円=78万100円+22万4500円×2+7万4800円※1）	月額約**15万6000**円（年額187万4900円=130万3900円+約57万1000円※2）
子どもがいない妻	40歳未満	支給されない	月額約**4万8000**円（年額約57万1000円※2）※30歳未満の場合、給付期間は5年間
	40歳〜64歳	支給されない	月額約**9万6000**円（年額約115万6100円=約57万1000円+中高齢寡婦加算58万5100円）

※1 子どもは第2子まで1人につき22万4500円、第3子以降は7万4800円加算
※2 遺族厚生年金は日本年金機構サイトの算出式に基づく。平均報酬月額約35万円、加入300か月（300か月未満の場合の規定に従っている）で計算し、四捨五入（厚生年金の加入期間で金額が異なるため目安）

COLUMN 子どもが18歳を過ぎると？

遺族基礎年金の支給は子どもが基準となる。子どもとは18歳になった年度の3月末（高校卒業）までが対象で、それを過ぎると遺族基礎年金は支給されなくなる。子どもの大学進学などを考えている場合は、貯蓄や民間の保険などで備える必要が出てくる。

障害給付はどれぐらいもらえる？

国民年金加入者（自営業）には障害基礎年金、厚生年金加入者（会社員）には障害基礎年金と障害厚生年金が支給される。障害が一番重い１級の場合、障害基礎年金・障害厚生年金とも 1.25 倍となる。なお、障害基礎年金は子どもがいない場合でも支給される。

（2019 年度の場合）

	自営業（障害基礎年金）	会社員（障害基礎年金＋障害厚生年金） 標準報酬月額 35 万円の場合
1級	月額約8万 1000 円（年額 97 万 5125 円〈78 万 100 円 ×1.25〉）※1	月額約 16 万円（年額 192 万 6125 円＝97 万 5125 円＋95 万 1000 円〈76 万 1000 円 ×1.25〉※2 ）
2級	月額約 6 万 5000 円 （年額 78 万 100 円）※1	月額約 12 万 8000 円（年額 154 万 1100 円＝78 万 100 円＋76 万 1000 円※2）
3級	（区分なし）	月額約 6 万 3000 円（年額 76 万 1000 円）※3

※1 子どもがいる場合、第2子まで1人につき 22 万 4500 円、第3子以降は 7 万 4800 円加算
※2 障害厚生年金は日本年金機構サイトの算出式に基づく。標準報酬月額約 35 万円、受給時 45 歳、加入 300 か月（300 か月未満の場合の規定に従っている）で計算し、四捨五入（厚生年金の加入期間で金額が異なるため目安）。また、配偶者がいる場合、この金額に年額で 22 万 4500 円が加算される
※3 3級は障害厚生年金のみあり。最低保障額として 58 万 5100 円が定められている

障害の対象となる病気やケガ

外部障害	眼、聴覚、肢体（手足など）の障害など
精神障害	統合失調症、うつ病、認知障害、てんかん、知的障害、発達障害など
内部障害	呼吸器疾患、心疾患、腎疾患、肝疾患、血液・造血器疾患、糖尿病、がんなど

障害認定基準の目安

等級	障害の程度	障害の例
1級	他人の介助を受けなければ日常生活を送ることができない。たとえばおおむねの活動範囲が、病院内ならベッドの周辺、家庭内なら寝床のある室内に限られる程度	●両方の腕の機能に著しい障害を有する ●両方の脚の機能に著しい障害を有する ●両眼の矯正視力の和が 0.04 以下 ●両耳の聴力が 100 デシベル以上 など
2級	必ずしも他人の介助を必要としないが、日常生活を送ることが困難で、労働で収入を得られない。たとえばおおむねの活動範囲が、病院内なら病棟内、家庭内なら屋内に限られる程度	●片方の腕の機能に著しい障害を有する ●片方の脚の機能に著しい障害を有する ●両眼の矯正視力の和が 0.05 以上 0.08 以下 ●両耳の聴力が 90 デシベル以上 など
3級	労働が著しい制限を受けるか、著しい制限を加えることを必要とする程度	●両眼の矯正視力が 0.1 以下 ●両耳の聴力が、40 ㎝以上では通常の話し声を理解できない など

出典：国民年金・厚生年金保険 障害認定基準をもとに作成

離婚の場合には年金分割制度もある

婚姻期間の厚生年金を分け年金支給の不平等を解消

厚生年金には、離婚時や離婚後に、夫婦の一方の厚生年金を分割できる制度があります。たとえば、専業主婦であった妻が、夫の退職後に離婚した場合、妻に支払われるのは国民年金のみとなり、生活が困難な状況となる可能性が出てきます。この場合の**妻の生活を支えることになるのが、年金分割制度**です。

具体的には、結婚していた期間に払った保険料を老後に年金としてもらう権利を分割できるもので、**合意分割**（**離婚分割**）**と3号分割があります**。請求期限は離婚から2年以内で、事実婚でも分割できます。

合意分割（離婚分割）と3号分割の特徴

分割制度には合意分割（離婚分割）と３号分割があり、３号分割制度は第３号被保険者の申請だけで分割が行われる。

	合意分割（離婚分割）	3号分割
特徴	●婚姻期間中の厚生年金記録（標準報酬月額・標準賞与額）を分割 ●当事者双方の合意または裁判手続きで分割割合を決める（合意がまとまらない場合には、当事者一方の求めで裁判所が分割割合を決める）	●2008年４月１日以後の婚姻期間中に第３号被保険者期間がある場合、その期間の相手（第2号被保険者）の厚生年金記録を分割 ●第３号被保険者が年金事務所に請求 ●2008年４月１日以前の婚姻期間のものは合意分割で割合を決める ●当事者間の合意や裁判手続きは不要
分割の割合	上限で2分の1	2分の1
請求期限	離婚後2年以内	
分割した側	自分の厚生年金記録から、相手方への分割分を除いた残りの標準報酬月額・標準賞与額に基づき、年金額が計算される	
分割された側	自分の厚生年金記録と相手方から分割された標準報酬に基づき、年金額が計算される。すでに老齢厚生年金を受けている場合は、年金分割の請求をした月の翌月から年金額が変更される	

COLUMN 婚姻期間が長い場合に注意したい3号分割

3号分割は裁判手続きなどが必要なく、簡潔にすませることができる。ただし、合意分割が婚姻期間全体の厚生年金記録であるのに対して、3号分割の対象は2008年4月1日以降の第3号被保険者であった期間中の厚生年金記録に限られている。そのため、それ以前に第3号被保険者となっている場合には、合意分割を利用するほうが受取額が増えるケースが多い。

年金分割制度利用の手順

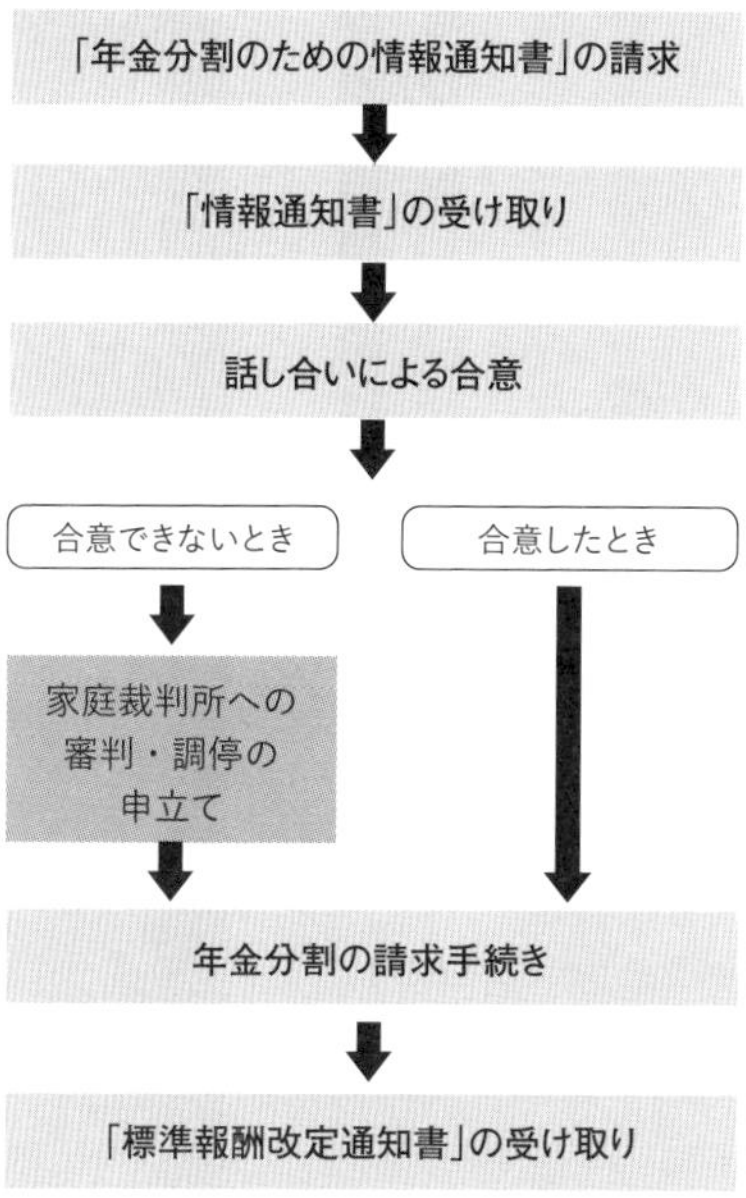

年金事務所に請求（一人だけでも請求できる）。50 歳以上で老齢基礎年金の受給資格期間を満たしている場合は、老齢厚生年金の見込みが試算できる

当事者双方に日本年金機構から送付される。一人で請求した場合、離婚前であれば、請求した方にのみ送付される

3号分割の場合は合意は不要

話し合いで「年金分割の請求をすること」と、「分割する場合の割合」について合意。

合意できない場合は、一方が①審判手続き、②調停手続き、③離婚訴訟における附帯処分の手続きを家庭裁判所に申し立てて割合を決める

離婚後に、年金事務所に割合が明らかにできる書類を添付して手続きする

割合に基づく厚生年金の標準報酬の改定後、日本年金機構が改定後の標準報酬を双方に通知

出典：日本年金機構「離婚時の年金分割について」をもとに作成

3号分割での分割前後の平均年金月額

分割（改定）によって、平均で男性はマイナス、女性はプラスになっている。

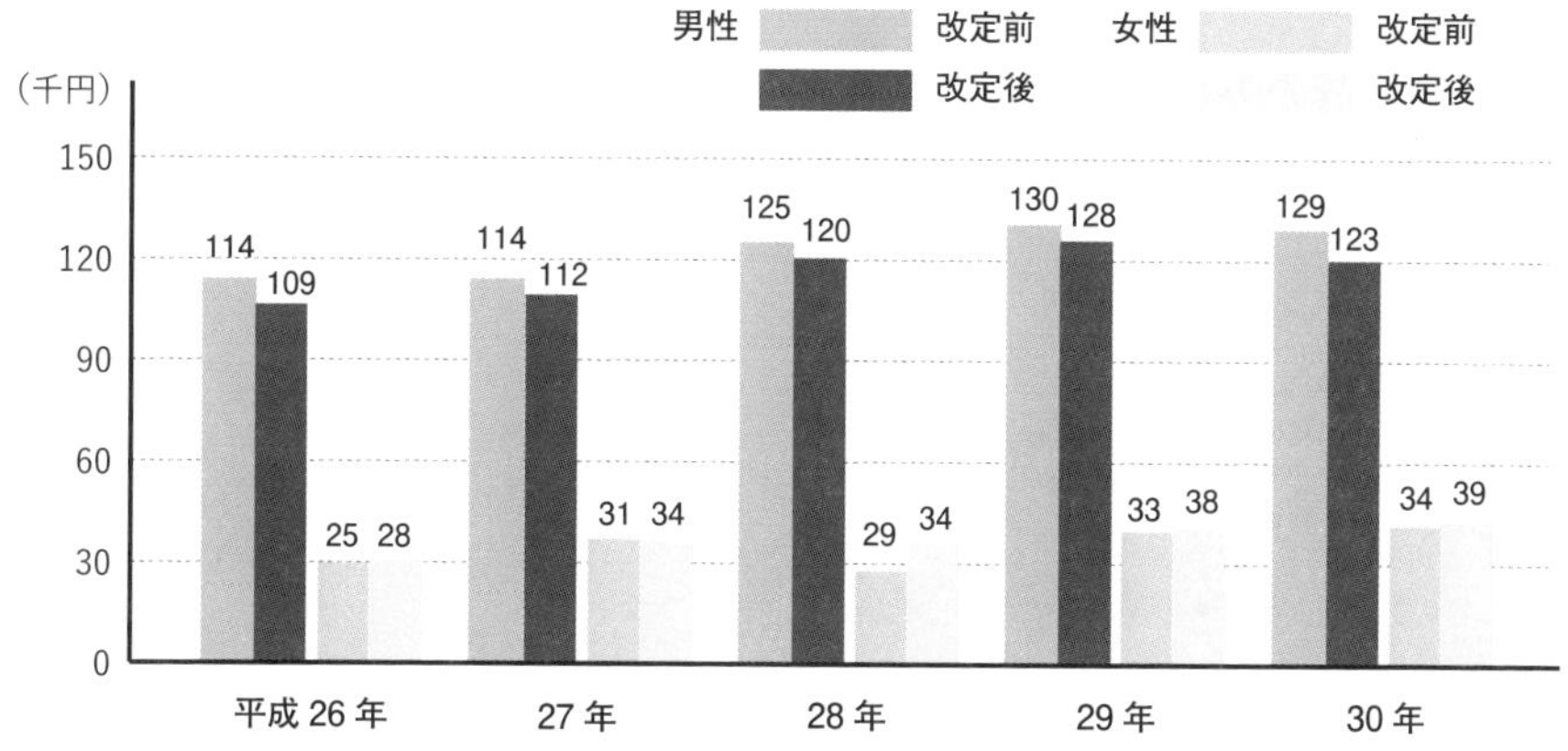

出典：厚生労働省「平成 30 年度 厚生年金・国民年金事業の概況」をもとに作成

社会保険を知る

労災や失業に備える労働保険

労災保険と雇用保険は事業主が保険料を納付

労働保険とは、労働者を雇用している**事業主が加入し、保険料を納付するもの**です。一人でも労働者を雇っている事業主に義務化されており、労働者にはパートタイマーやアルバイトも含まれます。

労働保険には、**労災保険（労働者災害補償保険）と雇用保険とがあります。**労災保険では仕事中や通勤中の病気やケガ、また死亡した場合に、労働者やその遺族を保護するために必要な給付が行われます。雇用保険は労働者が失業した場合に再就職を促進するための給付で、主なものに失業給付があります。

労災保険の保障内容

本人に対する給付としては、療養（補償）給付、休業（補償）給付などがある。また、療養開始後、1年6か月を過ぎても治癒しない場合には傷病（補償）年金、障害が残ったときには障害（補償）給付が支給され、介護を受けている場合には介護（補償）給付が支給されることもある。

給付名	給付の内容	期間	給付額
療養（補償）給付	病気やケガなどの治療、入院費など	原則として治癒するまで	費用全額
休業（補償）給付	病気やケガで休業し、給与がもらえないとき	休業4日目から休業している間	1日につき給付基礎日額（休業前3か月の給与の日割り額）の80%※

※「休業特別支給金」（給付基礎日額の20%）を含む

仕事中や通勤が原因の病気やケガは労災保険から、それ以外の場合は健康保険から傷病手当金が支給されますよ。

残された人に支給される遺族給付

業務中や通勤中の原因によって死亡した場合、遺族に支給される。

給付名	支給対象	給付額
遺族（補償）年金	死亡当時、その人の収入で生計を維持していた遺族	年金給付基礎日額の153～245日分（遺族数1～4人以上）
遺族（補償）一時金	遺族年金を受ける遺族がいない場合、その他の遺族に対して支給される	給付基礎日額の1000日分

COLUMN 傷病年金や障害年金は等級で給付額が異なる

傷病年金は傷病等級（第1～第3級）に応じて、障害給付は障害等級（第1～第7級）に応じて支給される。たとえば、最も重い第1級では、給付基礎日額の313日分の傷病年金、114万円の傷病特別支給金、算定基礎日額（休業前1年間の賞与などの総額の日割り額）の313日分の傷病特別年金が支給される。

雇用保険の求職者給付の種類と内容

雇用保険の求職者給付には失業者の生活を保護し、再就職を支援するためにさまざまな給付がある。基本手当(失業給付)は、加入者の退職時の年齢や被保険者期間で給付日数が変わる。また、退職理由が自己都合か会社都合かでも変わってくる。失業給付を受けるにはハローワークで手続きをする必要がある(→P.226)。

基本手当(失業給付)	失業後、求職活動をしている一定期間、給付金を支給。
技能習得手当	ハローワークなどで募集している公共職業訓練を受講した場合に支給。 受講手当と、通所手当(交通費)がある。
寄宿手当	公共職業訓練を受講するために、家族と別居して寄宿する場合に支給。
傷病手当	ハローワークで求職の申し込み後、病気やケガが原因で 15 日以上活動できない状態が続いた場合に支給。

失業給付が受給できる期間

自己都合で退職した場合(全年齢共通)

被保険者期間	1 年以上 10 年未満	10 年以上 20 年未満	20 年以上
給付日数	90 日	120 日	150 日

会社都合で退職した場合

被保険者期間	1 年 未満	1 年以上 5年未満	5 年以上 10 年未満	10 年以上 20 年未満	20 年以上
30 歳未満		90 日	120 日	180 日	ー
30 歳以上 35 歳未満		120 日	180 日	210 日	240 日
35 歳以上 45 歳未満	90 日	150 日		240 日	270 日
45 歳以上 60 歳未満		180 日	240 日	270 日	330 日
60 歳以上 65 歳未満		150 日	180 日	120 日	240 日

失業給付はどれぐらい支給される?

離職日直前の 6 か月の賃金 ÷180 日 ×50 ～ 80%※1(年齢・賃金で異なる)=基本手当日額※2

例 月額 28 万円の場合

28 万円 × 6 か月 ÷180 日 ×50 ～ 80% = 約 4670 円～約 7470 円

※1 60 ～ 64 歳については 45 ～ 80%
※2 年齢ごとに上限額があり、30 歳未満の場合は 6815 円が上限(2020 年 3 月現在)

民間医療保険を選ぶポイントとは？

長期治療にも備えるには民間医療保険で補うと安心

高額療養費制度などを活用すれば、**公的医療保険のみでもある程度の範囲まではカバーできます。**しかし、治療に長期間かかる病気だったり、公的医療保険が適用されない医療サービスを利用することになった場合などは、自己負担が重くなりすぎる状況もあり得ます。そうした場合に**公的医療保険を補う役割を果たすのが民間医療保険**です。

民間医療保険は、保険会社と契約して、病気やケガなどの際の入院、手術、通院などの給付金を受けるもので、契約内容や掛け金は自分のニーズにあわせて選べます。

公的医療保険と民間医療保険の違い

	公的医療保険（→P.120）	民間医療保険
特徴	● 実際にかかった金額の1～3割を負担することで医療を受けられる ● 高額療養費制度で、1か月の支払い上限額がある	● 実際にかかった金額にかかわらず、契約した内容で給付金が支払われる ● 現金で支給されるため、医療費以外でも使うことができる ● 入院、手術での給付金を基本に、通院や先進医療の給付金などを選んで付加できる ● 支払った保険料が控除対象となる（→P.110）
デメリット	● 先進医療など、保険の対象にならないものもある ● 医療費以外（差額ベッド代や雑費など）は実費となる	● 保険料の支払いが家計に影響を与える ● 健康状態によって加入できない場合がある ● 給付日数に制限がある場合がある

医療保険の「定期型」と「終身型」とは？

	定期型	終身型
	● 5年間、10年間など保険期間が限定されている保険 ● 通常、契約者からの更新拒否の申し出がない限り自動更新	保障が一生涯続く保険
メリット	● 保険料が安い ● 期間が区切られていることで保険の見直しがしやすい	● 年齢にかかわらず同じ内容の保障が受けられる ● 保険料は加入時の年齢で変わらない
デメリット	● 契約更新ができる年齢の上限が決まっている ● 年齢が上がると保険料も上がる	● 定期型に比べて保険料が高い ● 医療技術の進化や医療現場・経済情勢の変化に対応しにくい場合もある

民間医療保険の種類と主な保障内容

民間医療保険には、大きく分けて医療の保障のみ単体で入る「医療保険」と、生命保険に「医療特約」として付加するものがある。また、医療保険には「定期型」と「終身型」がある。

医療保険　医療の保障のみに特化した保険

医療保険　各種病気やケガに対応する保険

- **入院給付金**
  - 病気で入院したときに1日あたり決まった金額（5000円、1万円など）を給付
  - 三大疾病（がん、脳卒中、急性心筋梗塞）を含む生活習慣病や女性特有の病気など、特定の病気での入院給付金を特約扱いでつけることも
  - 入院を1日でもしたら一時金が給付されるものもある

  ※通常、入院1回あたり60日まで、通算1000日までなど、支払い日数の上限がある
- **手術給付金**
  - 手術を受けたときに、入院給付金日額の10倍、20倍などの金額を給付
  - 入院を伴わない外来（日帰り）手術でも給付されるものも多い
- **通院給付金**　退院してから、その治療で通院したときに給付
- **先進医療給付金**　患者の全額負担となるが、厚生労働省が認める先進医療を受けた場合に給付

  ※通算2000万円までなど、多くの保険会社が、上限を設けている
- **がん診断給付金**　がんと診断された段階で給付

がん保険　医療保険の一種で、がんのみに特化した保険

主な内容　診断給付金（一時金）・入院給付金・手術給付金・通院給付金

生命保険の医療特約　生命保険に特約として付加されるもの

各特約の内容は、医療保険の給付金と同様

入院特約　手術特約　通院特約　先進医療特約

生活習慣病特約　がん特約（診断・入院・通院での給付）

女性疾病特約

COLUMN　世帯主は8割以上が民間医療保険に加入

生命保険文化センターの「平成30年度 生命保険に関する全国実態調査」によると、民間医療保険の加入率は世帯全体では88.5%だが、世帯主は82.5%、配偶者は68.2%と、世帯主の万が一のときの医療費の準備として加入する傾向が強い。一方、使わなければ掛け捨てになるため、加入せずに保険料の分を貯蓄するという考え方もある。

がん保険とはどんな保険？

医療保険の一種で、がんのみに特化した場合の保険。診断給付金（一時金）が出ることや、ほとんどの場合は入院などの支払い限度日数が無制限になっている点が特徴。

診断給付金（一時金）	初めてがんと診断された場合に給付（50 万円程度から） ※上皮内新生物の場合は、各社給付割合が異なるので注意
通院給付金	がん治療での通院にかかった費用を給付。入院を伴わない通院のみでも保障されることが多い ※回数は無制限だが、治療費の上限がある場合も
保険料払込免除	がんと診断されたときに、以後の保険料の払い込みが免除される
その他の特約	●がん治療で入院したときや手術を受けた場合の給付 ●先進医療、放射線治療、緩和ケアを受けた場合の給付 ●女性特有のケア（乳がん手術後の乳房再建術）への給付

通常の医療保険は第 1 回の保険料の払い込み後から保障が開始されますが、がん保険では多くの場合、90 日間（3 か月）は保障の対象とならないので注意が必要ですよ。

がんで入院した場合の日数と入院費用

がんの種類	平均入院日数	平均入院費用（3割負担）
胃がん	15.1 日	約 28 万 4000 円
結腸がん	13.1 日	約 26 万 7000 円
直腸がん	13.8 日	約 29 万 7000 円
気管支・肺がん	11.5 日	約 23 万 3000 円
乳がん	10.3 日	約 22 万 3000 円

出典：全日本病院協会、2018 年度の平均在院日数・医療費をもとに算出

COLUMN 「がん」にかかると収入が減る可能性も

がんにかかると通院しながら長期間治療する場合が多く、定期的な通院年数は平均 3.1 年（メットライフ生命調べ）。治療費の自己負担がかさむうえ、新薬の抗がん剤を利用しての治療など全額自己負担となる場合もある。また、今まで通りに働けなくなり収入が減ることも。がんへの備えは医療保険の特約に付加することもできるが、個別にがん保険のみに加入してもよいだろう。

出典：「がん患者の就労等に関する実態調査」報告書（平成 26 年 5 月）

がん罹患による収入への影響の有無（個人の収入）

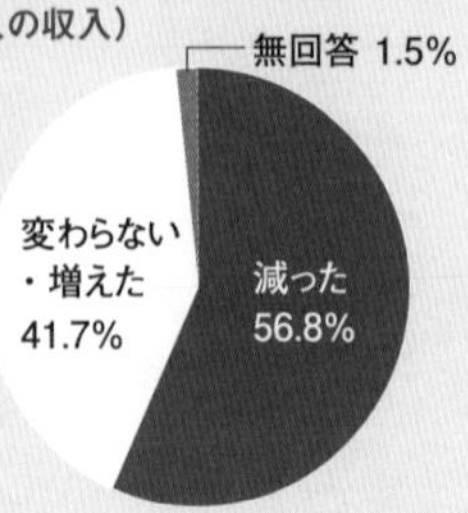

医療保険加入のチェックポイント

保障される期間や内容は、保険の種類や掛け金、付ける特約などによってさまざまだ。保障が厚くなるほど、保険料は当然高くなる。どんな医療保険が適しているのか、加入を検討する際に自分の優先したい点をチェックしておこう。

①保険期間はどうするか?

□定期（5 年、10 年）

□終身

定期の期間 [　　　年]

※それぞれの特徴やメリット・デメリットは P.138 を参照

②保障内容はどうするか?

□主契約の金額は

- 入院給付金の金額（1日に 5000 円、1 万円など）
- 入院を1日でもしたら一定の額の一時金が支払われるもの
- 手術給付金の金額（入院給付金の 10 倍、20 倍など）

※重い手術ほど給付額が増えるタイプもある

希望額 [　　　円]

一時金は [必要　・　不要]

希望額 [　　　倍]

□付けたい特約は

主な特約

- 通院給付金…退院してからその治療で通院したときに給付
- 先進医療給付金…先進医療を受けたときに給付（上限で 2000 万円までなど）
- 生活習慣病特約…生活習慣病での入院で給付
- がん特約…がんと診断されたときに給付される「がん診断給付金」や、がんでの入院・通院で給付
- 女性疾病特約…子宮筋腫など女性特有の病気での入院で給付

※特約の名称や準備されているものは保険会社によって異なる

付けたい特約

[　　　　　　　　　　]

③支払い限度日数はどうするか?

・入院1回あたりで保障される日数（30 日、60 日、120 日など）　希望日数 [　　　日]

・通算入院で保障される日数（700 日、1000 日など）　希望日数 [　　　日]

COLUMN　生命保険の医療特約を付ける際に注意する点

医療保険は医療への保障を主契約とするものだが、生命保険は通常、死亡・高度障害で保険金が支払われることが主契約とされている。医療特約はそれを補う目的で保険料を上乗せして付けるもので、医療保険と同様の内容がそろっているが、主契約を解約して特約部分のみを継続させることはできない。そのため、保険の見直しが難しくなる場合もある。

民間保険を賢く使う

生命保険を選ぶポイントとは？

遺族や将来の生活などの安心に備える生命保険

生命保険とは、物に対するリスクに備える損害保険（自動車保険・火災保険など）に対して、**人の命や病気などのリスクに備える保険**です。医療保険も広い意味では生命保険に含まれますが、通常、死亡や高度障害のときや、生活を支えるために給付金が受けられる保険を指します。

生命保険は大きく分けて、**死亡保険、生存保険、生死混合保険**の３つのタイプがあります。それぞれ主なものとして、死亡保険には定期保険や終身保険、生存保険には個人年金保険やこども保険（学資保険）、生死混合保険には養老保険があります。

生命保険の3つのタイプ

生命保険は、保険金（給付金）がいつ受け取れるかによって、死亡保険、生存保険、生死混合保険の 3 つのタイプがある。

死亡保険	受け取り時期	被保険者が死亡した場合や、高度障害状態になった場合
	受け取る人	遺族か契約者
	特徴	大きな保障が得られるが、掛け捨てになることも
	主な保険	●定期保険…保険期間が限定されている（→P.139） ●終身保険…保険期間が一生涯続く（→P.139）
生存保険	受け取り時期	被保険者が一定期間を過ぎた時点で生存していた場合
	受け取る人	契約者（遺族の場合もあり）
	特徴	将来の生活に向けての貯蓄的な要素が強い
	主な保険	●個人年金保険…一定の年齢から一定期間もしくは一生涯受け取れる（→P.149） ●こども保険（学資保険）…子どもの入学時や進学時に一時金や満期保険金が受け取れる（→P.73）
生死混合保険	受け取り時期	満期時、もしくは死亡・高度障害状態になった場合
	受け取る人	契約者か遺族
	特徴	掛け捨てではないが、保険料が高い
	主な保険	養老保険…満期保険金と死亡保険金が同額で受け取れる（→P.139）

個人年金保険は契約者が保険料払込期間中に死亡した場合は、遺族に死亡給付金が支払われますよ。こども保険も満期前に子どもが死亡した場合は死亡給付金が支払われます。こども保険は契約者（親）が死亡すると保険料は免除され、満期保険金は予定通り受け取れますよ。

死亡保障が受け取れる生命保険の種類

死亡・高度障害で保険金が受け取れる生命保険は、大きく分けて次の 4 種類ある。不測の事態があったときに遺族の生活を支えるなど、残された人のために掛けることが主目的となる。

定期保険

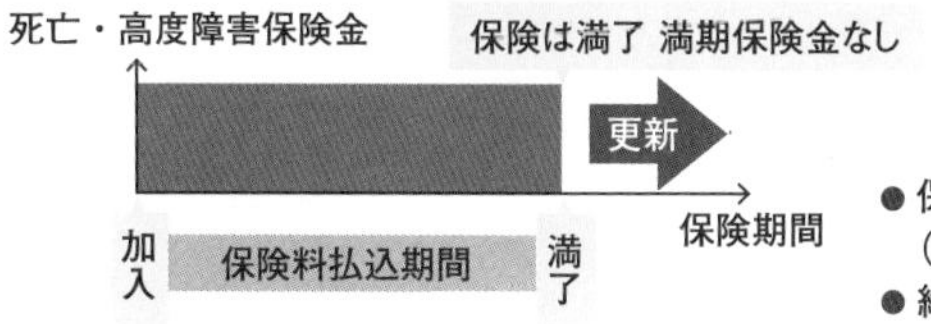

- 保険期間が 5 年、10 年など一定期間（多くが更新できる）
- 終身保険と比較して、保険料が安い

終身保険

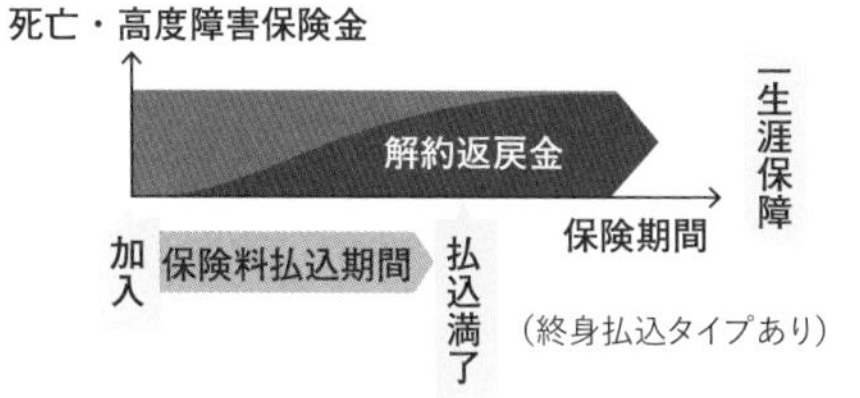

- 保障期間は一生涯続く
- 定期保険に比べて保険料が高い
- 解約時には解約返戻金が受け取れる
- 相続税対策などで掛けられることも多い

養老保険

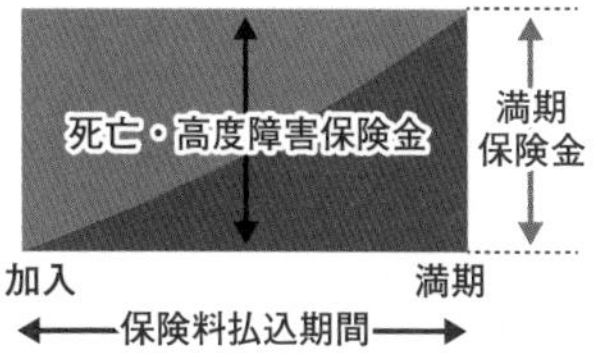

- 保険期間中に死亡したときは死亡・高度障害保険金が、満期時に生存していた場合は満期保険金が受け取れる（死亡・高度障害保険金と満期保険金は同額）
- 保険料が高い

収入保障保険

死亡時点での保険金総額を年金形式で受け取る
（例）年金額 180 万円（月 15 万円）、満了が 60 歳の場合
45 歳で死亡 180×15 年=2700 万円
55 歳で死亡 180×5 年=900 万円

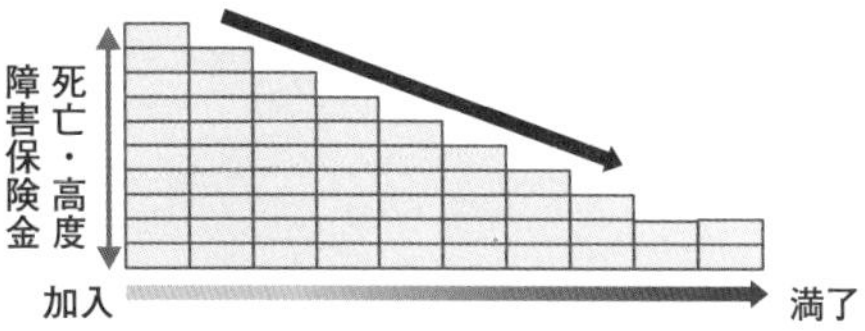

- 保険期間中に死亡した時点から満期まで死亡・高度障害保険金を年金形式で受け取れる（年金分を一括で受け取れる場合もある）
- 受け取れる保険金総額は経過年数とともに減少
- 定期保険より保険料が割安（P.158 コラムも参照）

COLUMN 死亡・高度障害保険金を上乗せする「定期付終身保険」

死亡・高度障害保険金が多額の場合、終身保険では保険料が高くなってしまうため、数百万円の終身保険を主契約とし、数千万円の定期保険を特約で付けることが多い。特約部分の保険料は保険期間中変わらない場合と、10 年など更新ごとに変わる（通常高くなる）ものがある。

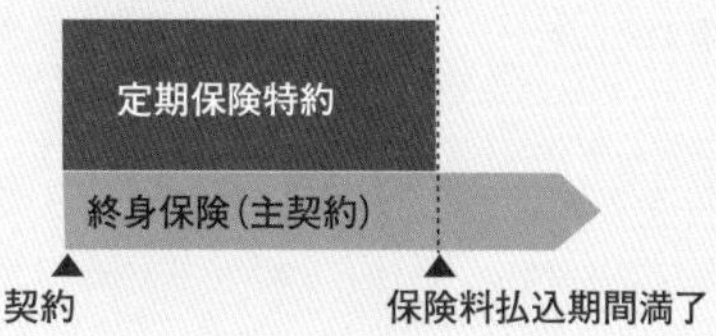

掛け捨て型と積立型のどっちがお得か？

掛け捨て型には定期保険や収入保障保険、積立型には終身保険や養老保険がある。

掛け捨て型

メリット 安い

デメリット 貯蓄性がない
（払った保険料は戻ってこない）

積立型

メリット 将来に残していける

デメリット
- 高い
- 途中で解約すると不利な場合も

保険金額を比較してみると

例）30 歳、男性の A さんが死亡・高度障害時の受取金 1000 万円で 60 歳まで加入した場合

※保険金額は保険会社で異なる

定期保険 保険期間 10 年で更新した場合

30 歳～ 保険料月額 2600 円 ×12 か月 ×10 年 ＝ 31 万 2000 円 ····· ①
40 歳～ 保険料月額 4000 円 ×12 か月 ×10 年 ＝ 48 万円 ············ ②
50 歳～ 保険料月額 7500 円 ×12 か月 ×10 年 ＝ 90 万円 ············ ③

払込保険料の合計額（①+②+③） 169 万 2000 円

解約返戻金は 0 円

終身保険 保険期間中、保険料は上がらない

保険料月額 2 万 4000 円 ×12 か月 ×30 年

払込保険料の合計額 864 万円

※解約した場合

解約した場合の解約返戻金は、保険料の払い込みが終了した後は支払った保険料を上回るが、中途で解約した場合は支払った分より少なくなる。

65 歳で解約した A さんの場合、
解約返戻金は約 883 万円

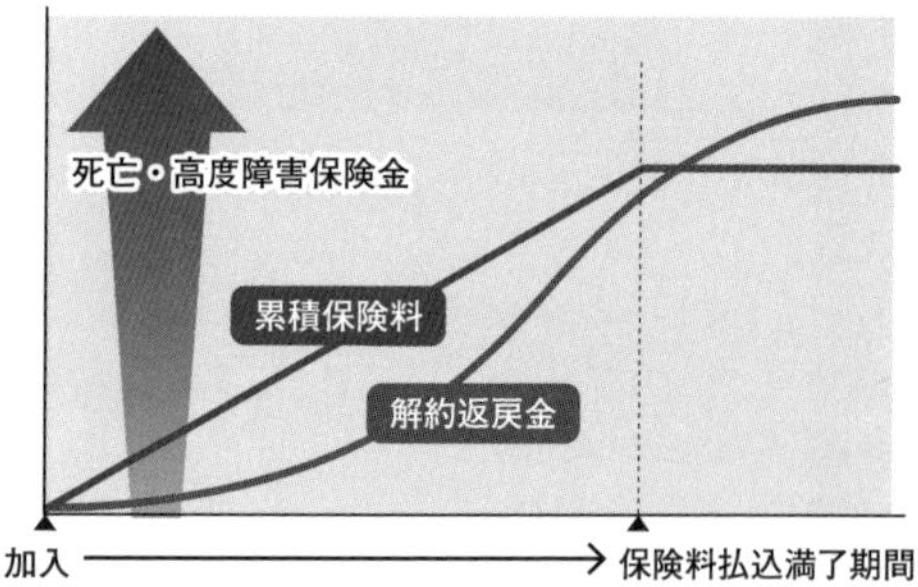

COLUMN 生命保険の保険料はどうやって決まる？

契約者が保険会社に支払う保険料は、「純保険料」と「付加保険料」から算出される。純保険料とは保険金支払いの財源、付加保険料は保険会社の人件費や広告費などの経費となる。純保険料は予定死亡率と予定利率を、付加保険料は予定事業費率を基礎に計算される。同じ保障内容でも保険会社で保険料が異なるのは、主に経費の部分が関係している。

予定死亡率…… 予測される性別・年齢ごとの1年間の死亡割合。年齢が上がるにつれて死亡割合は高くなるので、保障が同じでも年齢が上がるほど保険料は高く計算される。

予定利率……… 保険会社は保険料を積み立てて運用するが、その予定運用率のこと。金利によって利率が変わり、利率が低いほど保険料は高く計算される。

予定事業費率… 保険会社が事業を行ううえでの経費の割合。経費が高いほど、保険料は高く計算される。

自分の事情に合った生命保険は？

まだ収入が少ないので保険金額は抑えたい、生活の担い手が万が一の場合に備えたいなど、立場や世帯構成などによって優先順位は異なってくるだろう。また、生命保険だけでなく、医療保険ともセットで考えたい。

自分の立場は?

①独身か、既婚か　②子どもがいるか、いないか　③会社員か、自営業（個人事業主）か

ケース1 夫が会社員、妻は専業主婦、子どもあり

選ぶポイント
いざというときに生活資金を確保できるようにする。

どんな保険がよい?
夫に定期保険または収入保障保険

保険期間はいつまで?
子どもが独立する（大学卒業）までの期間が目安

ケース2 夫婦共働き、子どもあり

選ぶポイント
いざというときに生活資金を確保できるようにするが、夫婦で負担している生活費の割合によって保障内容を考える。

どんな保険がよい?
夫婦ともに定期保険または収入保障保険

保険期間はいつまで?
子どもが独立するまでの期間が目安

ケース3 夫婦のみ

選ぶポイント
共働きの場合は、どちらかが亡くなった場合に生活に支障が出ない程度、専業主婦の場合はある程度の生活資金を確保できるようにする。

どんな保険がよい?
夫（または妻）に定期保険または収入保障保険

保険期間はいつまで?
妻（または夫）の年金支給開始年齢までが目安

ケース4 自営業の場合

選ぶポイント
公的社会保険でのカバーが薄い部分を考慮する。特に遺族年金は少ないため、配偶者がいる場合は死亡保障を厚めにする。

どんな保険がよい?
定期保険または収入保障保険（もしくは両方）

保険期間はいつまで?
子どもがいる場合は子どもが独立するまで、妻のみの場合は妻の年金支給開始年齢までが目安

ケース5 独身の場合

選ぶポイント
残さなければならない人がいない場合には、掛け捨てでよい。また、生命保険より貯蓄を優先してもよい。

どんな保険がよい?
定期保険（共済組合の金額の低い掛け捨てでも可）

保険期間はいつまで?
結婚など状況が変わるまで。親に仕送りをしている場合は親が亡くなるまでが目安

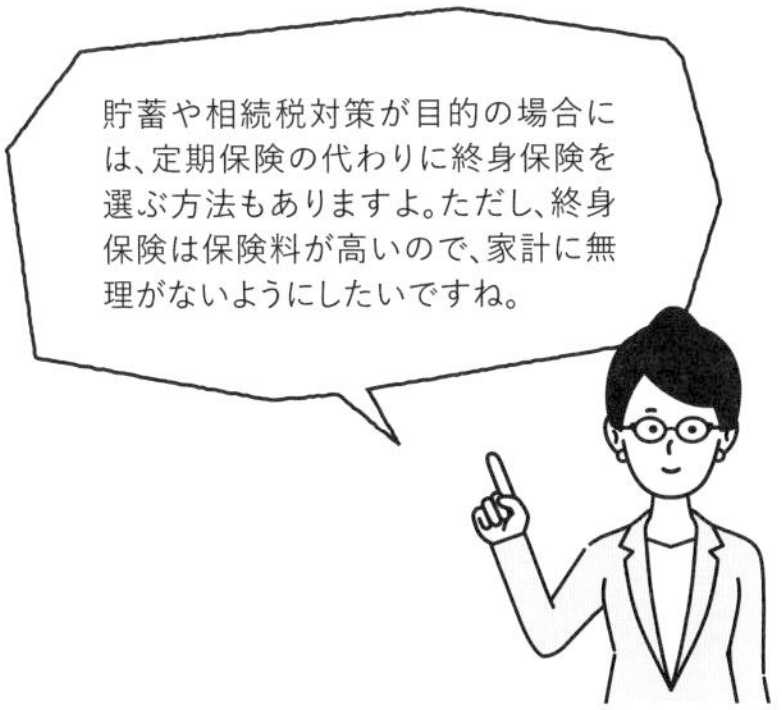

民間保険を賢く使う

投資型の生命保険「変額保険」とは？

金融商品の運用実績で受け取れる金額が変動

変額保険とは、**死亡・高度障害保険金**や**満期保険金**、**解約返戻金**の額が運用に応じて変動する保険です。保険料の積立金は通常の定期保険や終身保険などでは「**一般勘定**」で運用されますが、変額保険ではそれとは分けて「**特別勘定**」で運用します。特別勘定での運用は、国内外の株式や債券を組み合わせて行われます。

変額保険の場合、**運用実績が良い場合は受け取れる額が増加します**が、悪い場合は死亡・高度障害保険金は最低保証に、解約返戻金や満期保険金は減少します。変額保険には**有期型、終身型、年金型**があります。

定額保険と変額保険の違い

	定額保険	変額保険
どんな保険？	契約時に決めた保険金額が保険期間中は変わらない（通常の保険商品）	運用実績で保険金額が変わる
メリット	決まった金額が受け取れるので、将来受け取れる金額の目安をつけやすい	● 終身保険に比べて保険料は安い（死亡・高度障害保障は最低保証がつくので特に安く確保できる） ● 受け取れる金額の増加が期待できる
デメリット	● 終身保険は保険料が高い ● インフレのリスクがある	● 満期保険金や解約返戻金が減少することも ● 加入難易度がやや高い（投資の知識が必要）

運用実績でどう変わる？

	運用実績がプラス	運用実績がマイナス
死亡・高度障害保険金	増加↑	最低保証
満期保険金※	増加↑	減少↓
解約返戻金	増加↑	減少↓

※満期保険金は有期型の保険期間満了後に受け取れる

COLUMN　積立利率変動型終身保険との違い

運用実績によって将来受け取る保険金が変動するものに、積立利率変動型終身保険がある。これは市場金利に応じて毎月、積立利率（積立金に対して適用される金利）が見直される終身保険である。積立利率変動型終身保険は、運用実績によって保険金が変動するが、積立利率の最低利率が保証されている。ただし、保険料は高めに設定されている。

変額保険の種類と特徴

変額保険には、有期型、終身型、年金型がある。

有期型

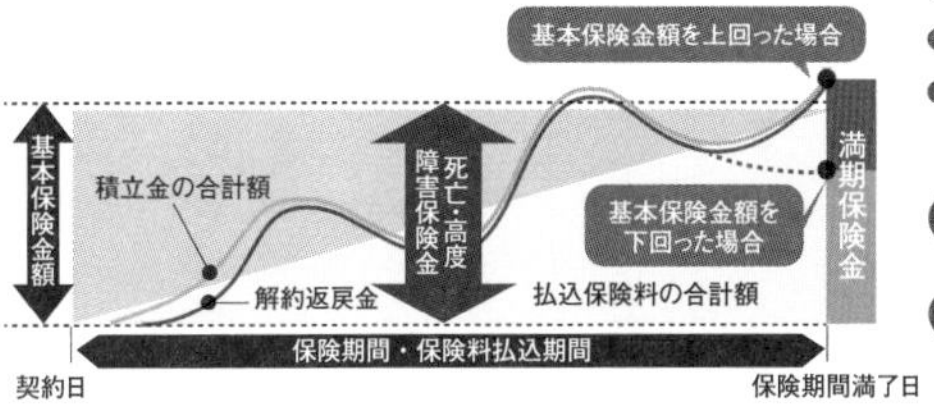

- 保険期間が一定期間
- 運用実績によって保険金額が変動
- 保険期間満了後、運用実績に応じて満期保険金が受け取れる

メリット 期待以上の満期保険金を受け取れることもある

デメリット 保険期間満了時点で運用実績が悪い場合は、満期保険金が払込保険料の合計額を下回ることも

終身型

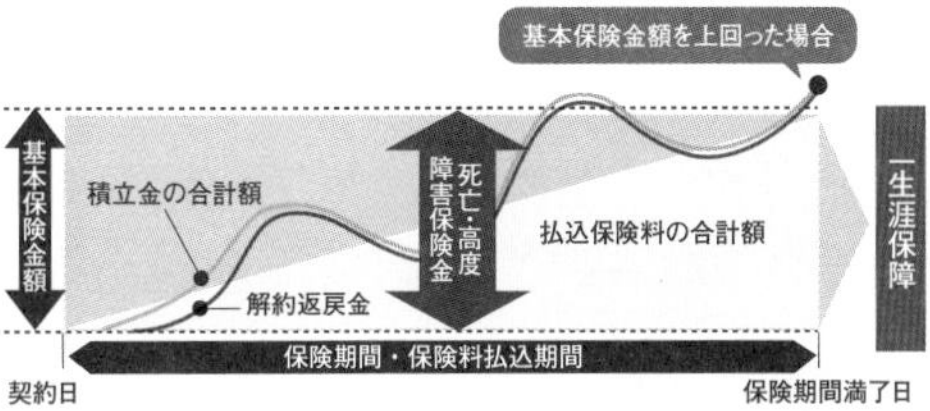

- 保険期間が一生涯続く
- 運用実績によって保険金額が変動

メリット 定額保険の終身年金より保険料が安い

デメリット 解約返戻金が低い場合など、解約するタイミングが難しい

年金型

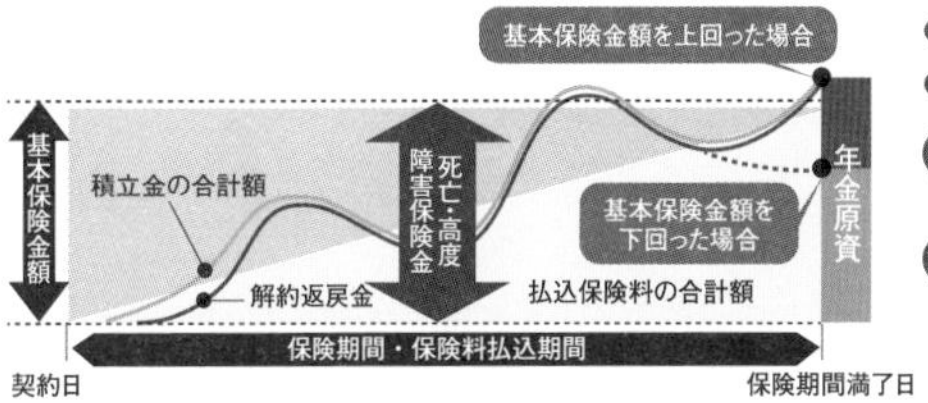

- 個人年金保険（→P.149）の一種
- 運用実績によって年金金額が変動

メリット 期待以上の年金を受け取れることもある

デメリット 運用実績が悪い場合は、年金が払込保険料の合計額を下回ることも

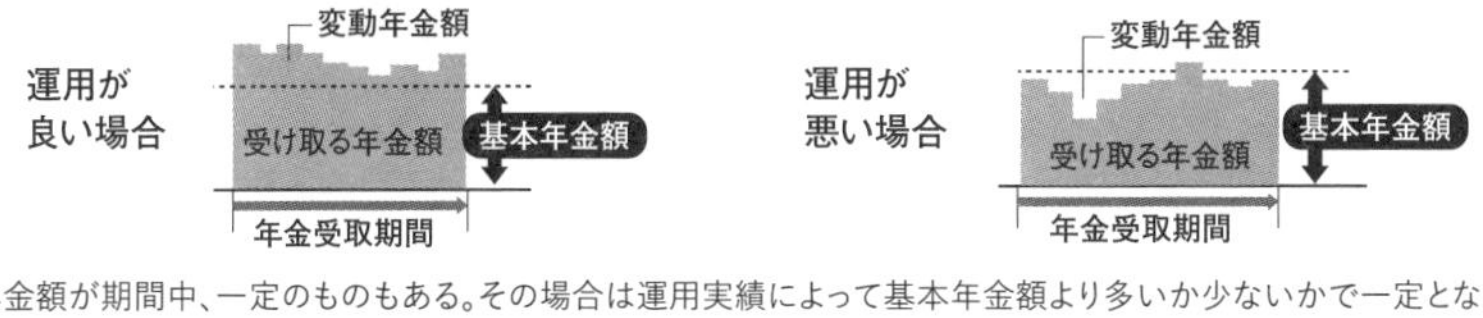

※年金額が期間中、一定のものもある。その場合は運用実績によって基本年金額より多いか少ないかで一定となる

変額保険での運用の仕方

変額保険では特別勘定の運用方針を契約者本人が決める。保険会社は複数の異なるタイプの特別勘定を用意しており、契約者は１つまたは複数の特別勘定を選ぶ。

特別勘定の例

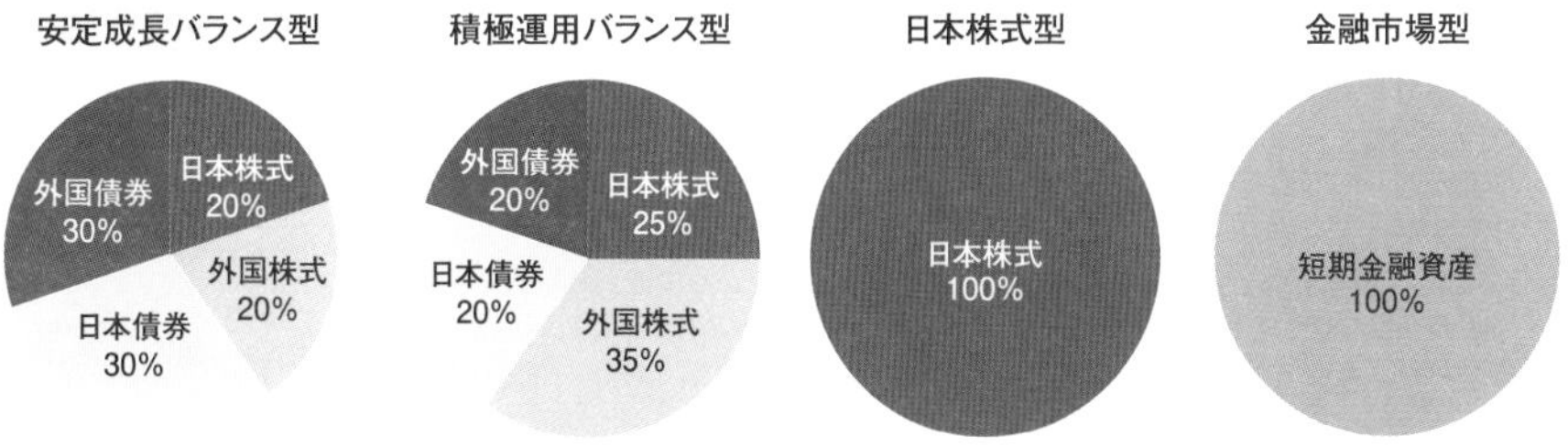

生命保険は状況の変化に応じて見直そう

時々で変わる必要な保障 節目ごとに見直したい

一度生命保険に加入しても、それで終わりではありません。結婚、出産、住宅購入、子どもの独立、転職など、**その時々で必要な保障は変わってきます。**また、保険料の割に必要な保障が受けられないと感じることもあるかもしれません。

一方、**時代とともに新しいタイプの保険が次々と登場**しています。本当に必要な保障を得るための保険がかけられれば、無駄な保険料を支払う必要がなくなります。大きな節目となる出来事がなくとも、**少なくとも10年単位ぐらいで、保険を見直してみましょう。**

生命保険を見直すタイミングは？

見直すタイミングは、家族構成の変化や収入の増減で必要な保障が変わってくるとき、大きな買い物である住宅購入をしたときなど。

結婚

- 夫婦合わせた保障内容を検討
- 出産や家の購入なども踏まえて、長期的な視野で見直す
- 独身時代の保険を継続する場合は、受取人を変更する

出産

- 子どもの将来（生活費・教育費）に備える保険を検討
- 夫婦それぞれの死亡保障を検討。子どもが小さいうちは妻にもある程度の死亡保障を

住宅購入

- 住宅ローン、税金、住宅改修用の貯蓄などを踏まえて、保険料と家計のバランスを検討
- 通常、住宅ローンを組むと団体信用生命に加入するので死亡保障額を削減できる場合も

子どもの独立

- 高額の死亡保障が不要に。終身保険など貯蓄性の高い保険だけ残すのでもよい
- 万が一のときに配偶者の生活が困らない程度の死亡保障を準備

定年

- 医療保険や個人年金などを優先
- 多額の貯蓄がある場合は、死亡保障が必要ない場合も
- 会社で団体扱いで加入していた場合、保険料が変わる可能性もあるので確認を

転職

- 収入が減った場合は、特に保険料と保障のバランスの見直しが必要
- 独立して収入が不安定になった場合は、保険料を払い続けられるかを考慮
- 万が一のときや老後の公的保障の減少分の上乗せも検討

離婚

- 離婚前に加入中の保険契約をどうするか話し合い、手続きを済ませたい
- 子どもがいる場合、受取人の名義や子どものための保険の契約者を変更
- 特にシングルマザーの場合は、死亡保障や自分の医療保険を優先

入っている生命保険を見直してみる

①入っている保険の種類

どんな種類の保険（定期、終身）に入っているか　**種類はよい？**　（　○　・　×　）

②保険料

・保険料の月額　**金額はよい？**　（　○　・　×　）

・保険期間満了の金額　**総額**　（　　　円　）

③保障内容は適切か

・死亡・高度障害保険金　（　適当　・　少ない　・　多い　）

・現時点での解約返戻金　**解約するなら**　（　　　歳）がよい

・満期保険金や解約返戻金　**払込保険料と比べて**　（　適当　・　適当でない　）

・保障期間（定期、終身）　**必要な時期まで保障**　（　ある　・　ない　）

④特約の内容

・死亡保障を上乗せする特約　**期間は**　（　適当　・　短い　）

金額は　（　適当　・　少ない　・　多い　）

・医療特約など　**他の保険との重複**　（　ない　・　ある　）

生命保険の見直し例

例 夫婦共働きで子どもあり（夫 35 歳、妻 34 歳、子ども 2 歳）

入っている保険

夫 定期付終身保険（終身保険 300 万円、定期保険特約 4700 万円）
保険払込期間：60 歳（定期保険特約は 10 年更新）

妻 定期医療保険（10 年更新）

➡

見直し後

夫 収入保障保険（保険金額毎月 15 万円）
定期保険（死亡保障 1000 万円、保険期間：20 年）
終身医療保険（保険払込期間 65 歳）

妻 定期保険（死亡保障 1000 万円、保険期間：20 年）、（継続）定期医療保険（10 年更新）

保障で希望する点

- 万が一のときに生活に困らないようにしたい
- 万が一のときに子どもが大学まで行ける教育費を確保しておきたい

見直しポイント

- 共働き家庭なので、万が一に備えて夫婦ともに保障内容を検討
- 収入保障保険で、月々保険金を受け取れるようにする
- 夫婦とも子どもの大学卒業までをカバーする期間で、定期保険で死亡保険金を準備

COLUMN　まとめて払えば保険料が減らせる

通常、保険料は月払いだが、半年払い（半年に 1 回）、年払い（1 年に 1 回）など、まとめて払い込むほど保険料が割り引かれる。ただし、2010 年 4 月以降に契約した保険は年払いした後に解約した場合でも解約以降の月の保険料は返還されるが、それ以前に契約している場合は戻ってこないので注意が必要。

老後資金はどれくらいあれば大丈夫？

ゆとりある生活を送るには公的年金以外も必要に

日本の平均寿命は、２０１８年時点で**男性が81・25歳、女性が87・32歳と過去最高**となっています。男性の約４人に１人、女性の約２人に１人が90歳まで生きると見込まれているのです。

現在、多くの企業で公的年金がもらえる65歳までの雇用が進んでいますが、退職してからとても長い年月を過ごすことになるのです。その間、公的年金だけでは生活費が不足してくることが考えられます。ゆとりあるセカンドライフを過ごすためには、**現役のうちに3000万円以上を蓄えておく必要がある**でしょう。

老後の家計支出と収入

2018年の高齢者世帯の１か月の平均支出と平均収入を比べると、夫婦世帯、単身世帯ともに収入が支出を約４万円下回っている。

高齢夫婦無職世帯の家計収支（2018年）

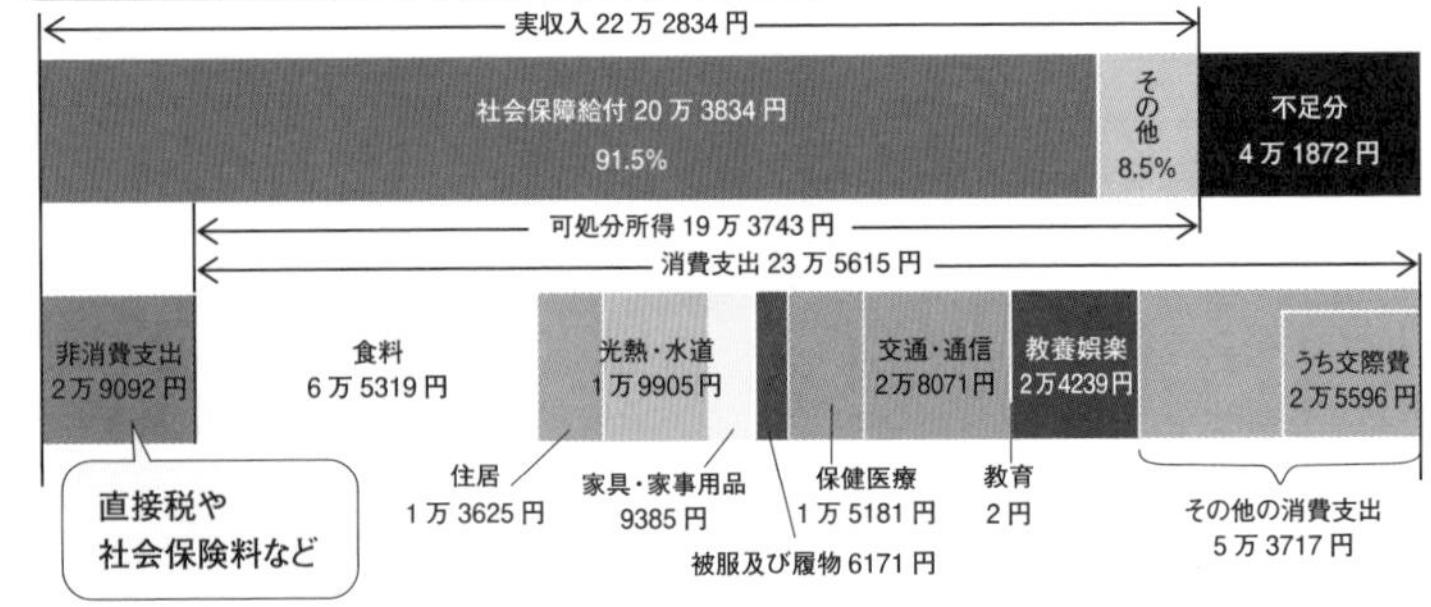

高齢単身無職世帯の家計収支（2018年）

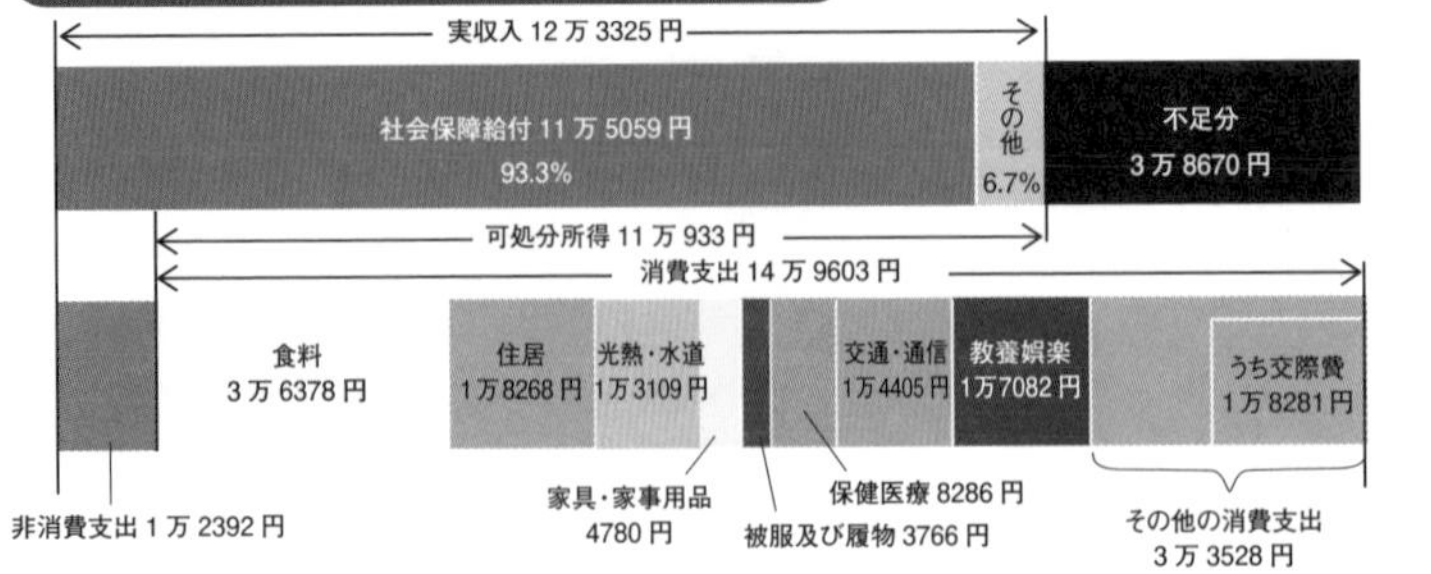

出典：総務省「家計調査（2018年）」をもとに作成

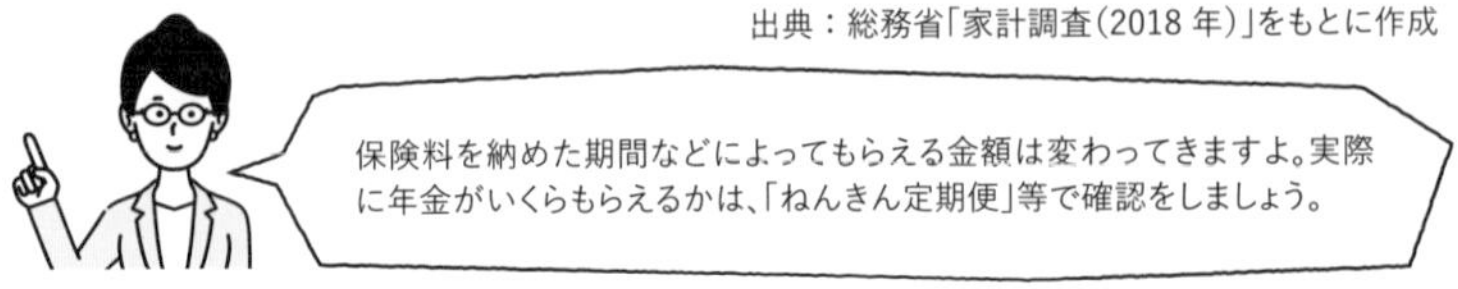

老後の生活費はどれくらい足りない？

現役時代の働き方でも受け取れる額は変わるが、老後の収入が仮に公的年金のみとすると、右ページの支出と収入では、支出が収入を上回る。

【ケース1】夫婦ともに会社員だった世帯

収入 月額平均 約 26 万 7000 円（夫：約 16 万 4000 円+妻：約 10 万 3000 円）
→平均支出（約 26 万 5000 円）で生活した場合、何とか暮らせるが支給額が下がると厳しい。

【ケース2】夫が会社員で妻が専業主婦だった世帯

収入 月額平均 約 21 万 7000 円（夫：約 16 万 4000 円+妻：約 5 万 3000 円）
→平均支出（約 26 万 5000 円）で生活した場合、毎月約 4 万 8000 円不足する。

※ 平成 30 年度「厚生年金保険・国民年金事業の概況」より、厚生年金の平均受給額（男性月 16 万 3840 円、女性月 10 万 2558 円）と国民年金の平均受給額（男性月 5 万 8775 円、女性月 5 万 3342 円）で計算。平均支出は総務省「家計調査（2018 年）」の高齢夫婦世帯の平均支出額（消費支出+非消費支出）26 万 5000 円で計算。（100 円以下は四捨五入）

COLUMN **退職後の多くの世帯の収入は年金のみ**

厚生労働省の「国民生活基礎調査」（2018 年）によると、半数以上の高齢者世帯の全所得（収入）が公的年金など社会保障給付となっている。また、同調査の生活意識では、高齢者世帯の 55.1%が生活が「大変苦しい」か「やや苦しい」と答えており、「ややゆとりがある」「大変ゆとりがある」と答えた高齢者世帯は 3.6%にとどまっている。

ゆとりある生活のためには 3000 万円以上準備しておく必要がある

想定外の出費への備えや、ゆとりある生活を過ごすためには、さらに準備が必要となる。

【ケース1】夫婦ともに会社員だった世帯

収入 月額平均 約 26 万 7000 円（夫：約 16 万 4000 円+妻：約 10 万 3000 円）
→ゆとりある生活（平均支出約 36 万 1000 円）を過ごすためには、毎月約 9 万 4000 円不足する。

【ケース2】 夫が会社員で妻が専業主婦だった世帯

収入 月額平均 約 21 万 7000 円（夫：約 16 万 4000 円+妻：約 5 万 3000 円）
→ゆとりある生活（平均支出約 36 万 1000 円）を過ごすためには、毎月約 14 万 4000 円不足する。

※生命保険文化センター「令和元年度 生活保障に関する調査」より、夫婦 2 人の「ゆとりある老後生活費」の平均月額 36 万 1000 円で計算

COLUMN **特別支出にも備えを**

生活費以外にも、住宅ローンの残高や子どもにかかる費用、親や自分の介護にかかる費用などの特別支出にも備えておきたい。

住宅ローン残高：**平均約 920 万円**（60 歳代の平均。金融広報中央委員会「家計の金融行動に関する世論調査（令和元年）」）
子どもの学費：**平均約 480 万円**（4 年制大学の総額。日本学生支援機構「平成 28 年度 学生生活調査」結果）
子どもの結婚資金援助：**平均約 187 万 8000 円**（ゼクシィ調べ）
有料老人ホーム利用料：**月額約 13 万 7000 円**（みんなの介護調べ。2020 年1月時点での相場）

老後資金を準備しておこう

年金形式での積立なら使い込みリスクを減らせる

公的年金の**給付水準は年々下がっています。**今後さらに下がることが見込まれており、老後資金を補うためには自助努力が求められています。

資金準備として計画的に行えるのは、**毎月一定額を積み立てていく方法**でしょう。積立でも、定期貯金やつみたてNISA（→P.184）など途中で解約できるもののほかに、年金形式のものを組み合わせると必要な時期まで引き出せないので、使い込んでしまうおそれが少なくなります。年金形式のものには、**個人年金保険、個人型確定拠出年金（iDeCo）、財形年金貯蓄**などがあります。

年金の給付水準の見通し（標準的な場合）

年金の給付水準を表す所得代替率は 2019 年度で 61.7%だが、2047 年度には 50.8%まで下がる見込みだ。

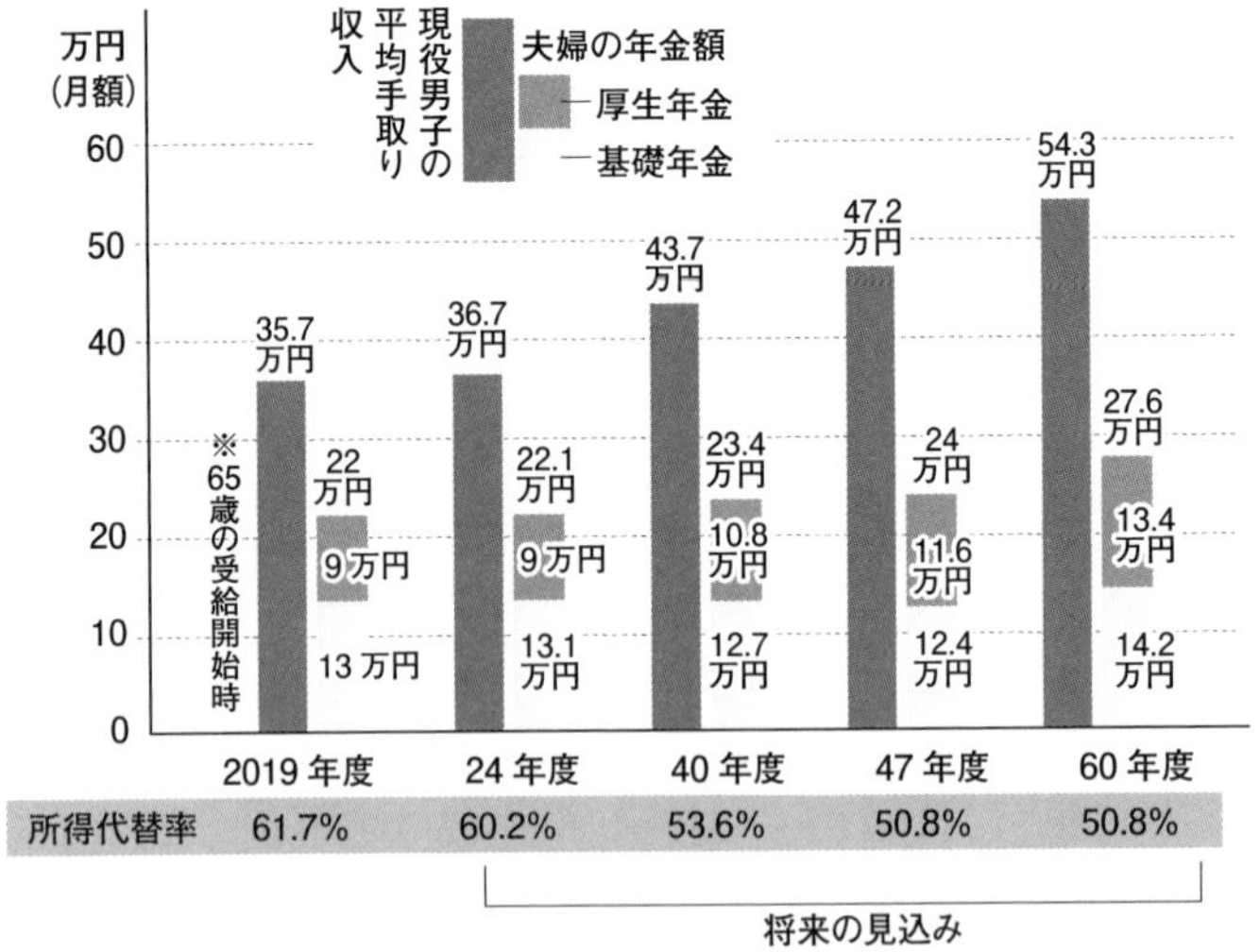

※物価上昇率 1.2%、賃金上昇率 1.1%、運用利回り 2.8%、合計特殊出生率（2065 年）1.44、平均寿命（2065 年）男 84.95 歳、女91.35 歳の場合

COLUMN　所得代替率とは？

年金受給時点の年金額が、現役世代の平均手取り収入額と比べてどれくらいの割合か示すもので、年金の給付水準（主に厚生年金）を考える場合に用いられる。たとえば所得代替率が60%の場合、現役世代の平均手取り収入の 60%の額が受け取れる。

年金は 5 年ごとに財政検証が行われており、物価や賃金の上昇率、経済成長率、人口などの推計をもとにモデル世帯（会社員と専業主婦だった夫婦世帯）の年金額が出され、その金額をもとに所得代替率が算出される。給付水準が引き下げられるということは、つまり年金額の引き上げ幅が抑えられるということになる。

年金で受け取れる主な貯蓄

	特徴	メリット	デメリット
個人年金保険	契約時に決めた時期から、年金または一時金として保険金を受け取る	●所得控除の対象となる ●確実に貯められる	●途中で解約すると、元本割れの可能性が高い ●インフレリスクがある
個人型確定拠出年金（iDeCo）（→P.188）	掛金を積み立て、金融商品を運用し、60歳以降に年金または一時金として受け取る	●所得控除の対象となる ●運用益が非課税 ●受取時の税負担が軽減される ●転職・退職時に年金資産が持ち運べる	●加入年齢が決まっている（60歳未満、2022年からは65歳未満） ●掛金に上限がある ●専用口座の開設・維持手数料がかかる
財形年金貯蓄	財形貯蓄（給与から天引きする貯金）の一種。原則60歳以降、5年以上20年以内に受け取る	●住宅財形貯蓄とあわせて550万円までは利息にかかる税金が非課税 ●天引きなので自動的に貯めることができる	●積立期間が5年以上必要 ●年金以外の目的で引き出すと非課税でなくなる ●非課税金額に上限がある

個人年金保険の種類と特徴

確定年金

生死に関係なく、一定期間（10年・15年など）受け取れる（死亡時は遺族が残り期間の年金を受け取る）

有期年金

生存している限り、一定期間受け取れる

終身年金

生存している限り、一生涯受け取れる

保証期間付有期年金・終身年金

保証期間中（年金開始後5年程度。終身年金のほうが長め）は生死に関係なく受け取れ、その後は生存している場合だけ受け取れる（保証期間中に死亡した場合は遺族が受け取る）

確定年金と保証期間付有期年金の違い

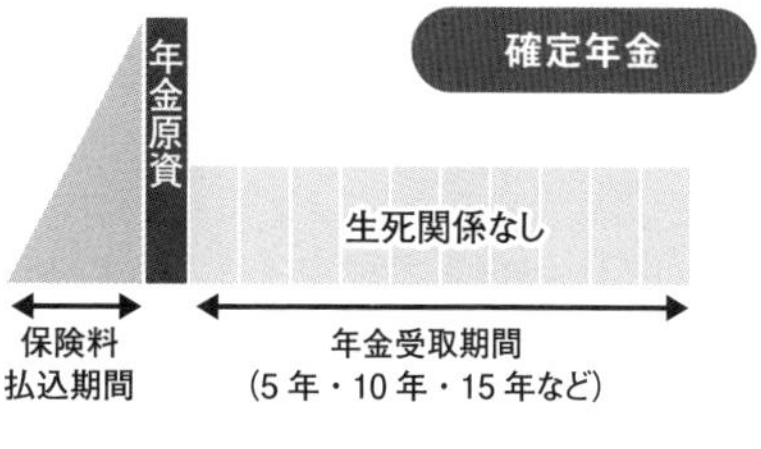

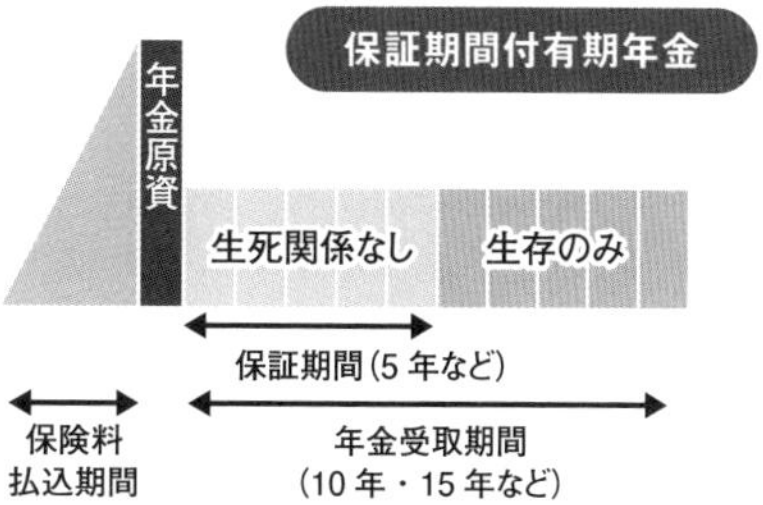

保険料を払い終わってから、年金の受け取り開始までの期間を据置期間といいます。たとえば60歳払込満了で据置期間5年では、年金が受け取れるのは65歳からになります。据置期間が長いほうが受け取れる年金額は多くなり、据置期間は延長することもできますよ。

繰下げ受給で公的年金を増額できる

働き続けられるのならば受給開始年齢を遅らせても

公的年金の受給開始年齢は現在65歳からですが、この年齢を変更することができます。年齢を早める場合は**60歳から受け取れます**（**繰上げ受給**）。一方、65歳より遅らせることもでき（繰下げ受給）、**現在最長で70歳まで遅らせることができます**。

繰上げ受給をした場合、請求した時点に応じて年金額は減額され、その減額率は一生変わりません。逆に**繰下げ受給をした場合、年金額は増額され**、同じくその増額率は一生変わりません。繰下げは月単位で行えるので、余裕があれば年金を多くもらうために検討してみても。

繰上げ、繰下げで受け取れる額はどれくらい変わる？

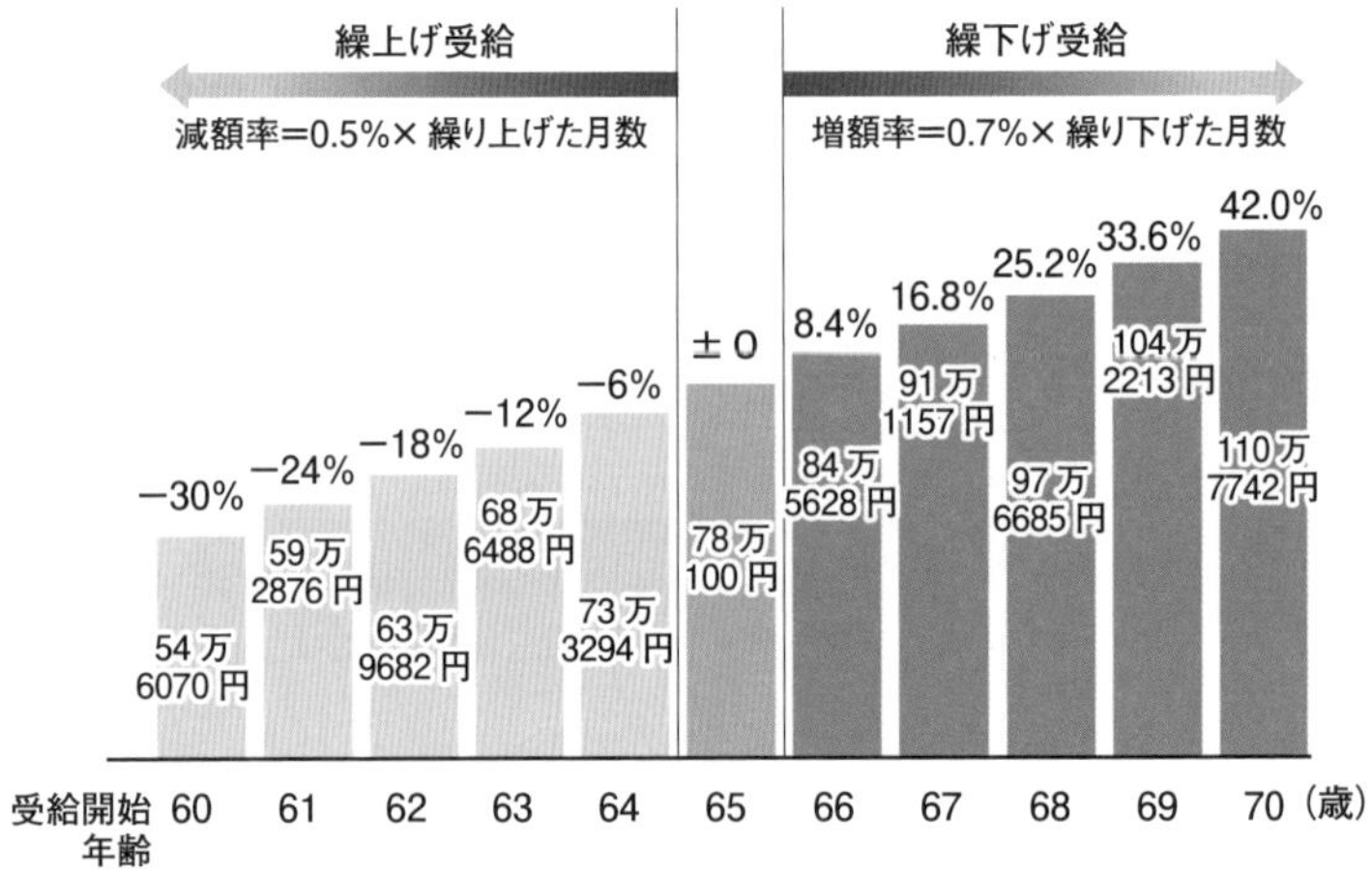

※金額は 2019 年度の基礎年金の満額受給額をもとに算出し、小数点以下は四捨五入

繰上げ受給ではこんな点に注意！

- 減額された金額は一生続く
- 繰上げ請求が決まった後に取り消すことはできない
- 繰上げ受給をした場合は、寡婦年金（夫が老齢年金を受給前に死亡した際に妻に支給される年金）や障害年金が受給できなくなる

繰り下げるなら何歳までがよい？

累積で受け取れる額は繰り下げるほど一定年齢以上で多くなっていくが、寿命との関係も考えたい。

受給開始年齢と累積受給額の推移

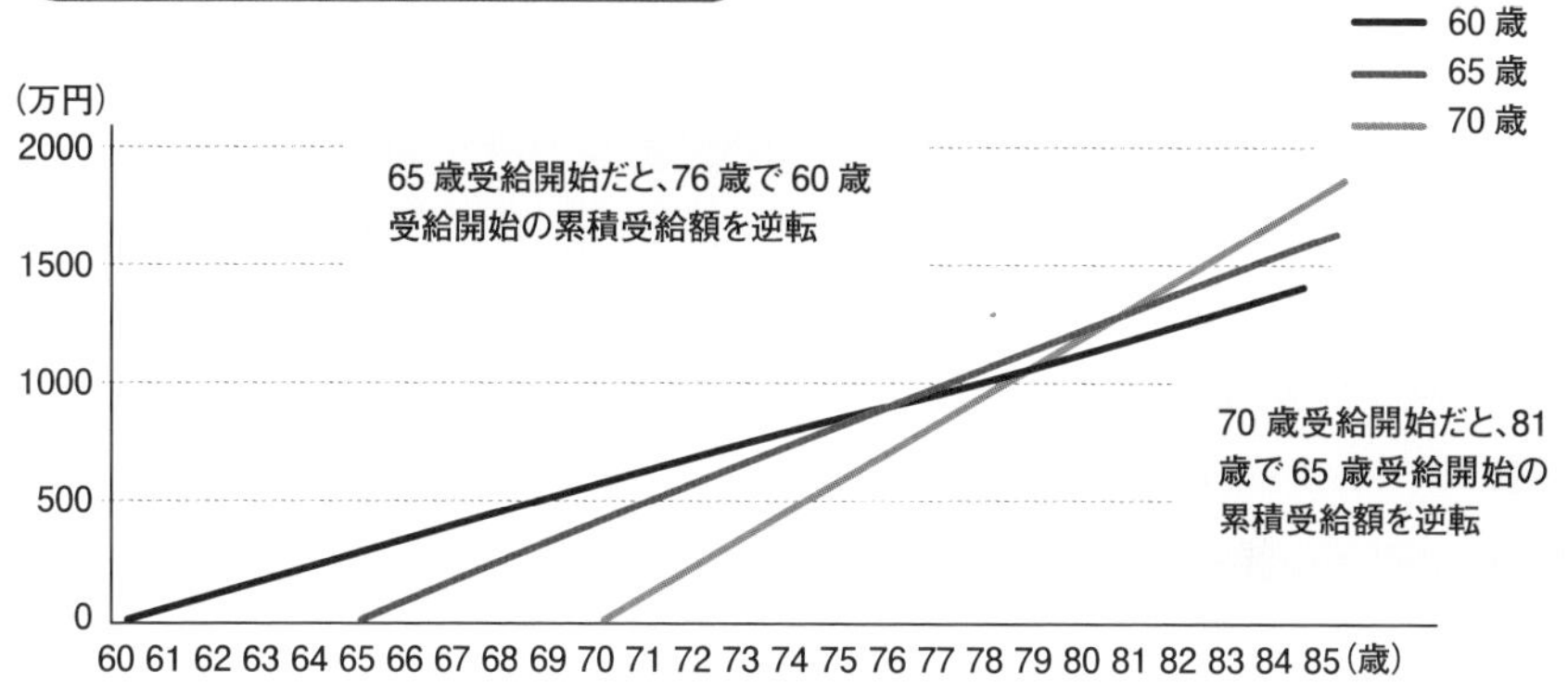

※2019 年度の基礎年金の満額受給額（約 78 万円）をもとにグラフを作成。グラフの金額は目安となる

日本の平均寿命は 2018 年時点で男性が 81.25 歳、女性が 87.32 歳ですよ。将来、寿命はもっと延びると考えられていますが、繰下げ受給を選んだ場合は一定の年齢以上生きないと損してしまうこともありますね。

繰下げ受給はこんな人が行うとよい

- 働いていて毎月の生活費がまかなえている
- 住宅ローンなどが残っていない
- 一定額の貯蓄がある

繰下げ受給ではこんな点に注意！

- 年金なしの期間が長くなる
- 所得額が多くなるので、社会保険料（介護保険や健康保険の負担割合）などが高くなる場合も
- 配偶者が亡くなった後の遺族基礎年金は増額されない

COLUMN　基礎年金部分のみ繰り下げる方法も

厚生年金の場合、加給年金というものがある。これは、厚生年金の被保険者期間が 20 年以上ある受給者が原則 65 歳になったとき、扶養する配偶者（65 歳未満）や子ども（18 歳到達年度まで）がいる場合に加算されるというものだ。配偶者の加算額は 2019 年度では年 39 万 100 円だが、厚生年金を受給するまではもらえない。夫婦の年齢差がある場合、基礎年金部分のみ繰り下げて、加給年金を受給するという方法もある。

75歳になると後期高齢者医療制度へ

高齢者も一定を負担する独立した医療保険制度

後期高齢者医療制度は75歳以上と一定の重い障害がある65歳以上が対象の制度で、医療費の**自己負担は1割（現役並み所得者は3割）**です。

国民医療費は年々増加しており、2017年度では約43兆円、そのうち37・4％を75歳以上が占めています。後期高齢者医療制度には独立した制度として高齢者も保険料を納めることで世代間の公平を図る目的がありますが、現役世代の保険料からの**支援金が全体の約4割を占めています。**75歳以上の割合が増えるなか、後期高齢者の保険料だけでなく支援金も年々高くなっています。

後期高齢者医療制度の仕組み

後期高齢者医療制度の財源は、公費と後期高齢者の保険料、現役世代の保険料からの支援金でまかなわれている。

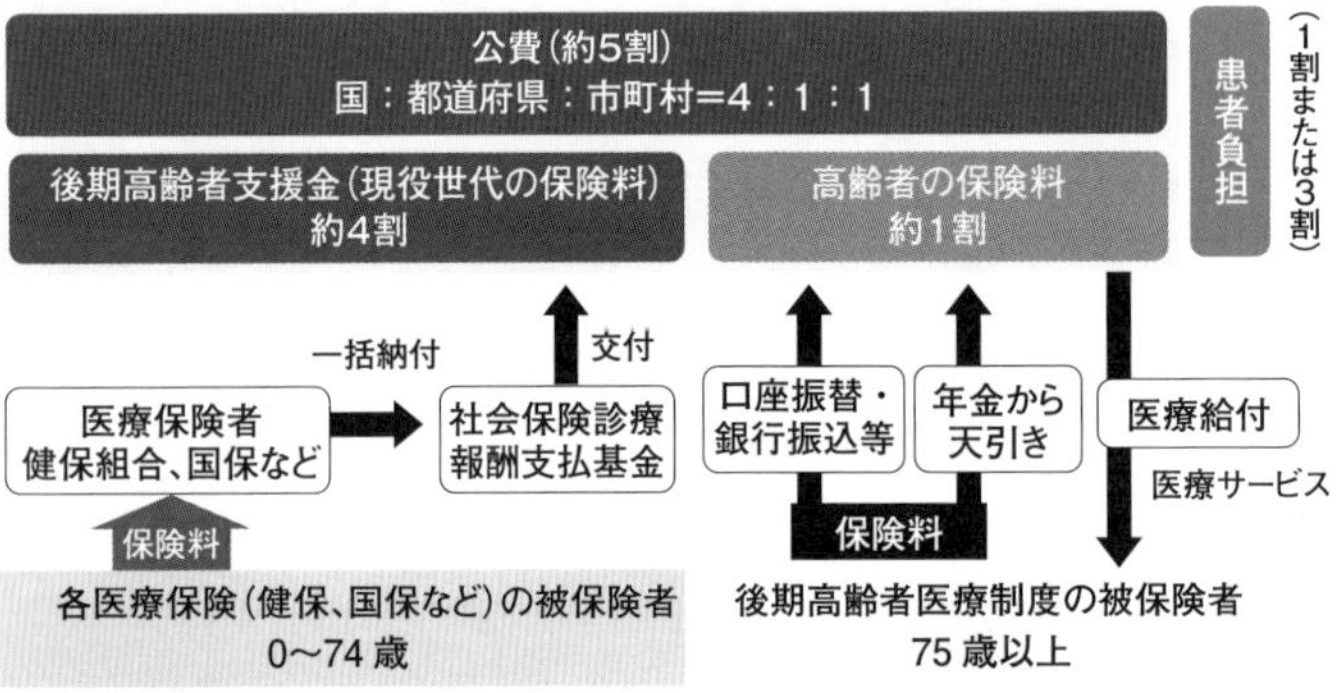

平均保険料額の推移

後期高齢者の保険料は2年ごとに見直される。保険料は各都道府県の広域連合ごとに決められ、全国一律ではない。

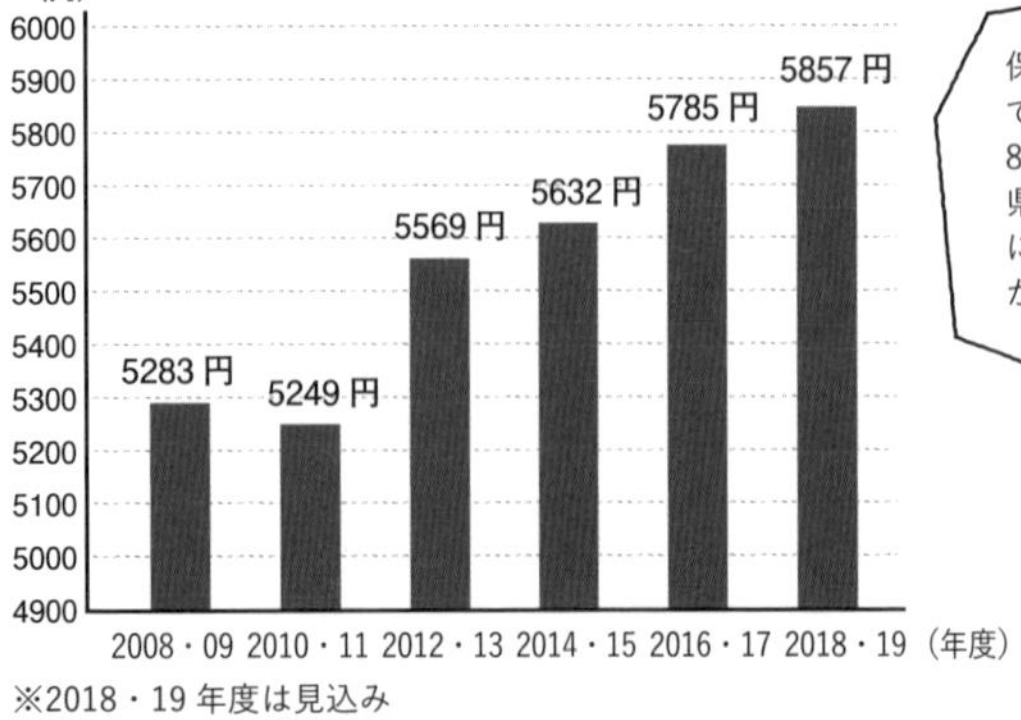

※2018・19年度は見込み

出典：厚生労働省「後期高齢者医療制度の平成30・31年度の保険料率について」をもとに作成

医療費の負担割合は所得で分かれている

75 歳以上の高齢者の窓口での医療費の負担割合は、所得に応じて決まる。

		負担割合	自己負担限度額(世帯)※1	
			外来(個人ごと)	入院・外来(世帯ごと)
現役並み所得者	課税所得 690 万円以上	3 割	25 万 2600 円 +(医療費−84 万 2000 円)×1% (多数回該当 14 万 100 円)※2	
	課税所得 380 万円以上		16 万 7400 円 +(医療費−55 万 8000 円)×1% (多数回該当 9 万 3000 円)	
	課税所得 145 万円以上		8 万 100 円 +(医療費−26 万 7000 円)×1% (多数回該当 4 万 4400 円)	
課税所得 145 万円未満		1 割	1 万 8000 円 (年間 14 万 4000 円上限)	5 万 7600 円 (多数回該当 4 万 4400 円)
低所得者	住民税非課税		8000 円	2 万 4600 円
	住民税非課税 (所得が一定以下)			1 万 5000 円

※1 同じ世帯で同じ保険者に属する者
※2 多数回該当は 1 年で月 3 回以上の高額療養費支給を受けた場合の4回目以降の限度額
出典：厚生労働省「医療費の自己負担」をもとに作成

低所得者には保険料の軽減制度がある

後期高齢者の被保険者の負担する保険料は、被保険者全員が負担する「均等割」と所得に応じて負担する「所得割」で構成されているが、世帯の所得が一定以下の場合には、均等割が 2 ～ 7 割軽減される。

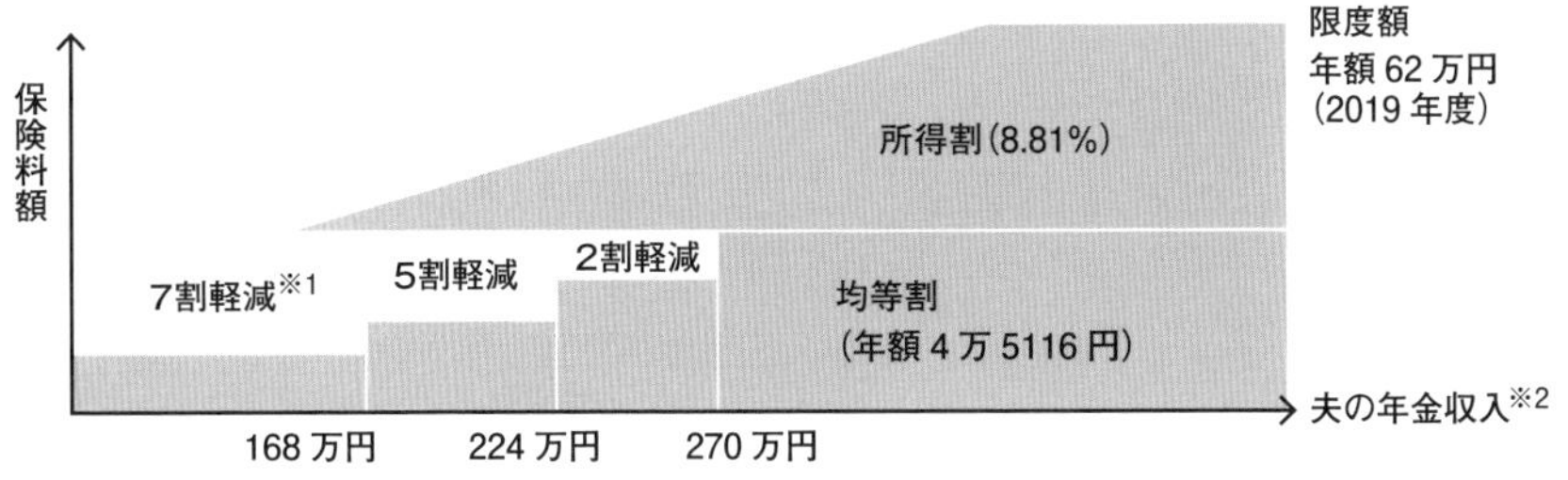

※1 2019 年度にはさらに国費を投入し、8.5 割、8 割の特例軽減が行われている
※2 夫婦 2 人世帯で妻の年金収入 80 万円以下の場合の夫の年金収入額
出典：厚生労働省「後期高齢者医療の保険料」をもとに作成

COLUMN　2025 年には国民の 5 人に 1 人が 75 歳以上に

後期高齢者となる 75 歳以降、医療機関にかかったり介護を必要としたりする人が増加するが、2025 年には団塊世代が全員後期高齢者となる。国民の 5 人に 1 人が後期高齢者となることで、医療費など社会保障費が増加し、医療・介護現場での人手不足の深刻化が懸念されている。そうした背景から、後期高齢者医療制度では一定の所得がある人の自己負担割合を上げることも検討されている。

老後の暮らしと保険

介護状態となったときはどうする？

介護が必要な高齢者を社会全体で支える介護保険

介護保険制度とは、介護が必要な人が利用料の一部を払うことで介護サービスを受けられる制度で、原則として**65歳以上の要介護認定を受けた人が利用できます。**介護サービスには、訪問介護や通所介護（デイサービス）などがあり、要介護度によって利用できるサービスの種類や限度額が決まっています。

介護保険の財源となる**介護保険料は40歳以上から徴収されます**が、利用者の増加に伴い、年々高くなっています。介護が必要になると介護サービス利用料以外にも費用がかかることを考慮して備えておくことが必要です。

介護サービスを受けるまでの流れ

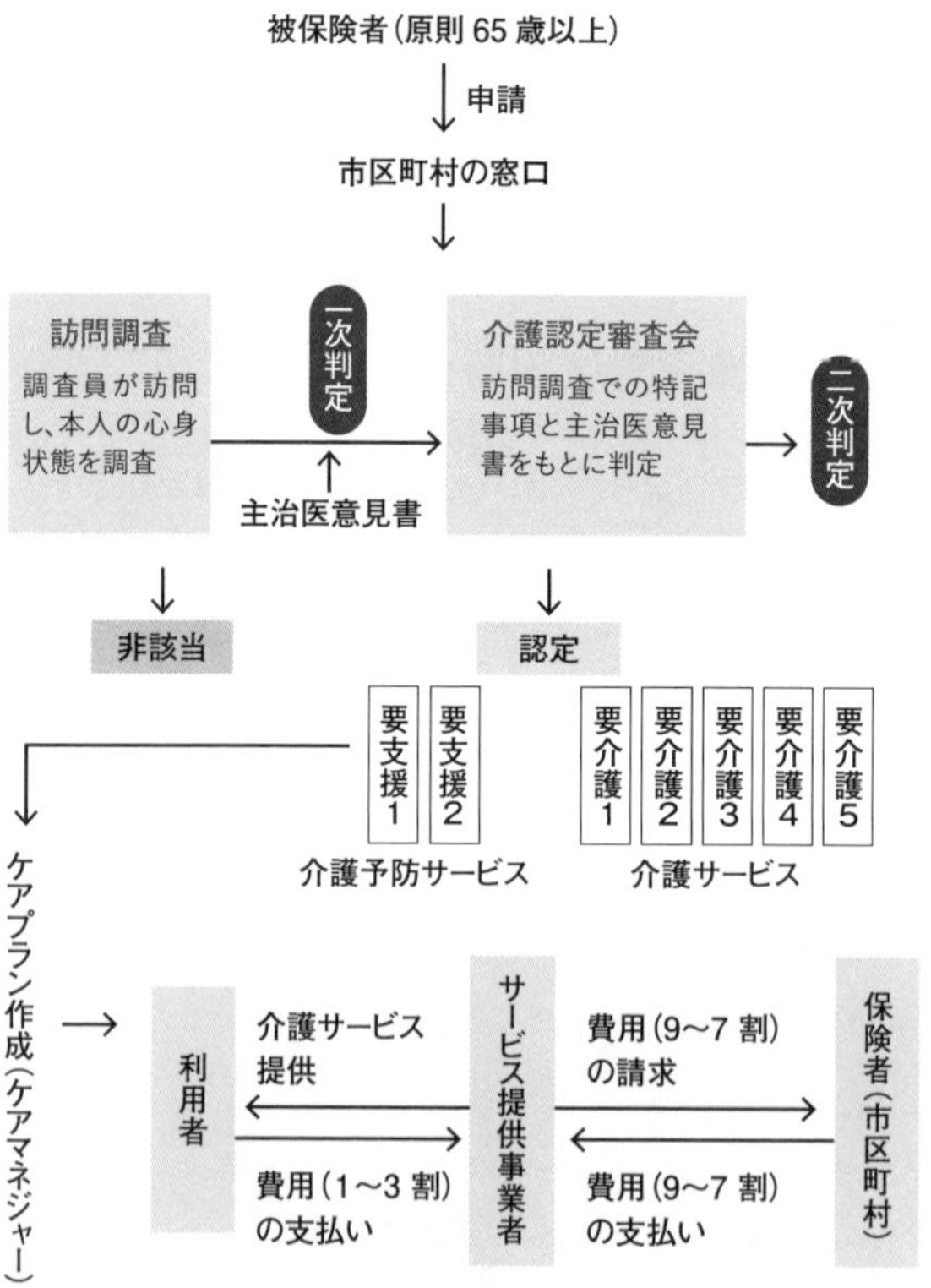

40～64歳では16の特定疾病でなければ介護保険は利用できないので、要注意！　病気の原因を問わず介護保険を利用できるのは65歳以上なんです。

介護保険で受けられる主なサービス

自宅で利用するサービス

訪問介護

訪問介護員（ホームヘルパー）などが、身体介護（食事・排せつ・着替え・入浴などの介助）や生活援助（掃除、洗濯、食事の準備など）を行う

訪問看護

看護師などが、医師の指示で医療的な処置や手当て、健康状態の確認などを行う

訪問リハビリテーション

理学療法士・作業療法士など、リハビリ専門職が身体機能の維持・回復や日常生活の自立を目指したリハビリを行う

居宅療養管理指導

医師や薬剤師などが服薬や歯みがきなどの指導を行う

福祉用具貸与・販売

福祉用具（ベッド・車いす・入浴補助用具など）を貸与・販売

定期巡回・随時対応型訪問介護看護

ホームヘルパーや看護師が、定期的または利用者などからの連絡で訪問し、身体介護・看護、生活援助などを行う

施設を特定の時間（期間）利用するサービス

通所介護（デイサービス）

日中、施設で食事や入浴、レクリエーション、リハビリなどを介護職員の支援で行う

通所リハビリテーション（デイケア）

日中、介護老人保健施設や病院などでリハビリを医療やリハビリ専門職の支援で行う

短期入所生活介護、療養介護（ショートステイ）

特別養護老人ホームや介護老人保健施設などに短期間滞在し、生活介護や機能訓練などを受ける（家族の介護負担を減らす目的）

小規模多機能型居宅介護

デイサービスを中心に、利用者の状態や希望により訪問介護やショートステイも組み合わせて、生活支援や機能訓練を行う

施設への長期間の入所

特別養護老人ホーム（特養）

常時介護を必要とし、自宅での生活が困難な高齢者に生活介護を提供（原則、要介護３以上）

介護老人保健施設（老健）

病気やケガでの入院後、在宅復帰を目指す高齢者に生活全般の介護や、医療ケア、リハビリを提供（要介護１以上）

グループホーム

認知症の状態にある利用者が、介護職員による生活介護を受けながら少人数（５～９人）で共同生活を送る（要支援２以上）

COLUMN　介護サービスを提供する民間施設

介護サービスを提供する民間施設には、有料老人ホームやサービス付き高齢者向け住宅がある。介護サービスは内部もしくは外部のサービス提供事業者と連携して提供され、要介護認定を受けていない人でも入居できる施設もある。自宅での介護は難しいが特別養護老人ホーム（特養）の空きがない場合や、より充実したサポートを受けるために入居を考える人も多い。ただし、特養と比較して費用はかかり、入居時に高額の入居金が必要となる施設もある。

介護区分による支給限度額

要介護度によって1か月の支給限度額（サービスを利用できる額）が決まっている。

要介護度	身体の状態	支給限度月額
要支援1	要介護状態への進行を予防するために、掃除や調理、買い物など日常生活動作に何らかの支援が必要	5万320円
要支援2	日常生活動作を行う能力が低下し、機能の維持や改善のために何らかの支援が必要	10万5310円
要介護1	排せつや入浴などに一部介護が必要。立ち上がりや歩行がやや不安定で支えが必要	16万7650円
要介護2	食事や排せつ、入浴、衣服の着脱などに多く介護が必要。歩行や起き上がりなどに支えが必要	19万7050円
要介護3	日常生活動作にほぼ全面的介護が必要。立ち上がりや歩行が自力では困難	27万480円
要介護4	動作能力が著しく低下し、介護なしに日常生活を送ることが困難	30万9380円
要介護5	意思伝達も困難になり、介護なしに生活を送ることがほぼ不可能	36万2170円

※利用者の自己負担は利用額の原則1割（所得により2～3割）

介護保険料はいくらになる？

介護保険の財源は保険料が50％を占めているが（残り50％は税金）、23％が第1号被保険者、27％が第2号被保険者の保険料となっている。介護保険料は3年ごとに見直される。

第1号被保険者（65歳以上）

- 年金から天引き（年金額が18万円未満の場合、自分で納入）
- 額は市区町村で異なり、所得水準で段階あり。　全国平均で月額5869円（2018～2020年度）

第2号被保険者（40～64歳）

加入している医療保険（健康保険、国民健康保険など）で、医療保険料と一緒に徴収

会社員

（標準報酬月額・標準賞与額）×介護保険料率を事業主と加入者で折半

例 標準報酬月額25万円で協会けんぽ加入の会社員（2020年3月～）

25万円×1.79％÷2＝月額2238円

※賞与時も賞与額で同様の計算が行われる。介護保険料率は健康保険組合ごとに異なる

自営業者（国民健康保険の場合）

所得割（所得×保険料率）＋均等割（一律の金額×世帯の保険者数）

※所得は前年度の所得。保険料率は市区町村で異なる。平等割（世帯ごとの額）などがプラスされる市区町村もある

介護が必要になったときにかかるお金

介護サービスは介護保険が適用されるが、医療費が増加したり生活の利便性を高める介護用品を購入したりと、介護が必要になると生活費もこれまで以上にかかるようになる。

介護でかかる費用(保険適用外)

介護用品代(おむつ・口腔ケアなど消耗品、衣服など)、福祉用具(レンタルできるものもあり)、介護食代(食事の宅配)、住宅改修費用(介護保険での一定額の補助あり)など

介護以外でかかる費用

食材費、日用品費、住居・光熱費、通信費、税・社会保障費、医療費など

※施設介護の場合でも住居費・食事代などは介護保険適用外で自費となる

介護する家族への支援制度

家族に介護が必要になったとき、介護と仕事の両立や介護費用の問題などを解決していくために、利用できる制度はできる限り利用していこう。

育児介護休業法で定められている主な制度

介護休業制度	対象家族1人につき3回、通算93日まで休業できる。条件を満たす者には介護休業給付金制度で、休業前賃金の67%が支給される
介護休暇制度	対象家族1人につき、年通算5日まで休暇を取得できる(対象者が2人以上の場合、最大10日)。休暇は時間単位で取得可能
所定外労働の制限	対象家族を介護する労働者の残業を免除。1回の請求につき、1か月以上1年以内の期間で、請求できる回数に制限はない
労働時間の短縮	所定労働時間の短縮、フレックスタイム、時差出勤などの措置を講じる。対象家族1人につき、利用開始の日から連続する3年以上の期間で2回以上

高額介護サービス費

介護サービスの支払いが一定金額(自己負担上限額)を超えた場合に、超えた金額が後で払い戻される制度。自己負担限度額は収入によって異なる。

対象者	自己負担上限額
世帯の誰かが現役並み所得者に相当	4万4400円(世帯)
世帯の誰かが住民税を課税されている	4万4400円(世帯)
世帯の全員が住民税非課税	2万4600円(世帯)
合計所得金額と公的年金収入額の合計が80万円以下	2万4600円(世帯) 1万5000円(個人)
生活保護受給者	1万5000円(個人)

家族介護慰労金

在宅で介護している家族などに、自治体から年1回10万円程度支給。金額や実施状況は自治体で異なる。

支給の主な条件

- 要介護4、5に認定されている要介護者を自宅で常に介護している
- 要介護者と生計をともにする者などの世帯全員が市町村民税非課税である
- 要介護認定されてから介護保険サービスを1年間利用していない

若い世代に役立つ
収入保障保険

万が一のことがあった場合、残された遺族が困らないようにお金を残したい。死亡保障の付いた生命保険はその目的で掛けられます。しかし、ある程度まとまった保険金を残すには、月々の保険料もそれなりの金額となってきます。生活費に子どもの教育費、住宅ローンや貯蓄などを考えると保険料はなるべく抑えたいもの。収入が限られているうちはなおさらで、そんな若い世代に特に役立つのが「収入保障保険」です。

この保険は死亡した時点から保険期間満了日まで、遺族が毎月決まった額を年金形式で受け取れるというもの。つまり、死亡時期によって受け取れる金額が変わってくるのです。受取開始日から満了日までの期間が長いほど、保険金は多く受け取れます。満了日まで生きていれば掛け捨てになりますが、子どもが小さい時には保険金額が多く、成長するにしたがって死亡保障が少なくなるのでより効率的な保険と言えます。

保険料は保険会社によりますが、たとえば月額15万円の年金を60歳まで受け取る場合、35歳時の契約で月額4000円弱です。保険金は年金形式でなく一時金として受け取ることもできます。これも年齢が上がると受け取れる金額が減っていきますが、40歳時点では約3300万円になります。同じ死亡保障額で60歳満了の定期保険より月額で3500円程度安くなります。保険料を考えると、他の貯蓄性保険と併用して保障を厚くする方法の一つにしてもよいでしょう。保険会社によっては健康優良体割引やノンスモーカー割引もあるので利用するのもおすすめです。

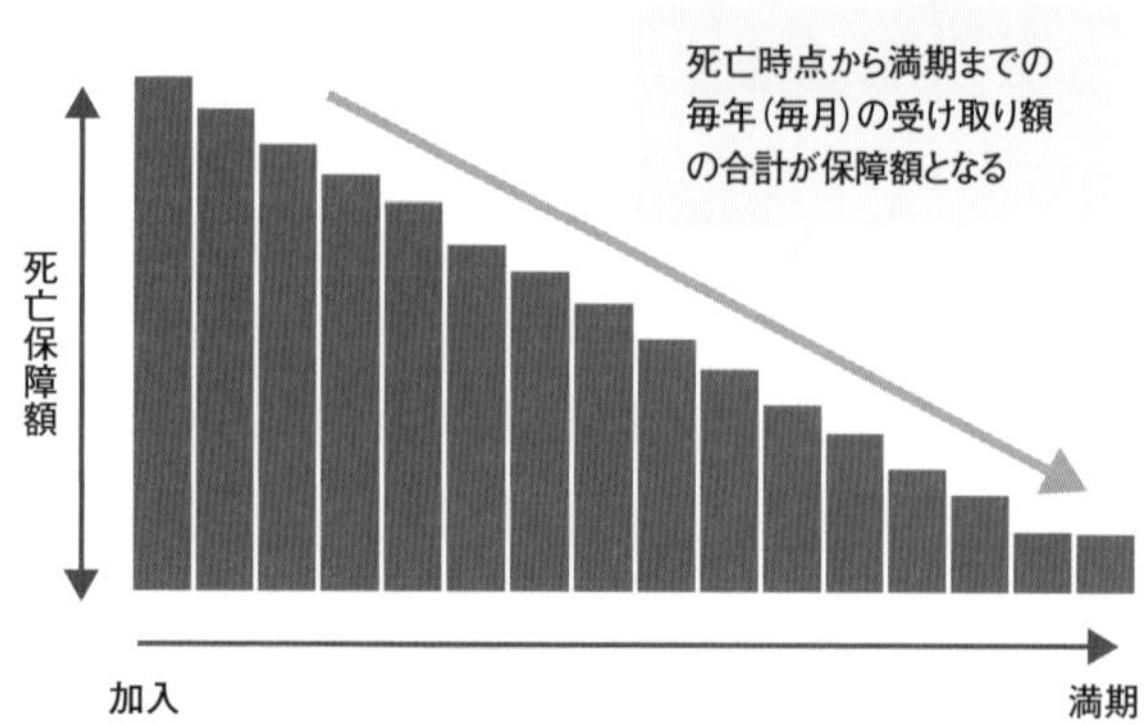

Lesson

6

お金を運用する

どうして今、投資が求められているの？

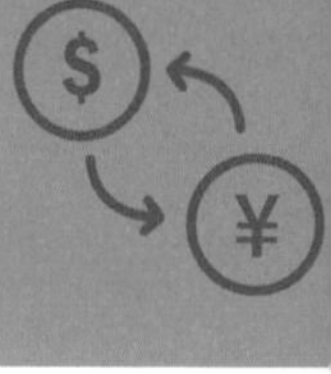

預金だけに頼っていては老後資金を準備できない

現在の超低金利では、預金をしてもお金はほとんど殖えません。さらに、**今後物価が上昇するとお金の価値が下がり、預金は実質的に目減りする可能性もあります**。預金さえしておけば老後資金は大丈夫、という考え方はもう通用しない時代です。

そこで今、預金から投資へのシフトが求められているのです。**投資は、お金を働かせて資産を効率的に殖やす手段です**。「投資は危ない」と抵抗感を示す人もいますが、**運用方法の工夫でリスクはコントロールできます**。まずは投資について、もっとよく知ることが大切です。

主な投資商品の種類

	特徴	得られる利益	取扱い機関
債券 →P.174	国や企業が資金借入のために発行する証券。利息の金利と償還金額が約束されており、安全性が高い	利息、売却益	証券会社、銀行（個人向け国債の場合）
投資信託 →P.178	投資家から資金を集め、専門家がその資金を株式や債券などに投資して運用する	分配金、売却益	証券会社、銀行
ETF →P.179	証券取引所に上場している投資信託で、株式のように証券取引所で売買できる	分配金、売却益	証券会社
株式 →P.198	企業が事業資金を募るために発行する証券。企業の業績などにより値動きする	配当金、株主優待、売却益	証券会社
外貨預金 →P.202	円預金より金利が高く、換金時に為替レートによる損益が生じる	利息、為替差益	銀行
外貨建てMMF →P.202	公社債投資信託の一種だが、外貨で運用される。外貨預金より利回りが高い	分配金、売却益、為替差益	証券会社、銀行
不動産（現物） →P.206	賃貸物件を購入し、家賃収入を得る。または、不動産の売買で売却益を狙う	家賃収入、売却益	不動産会社
REIT（不動産投資信託） →P.206	投資家から集めた資金で、不動産に投資を行う投資信託。家賃収入などが投資家に分配される	分配金、売却益	証券会社、銀行
金（現物・純金積立） →P.208	売買時の金価格の変動によってのみ損益が決まる。利息や配当金などはつかない	売却益	鉱山会社、地金商、商社など

預金と投資の違い

預金は元本保証があり、安全にお金を守るための手段。一方、投資は元本保証がないが、高い利回りを期待できる。

	預金	投資
元本保証	元本 1000 万円までと利息が保護される	保証されない
利息・配当などの収益	変動金利の預金以外は、決められた利息を確実に受け取れる	配当などの金額は決まっておらず、換金時まで収益額が確定しない※
金利・利回り	定期預金は都市銀行などで 0.01%の低金利、ネット銀行でも金利 0.1 ～ 0.2%程度でしかない場合が多い	投資商品によって異なるが、長期運用なら一般的に 2%以上の利回りが期待できる
リスク	元本割れはないが、インフレ時には価値が下がり実質的に目減りする可能性がある	価格が変動するため、元本割れが生じる場合もある

※債券と外貨預金（変動金利以外）は決められた金利の利息を受け取れる

COLUMN 利回りって何なの？

利回りとは、投資額に対する利益総額の割合を 1 年間当たりの平均で示したもの。ほとんどの投資商品のお金の殖え方は、利回りで示される。

［100 万円の株式を 10 年間運用し、配当金 10 万円、売却益 10 万円の利益が出た場合］

利回り＝20 万円（配当と売却益）÷100 万円 ÷10 年間 ＝ 2%

定期預金の運用成果 vs. 投資商品の運用成果

同額の元本で、定期預金と投資商品を 10 年間運用した場合の運用成果を比較。投資商品は定期預金よりも利回りが高い分、10 年後の運用成果もはるかに大きくなる。

条件設定

- 元本：100 万円
- 大手銀行定期預金の金利：0.01%
- 投資信託の想定利回り：3%
- 株式の想定利回り：4%

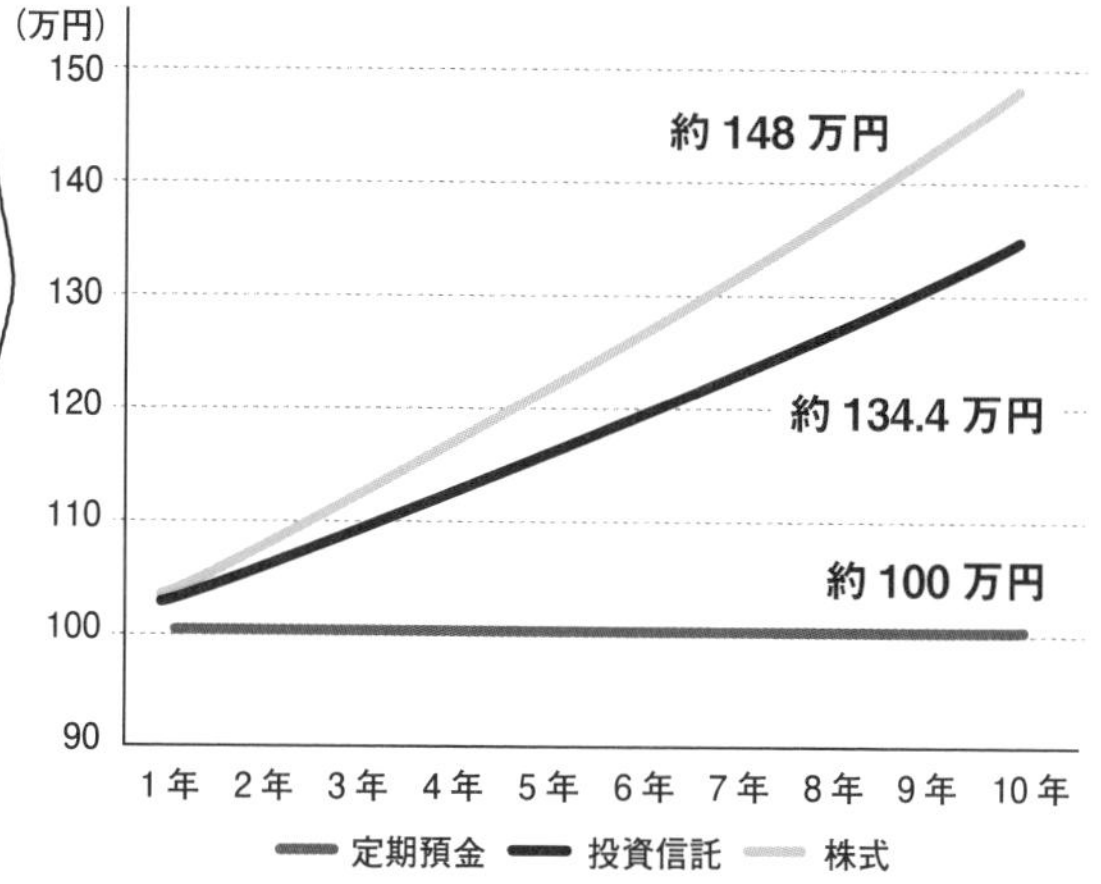

※株式と投資信託は 10 年間、想定利回りを維持し続けたものとして計算。定期預金、株式、投資信託ともに複利で計算

投資の基礎知識

投資のリスクとリターンって何のこと？

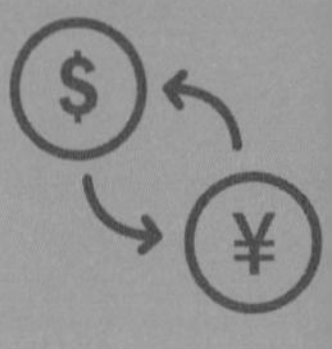

リスクが大きければリターンも大きくなる

リスクは一般的に危険性という意味で使われていますが、**投資におけるリスクとは、値動きの大きさを表す言葉です。**たとえば「株式はリスクが高い」という場合、株式の値動きは大きいという意味です。一方、**リターンとは、その投資で得られる利益のことで、リスクの高い商品はリターンは大きく、逆にリスクが低い商品はリターンは小さくなります。**

一口《ひとくち》に投資といっても、商品の種類によってリスクの大きさが違ってきます。そこで、**自分がどの程度のリスクまで耐えられるか、リスク許容度を考えて商品を選びましょう。**

投資のリスクを知ろう

投資のリスクを大きく区分すると、「価格変動リスク」「金利変動リスク」「信用リスク」「為替変動リスク」「カントリーリスク」があり、商品の種類によって生じるリスクが異なる。

価格変動リスク

投資商品は経済状況や社会状況、企業業績などさまざまな要因で市場価格が変動する。価格の変動で購入時と売却時の価格差が生じ、利益が出たり損失が出たりする。

➡株式、投資信託、債券、REIT、金など

金利変動リスク

金利はインフレになると上がり、デフレになると下がるが、金利の変動が商品価格に影響を及ぼす場合もある。債券の場合、金利上昇で価格が下がり、金利下降で価格が上がる。

➡債券、投資信託など

信用リスク

債券や株式などの有価証券の発行体が破綻して、投資した資金が戻ってこなくなるおそれがある。海外では、国債であっても債務不履行（デフォルト）が生じたケースがある。

➡債券、株式、投資信託、REIT など

為替変動リスク

外貨投資の場合、円と外貨の為替レートが変動すると、換金時に為替差益や為替差損が生じる。購入時よりも換金時のほうが円安なら利益が出て、円高なら損失を被る。

➡外貨預金、外国株式、外国債券、投資信託など

カントリーリスク

海外を投資先にしている場合、その国の政治・経済・社会情勢が混乱すると、市場価格が下落したり元本を回収できなくなる可能性がある。

➡外国株式、外国債券、投資信託など

投資信託（→P.178）の場合は、投資対象によってリスクの種類が違ってきます。たとえば、外国株式に投資する投資信託なら価格変動リスクと信用リスクのほかに、為替リスクやカントリーリスクもありますよ。

投資商品によるリスクとリターンの比較

主な投資商品のリスクとリターンの大きさを比較すると、債券はリスクもリターンも小さく、株式はリスクもリターンも大きな商品といえる。

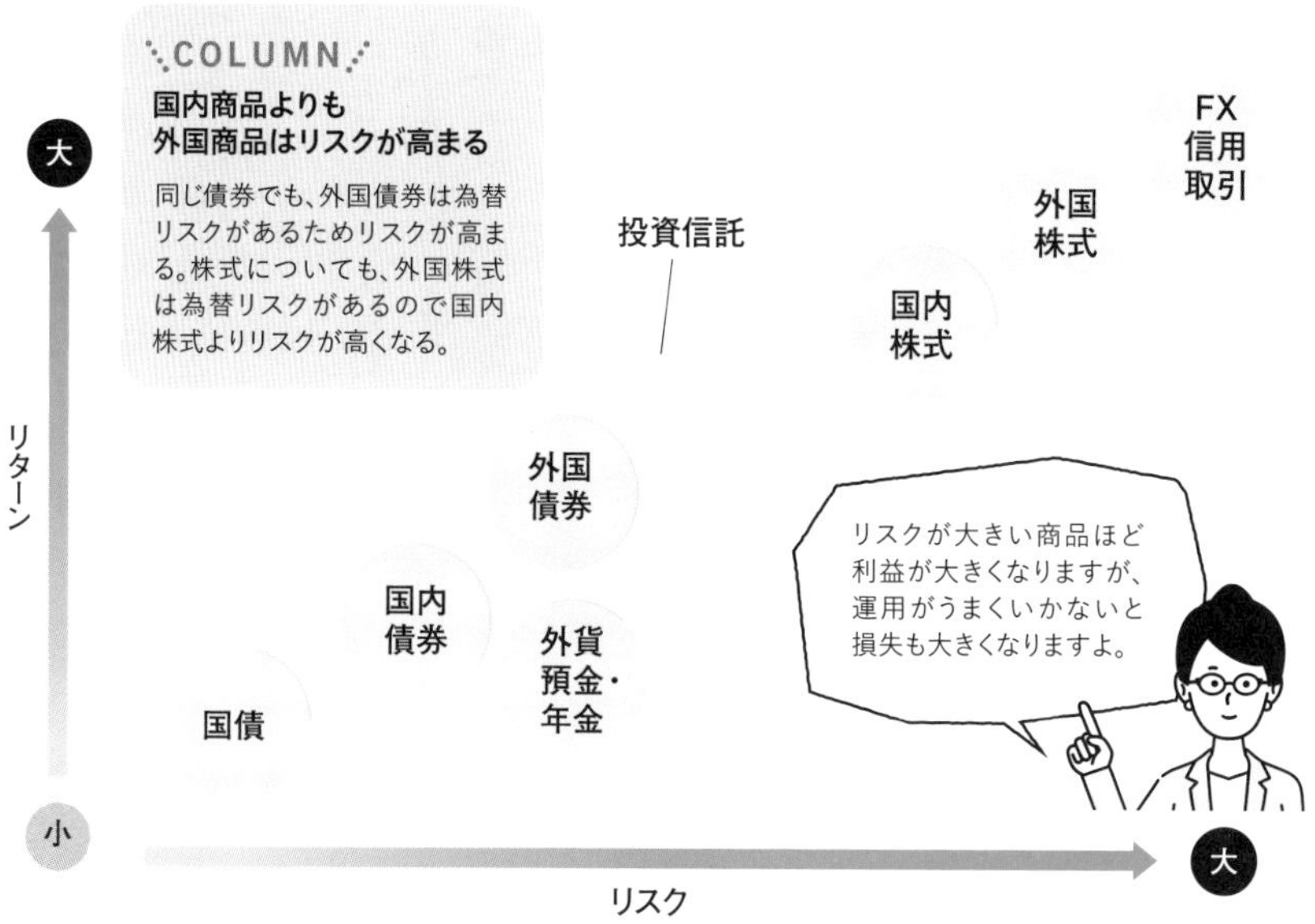

リスク許容度を考えるための主なポイント

投資を行うためには、まず自分のリスク許容度を知ることが大切。自分の年齢や世帯状況、収入、性格などがリスク許容度を左右するポイントとなってくる。

大 ←	リスク許容度	→ 小
20代・30代 ←	年齢	→ 40代以上
シングル世帯 ←	世帯状況	→ ファミリー世帯
長い ←	運用できる期間	→ 短い
多い ←	資産や収入	→ 少ない
積極的 ←	性格	→ 堅実
利益重視が可能		安全性重視がおすすめ

投資の基礎知識

投資を成功させる秘訣はあるの？

余裕資金で分散投資と長期運用を行うことが秘訣

まず投資は、減っても困らない余裕資金で行うことが鉄則です。生活費や予備資金、子どもの進学資金や住宅購入資金などを投資にまわすと、もし損失が出た場合、ライフプランが大きく狂ってしまいます。

　また、投資はリスクが高いほど大きな利益が望める反面、損失が出たときのダメージも大きくなります。そこで、リスクを抑えることが成功の秘訣。**リスクを抑えるためには、分散投資と長期運用が効果を発揮します。**分散投資と長期運用を行うことで、大きな損失を出すことなく、着実な運用成果が期待できます。

投資は余裕資金で行おう

投資は生活を豊かにすることが目的なのに、投資のために生活が苦しくなっては本末転倒。あくまで投資は、生活に直接影響を与えない余裕資金で行うようにしよう。

ギリギリの金額ではなく余裕を持って生活できる金額を確保して、いつでも引き出せるようにしておこう。
➡普通預金など

投資は、この余裕資金で行うことが鉄則！余裕資金ならば、損失が出ても生活不安が生じることがない。

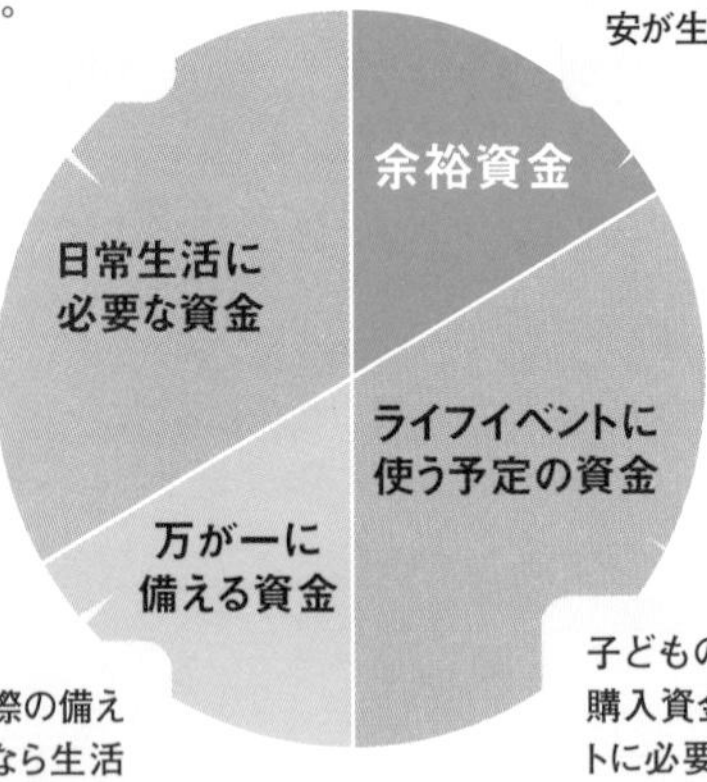

病気や失業などの際の備えとして、40 歳未満なら生活費の6か月分、40 歳以上なら生活費の 1 年分は貯めておきたい。
➡定期預金、終身保険など

子どもの進学資金や住宅購入資金など、ライフイベントに必要となるお金は、減らさないようにしっかり守っておこう。
➡定期預金、学資保険、財形貯蓄など

余裕資金の目安のつけ方

余裕資金	＝	年収＋貯蓄総額	−	1 年間の生活資金＋備えの資金＋ライフイベント用資金

これらの資金は投資にまわさずに守っておこう。

分散投資で大きな損失を避けられる

「卵を１つのカゴに盛るな」という投資の格言がある。卵を複数のカゴに分けて入れておけば、１つのカゴを落としても全部の卵が割れることはない。投資も同じで分散して投資すれば、全部の資産が損失を被ることはない。

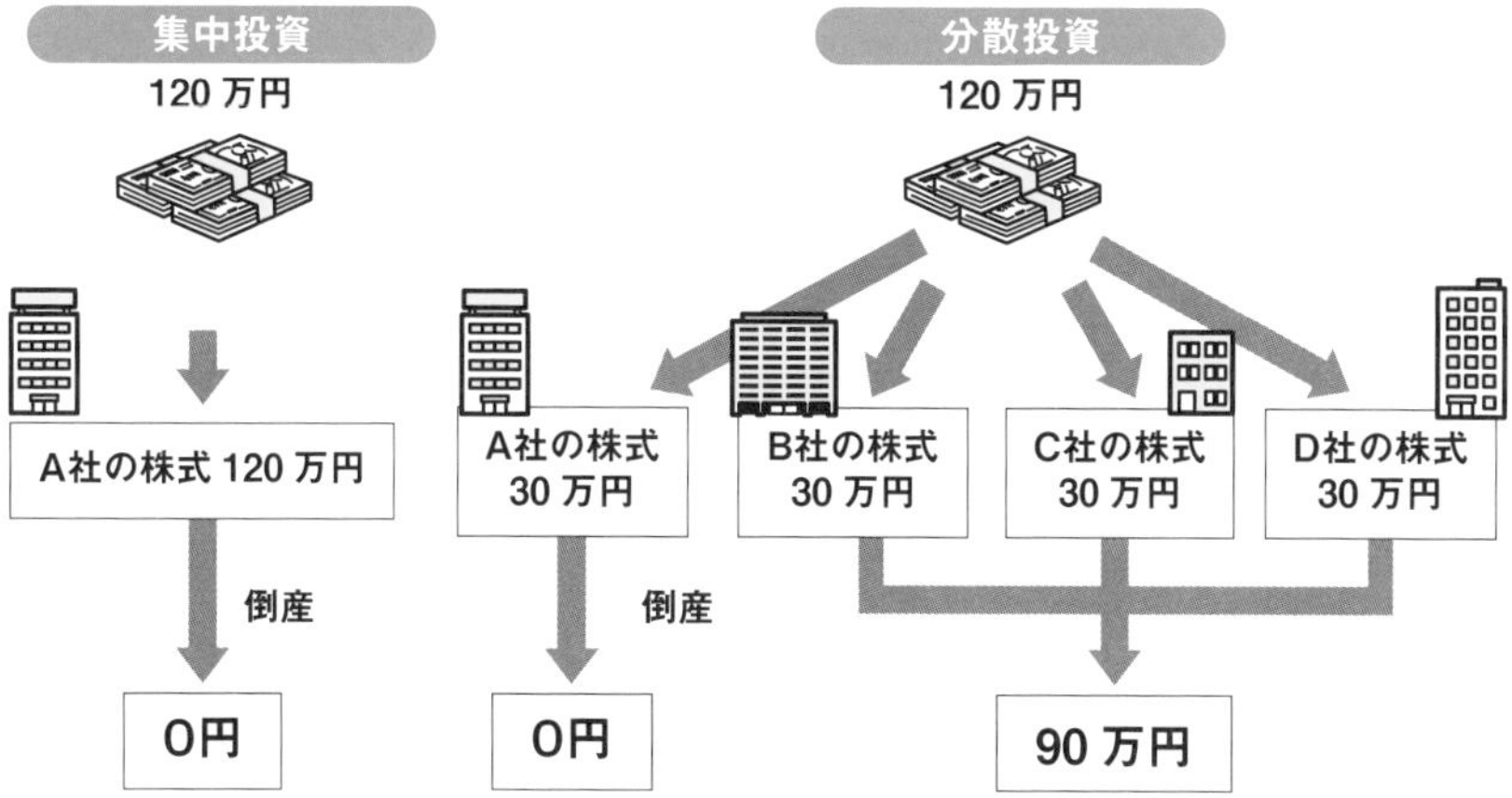

分散投資には、資産（銘柄）分散のほかにも、地域（通貨）分散、時間分散という方法があります（→P.166）。これらの分散方法を組み合わせることで、さらに効果が高まりますよ。

長期運用なら安定した運用成果が得られる

投資商品は値動きによって運用成果（収益）が左右されるが、運用期間が長ければ長いほど、運用成果の差が小さくなって安定し、元本割れの可能性も減る傾向がある。

［資産・地域を分散して積立投資を行った場合の運用成果の実績］

短期運用は、12%以上という大きな運用成果を得られる場合があるが、元本割れする場合も。先が読めない投資方法といえる。

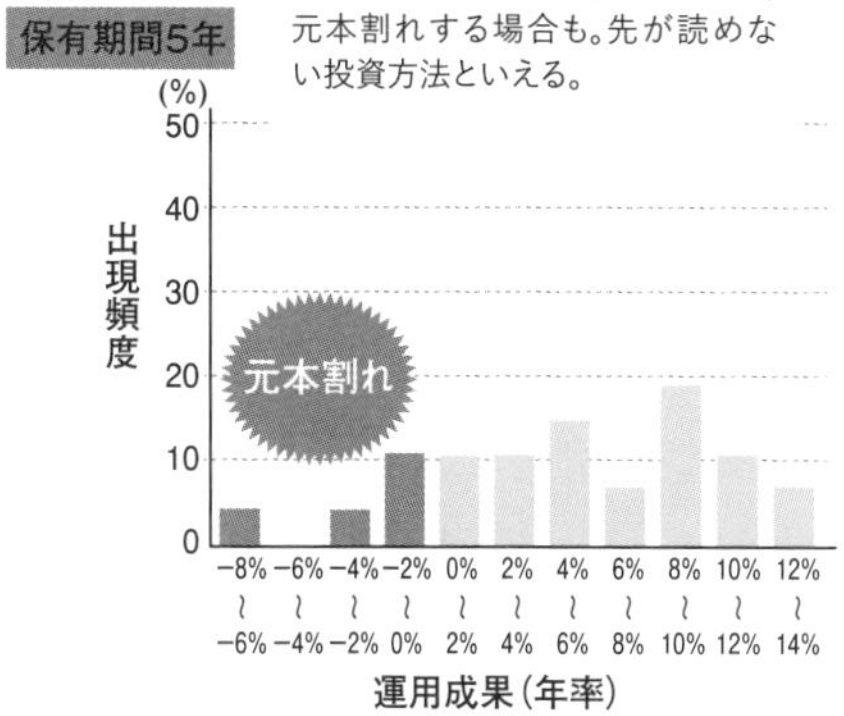

長期運用の場合、大きな運用成果は出ないが、元本割れもなく、利回り２～ 8%の安定的な運用成果になっている。

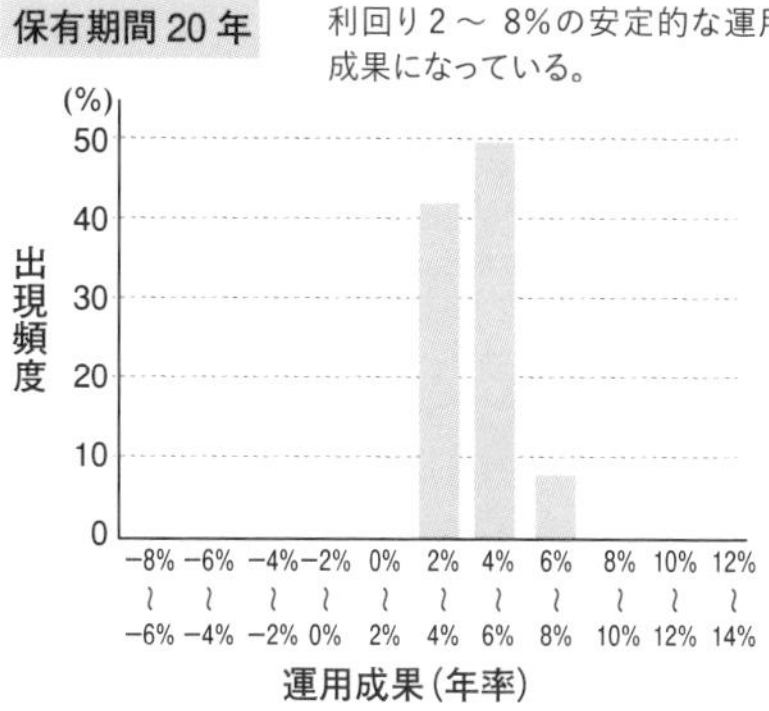

※ 1985 年以降の各年に、毎月同額ずつ国内外の株式・債券の買付けを行ったもの。各年の買付け後、保有期間が経過した時点での時価をもとに運用結果及び年率を算出。これは過去の実績をもとにした算出結果であり、将来の投資成果を予測・保証するものではない

出典：金融庁「つみたてNISA早わかりガイドブック」をもとに作成

投資の基礎知識

分散投資の効果を高めるためには？

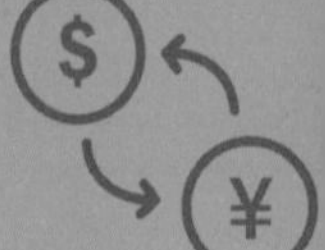

値動きの異なる資産を組み合わせて運用する

分散投資の方法には、下図のようなものがあります。まず**商品の分散と地域の分散は、異なる値動きをする資産を組み合わせることがポイント**。たとえば投資対象が国内株式だけだと、不景気で株価全体が下がれば、損失だけが出てしまいます。そこで、株式と反対の値動きをする債券や好景気の国の株式も持っておけば、その損失をカバーできます。

異なる資産をどんな割合で組み合わせるか、資産配分によってリスクとリターンが違ってきます。利益重視か安全性重視か、自分に合った資産配分を検討しましょう。

分散投資には3つの方法がある

商品の分散

投資商品には、株式や債券、REITなどさまざまなものがあるが、それぞれ異なる値動き特性を持っている。そこで、特性の異なる複数の商品に投資を行うことで、資産全体の値動きの幅を抑えることができる。

地域の分散

国や地域が違えば、好不況のタイミングや経済成長の状況、為替レートも違ってくる。投資先を複数の国や地域に広げておけば、国内の資産が値下がりしたときでも、海外の資産の値上がりで損失をカバーできる場合がある。

時間の分散

商品は安く買って高く売れば利益が出るが、値動きを確実に読むことはできないので、商品が最高値のときに買って損失が出ることもある。けれど、一度にまとめて買わずに何度かに分けて買えば、高値づかみをした場合も損失が小さい。

資産を分散させれば価格変動リスクが小さくなる

値動きの異なる資産を組み合わせることで、分散投資の効果が高まる。分散投資の際は、同じ値動き傾向の資産が重複していないか、よく確認しよう。

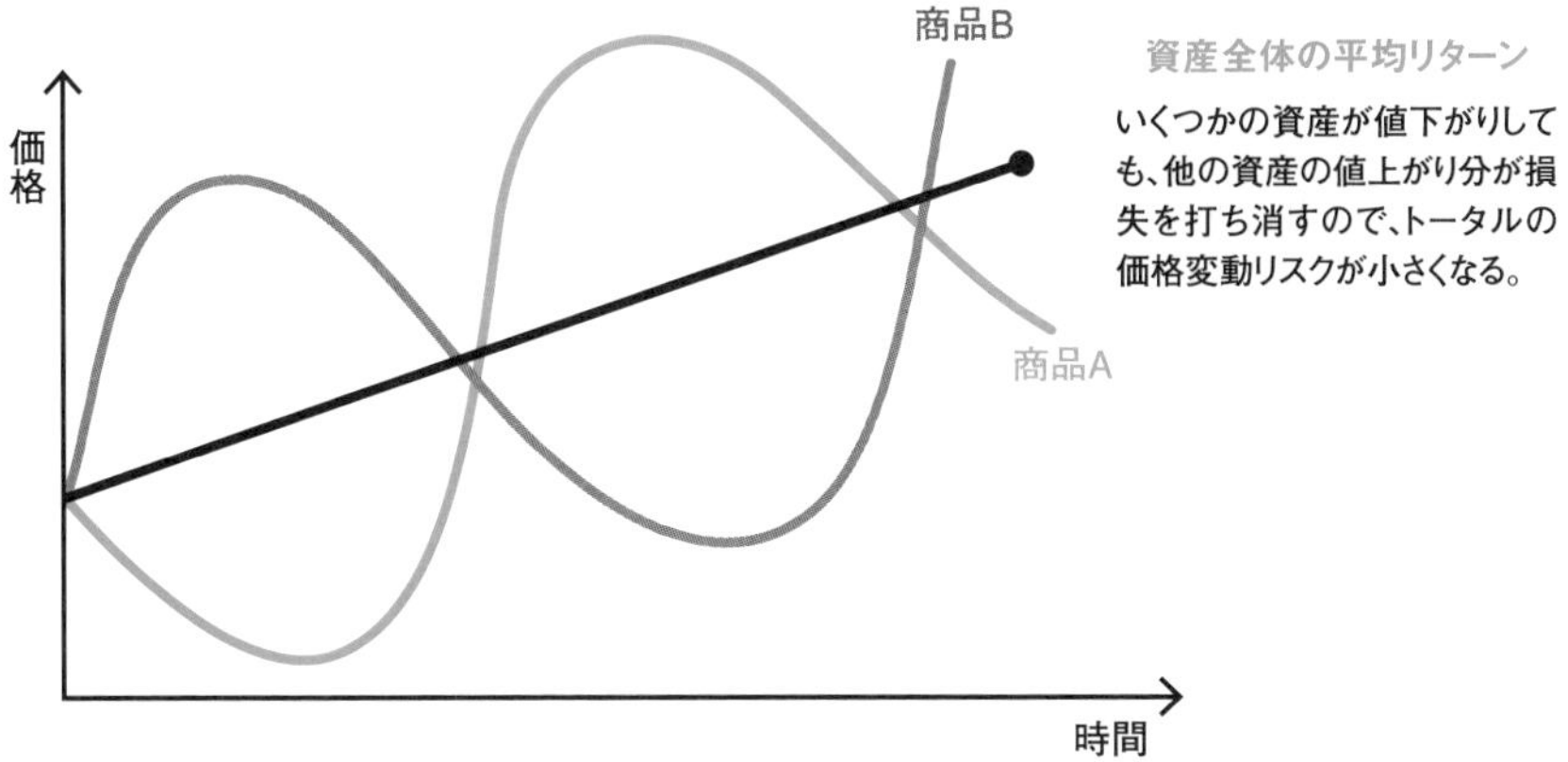

COLUMN　資産によって好況時と不況時の値動きが違う

資産の値動きは景気に左右されやすく、好況時に価格が上昇傾向を示す資産と、逆に不況時に上昇傾向を示す資産がある。

好況時に価格上昇する資産	株式、株式型投資信託、REIT（不動産投資信託）など
不況時に価格上昇する資産	債券、債券型投資信託など

タイプ別ポートフォリオの例

ポートフォリオとは、分散投資する資産の配分状況を示したもの。自分のリスク許容度（→P.163）を考えながら、ポートフォリオを決めていこう。

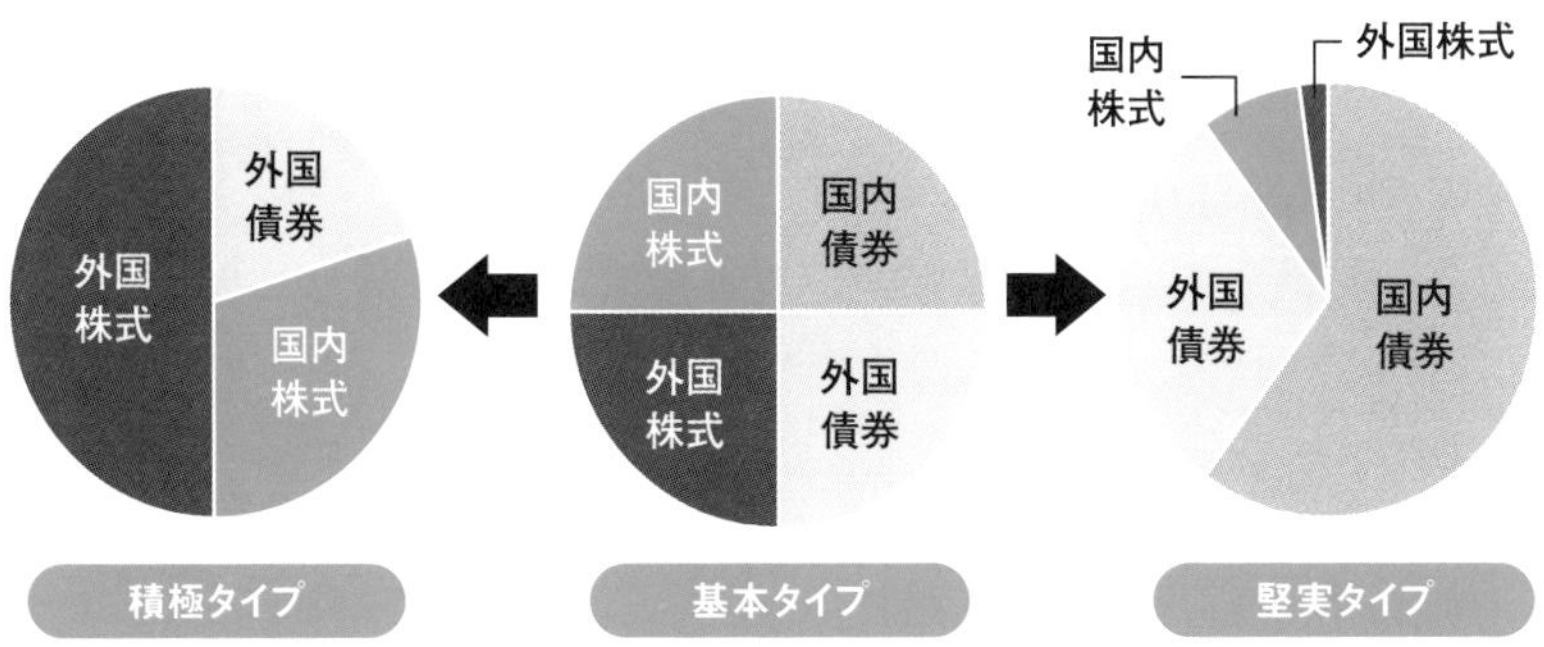

時間の分散には ドルコスト平均法が有効

商品や地域の分散に「時間の分散」を加えれば、効果はさらに高まります。時間の分散とは、投資のタイミングを分けて少しずつ投資する方法。そして時間の分散の際に特に有効な手法が、**毎回一定の金額で商品を購入する「ドルコスト平均法」です**。

ドルコスト平均法は、価格が高いときに自動的に購入量が少なくなり、価格が安いときに購入量が多くなる仕組みです。そのため、**高値づかみ（高値水準のときに商品を買ってしまうこと）の損失を小さくできます**。また、商品の値動きの傾向によっては、**平均購入単価を安く抑えることができ、一括投資より利益が出る場合もあります**。積立投資は、ドルコスト平均法の代表例です。

ドルコスト平均法の仕組み

ドルコスト平均法によって毎月一定額で購入した場合と、価格に関係なく毎月一定の口数で購入した場合とを比較してみた。投資信託は購入時１口１万円から以下のグラフのような値動きをしたものとする。

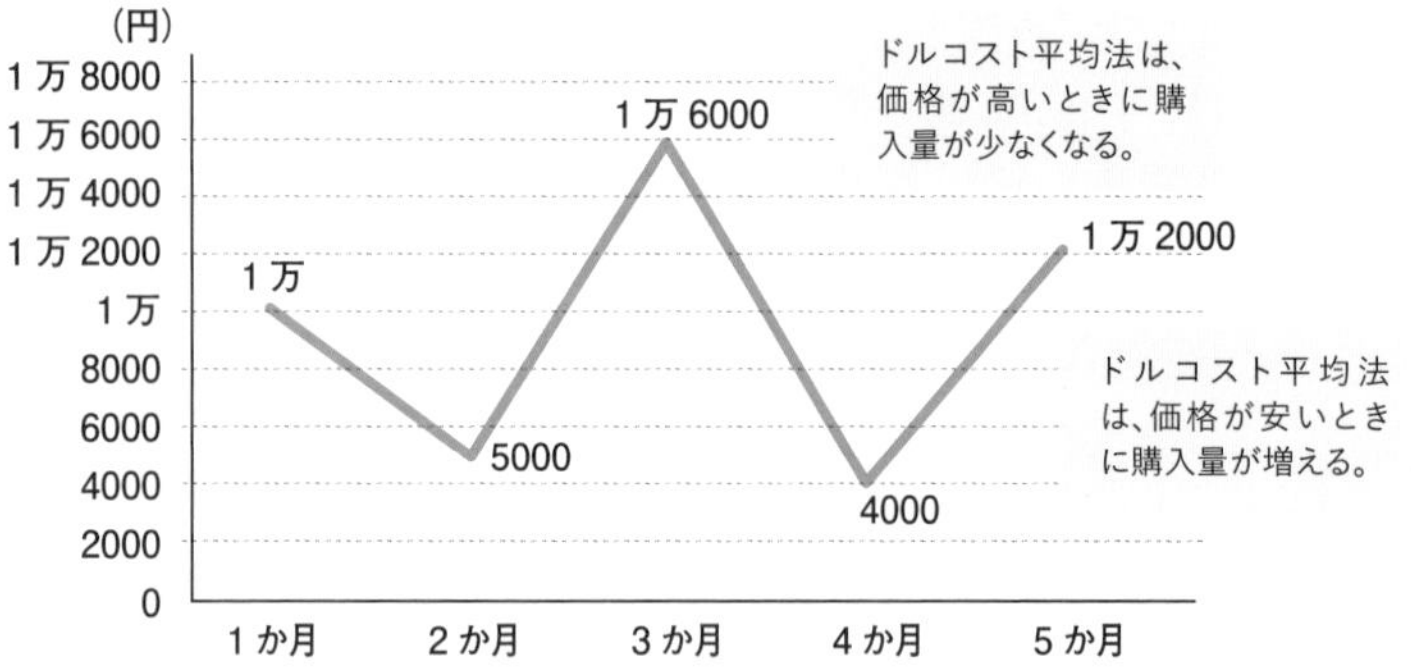

※グラフは１口当たりの価格変動

ドルコスト平均法によって、定量購入の場合よりも平均単価を下げることができる。

毎月１万円ずつ購入（ドルコスト平均法）

	1か月	2か月	3か月	4か月	5か月
購入金額	1万円	1万円	1万円	1万円	1万円
購入口数	1口	2口	0.625口	2.5口	0.833口

1口当たりの平均購入単価：7186円

毎月１口ずつ購入（定量購入）

	1か月	2か月	3か月	4か月	5か月
購入金額	1万円	5000円	1万6000円	4000円	1万2000円
購入口数	1口	1口	1口	1口	1口

1口当たりの平均購入単価：9400円

値下がりでもドルコスト平均法なら利益が出る場合も

商品価格が購入時より下がれば、一括購入の運用成果は確実にマイナスとなる。しかし、ドルコスト平均法ならば、購入時より価格が下がっても運用成果がプラスになる場合もある。

設定条件
- 元本5万円
- 購入時1口1万円の投資信託を5か月間運用
- 積立投資は毎月1万円ずつ購入
- 投資信託の値動きは以下のグラフのようなものとする。

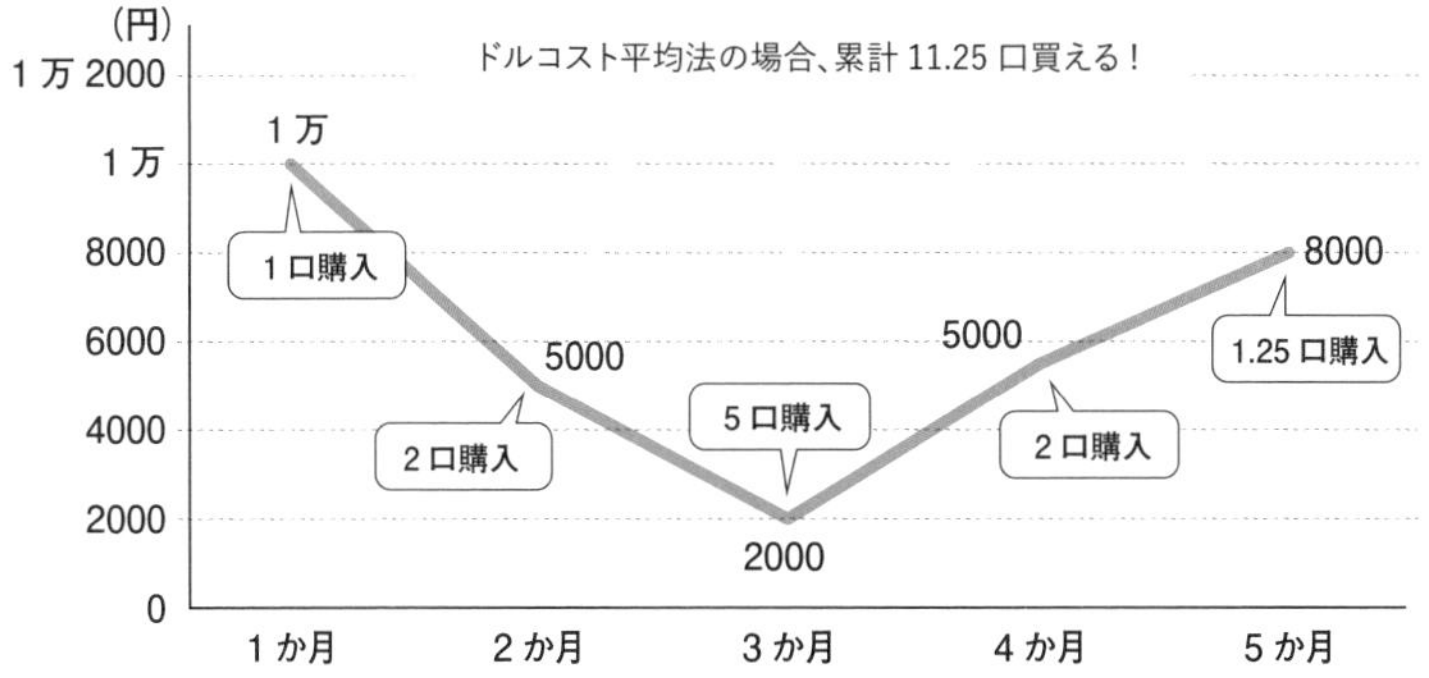

※グラフは1万口当たりの価格変動

積立投資(ドルコスト平均法)の運用成果(毎月1万円ずつ購入)

運用成果＝11.25口×8000円＝9万円 ➡ 元本5万円で4万円の利益

一括投資の運用成果(一度に5万円分＝5口を購入)

運用成果＝5口×8000円＝4万円 ➡ 元本5万円で1万円の損失

COLUMN

「感情」を排除できることもメリット

買った商品の価格が下落すると、「もっと価格が下がってしまうかも」と不安に駆られて安値で手放してしまう人もいる。実は投資の大敵は、こうした人間の「感情」。ドルコスト平均法なら、毎月一定額を自動的に投資することになるので、不安や欲といった感情に左右されて損失を出す心配がなく、安定した投資を続けられる。

COLUMN

複利運用でリターンを最大化できる！

積立投資はドルコスト平均法によるリスク低減の効果が大きいが、分配金を引き出さずに元本に組み入れて複利運用すれば、より大きな利益を狙うこともできる。

[100万円を5%の利回りで運用できた場合]

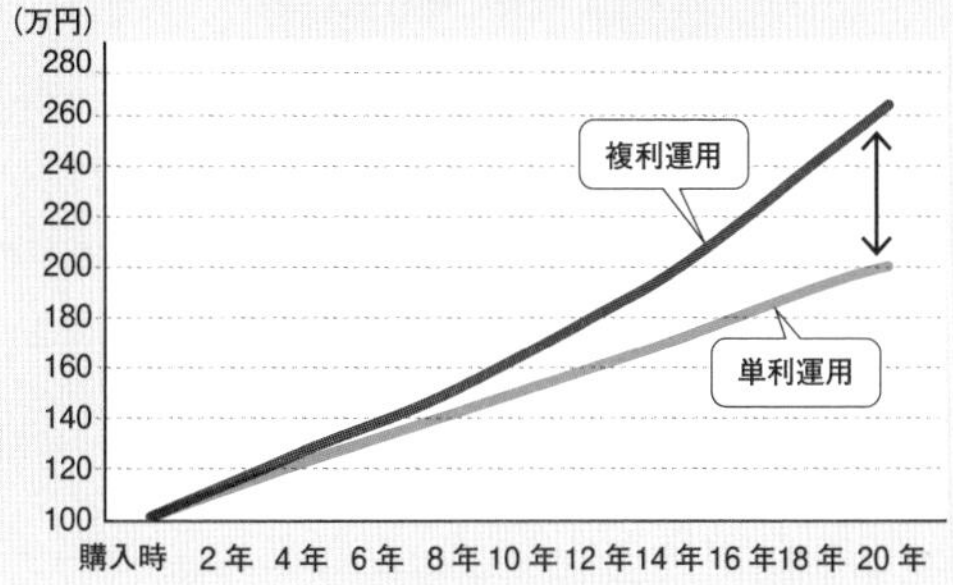

投資の税金はどうなっているの？

配当や分配金、利息、売却益には税金がかかる

　投資で利益が生じた場合、その利益は収入とみなされて**所得税・住民税などの対象になります**。具体的には、株式の配当や投資信託の分配金（普通分配金）、債券の利息、それらの売価益などに税金がかかります。

　けれど、たとえば２つの株式などに投資して、１つの株式で利益を得ても、もう１つの株式で損失が出てしまうこともあります。そうしたときは、**利益から損失を控除する損益通算をして税額を確定します**。分散投資をすれば損益通算が必要になる場合もあるので、損益通算の方法をしっかり覚えておきましょう。

投資の利益にかかる税額はいくら？

投資で得た利益は 20.315%の税率で課税される。税率の内訳は所得税 15%と住民税 5%、復興特別所得税 0.315%。「投資で得た利益 × 税率 20.315%」で税額を算出する。

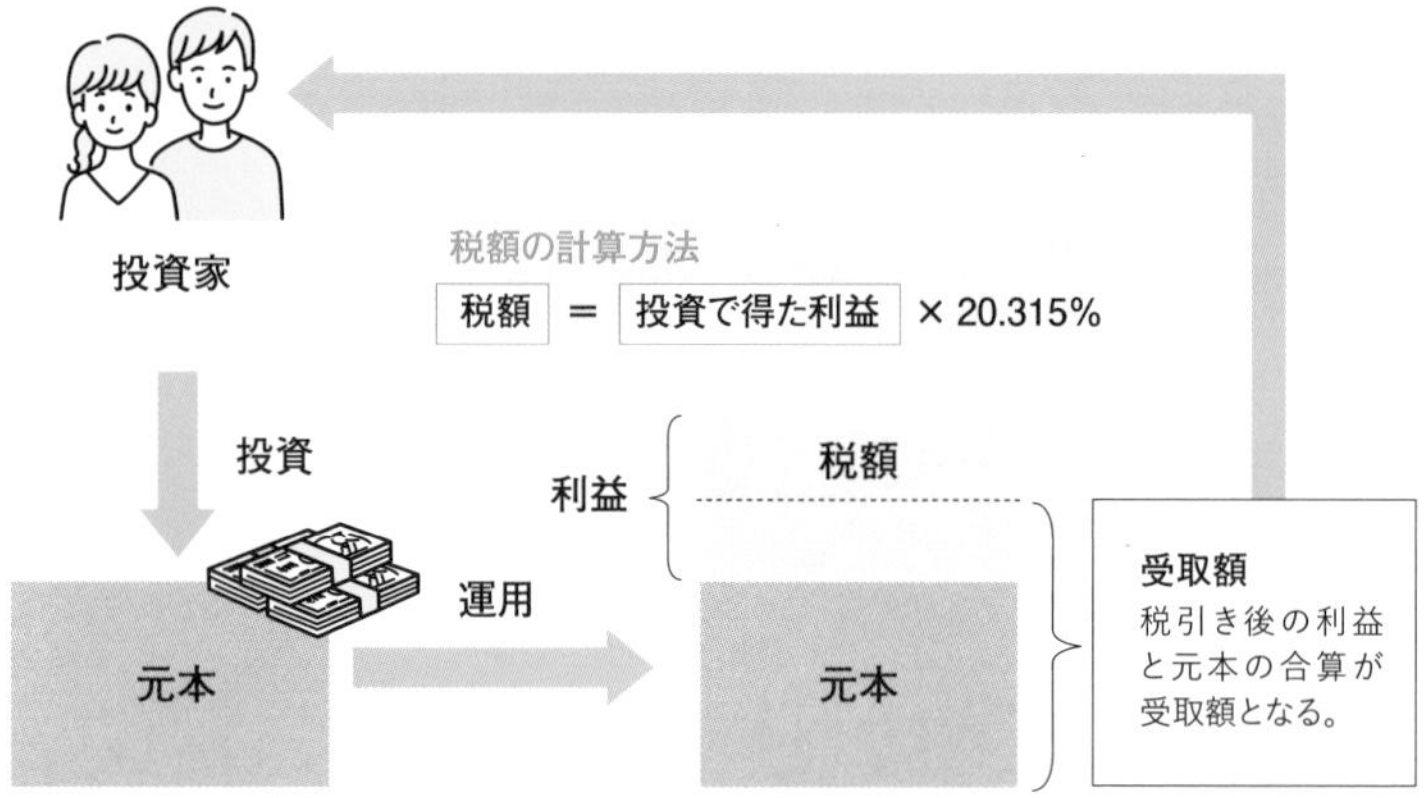

COLUMN 利益の税額と受取総額の例

100 万円を 10 年間運用して売却した場合　（※ 利回り 3%を想定）

- 売却時点の利益=34 万 3916 円
- 税額=利益 34 万 3916 円 × 税率 20.315%≒6 万 9867 円
- 受取総額=元本 100 万円+税引後の利益(34 万 3916 円−6 万 9867 円)=127 万 4049 円

投資用口座として NISA（→P.184）や iDeCo（→P.188）を利用すれば、利益に税金がかかりません！　ただし、NISA も iDeCo も、運用できる投資商品の種類が決まっているから注意してくださいね。

投資で損失が出たら損益通算ができる

複数の投資によって利益と損失が両方出た場合、利益から損失を差し引くことができる。これを損益通算といい、損益通算後に残った利益が課税対象となる。

2つの証券口座で投資を行った場合

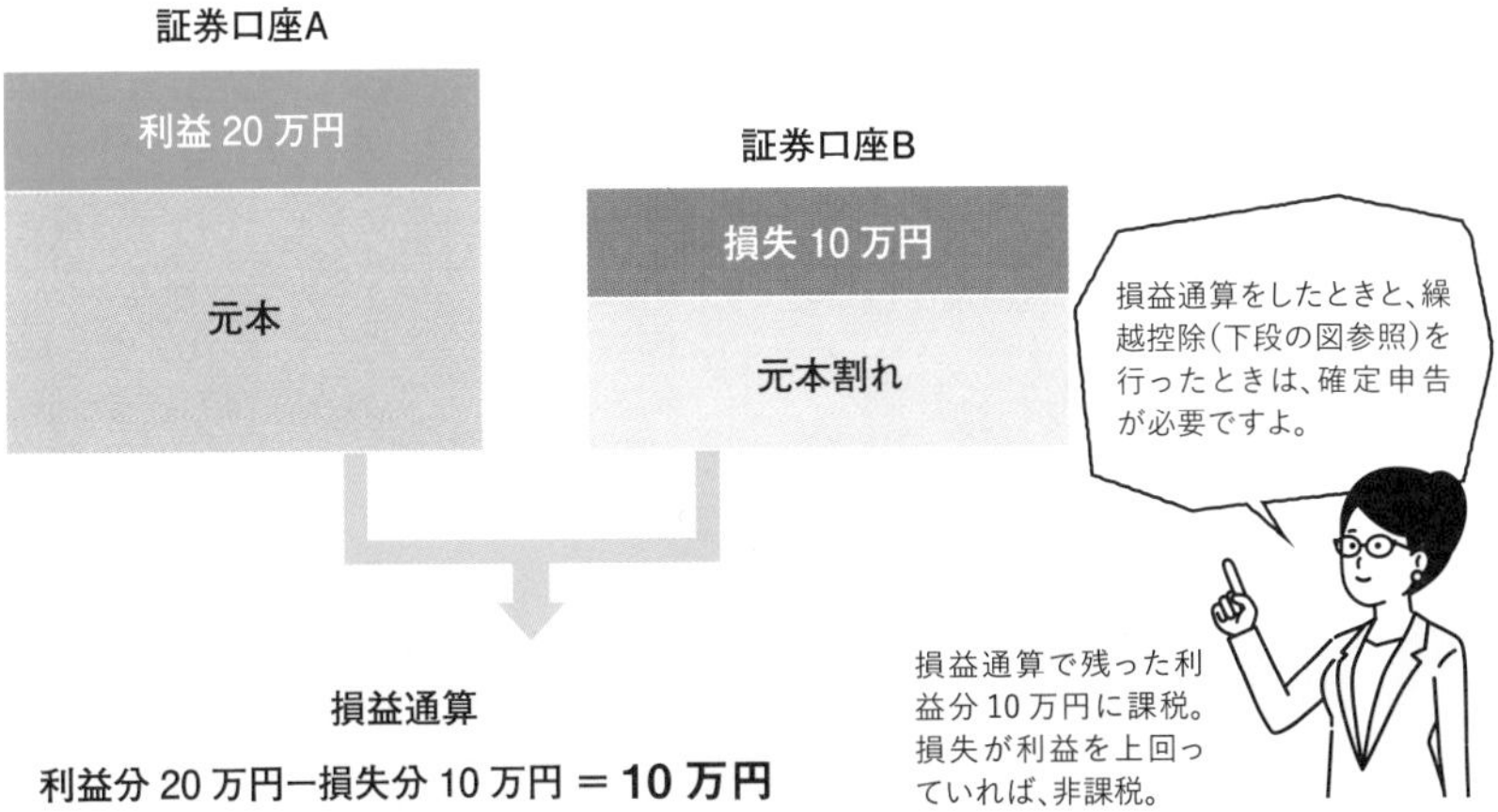

投資の損失は 3 年間繰越控除が可能

損益通算をして利益よりも損失が上回った場合は、上回った分の損失を翌年以降の 3 年間にわたり利益と相殺できる。これを繰越控除という。

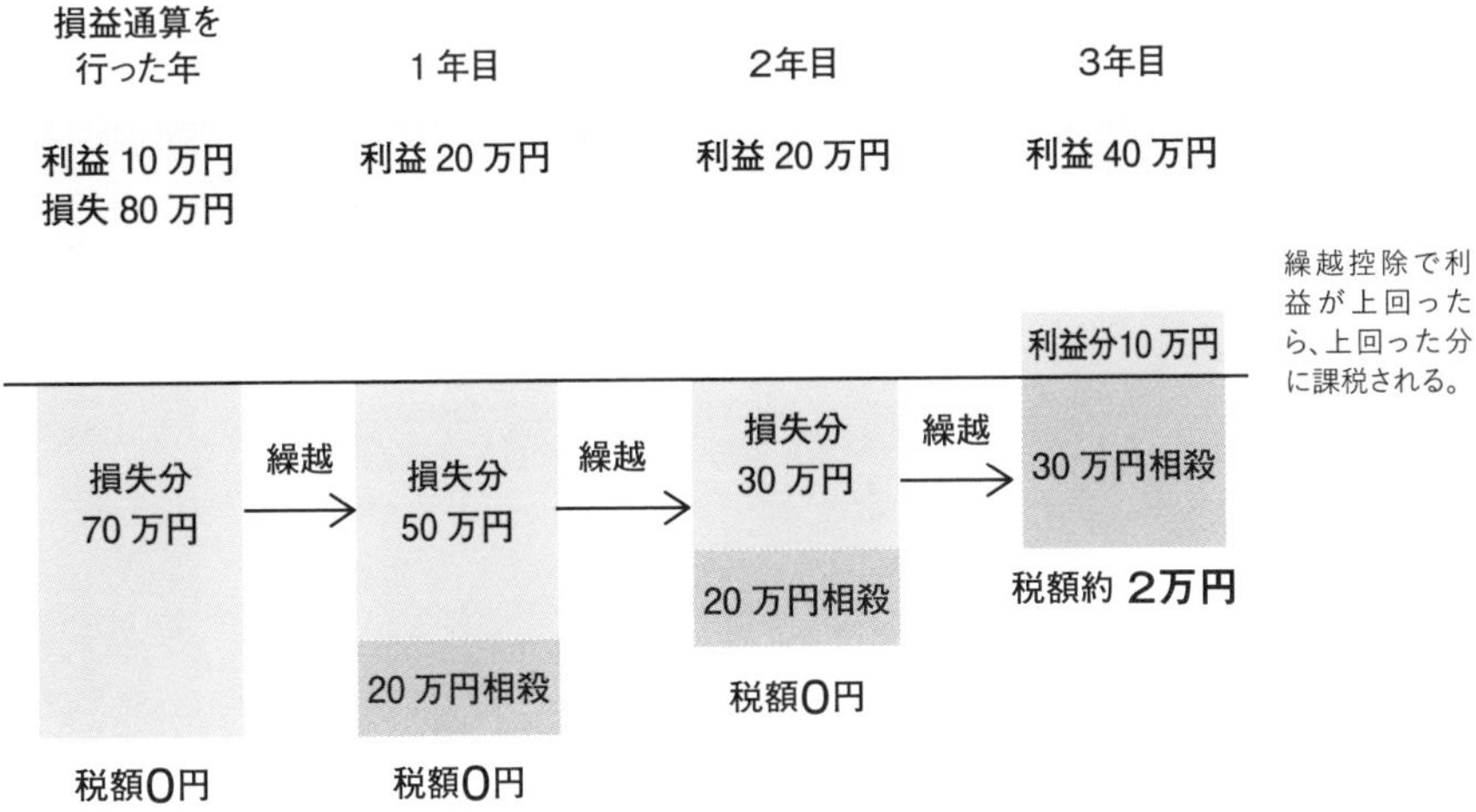

どうやって投資する資産を選ぶの？

「リスク許容度」から資産配分を検討する

投資対象にする資産を選ぶときは、単に利回りのいい商品を選んで、後は運任せというのは絶対に禁物。**まず自分のリスク許容度を明確にして、そのリスク許容度に応じて資産配分を検討する**というステップを踏むことが大切です。

総合的なリターンの大きさは、資産それぞれの利回りだけでなく、資産配分の比率によっても左右されます。**資産配分は、重視する資産を何にするかを考え、その資産のリスクヘッジとなる資産を組み込みましょう。**左ページに簡単なチャートを掲載したので参考にしてください。

みんなはどのくらい投資商品を持っているの？

金融広報中央委員会の調査によると、有価証券の保有額は 60 ～ 70 歳代で 500 万円前後。しかし、欧米と比較した場合、日本はまだまだ投資による資産形成よりも貯蓄重視の意識が強い。貯蓄から投資へのシフトがさらに求められるところだ。

有価証券の年代別保有額(2 人以上世帯)

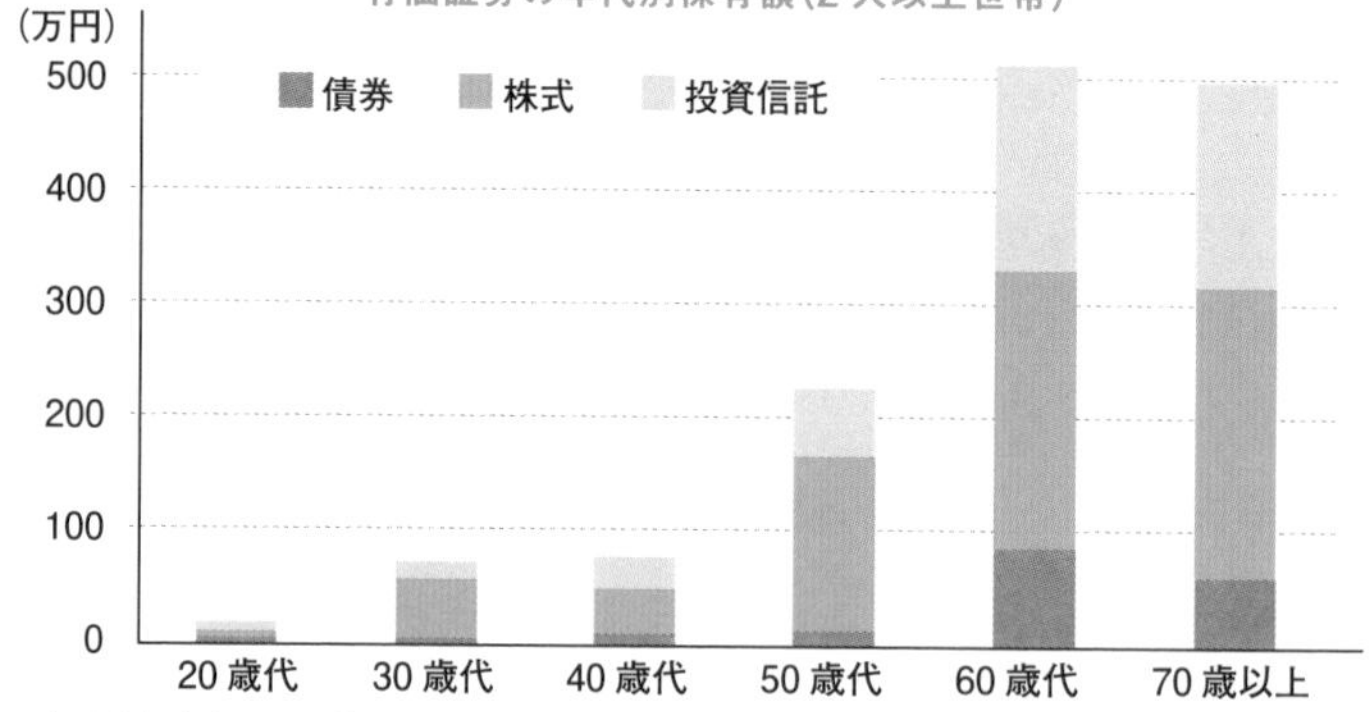

※金融広報中央委員会「家計の金融行動に関する世論調査(二人以上世帯調査)」(2019 年)のデータをもとに作成

保有する金融資産全体に占める有価証券の割合

	債券	株式	投資信託	合計
20 歳代	2.4%	2.4%	3.6%	8.4%
30 歳代	0.6%	8.5%	2.1%	11.2%
40 歳代	1.0%	4.8%	3.2%	9.0%
50 歳代	0.8%	9.9%	3.8%	14.5%
60 歳代	3.9%	11.3%	8.2%	23.4%
70 歳代	3.0%	13.0%	9.1%	25.1%

※金融広報中央委員会「家計の金融行動に関する世論調査(二人以上世帯調査)」(2019 年)のデータをもとに作成

自分に合った資産を考えてみよう

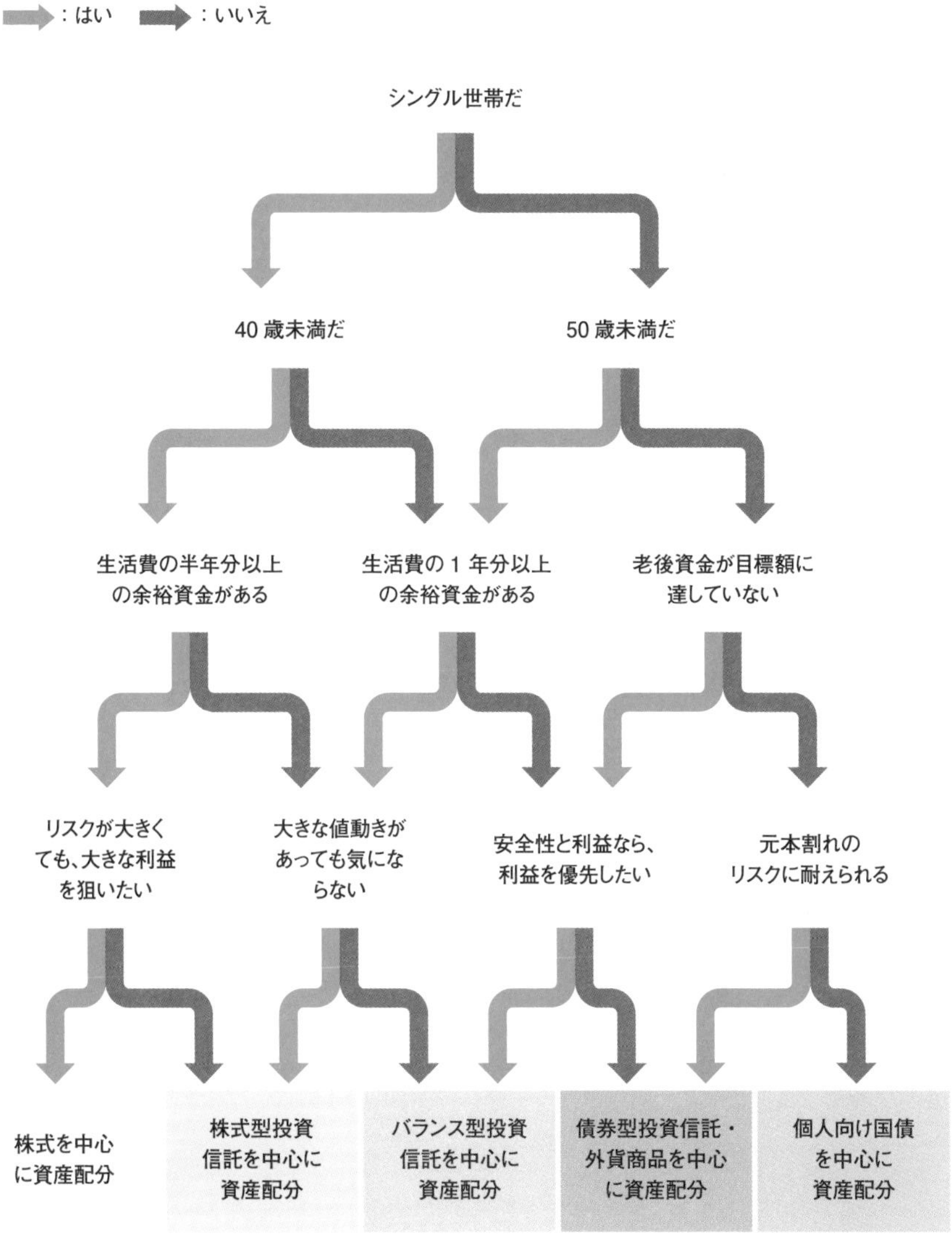

このチャートは、リスク許容度のポイントをいくつか抽出して作成したものです。自分のライフプランや生活環境によって、リスク許容度のポイントを付け足しながら、商品を検討するといいですよ。

初心者向けの投資

「債券」のメリットは安全性

預金よりは高金利 満期には元本が戻ってくる

債券とは、国や地方公共団体、企業などが資金を借りるために発行する借用証書の一種です。**満期（償還日）まで決められた利息を受け取れ、満期には元本が戻ってくる**ので、比較的安全な投資とされています。**金利は預金よりも高く、債券自体の売買もできます**。

ただし、預金と違って元本保証がなく、**債券の発行体が破綻してしまうと、元本が戻ってこないというリスクもあります**。そのため、債券投資を行う際には、格付機関の評価などを参考にして、発行体の信用力をチェックすることが大切です。

債券の仕組みと特徴

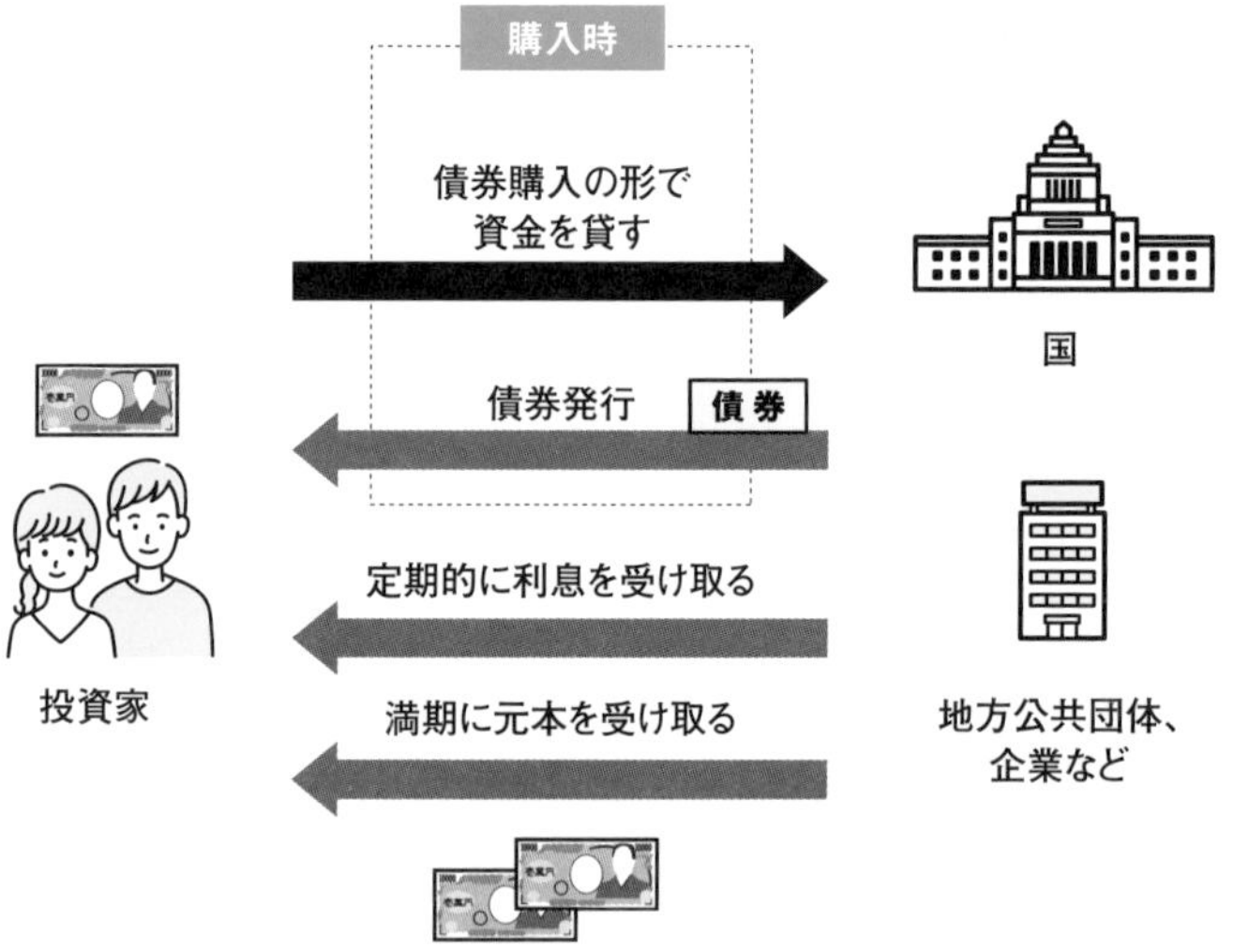

利息の金利が約束されている

債券は発行時に利息の金利が約束されているので、何年後にどれだけお金が殖えるのかハッキリわかる。

額面通りの金額が戻る

債券の値動きがあっても、満期になると額面通りの金額の元本を受け取ることができる。

中途換金ができる

満期前でも売却して換金が可能。ただし、個人向け国債以外は、市場価格によって元本割れが生じるケースもある。

主な債券の種類

発行体によって債券を分類すると、国債、地方債、社債、外国債などがある。安全性の高さなら国債や地方債がおすすめ、金利の高さなら社債や外国債がおすすめ。

	特徴	メリット	デメリット
国債	国が発行する債券。個人向け国債（→P.176）には、償還期間3年、5年、10年の3種類がある	●安全性が高い ●個人向け国債は中途換金しても、元本割れしない	●地方債や社債よりも金利が低い
地方債	地方公共団体が発行する債券。償還期間は5年や10年が主流	●国債に次いで安全性が高い ●一般的に国債よりも金利が高い	●中途換金の場合、市場価格で売却するので、元本割れする場合も（社債、外国債も同様）
社債	一般企業が発行する債券。法人向けが主流だが、個人も購入できる	●一般的に国債や地方債よりも金利が高い	●10万円、100万円など最低購入額が高い ●発行元の企業が破綻するリスクがある
外国債（外貨建債券）	外国政府や外国企業などが、その国の通貨で発行する債券。元本・利息・償還金を外貨でやり取りする	●国内債券よりも金利が高い ●為替相場が円安なら、為替差益も期待できる	●為替相場が円高なら、為替損が生じるリスクがある ●発行国の政情不安などで、債務不履行のリスクがある

外国債には、外貨建債券のほかにも、元本・利息・償還金を円でやり取りする円貨建債券、元本・利息・償還金を円と外貨の両方でやり取りする二重通貨建債券があります。円貨建債券の場合、為替リスクがないですよ。

債券の信用力を格付でチェックしよう

R&I、ムーディーズ、S&P、JCRなどの格付機関が債券発行体の信用力などを評価し、ランク付けしている。格付機関によって評価が異なる場合もあるが、格付は債券選びの際に大いに参考になるはずだ。

格付の例（R&Iの場合）

信用力：高 ↑↓ 低
利回り：低 ↑↓ 高

投資適格格付	AAA	信用力は最も高く、多くの優れた要素がある
	AA	信用力は極めて高く、優れた要素がある
	A	信用力は高く、部分的に優れた要素がある
	BBB	信用力は十分であるが、将来環境が大きく変化する場合、注意すべき要素がある
投機的格付	BB	信用力は当面問題ないが、将来環境が変化する場合、十分注意すべき要素がある
	B	信用力に問題があり、絶えず注意すべき要素がある
	CCC	信用力に重大な問題があり、金融債務が不履行に陥る懸念が強い
	CC	発行体のすべての金融債務が不履行に陥る懸念が強い
	D	発行体のすべての金融債務が不履行に陥っているとR&Iが判断する格付

出典：R&I格付投資情報センターの「発行体格付」をもとに作成

個人向け国債には元本割れのリスクがない

債券は安全性が特徴の投資商品ですが、その中でも特に安全性の高いものが「個人向け国債」です。国が発行する債券なので**債務不履行のリスクが非常に低く、金利も0・05%という最低金利が保証されています**（2020年3月現在）。

ただし、満期前に中途換金をする場合、地方債や社債などは市場価格での取引となるため、元本割れする可能性もあります。しかし、個人向け国債を中途換金する場合は、**国がほぼ額面で買い取り、元本割れしない**仕組みになっています。

個人向け国債は毎月発行されていて、金利面でも預金よりはお得なので、定期預金の代わりとして利用するという方法もあるでしょう。

個人向け国債の種類と金利

個人向け国債には、満期が10年・5年・3年という3つの種類がある。いずれも0.05%の最低金利が保証されている。

	変動10年	固定5年	固定3年
満期	10年	5年	3年
金利タイプ	変動金利	固定金利	
適用金利※	0.05%		
金利の下限	0.05%		
購入単位	最低1万円から1万円単位		
利息の受取り	半年毎に年2回		
発行頻度	毎月（年12回）		

※2020年3月発行の個人向け国債の金利

現在の個人向け国債は、金利が0.05%で投資商品としては魅力が薄いかもしれないが、一般的な定期預金の金利と比べれば十分にお得感がある。

個人向け国債と定期預金の利息

	都市銀行の100万円の定期預金	100万円の個人向け国債
3年満期の利息総額	100万円×0.01%×3年＝300円	（固定3年） 100万円×0.05%×3年＝1500円
5年満期の利息総額	100万円×0.01%×5年＝500円	（固定5年） 100万円×0.05%×5年＝2500円
10年満期の利息総額	100万円×0.01%×10年＝1500円	（変動10年） 100万円×0.05%×10年＝5000円

※定期預金は2020年3月現在の金利（0.01%）で計算。個人向け国債の変動10年の金利は10年間一定と仮定。いずれも税金は計算に含めていない

個人向け国債を中途換金すると…

個人向け国債は1年を経過すれば、満期前でも中途換金が可能。その際、元本から中途換金調整額が差し引かれるが、受取金額が元本以下になることはない。

個人向け国債100万円を2年後に中途換金した場合の受取金額

- 中途換金調整額＝直前2回分の利息相当×0.79685＝500円×0.79685≒398円
- 換金額＝100万円(元本)－398円(中途換金調整額)＝99万9602円
- 最終的な受取金額＝99万9602円＋1000円(2年間分の利息)＝100万602円

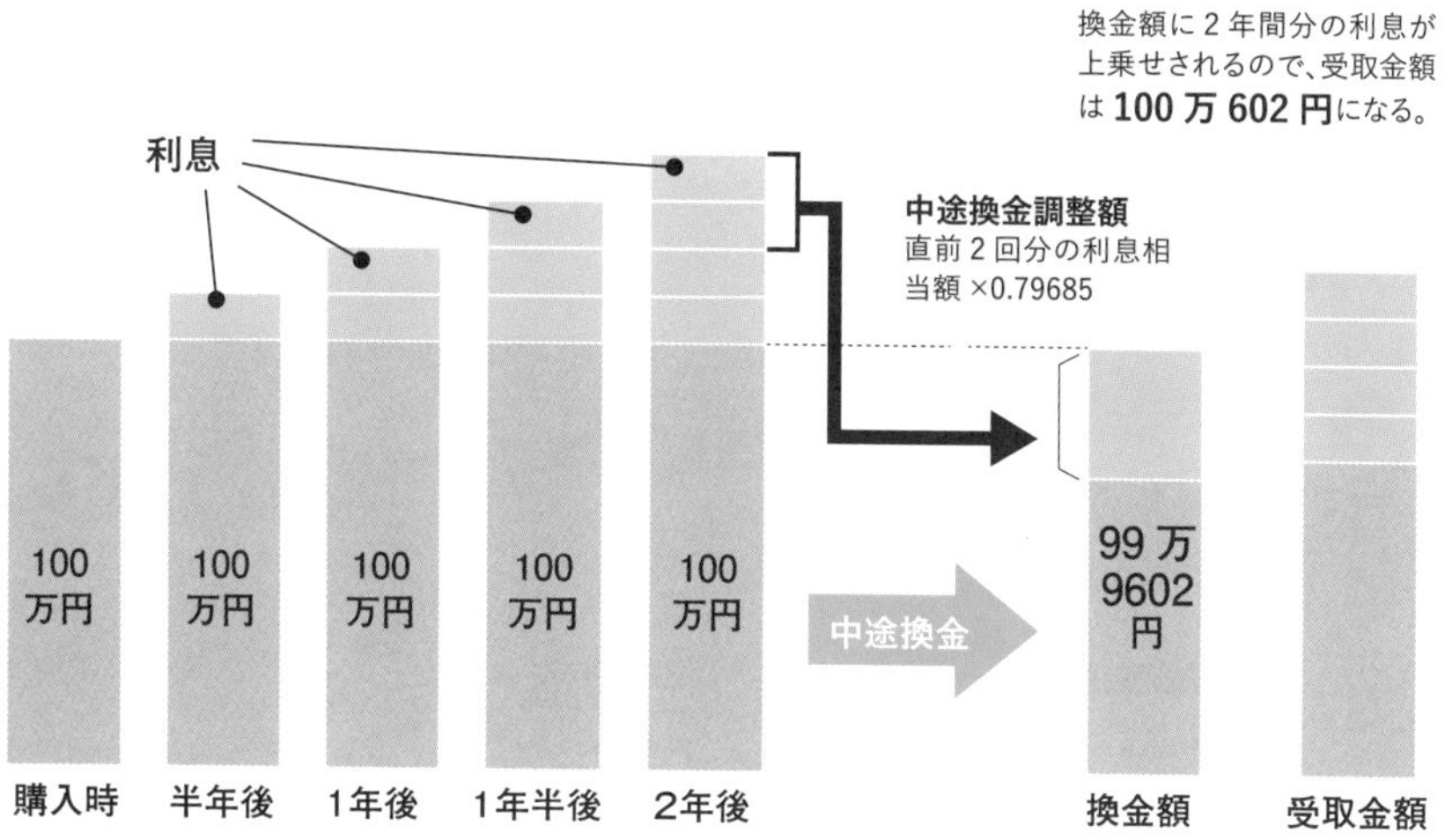

個人向け国債の購入方法

①販売窓口の金融機関を選ぶ

個人向け国債は、証券会社や銀行などで取り扱っている。

個人向け国債を買った人に、キャッシュバック・キャンペーンを展開している金融機関もある。

↓

②口座を開設する

個人向け国債も証券口座を開設して取引する。銀行などで購入する場合は、通常の預金口座とは別に債券用の口座開設が必要。

口座開設を申し込む際には、マイナンバーカードなどの本人確認書類、印鑑などが必要。

↓

③個人向け国債を購入する

事前に口座に入金して、購入する個人向け国債の種類、購入金額などを指定して購入する。

どの金融機関を利用しても、個人向け国債の購入には手数料がかからない。

初心者向けの投資

「投資信託」は手軽に始められる投資商品

運用はプロ任せだから手間いらずで投資できる

投資信託（ファンド）は、多くの投資家から集めた資金を、**投資のプロが株式や債券などで運用する商品**です。1万円程度からでも購入でき、**複数の株式などに分散投資されるので、リスクが低いことも魅力です。**

投資信託の収益は、投資家に分配金として還元されます。信託期間が決まっている場合は、**信託期間の終了時に償還金を受け取れますが、途中換金もできます。**運用成績が良ければ、投資信託の価格が購入時よりも上がるため、償還金が元本以上の金額になり、途中換金の場合も売却益を得ることができます。

投資信託の仕組みと特徴

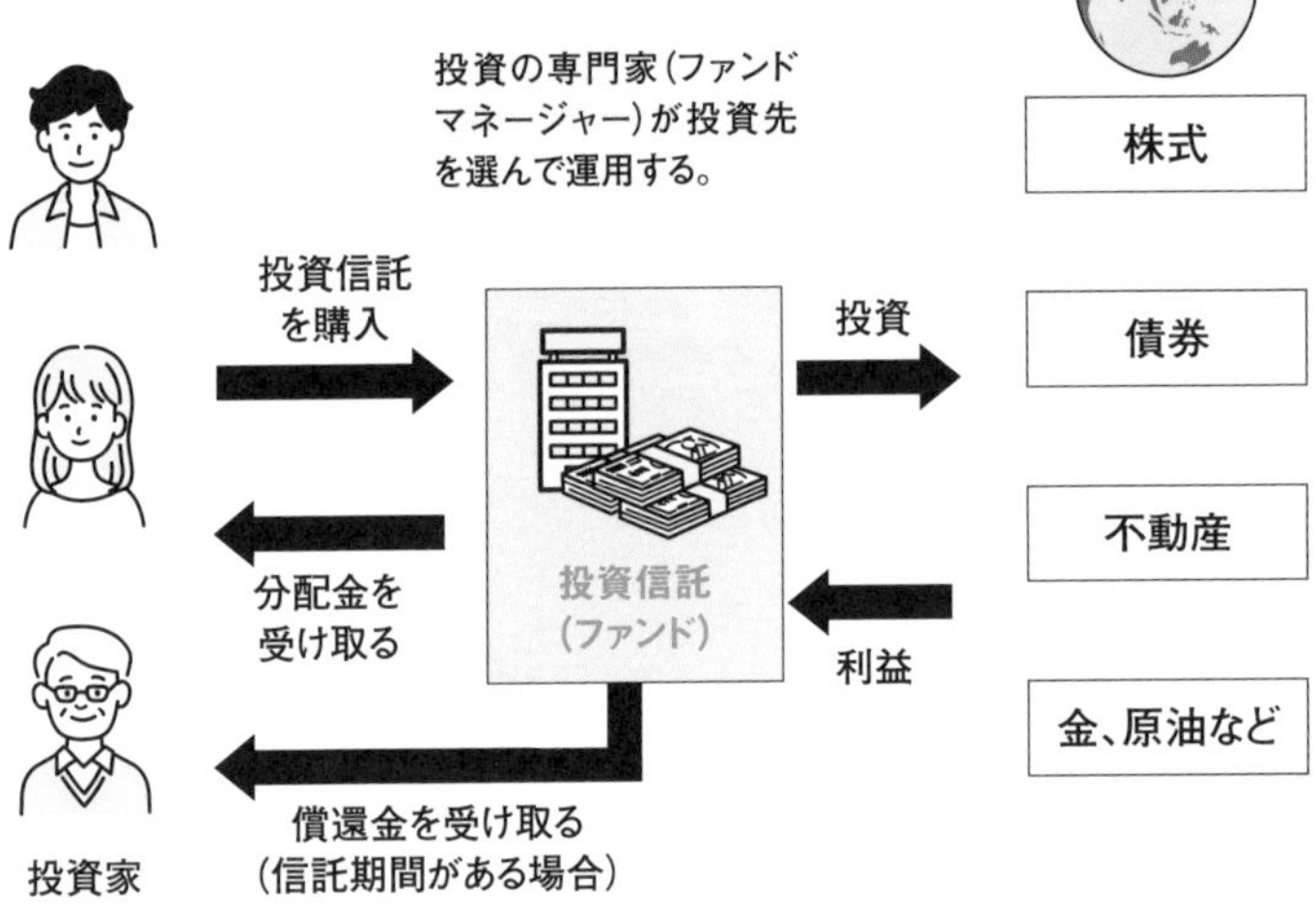

少額でも投資が可能

投資信託は1口1万円程度から購入できる。ネット証券などの投信積立なら、1000円からでも投資ができる。

運用に手間がかからない

専門家に運用を任せるので、手間がかからず、投資の詳しい知識がなくても手軽に始めることができる。

分散投資でリスクが低い

複数の銘柄などに分散投資する仕組みなので、極端な値下がりによる大きな損失が生じにくい。

投資対象による投資信託の分類

投資信託は、投資する対象の違いによって株式型、債券型、不動産型、コモディティ型に分類できる。さらに、それぞれのファンドに国内型と海外型がある。

株式型

国内株式型　海外株式型

複数の株式に分散投資するファンド。値動きが大きく、高い収益を期待できる反面、値下がり時の損失も大きい。

債券型

国内債券型　海外債券型

複数の債券に分散投資するファンド。金利が低く高い収益は望めないが、比較的安全な投資といえる。

バランス型

(→P.182)

株式、債券、不動産など複数の投資対象に分散投資するファンド。分散投資によるリスク低減の効果が大きい。

不動産型

国内不動産型　海外不動産型

複数の不動産に分散投資するファンド。「REIT」と呼ばれもので、家賃収入や売却益を投資家に分配する仕組み。

コモディティ型

国内コモディティ型　海外コモディティ型

金、原油、穀物などに分散投資するファンド。一般的に、株式市場と逆の値動きをする傾向がある。

投資信託の2つの運用タイプ

投資信託には、「インデックス型」と「アクティブ型」という異なる運用タイプがある。自分の性格や投資の目的などに応じて、自分に適した運用タイプを選択しよう。

インデックス型

値動きの平均値などを示すインデックス（指数）との連動を目指す運用タイプ。たとえば、株価平均が上がればファンドも同程度に値上がりする。

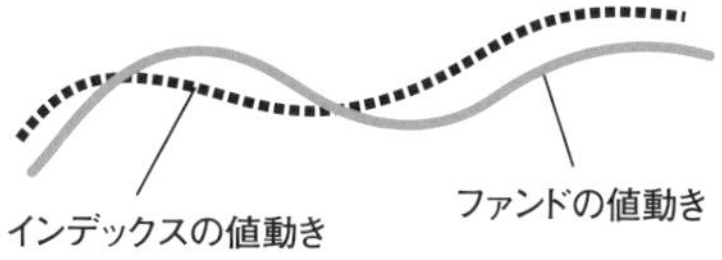

アクティブ型

インデックスを上回る成果を目指す運用タイプ。収益が高い投資対象に積極的に投資していく。大きな収益を得られる場合があるが、インデックスを大きく下回る可能性もある。

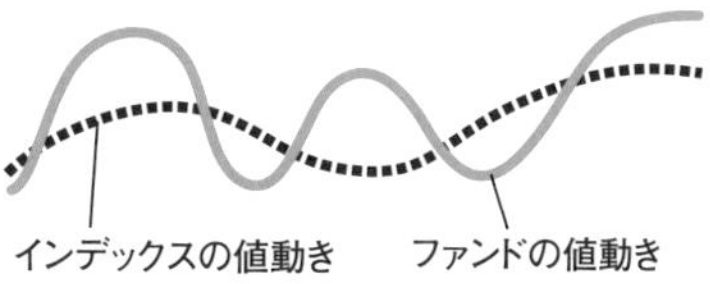

安全性重視ならインデックス型、リスクはありますが、高収益を目指すならアクティブ型といったところですね。手数料はインデックス型のほうが安いですよ。

ETFもインデックス型ファンドの一種

ETFとは、証券取引所に上場されている投資信託のことで、株式と同様に証券取引所で売買が可能。また、運用方法は、平均株価やREIT指数、金価格指数などに連動して値動きするインデックス型。通常のインデックス型ファンドと比べると、さらに手数料が安い、価格変動がすぐにわかる、売買がしやすいなどの特徴がある。

目論見《もくろみ》書で投資信託の特色を見極めよう

一口に投資信託といっても、さまざまな種類があります。前ページの図でも紹介したように、**投資対象の違いや運用タイプの違いによって、リスクとリターンに差が出てきます。**安全性を重視するのか収益性を重視するのか、まずは自分の投資に対する方針を明確にして、その方針に合った商品を選びましょう。

購入候補の**投資信託の内容を詳しく知るためには、目論見書をチェックしましょう。**目論見書にはその商品の特色や運用方針、手数料、運用実績などの重要事項が記載されており、インターネットでも見ることができます。商品の特性をよく理解したうえで、納得して購入することが大切です。

目論見書でどんなことがわかるの？

目論見書は、投資信託の商品内容を正しく理解し、購入判断をするうえで非常に重要な資料となる。法律でも、投資信託の購入は目論見書を読んでから、というルールが定められている。

ファンドの目的・特色

投資対象は何か、どんな成果を目指しているのか、ファンドの仕組みや運用タイプ、収益の分配方法などが記載されている。

投資リスク

投資には信用リスク、金利変動リスク、為替リスクなどのさまざまなリスクがあるが、そのファンドの価格変動の要因となるリスクと留意点が記載されている。

運用実績

基準価額や純資産の推移、分配金の推移、年間収益の推移などが記載されており、そのファンドの規模や収益力、安定度などを確認できる。

手続き・手数料

ファンドの購入単位、申込期間、信託期間、決算日、分配金、換金の際の手続きのほか、販売手数料や信託報酬、信託財産留保額などの手数料が記載されている。

COLUMN　基準価額とは？

投資信託は価格が日々変動するが、基準価額はその日の時価評価額のこと。1万口単位の価格が基準価額となっている。

投資信託にかかる手数料

購入時 → **購入時手数料**

投資信託を買うときに販売会社に支払う。一般的に債券型の購入時手数料よりも株式型の購入時手数料のほうが高い。また、購入時手数料が無料の場合もある（ノーロード投資信託）。購入金額の 0 〜 3%程度

保有時 → **信託報酬**

投資信託を保有している期間、毎日この信託報酬が発生する。信託報酬の％表示は、年間に換算した割合。商品ごとに信託報酬は異なるが、長期投資の場合、総額にすればかなりの額になることもあるので注意。純資産額の 0.5 〜 3%程度

中途換金時 → **信託財産留保額**

中途換金をしたときに発生する手数料。信託財産留保額は販売会社が受け取るわけではなく、信託財産の一部となる。ただし、ファンドによっては信託財産留保額が差し引かれないものもある。基準価額の 0 〜 0.5%程度

投資信託の購入方法

①販売会社を選ぶ

証券会社、銀行、保険会社などが投資信託を販売している。ETF は証券会社だけが扱っている。信頼性、扱っているファンドの数、手数料、サービスの充実度などを考えて販売会社を選ぼう。

→

②証券口座を開設する

証券口座の開設の際には、一般口座か特定口座かの選択も必要。NISA 口座（→P.184）を選ぶこともできる。また、銀行などで購入する場合は、普通預金口座とは別に投資信託用の口座開設が必要。

- 特定口座：投資家に代わって利益にかかる税金を計算してくれる。特定口座にした場合、「源泉徴収あり」にするか「源泉徴収なし」にするかも選ぶ。
- 一般口座：投資で得た利益を自分で計算して確定申告をする。

↓

③投資信託を選ぶ

インデックス型かアクティブ型か、投資対象を何にするか、国内型か海外型かを検討し、購入する投資信託を絞り込んでいこう。パンフレット以外にも、販売会社のホームページで商品情報を見ることができる。

←

④投資信託の購入をする

事前に口座に入金して、購入するファンドの目論見書を読んでから、口数や分配金の受取方法（受取か再投資か）などを決めて申し込む。販売手数料はネット証券のほうが安い傾向にある。

初心者向けの投資

安定した運用を望むなら「バランスファンド」

投資対象を網羅した分散投資でリスクを低減

バランスファンドは、国内外の株式や債券、不動産やコモディティなど幅広い資産の運用を、1本のファンドで行ってしまう優れもの。そのため、**一般的なファンドよりもさらに分散投資効果が大きく、リスクが低減できます。**自動的にリバランス（下図参照）もしてくれるので、初心者におすすめのファンドです。

けれどその分、信託報酬が高めです。また、さまざまなバランスファンドがあるので、購入の際は、**どんな投資対象にどれくらいの割合で投資するファンドなのか、資産配分をしっかり確認することが大切です。**

バランスファンドは自動的にリバランスをしてくれる

運用を続けるうちに、それぞれの資産の価値が変化していく。そこで、安定した運用を目指すには、定期的に資産配分を元の形に戻すリバランスが必要。バランスファンドは、そのリバランスを自動的に行ってくれることもメリットだ。

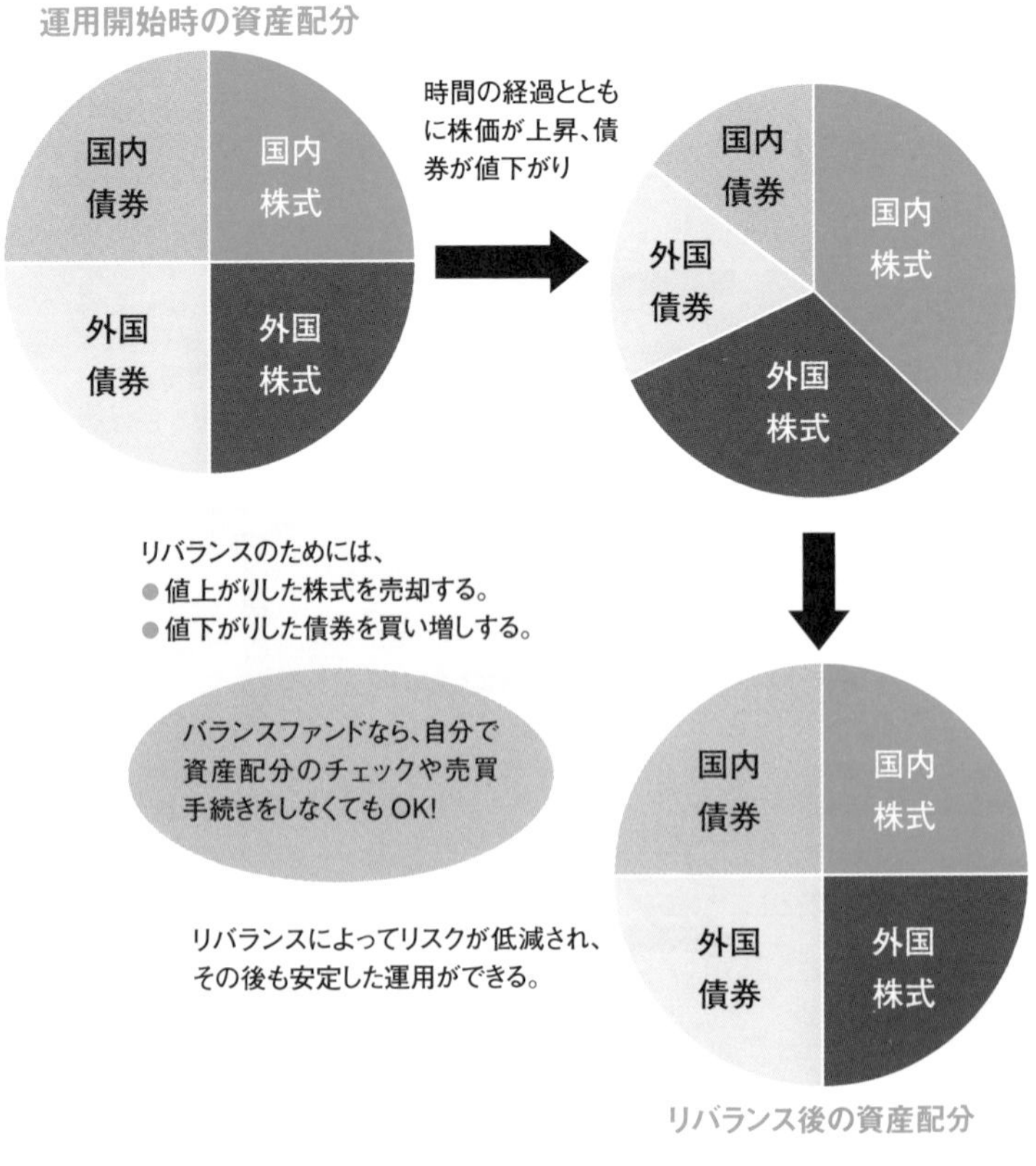

代表的なバランスファンドの例

運用会社によってバランスファンドの特徴も多種多様だが、ここでは純資産の大きなバランスファンドの例を紹介しよう。

	運用会社	信託報酬	信託財産留保額	決算日	純資産総額
セゾン・バンガード・グローバルバランスファンド	セゾン投信	0.506%	0.1%	毎年12月10日	2004.9億円（2019年12月30日現在）
eMAXIS Slim（8資産均等型）	三菱UFJ国際投信	0.154%	なし	毎年4月25日	366.1億円（2019年10月31日現在）
eMAXIS（8資産均等型）	三菱UFJ国際投信	0.55%	0.15%	毎年1月26日	320.5億円（2020年1月31日現在）
SBI資産設計オープン（資産成長型）	三井住友トラスト・アセットマネジメント	0.748%	0.15%	毎年11月10日	318.3億円（2019年11月29日現在）
iFree 8資産バランス	大和アセットマネジメント	0.242%	なし	毎年9月7日	161億円（2019年9月30日現在）
つみたて8資産均等バランス	三菱UFJ国際投信	0.242%	なし	毎年6月25日	161億円（2019年12月30日現在）

※掲載ファンドすべてについて、購買時手数料なし、信託期間は無期限、決算日が休日の場合は翌営業日が決算日

資産配分の変更ができないことがデメリット

バランスファンドは、株式と債券など正反対の値動きをする資産を1本のファンドに組み込むことで、リスクを低減している。しかし、たとえば株価が上昇して「株式をもっと買いたい」と思っても、ファンドの資産配分は固定されているので、せっかくのチャンスを逃してしまうこともある。

株価が上昇期にある場合

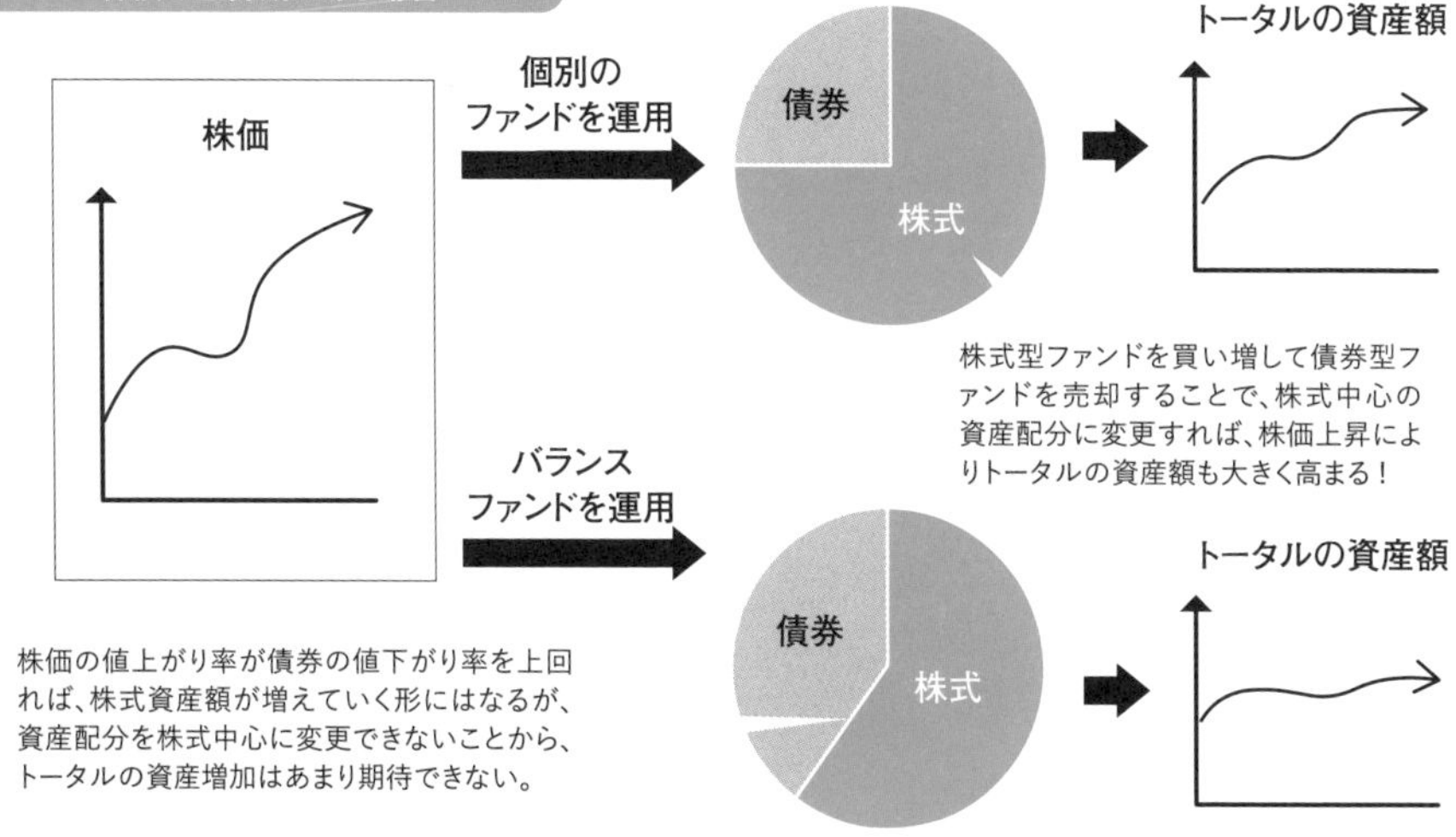

お得な投資方法

ＮＩＳＡで投資の利益が非課税になる

投資限度額はあっても非課税は大きな魅力

ＮＩＳＡ《ニーサ》とは、２０１４年にスタートした少額投資非課税制度の愛称です。**ＮＩＳＡ口座を開設して投資を行えば、投資で得られた利益が非課税になります。**ただし、ＮＩＳＡ制度自体が期間限定で、**ＮＩＳＡ口座のタイプごとに投資限度額や非課税期間が設けられています。**

口座のタイプには「一般ＮＩＳＡ」以外にも、「つみたてＮＩＳＡ」「ジュニアＮＩＳＡ」があります。口座開設ができる期間は一般ＮＩＳＡは２０２８年まで、つみたてＮＩＳＡは２０４２年まで、ジュニアＮＩＳＡは２０２３年までとなっています。

NISA 口座は断然お得！

通常の課税口座(一般口座・特定口座)は投資で得た利益に約 20%の税金がかかるが、NISA 口座は非課税なので投資の利益をそのまま受け取れる。

投資で 10 万円の利益が出た場合

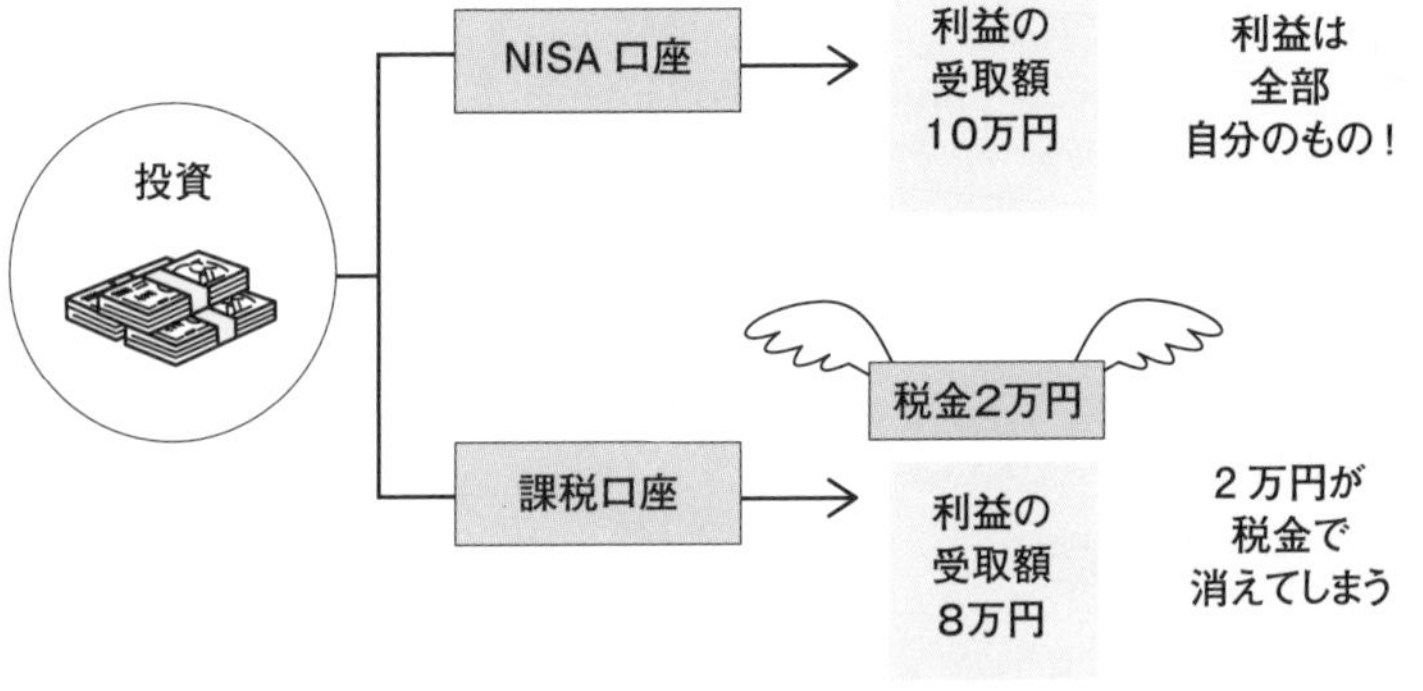

NISA 口座には3つのタイプがある

ジュニア NISA は保護者が運用を行い、原則的に子どもが 18 歳になるまで引き出せない。また、口座開設が可能なのは 2023 年末まで。

	一般 NISA	つみたて NISA	ジュニア NISA
対象者	20 歳以上	20 歳以上	19 歳まで
投資限度額	2023 年まで ：年間 120 万円 2024 年以降：年間 122 万円	年間 40 万円	年間 80 万円
非課税期間	5 年間	20 年間	5 年間

「一般 NISA」と「つみたて NISA」の非課税枠

NISA 口座には 1 年間の投資限度額があるが、非課税期間中に毎年の限度額をフル活用して非課税枠を使い切れば、かなりの金額を投資することができる。

一般 NISA

- 投資限度額：年間 120 万円、2024 年以降は年間 122 万円
- 非課税期間：5 年間

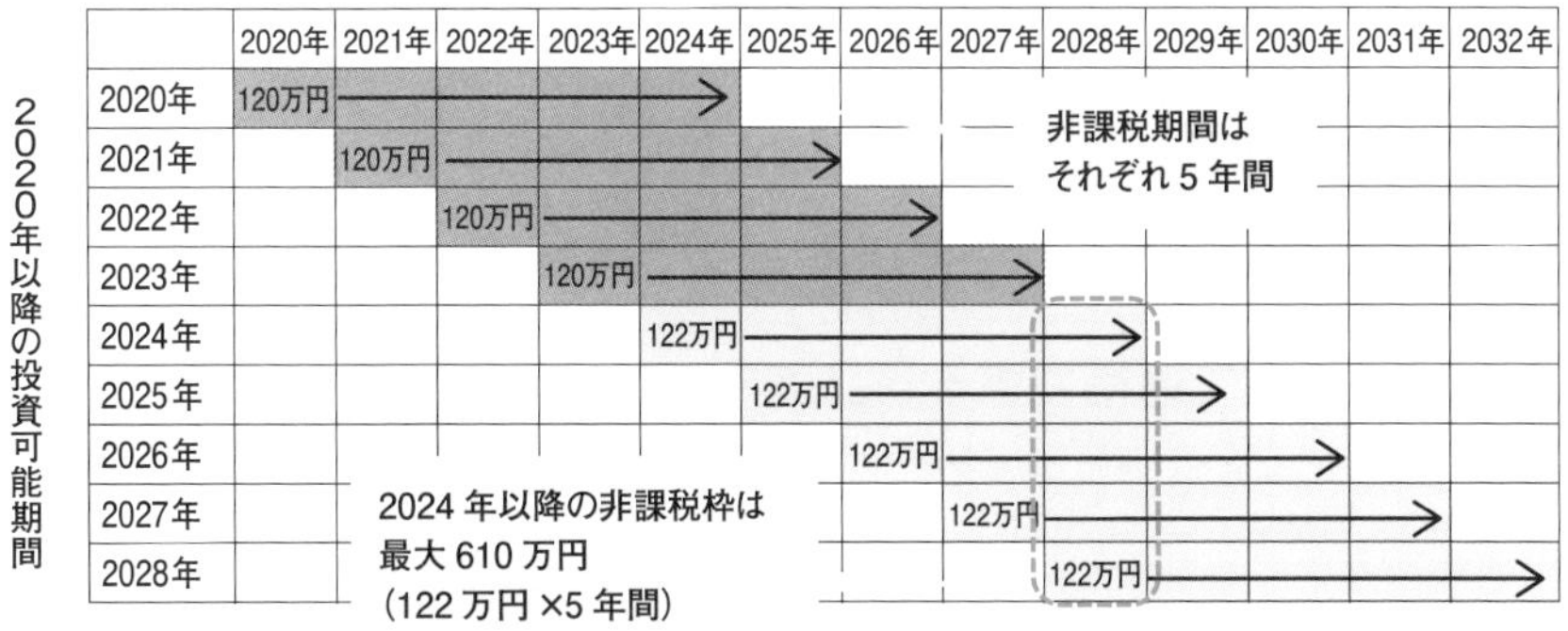

つみたて NISA

- 投資限度額：年間 40 万円
- 非課税期間：20 年間

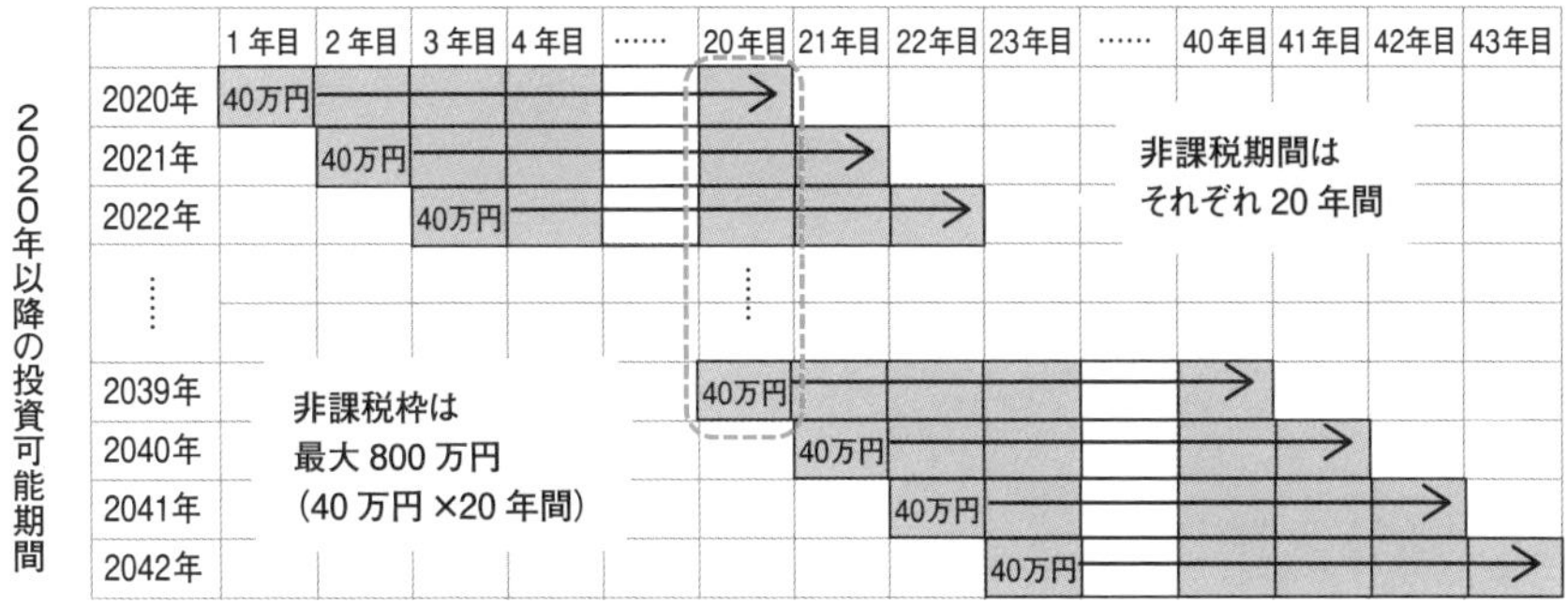

COLUMN 「ジュニア NISA」の非課税枠

ジュニア NISA の投資限度額は年間 80 万円で 5 年間非課税。しかし、2023 年に廃止される予定のため、2020 年に口座を開設した場合、非課税枠は最大 320 万円(80 万円 ×4 年間)となる。

運用できる商品や利用ルールを知ろう

NISA口座は投資限度額や非課税期間が決められているほか、**運用できる商品にも制限があります。**また、利用の際にはいくつかのルールもあります。たとえば、**NISA口座は1人1口座しか開設できない、非課税枠の余りを翌年に繰り越せない、他の口座との損益通算ができない**、などといったものです。

さらに、**「一般NISA」の仕組みが2024年から変わります。**それに応じて、どのように使い方が変わるのかを知っておきましょう。

通常の課税口座と比べると、制限やルールがあるNISA口座ですが、上手に活用すれば大きな非課税メリットを得られます。ぜひ、利用を検討してみてください。

NISA 口座で運用できる商品は？

NISA 口座のタイプによって、運用できる商品と運用できない商品があるので注意しよう。

NISA（一般 NISA）	ジュニア NISA	つみたて NISA
● 国内外の上場株式 ● 株式投資信託（株式の組入れが可能な投資信託） ● 国内外の ETF（上場投資信託） ● 国内外のREIT（不動産投資信託） ● ETN（上場投資証券）など		● 株式投資信託（株式の組入れが可能な投資信託）の積立商品 ● 株式指数を対象とする ETF（上場投資信託）の積立商品

預貯金、債券、公社債投資信託、FX、金やプラチナなどは運用対象とならない。

運用商品は、国が定めた条件をクリアした投資信託と ETF のみに限定されている。

2024 年から一般 NISA の仕組みが 2 階建てに変わる

非課税枠は 5 年間で最大
610 万円（122 万円 ×5 年間）

2階

投資限度額：年間 102 万円
非課税期間：5 年間

運用できる商品

上場株式や株式投資信託など従来の一般 NISA の商品

1階

投資限度額：年間 20 万円
非課税期間：5 年間

運用できる商品

つみたて NISA と同様の積立投信商品

COLUMN

2階の利用には1階の積立投信が必要！

まず1階の積立投信を行わなければ、原則、2階の非課税枠の利用はできないことになっている。ただし、改正前に一般NISA 口座を開設していた人や投資経験者などは、2階で上場株式のみに投資するなら、例外として1階での積立投信を行わなくてもOK。

NISA口座を利用する際の注意点

1人1口座しか持つことができない

NISA口座は1つの金融機関でしか開設できず、1人につき1口座しか持つことができない。ただし、1年単位でNISA口座を開設する金融機関を変えることは可能。

非課税枠の余りは翌年に繰り越せない

たとえば、一般NISA（年120万円まで）を利用して1年に100万円の投資を行うと、非課税枠が20万円余る。けれど、翌年の非課税枠に余り分を加えて140万円の限度額にはできない。

売却で空いた非課税枠を再利用できない

仮に10万円の商品を購入したとして、同じ年に10万円で売却すると、非課税枠に10万円分の空きができるが、その空き枠を再び投資に使うことはできない。

NISA口座は損益通算に使えない

通常は複数の投資で生じた利益や損益を損益通算（→P.171）して税金を支払うが、NISA口座で生じた利益や損失は、他の課税口座との損益通算に使えない。

配当金の受け取りのための手続きが必要

NISA口座で株式の配当金などを非課税で受け取るには、「株式数比例配分方式」を選択する手続きが必要。手続きは金融機関により異なるので、確認しておこう。

非課税期間が終了してもロールオーバーが可能

非課税期間が終了した場合、NISA口座にある投資商品を課税口座に移さなくても、投資限度額までなら新たに設けられる非課税枠に移すこと（ロールオーバー）ができる。

NISA口座開設までの流れ

①口座を開設する金融機関を選ぶ

口座を開く金融機関を選ぶ際には、その金融機関のNISA口座でどんな商品を購入できるかを確認しよう。銀行の場合、株式の購入はできない。

②金融機関に口座開設を申し込む

証券会社なら証券口座、銀行なら投資信託口座をまず開設する必要がある。そのうえでNISA口座の申込手続きを行う。申込みにはマイナンバーの登録も必要。

③金融機関が税務署に口座開設申請を行う

NISA口座は1人1口座なので、申込者が他の金融機関にNISA口座を開設していないか税務署が審査する。税務署への申請は金融機関が代行してくれる。

④税務署の承認後、口座開設が完了

税務署からNISA口座開設の確認通知が届けば、口座が開設される。金融機関にもよるが、NISA口座開設までには1か月くらいかかる場合が多い。

お得な投資方法

iDeCoは老後資金の強い味方

自分で運用商品を選び老後資金をつくる

i《イ》De《デ》Co《コ》は、**毎月掛金を積み立てて商品を運用し、老後資金を自分でつくる年金制度です。**老後資金の準備が目的なので、**積み立てたお金を受け取れるのは60歳以降、運用次第で受け取れる金額が変わってくるのが特徴です。**

国民年金基金連合会が運営し、加入者はiDeCoの運営管理機関となる金融機関に専用口座を開設して、運用商品を選ぶ仕組みになっています。投資信託のほか、定期預金や保険なども運用可能です。

なお、**iDeCoの正式名称は個人型確定拠出年金といいます。**

iDeCoの運営の仕組み

iDeCoの運営には、加入者の実際の窓口となる運営管理機関、制度の実施主体となる国民年金基金連合会、定期預金や投資信託などを販売する運用商品提供機関の3つがかかわっている。

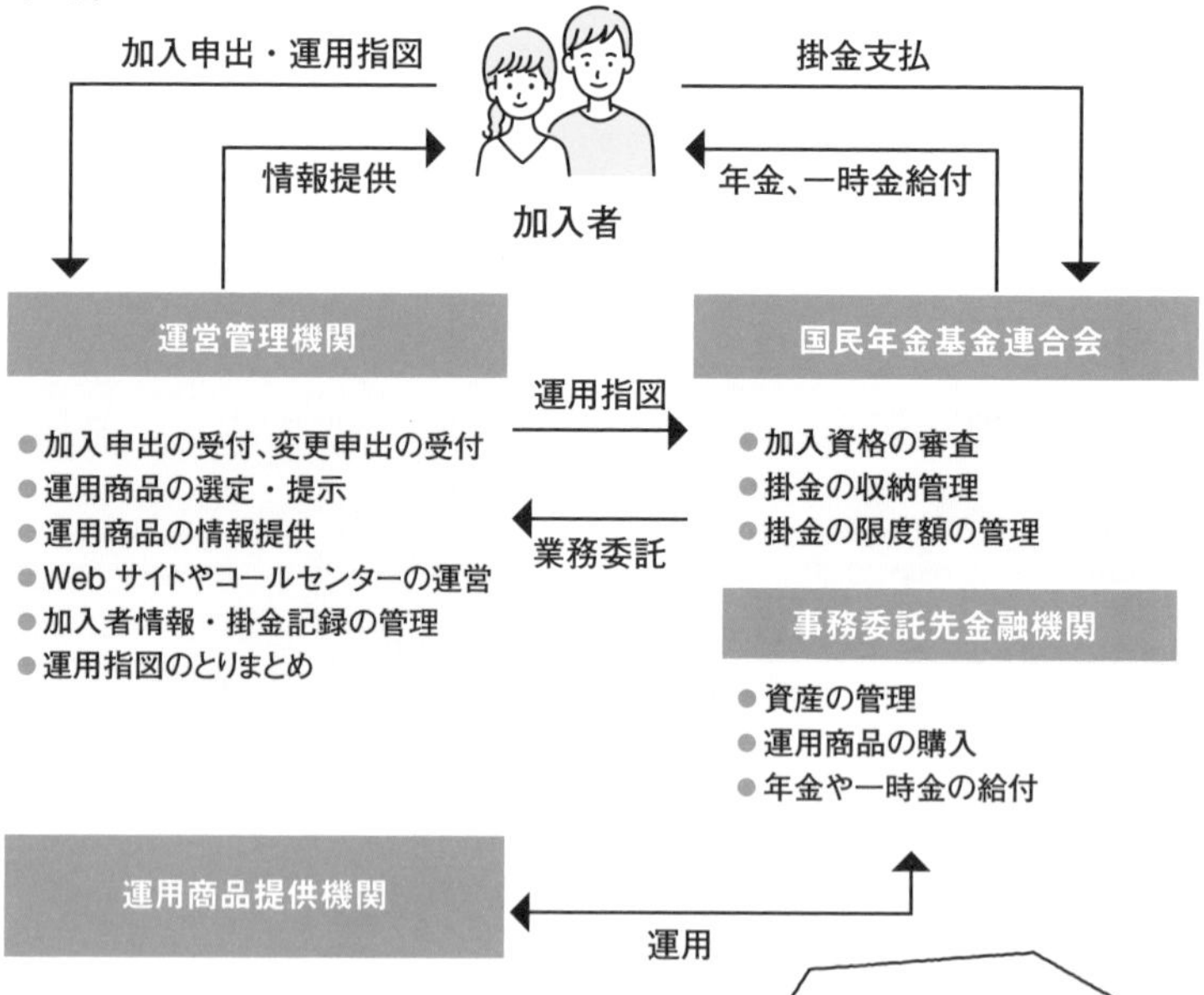

COLUMN

万一、事務委託先金融機関が破綻したら？

事務委託先金融機関とは信託銀行のことで、加入者の年金資産は信託銀行で分別管理されている。万一、信託銀行が破綻した場合でも、年金資産はそのまま他の信託銀行に引き継がれるので安心。

iDeCoの給付を受け取れるのは60歳から

iDeCoは途中で換金ができず、原則的に60歳以降でないとお金を受け取れない。受け取り方法は「年金」「一時金」「年金と一時金の併用」の中から選択する。

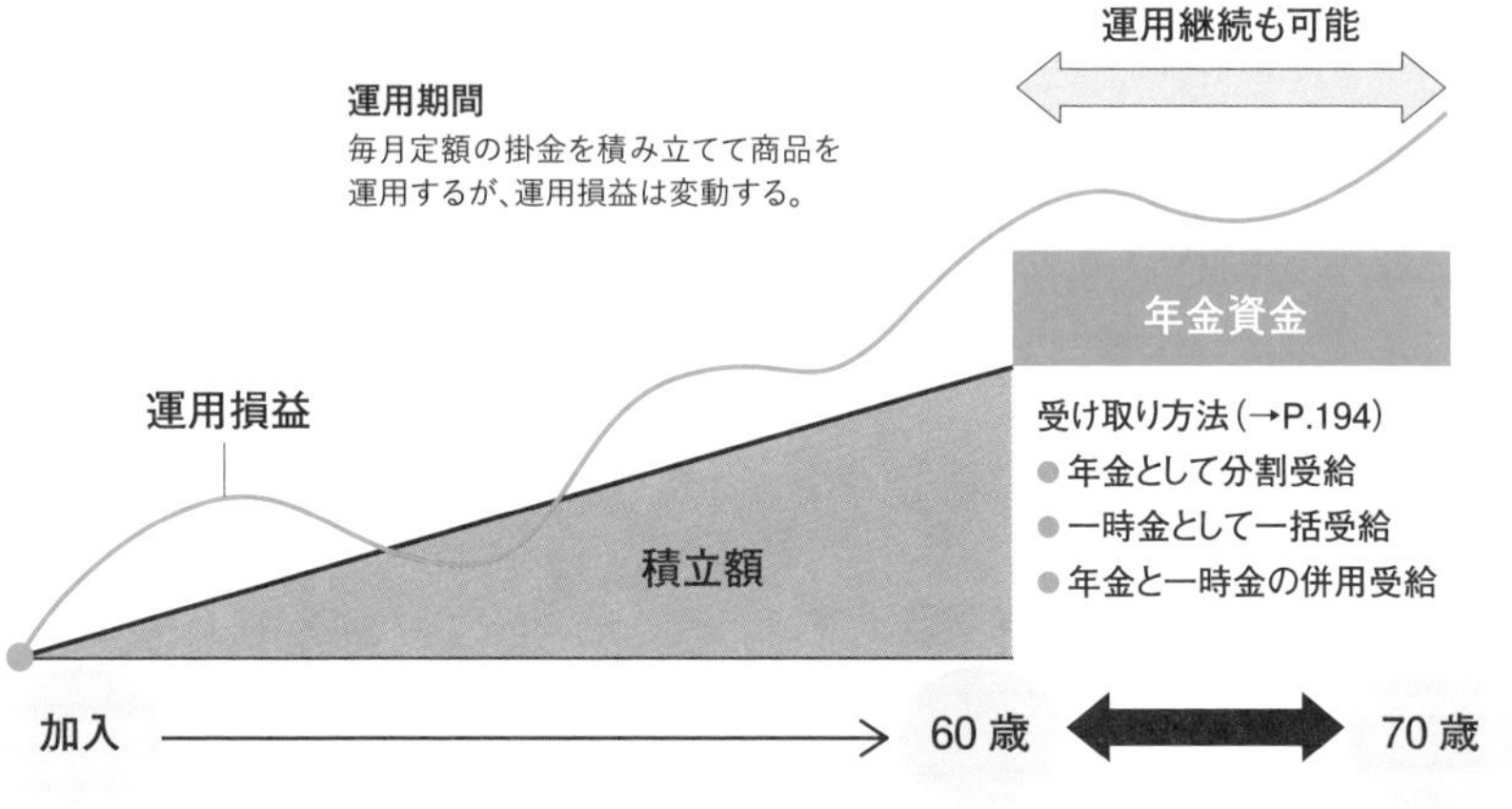

受給開始時期
60歳以降70歳までの間に受給を開始。
※2022年度から受給開始の限度年齢が75歳に引き上げられる

iDeCoで運用できる商品

元本保証型商品	投資信託	
● 定期預金	● 国内株式型	● 海外株式型
● 生命保険	● 国内債券型	● 海外債券型
● 損害保険	● バランス型	● REIT（不動産投資信託）

早く始めれば少ない積立額でもお得！

iDeCoは複利で運用される仕組みなので、積立期間が長ければ長いほど雪だるま式に利益が増えていく。少額で長期間の積立を行った場合と、それより多い金額で短期間の積立を行った場合の最終的な受取額を比べてみた。

利回り3%で運用したケース

積立額	積立期間	元本総額	最終受取額
毎月2万円	30年	720万円	1165万4738円
毎月4万円	15年	720万円	907万8908円
毎月6万円	10年	720万円	838万4485円

※元金総額は毎月積立額×12か月×積立期間で計算

元本はどれも720万円だが、少額でも長期積立のほうが短期集中型の積立よりも利益が大きい！

運用益は非課税 さらに掛金は全額所得控除

iDeCoの魅力は、無理のない金額の積立によって老後資金をつくれるだけでなく、同時に節税もできることです。NISAと同様にiDeCoも**運用益に税金がかかりません。さらに、掛金が全額所得控除できる**というメリットもあります。長期間の積立を続けることで、所得控除による大きな節税効果が期待できます。

NISAとiDeCoを比べた場合、**いつでも引き出せるNISAは短・中期の資産運用向き、60歳まで資金を引き出せないiDeCoは、長期の資産運用向きの制度**といえます。余裕資金があるなら、両方をうまく使い分けて資産運用を行うことも検討してみましょう。

節税効果がiDeCoの最大のメリット

iDeCoには、掛金の全額所得控除と運用益の非課税という税制優遇がある。それぞれの節税効果を具体例で見てみよう。

運用利率3%を想定	［掛金が全額所得控除に！］所得税・住民税が安くなる	［運用益が非課税に！］運用益から税金が引かれない
会社員・25歳 年収：400万円 毎月掛金：1万2000円※1 積立期間：35年	年間所得控除額：14万4000円 1年間の節税額：2万1600円 35年間の節税額：75万6000円	35年間の積立元金：504万円 35年間の運用益：385万8764円 35年間の合計金額：889万8764円 35年間の節税額：77万1753円
自営業・40歳 年収：600万円※2 毎月掛金：3万円 積立期間：20年	年間所得控除額：36万円 1年間の節税額：10万8000円 20年間の節税額：216万 円	20年間の積立元金：720万円 20年間の運用益：264万9060円 20年間の合計金額：984万9060円 20年間の節税額：52万9812円
専業主婦・30歳 年収：120万円 毎月掛金：2万円 積立期間：30年	年間所得控除額：24万円 1年間の節税額：2万5500円 30年間の節税額：76万5000円	30年間の積立元金：720万円 30年間の運用益：445万4738円 30年間の合計金額：1165万4738円 30年間の節税額：89万948円

※1 勤務先に企業年金がある場合、毎月掛金は1万2000円まで
※2 自営業者の年収は課税所得で表示
※楽天証券の節税シミュレーションをもとに計算

運用中だけでなく、60歳以降の受給の際にも税制優遇がありますよ。年金で受給するなら公的年金等控除、一時金で受給するなら退職所得控除が受けられます（→P.195）。

iDeCo と NISA の違い

iDeCo と NISA はどちらも運用益に税金がかからない制度だが、iDeCo は老後の公的年金を補う「じぶん年金」の制度であることが NISA との大きな違いだ。

	iDeCo	NISA	つみたて NISA
加入可能年齢	20 歳以上 60 歳未満（2022 年から加入可能年齢の上限が 65 歳未満に引き上げ）	20 歳以上	20 歳以上
運用商品	定期預金、保険、投資信託	株式、投資信託、ETF など	一定条件を満たす投資信託とETF
非課税期間	加入から 60 歳まで（15 年間延長可能）	5 年間（ロールオーバー可能）	20 年間
投資限度額	年間 14 万 4000 円～ 81 万 6000 円（職業、加入している年金制度により異なる）	年間 120 万円・最大 600 万円（2024 年以降は年間 122 万円・最大 610 万円）	年間 40 万円・最大 800 万円
資金の引出し	原則、60 歳まで受け取れない	いつでも引き出せる	いつでも引き出せる
口座開設ができる期間	―	2028 年まで	2042 年まで

iDeCo 口座の開設までの流れ

①運営管理機関を選ぶ

証券会社や銀行、保険会社などが iDeCo の運営管理機関となっている。どの運営管理機関を選ぶかは、運用商品のラインアップ、信託報酬の安いファンドがあるか、手数料などを比較して決めよう。

↓

②運営管理機関に申込書類を請求する

運営管理機関の Web サイトやコールセンターなどで、申込書類を請求して取り寄せる。運営管理機関によっては、Web サイトから書類をプリントアウトできる場合もある。

↓

③作成した申込書類を郵送する

申込書類に必要事項を記入し、本人確認書類のコピーなどとともに運営管理機関に郵送する。会社員や公務員の場合は、勤務先に記入してもらう「事業主の証明書」も必要。

↓ 1～3か月

④加入資格審査後、iDeCo 口座が開設される

国民年金基金連合会が申込者の加入資格などの審査を行い、審査に通れば確認通知書と iDeCo 口座開設の知らせが届く。口座開設の際にコールセンターと加入者向けサイトのパスワードも通知される。

どんな人がiDeCoには加入できるの?

20歳以上なら誰でも加入OK!

もともとiDeCoは公的年金額の少ない自営業者などが対象でしたが、**現在は誰でも加入できます。**企業型DC（企業型確定拠出年金）などの企業年金に加入している会社員であっても、iDeCoとの併用が可能です。ただし、企業型DCにマッチング拠出（→P.193）が導入されている場合、マッチング拠出かiDeCoかどちらかを選択します。

また、**会社員は企業年金の加入状況によってもiDeCoの掛金限度額が異なる**ので、iDeCoに加入する際は、自分の会社の企業年金制度をしっかり確認しましょう。

加入者の種類によるiDeCoの掛金限度額

iDeCoの掛金限度額は、加入している国民年金の種類に応じて決められている。さらに会社員の場合は、企業年金の加入状況により限度額が違ってくる。

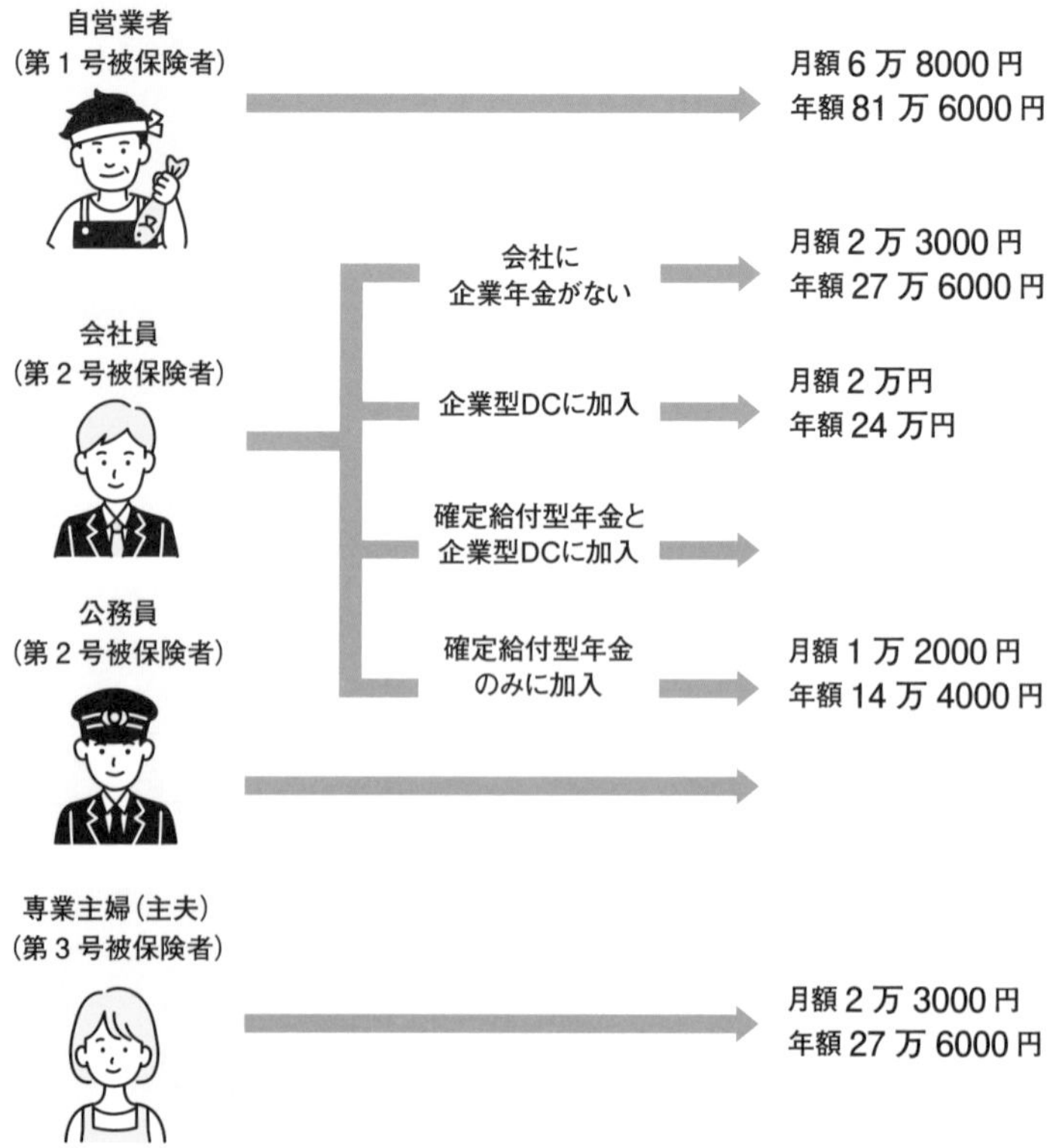

※確定給付型年金とは確定給付企業年金や厚生年金基金のこと

iDeCo と企業型ＤＣの違い

iDeCo も企業型ＤＣも同じ確定拠出年金の仲間。iDeCo は「個人型」なので、自分で掛金を拠出するが、企業型DC は会社が掛金を拠出するのが大きな違いだ。

	iDeCo（個人型 DC）	企業型 DC
加入対象	自営業者、会社員、公務員、専業主婦	企業型 DC を導入している会社の社員
加入可能年齢	60 歳未満（2022 年から 65 歳未満）	65 歳未満（2022 年から 70 歳未満）
実施主体	国民年金基金連合会	会社
掛金の拠出	加入者が拠出（「iDeCo+」制度がある場合は会社も拠出可能）	会社が拠出（「マッチング拠出」制度がある場合は社員も拠出可能）
受給開始年齢	60 ～ 70 歳（2022 年から 60～75 歳）	60 ～ 70 歳（2022 年から 60～75 歳）
運営管理機関	自分で選定	会社が選定

COLUMN　企業型ＤＣ以外の企業年金

- **確定給付企業年金**　会社が設立した企業年金基金や、会社が契約した金融機関などが年金資金の管理・運用を行い、社員の退職金を年金形式で給付する。
- **厚生年金基金**　会社が基金を設立し、社員への厚生年金給付の一部を代行するとともに、会社独自の上乗せ給付を行う。

会社と社員が掛金を出し合う制度もある

iDeCo の掛金は個人が拠出し、企業型 DC の掛金は会社が拠出するが、社員（個人）と会社の双方で掛金を拠出する「iDeCo+（イデコプラス）」や「マッチング拠出」を採用している会社もある。

iDeCo+（中小事業主掛金納付制度）

iDeCo に加入した社員の掛金に、会社が掛金を追加できる制度。会社が社員掛金と会社掛金をまとめて、国民年金基金連合会に納付する。社員 300 人以下（2020 年から）で、企業年金のない会社が制度を利用できる。

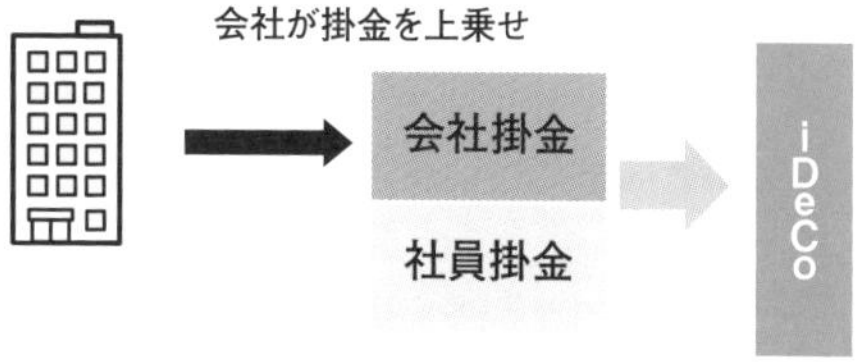

合計で月額 5000 円以上
2 万 3000 円以下に設定。

マッチング拠出

会社が拠出している企業型DCの掛金に、一定範囲内で社員が掛金を上乗せできる制度。社員が拠出する掛金は所得税控除の対象となる。また、社員掛金の金額が会社掛金の金額を超えてはいけないことになっている。

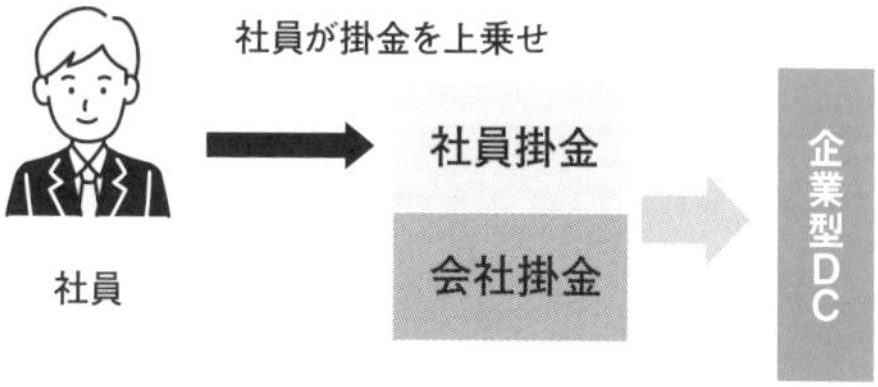

合計で月額 5 万 5000 円まで（他の企業年金があれば月額 2 万 7500 円まで）が上限。

お得な投資方法

iDeCoの資産の受け取り方は？

3つの受け取り方から自分に合ったものを選ぼう

iDeCoの資産の受け取り方には、**「年金」「一時金」「年金と一時金の併用」という3つの方法**があります。60歳以降に受給開始時期を決めたら、どの方法で受け取るかを選び、運営管理機関に請求します。

受け取り方法を選ぶ際には、それぞれのメリットとデメリットをよく知っておくことが大切です。また、**年金と一時金とでは、受給時の税額や手数料の総額が違ってきます。**税金や手数料、自分の資産状況やライフプランなどを総合的に考えて、受け取りのタイミングと受け取り方法を賢く選びましょう。

iDeCoの受給方法

年金で受給

5～20年の間で受給期間を指定して、分割で受け取る。

メリット
- 受給期間中も非課税で運用でき、資産が増える可能性もある。
- 公的年金等控除が受けられるので税金が軽減される。

デメリット
- 受給期間中、口座管理手数料がかかる。
- 年金を受け取るごとに給付手数料がかかる。

一時金で受給

積立資産をまとめて一括で受け取る。

メリット
- 退職所得控除により受給時に税金がかなり軽減される。
- 給付手数料の負担が1回のみで済む。

デメリット
- 受給後、iDeCoでの運用はできなくなる。
- 一度にお金を受け取ると浪費してしまうおそれもある。

年金と一時金の併用

一部を一時金で受け取り、残りを年金で受け取る。

メリット
- 自分の状況に合わせて一時金と年金の割合を指定できる。
- 一時金が高額な場合、全部を一時金で受給するより節税できることがある。

デメリット
- 年金部分の受給中、口座管理手数料がかかる。
- 年金部分は受給ごとに給付手数料がかかる。

条件によって60歳から受給できないことも

通算加入者等年数が10年に満たなければ、60歳からの受給開始ができない。その場合、通算加入者等年数に応じて受給可能年齢が決まってくる。

通算加入者等期間	受給開始年齢
10年以上	60歳
8年以上10年未満	61歳
6年以上8年未満	62歳
4年以上6年未満	63歳
2年以上4年未満	64歳
1か月以上2年未満	65歳

COLUMN　**通算加入者等期間とは？**

加入者が60歳になった時点で、以下の各期間を合計したものが通算加入者等期間となる。
①iDeCoおよび企業型DCの加入者期間
②iDeCoおよび企業型DCの運用指図者（掛金を拠出せず、年金資産の運用のみを行う人）だった期間
③他の企業年金制度などから資産を移した場合、その過去の加入期間（60歳未満の期間に限る）

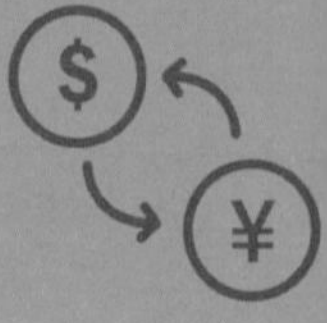

受給方法によって税金のかかり方が違う

iDeCo の年金受給は公的年金等控除が受けられ、一時金受給は退職所得控除が受けられる。節税メリットを活かすために、それぞれの税額計算の方法を押さえておこう。

年金で受け取る場合

iDeCo の年金と他の年金を合算した金額が、雑所得として課税の対象となる。

他の公的年金と合算した雑所得から、公的年金等控除を差し引くことができる。

雑所得以外に給与など他の所得がある場合、雑所得と他の所得を合算した総額が課税所得となる。

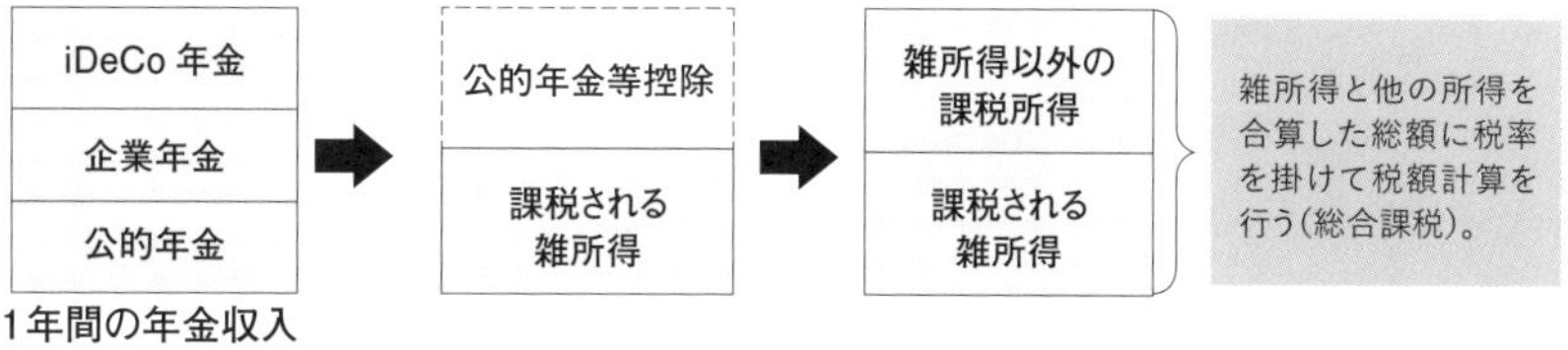

一時金で受け取る場合

iDeCo の一時金と他の退職一時金を合算した金額が、退職所得として課税の対象となる。

勤続 20 年以下の退職所得控除額=40 万円 × 勤続年数
勤続 20 年超の退職所得控除額=800 万円+70 万円 ×（勤続年数−20 年）
自営業者の場合は、iDeCo の積立期間を勤続年数として計算する。

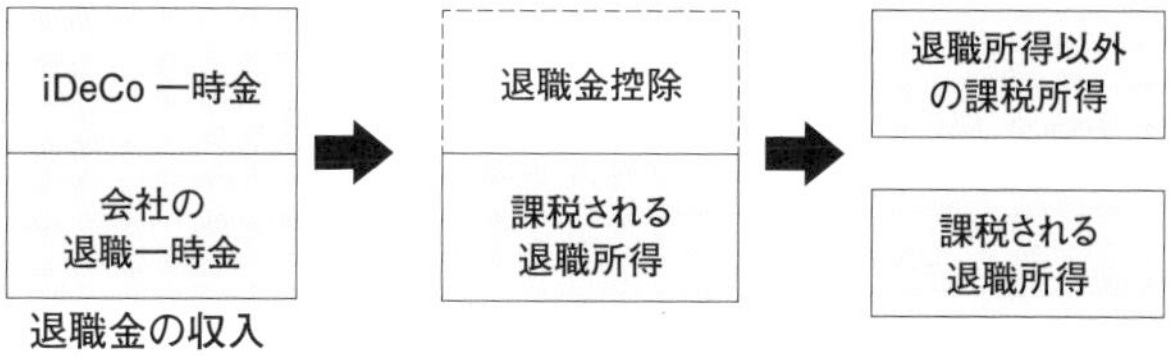

退職所得とは別に税率を掛けて税額を計算する。

他の所得と合算せずに、退職所得のみに税率を掛けて税額を計算する（分離課税）。

年金受給と一時金受給の税額例

自営業Aさんの例

- iDeCo の積立期間：30 年
- iDeCo の資産：1000 万円
- 営業収入の課税所得：300 万円

60 歳時から 5 年間の年金で受給（年額 200 万円）

- 公的年金等控除額=122.5 万円
  iDeCo の年金 200 万円 ×75%−27.5 万円=122.5 万円
- 課税対象の雑所得=77.5 万円
  iDeCo の年金 200 万円−公的年金等控除額 122.5 万円=77.5 万円
- 所得税額=32.75 万円
  （雑所得 77.5 万円+営業収入の課税所得 300 万円）×20%−42.75 万円 =32.75 万円

60 歳時に一時金で受給（1000 万円）

- 退職所得控除額=1500 万円
  800 万円+70 万円 ×（積立期間 30 年−20 年）=1500 万円
- 課税対象の退職所得=0 円
  iDeCo の一時金 1000 万円−1500 万円 ÷2=0 円
- 所得税額=20.25 万円
  ①退職所得の所得税額=0 円
  ②営業収入の所得税額=課税所得 300 万円 ×10%−9.75 万円
  =20.25 万円

※公的年金等控除、退職所得控除はいずれも 2020 年現在の速算表で計算。
所得税額も 2020 年現在の速算表税率を適用

お得な投資方法

iDeCoの運営管理機関の選び方は？

商品の品揃えを重視して運営管理機関を選ぼう

運営管理機関選びのポイントの中でも、特に重視すべきなのは運用商品の品揃え。商品の数が多いか少ないかではなく、**分散投資に適した異なるタイプの商品が揃っていることが大切です。**株式型ばかり、債券型ばかりという偏った品揃えの運営管理機関は避けたほうが賢明です。

また、投資信託には信託報酬の費用がかかります。iDeCoの信託報酬は一般のものより安いのですが、それでも長期の運用でかなりの金額がかかります。そこで、**信託報酬の安い投資信託を扱っているかどうかもチェックしましょう。**

運営管理機関（金融機関）のチェックポイント

運用商品の品揃え	運営管理機関によって揃えている商品の数や種類が異なる。初心者は商品が少ないほうが選びやすい面もあるが、分散投資のために必要な株式型と債券型、国内型と海外型といった異なるタイプの商品が最低限揃っているかチェックしよう。
口座管理手数料	iDeCoに加入すると口座管理手数料が毎月かかる。口座管理手数料とは、事務手数料と資産管理手数料、運営管理手数料を合計したもの。このうち運営管理手数料は、管理運営機関によって無料の場合もあれば600円程度の場合もあるので注意しよう。
サービスの充実度	窓口相談ができる運営管理機関もあるが、ほとんどの場合、運用商品の選択や商品配分の指定、運用情報の収集などはWebサイトやコールセンターで行う。そのため、Webサイトの情報量や見やすさ、コールセンターの使いやすさも見逃せないポイントだ。

iDeCoの口座管理手数料の内訳

手数料の種類	支払先	手数料額
事務手数料	国民年金基金連合会	年1260円（掛金拠出1回につき105円）
資産管理手数料	事務委託先金融機関（信託銀行）	年792円（毎月66円）
運営管理手数料	管理運営機関（金融機関）	管理運営機関によって異なる（毎月0〜600円程度）

事務手数料と資産管理手数料は、どの管理運営機関を選んでも一律の金額。

主な運営管理機関

運営管理機関は数多くある。ここでは運営管理機関の中で口座手数料が安い機関を中心に紹介しよう。

	特徴	口座管理手数料（月額）	元本保証型	投資信託			
				株式	債券	バランス	REIT他
SBI証券（セレクトプラン）	加入者数No.1。商品の選択肢が幅広い	171円	1	国内型6 外国型10 国内外型4	国内型1 外国型4	8	3
楽天証券	ネットで閲覧できるスタートガイドや動画が充実	171円	1	国内型6 外国型5 国内外型2	国内型2 外国型4	8	4
auカブコム証券	一部商品には残高に応じてau WALLETポイントが付与される	171円	1	国内型4 外国型2 国内外型3	国内型1 外国型2	11	3
松井証券	初心者でも仕組みのわかりやすい投資信託を揃えている	171円	1	国内型2 外国型2	国内型1 外国型2	1	3
マネックス証券	ポートフォリオ診断をしてくれるロボアドバイザーを提供	171円	1	国内型7 外国型7	国内型1 外国型2	3	4
野村證券	コールセンターとWebサービスが高評価を得ている	171円 （掛金1万円以上または資産100万円以上）	1	国内型4 外国型4	国内型1 外国型3	12	2
大和証券	各支店の窓口で対面相談ができるので、初心者には安心	171円	1	国内型4 外国型8	国内型2 外国型2	3	2
イオン銀行	イオンの店舗にある窓口でいつでも相談ができる	171円	1	国内型3 外国型5	国内型1 外国型3	8	3
みずほ銀行	ロボアドバイザー「スマートフォリオ」が利用できる	171円 （掛金1万円以上または資産50万円以上）	1	国内型1 外国型2	国内型1 外国型2	6	2
第一生命保険	健康・医療に関する電話相談サービスも受けられる	171円 （資産150万円以上）	1	国内型3 外国型3	国内型2 外国型3	8	4

※データは2020年5月現在のもの
※ターゲットイヤー型はバランス型に含めている

「株式」投資は情報の収集・分析がキモ

値動きのチェックと企業情報の収集が大切

株式とは、企業が事業資金を募る目的で発行する証券です。**出資者は株主となり、企業の収益の一部を配当金として受け取れ、経営に参加する権利も得られます。**その企業のサービスを割引で利用できるなど、株主優待が付く場合もあります。

また、**株式は売却による利益も期待できます。しかし、売却時に利益が出るか出ないかは株式の値動き次第。**安く買って高く売るためには、値動きの状況を見極めることが大切です。そして、企業の業績の良し悪しが株価に反映するので、企業情報の収集も欠かせません。

株式投資の2つの利益

キャピタルゲイン

購入時よりも値上がりしたときに売却すれば、購入時と売却時の価格差によってキャピタルゲイン（値上がり益）を得られる。

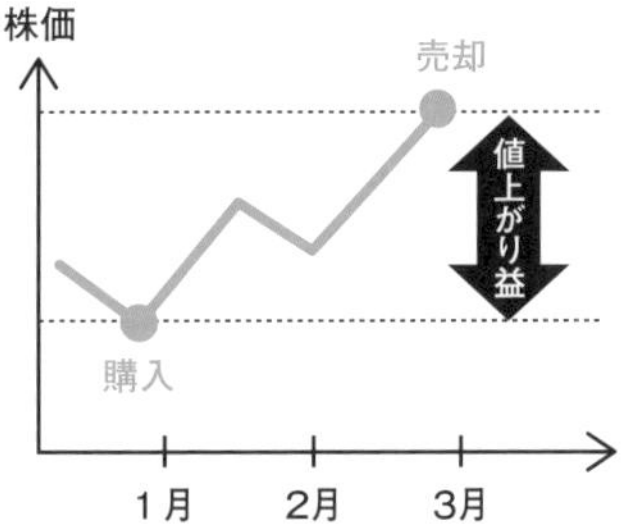

インカムゲイン

株式を保有することで、配当金や株主優待を受け取れる。企業の業績が良ければ、配当金も多くなる。

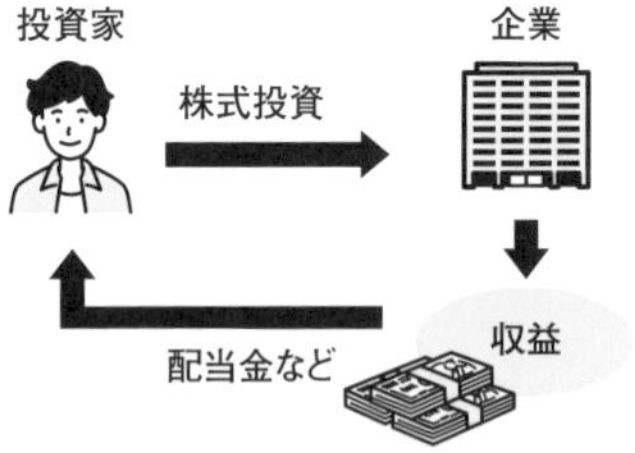

株主優待の例

企業名	優待内容
オリックス	● 全国の取引先が扱う商品のカタログギフト（年 1 回） ● グループの各種サービスが割引される株主カード
イオン	● 系列店での買い物が 3%以上キャッシュバックされる株主優待カード
ヤマダ電機	● 1000 円相当以上の買い物優待券（年 1 回）、2000 円相当以上の買い物優待券（年 1 回）
すかいらーく ホールディングス	● 系列レストランで使える 3000 円以上相当の優待カード（年 2 回）
ANA ホールディングス	● 国内線「FLEX-D 運賃」が 50%割引になる株主優待番号案内書（年 2 回） ● 空港売店・ホテル・ツアー商品などの優待クーポン券（年 2 回）

※データは 2020 年 2 月現在

株価チャートのローソク足で情報を得よう

証券会社のホームページなどで株価チャートを見て、株価の推移をチェックしよう。さらに株価チャートのローソク足の読み方を知れば、株価の始値《はじめね》、終値《おわりね》、高値、安値という情報も得ることができる。

ローソク足の例（トヨタ自動車の日足）

出典：楽天証券ホームページの株価チャート

この図の１本のローソク足は1日の値動きを示す「日足《ひあし》」の例ですが、1本のローソク足で1週間の値動きを示す「週足《しゅうあし》」や１か月の値動きを示す「月足《つきあし》」もありますよ。ローソク足は単純な形ですが、多くの株価情報を読み取れるんですよ。

白いローソク足（陽線）

下部の始値から上部の終値に向けて株価が上がったことを意味する。

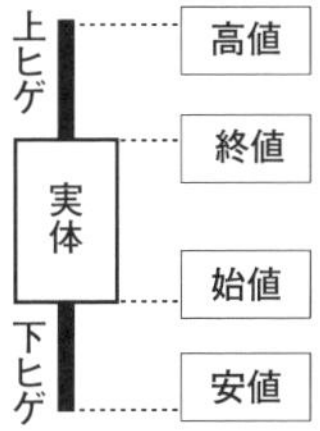

黒いローソク足（陰線）

上部の始値から下部の終値に向けて株価が下がったことを意味する。

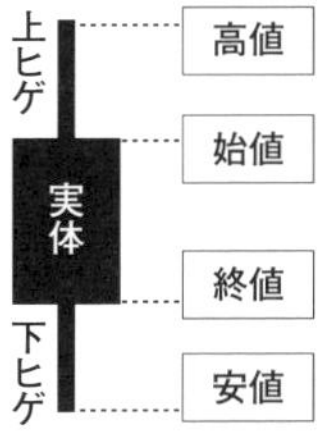

上ヒゲの上端はその日のうちの最高価格、下ヒゲの下端はその日のうちの最低価格を示す。

ローソク足の見方

- 実体が長い場合
  株価の上昇または下落の勢いが強かった。
- 実体が短い場合
  株価の値動きが小さかった。
- 上ヒゲが長い場合
  一時は大きく値上がりしたが、続かなかった。
- 下ヒゲが短い場合
  一時は大きく値下がりしたが、持ち直した。

COLUMN

『会社四季報』は株式投資の必携書

『会社四季報』（東洋経済新報社）には、上場企業の財務状況や業績、株価の推移などがまとめられている。企業の情報を把握して、成長力や投資価値を検討する際に非常に役立つので、ぜひ活用しよう。

『会社四季報』の掲載情報

特色・連結事業	事業内容や資本系列、連結事業の収益構成がわかる
株価	過去の株価の高値と安値が掲載されており、時系列で株価の動きがわかる
株式・財務	株式の時価総額、資本金や総資産など経営基盤を示す指標が掲載されている
株主	株主数のほか、上位 10 位の大株主（企業・個人）が掲載されている
業績・配当	売上高や利益などの業績、配当金額が掲載されており、予測値も示されている
最新情報	経営状況や業績見通し、新規事業などの情報がまとめられている

株式売買は100株単位
大きな資金が必要な場合も

株式は証券取引所で取引されていますが、実際の売買は証券会社に口座を開設し、証券会社を通して注文を出します。注文の際は、売買したい銘柄や株式の数量などを決めたうえで、**売買価格を指定する指値《さしね》注文か、指定しない成行《なりゆき》注文か、どちらかを選択します。**

売買は100株単位で行われます。たとえば株価5000円の株式を買いたいなら、100株で50万円が必要になります。一般に株式投資は高額ですが、少額で買える「株式ミニ投資」や「るいとう」などの商品を扱っている証券会社もあります。なお、株式の場合、投資信託のような保有中の手数料はかかりませんが、売買の際に手数料がかかります。

指値注文、成行注文とは？

株式売買には2種類の注文方法がある。それぞれの注文方法の仕組みを理解して選択しよう。

ぜひこの価格で売買したい！

指値注文

希望する売買価格を指定して注文する。希望価格よりも不利な価格での取引は避けられるが、希望価格にならなければ取引が成立しない可能性もある。

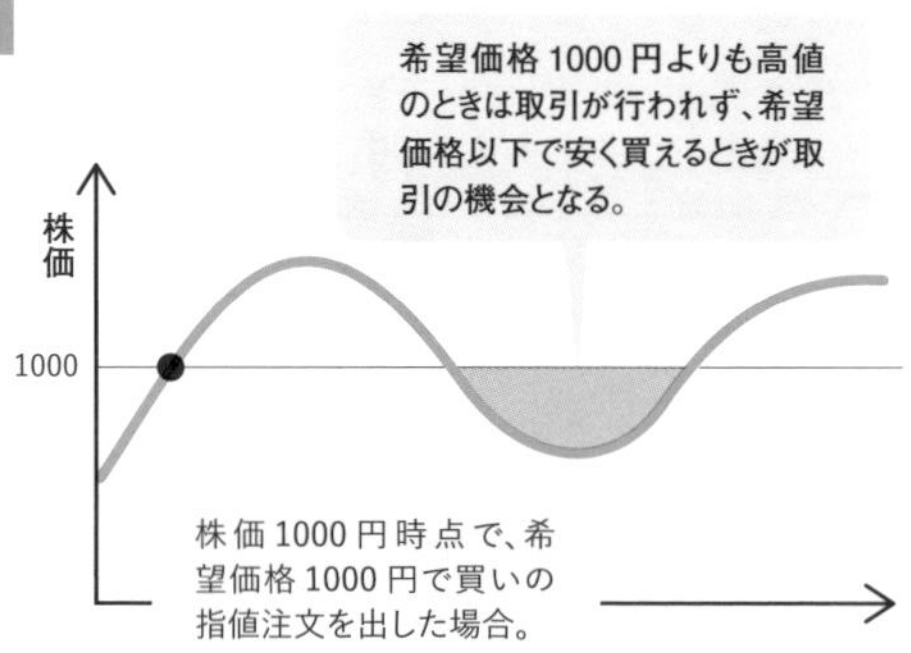

いくらでもいいから、すぐ売買したい！

成行注文

売買価格を指定せず、株数だけ指定して注文する。価格に対する条件がないので取引が成立しやすいが、予想外の価格で取引が成立することもある。

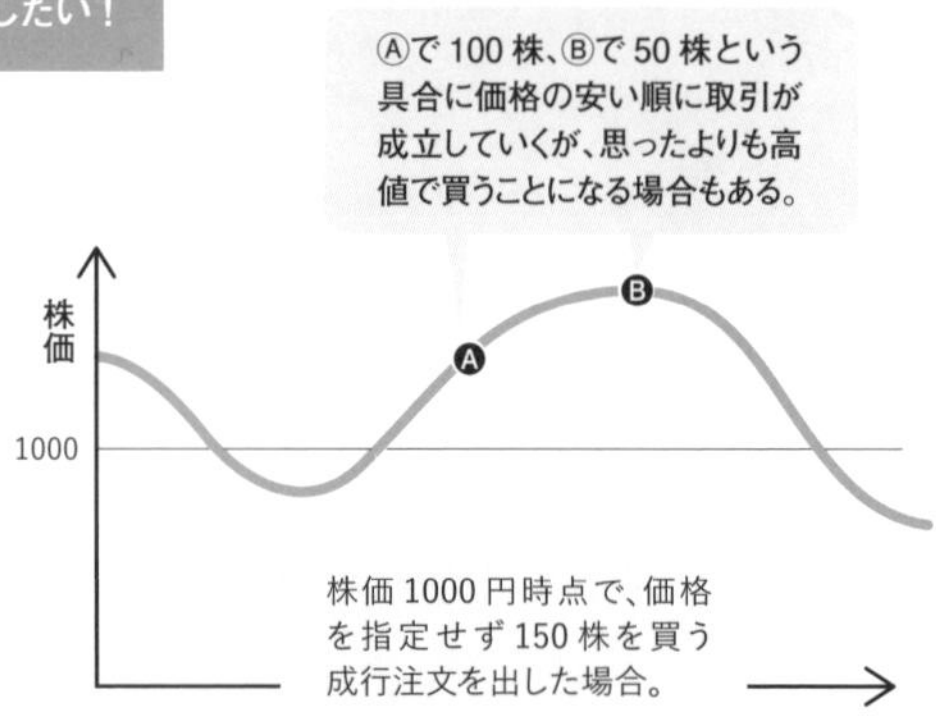

株式売買の指定ポイント

株式の売買は証券会社の窓口のほか、電話やネットでも行えるが、次のポイントは必ず指定しなければならない。

①売買する株式の銘柄名、証券コード、取引市場を指定

②買い注文か売り注文かを指定

③証券口座の種類(一般口座、特定口座、NISA 口座)を指定

④どれだけの株式を売買するか数量を指定

⑤指値注文か成行注文かを指定(指値注文は価格も指定)

⑥いつまで取引成立を待てるのか注文期間を指定

主なネット証券会社の売買手数料

	5 万円まで	10 万円まで	20 万円まで	30 万円まで	40 万円まで	50 万円まで	100 万円まで
SBI証券	55 円	99 円	115 円	275 円	275 円	275 円	535 円
楽天証券	55 円	99 円	115 円	275 円	275 円	275 円	535 円
auカブコム証券	99 円	99 円	198 円	275 円	275 円	275 円	代金 × 0.09% ＋ 90 円+消費税
GMO クリック証券	96 円	96 円	107 円	265 円	265 円	265 円	479 円
DMM株	55 円	88 円	106 円	198 円	198 円	198 円	374 円

※データは 2020 年 2 月現在

※SBI 証券の手数料はスタンダードプラン、楽天証券の手数料は超割コース、au カブコム証券の手数料はインターネット通常手数料、GMO クリック証券の手数料は 1 約定ごとプラン、DMM株の手数料は 1 約定ごと

少額でもできる株式投資法

100 株という単元株を購入する資金がなくても、株式を小分けして購入できる方法もある。ただし、単元株の購入ではないので、手数料が割高で、ほとんどの場合は株主優待がない。

株式ミニ投資

高い価格のついた株式でも単元株の 10 分の 1 の株数(10 株)から購入することができる。

メリット

- 配当金を受け取ることができる。
- 制限はあるが、毎日売買のタイミングがある。

デメリット

- 証券会社が指定した銘柄の範囲内でしか購入できない。
- 指値注文ができない。

単元未満額

1 株から購入できる株式として、S株、ワン株、プチ株、まめ株の名称で商品化されている。

メリット

- 売買できる銘柄が豊富。
- 制限はあるが、毎日売買のタイミングがある。
- 配当金を受け取れる。

デメリット

- 売買できる証券会社が限られている。
- 指値注文ができない。

るいとう(株式累積投資)

1 銘柄につき月々 1 万円以上など、定額の積立によって株式を購入できる。

メリット

- 金額に応じて小数点単位で購入が可能。
- 積立なので、ドルコスト平均法(→P.168)で投資できる。

デメリット

- 証券会社が指定した銘柄の範囲内でしか購入できない。
- 配当金はあるが、自動的に再投資されるので受取りはできない。
- 売買タイミングが月 1 回しかない。

上級者向けの投資

「外貨」投資は為替レートが影響する

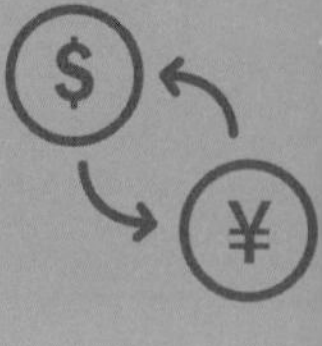

円安時に売れば為替差益も狙える

「外貨」投資というと難しいイメージがありますが、投資商品を運用して利益を得るという方法自体は、通常の投資と同じです。違いは、その運用資金が外貨である点です。

　外貨で運用を行うので、**投資商品の値動きだけでなく、売却時の為替レートによっても損益が生じる場合があります。**円安時の売却は利益が出やすく、円高時の売却は損失が出やすくなるのです。外貨投資のためには、この為替の仕組みを理解しておくことが大切です。また、**外貨投資は一般的に高金利ですが、通貨の売買に為替手数料が必要です。**

主な外貨投資の種類

	特徴	利益
外貨預金	日本円を外貨に換えて預け入れる。利息の金利はその通貨に応じた金利で、日本の預金より一般的に高金利	利息収入 為替差益
外貨建てMMF	外貨で運用される公社債投資信託。格付の高い海外の短期債券が投資対象であるため、比較的リスクが低い	分配金収入 売却益 為替差益
外国債券	海外で発行された国債や社債。利息や償還金に用いられる通貨によって、外貨建て債、円建て債、二重通貨建て債に分けられる	利息収入 売却益 (または償還差益) 為替差益
外国株式	海外の証券市場に上場されている株式。取引は海外の証券市場で外貨で行われるが、日本の証券会社でも購入できる	配当金収入 売却益 為替差益
FX (外国為替証拠金取引)	外貨の為替差や通貨の金利差を利用して、利益を狙う取引。一定の証拠金を担保に、証拠金以上の金額の取引ができる	為替差益

たとえば日本の定期預金の金利は 0.01 ～ 0.02%といったところですが、外貨預金の金利は断然高いんです。特に米ドルの定期預金なら 1%以上の金利！　それに外貨投資は、リスクヘッジのための分散投資としても有効ですよ。

外貨投資の3つの特徴

為替差益・為替差損が生じる

外貨投資では、為替レートの変動によって円安になれば為替差益（利益）が出て、円高になれば為替差損（損失）が出る。

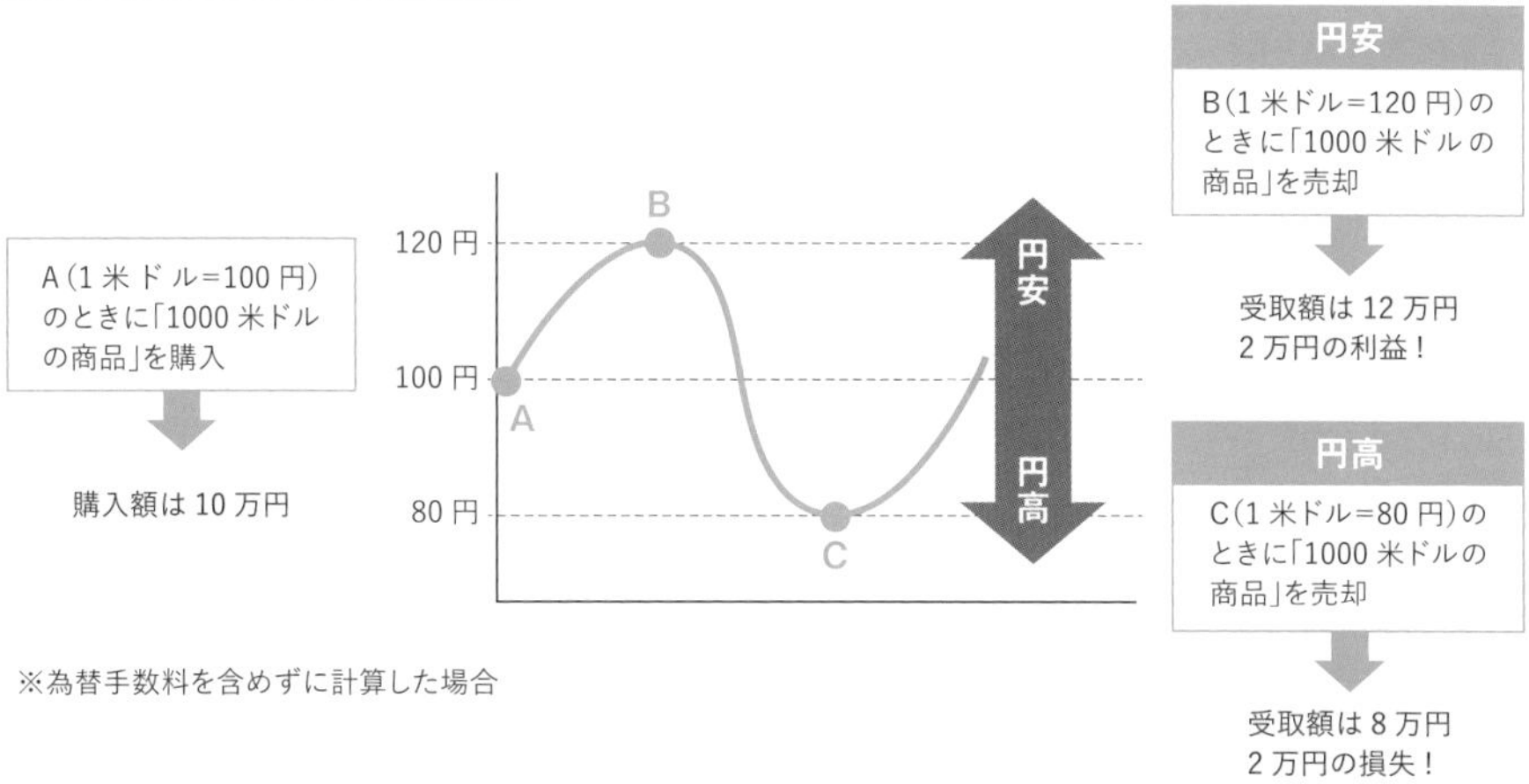

※為替手数料を含めずに計算した場合

金利が高い

わが国では日銀のマイナス金利政策の影響で、金利が非常に低く抑えられている（2020年現在）。それと比較した場合、外貨は一般的に金利が高いことがメリット。

住信SBIネット銀行の外貨定期預金と円定期預金の例

	1か月	2か月	3か月	6か月	1年
米ドル	1.30%	1.30%	1.60%	1.65%	1.80%
豪ドル	0.50%	0.50%	0.55%	0.60%	0.70%
NZドル	0.80%	0.80%	0.85%	0.85%	1.10%
カナダドル	0.70%	0.70%	0.85%	0.90%	0.90%
円定期預金	0.02%	0.02%	0.02%	0.02%	0.20%

※外貨定期預金の金利、円定期預金の金利は2020年2月現在のもの

為替手数料が必要

円と外貨を売買する際には、為替手数料がかかる。為替手数料は通貨の種類や金融機関によって異なるが、都市銀行の窓口の場合、1米ドルを売るとき1円、買うとき1円の為替手数料という設定が多い。

1米ドル=100円、片道手数料1円の場合

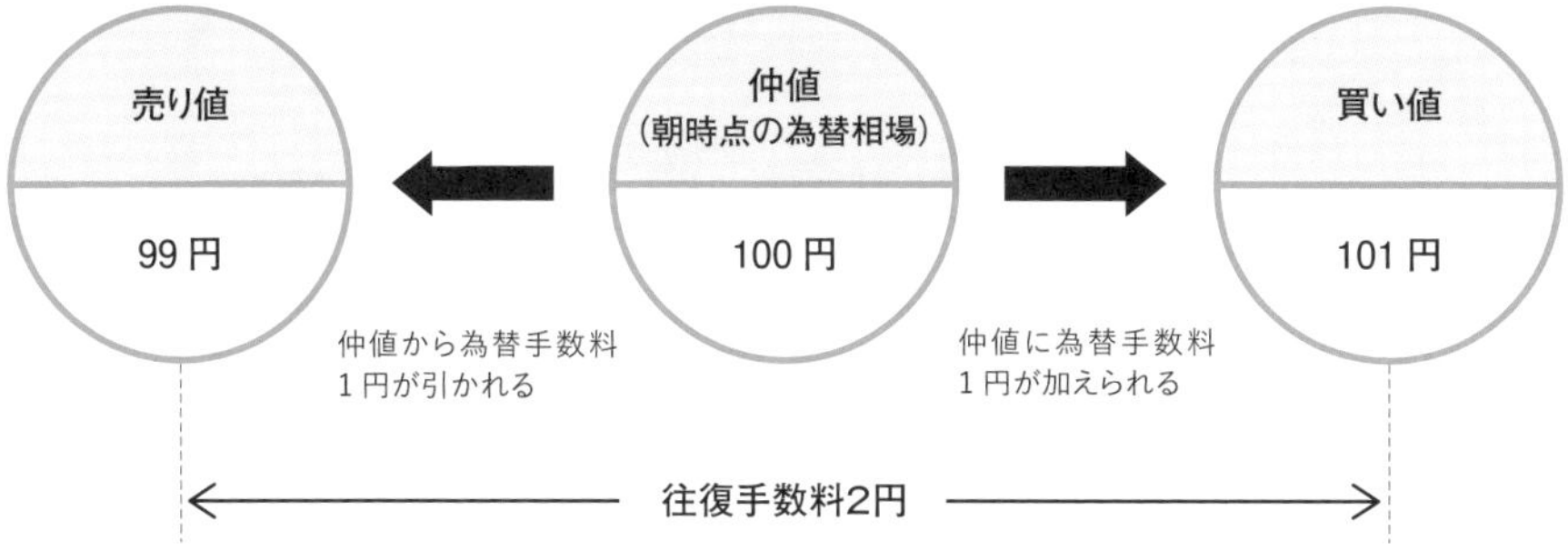

手軽に始めたいなら外貨預金や外貨建てＭＭＦ

さまざまな外貨投資商品の中でも、少額から手軽に始められるものは外貨預金と外貨建てＭＭＦです。**外貨預金は預け入れるお金が外貨であること以外、通常の預金と変わりがなく、身近な銀行で取り扱っている**ので、外貨投資ビギナーにもハードルが低いはずです。

一方、外貨建てＭＭＦは投資信託の一種で、格付の高い海外の公社債が主な投資先です。当然、値動きはありますが、**比較的安定した運用ができて、一般に外貨預金より利回りが良いことがメリットです。**

外貨預金も外貨建てＭＭＦも、解約や売却の際に為替レートによって損益が生じる場合があります。為替レートに注意して、換金のタイミングをしっかり見計らいましょう。

外貨預金は解約のタイミングに注意

解約時の為替レートによって、預金が利息以上に増える場合もあるし、逆に利息が多くても元本割れする場合もあるので、解約のタイミングを見極めることが大切。

1 米ドル＝100 円のとき、金利 1.3％で 100 万円（1 万米ドル）の外貨預金をした場合

1 年後に 1 米ドル＝110 円のときに解約

利息＝1 万米ドル ×0.013× 1年＝130 米ドル
円の返還金額＝（1 万米ドル＋130 米ドル）×110 円＝111 万 4300 円

円安で本来の返還金額（101 万 3000 円）より 10 万 1300 円のアップ！

3 年後に 1 米ドル＝90 円のときに解約

利息＝1 万米ドル ×0.013×3 年＝390 米ドル
円の返還金額＝（1 万米ドル＋390 米ドル）×90 円＝93 万 5100 円

3 年間の利息がついているのに円高のせいで元本割れ

高金利で長期間の預け入れをすれば、円高時に解約しても、上乗せされた利息分が元本割れを防いでくれて、利益が出る場合もありますよ。

外貨建て MMF の仕組み

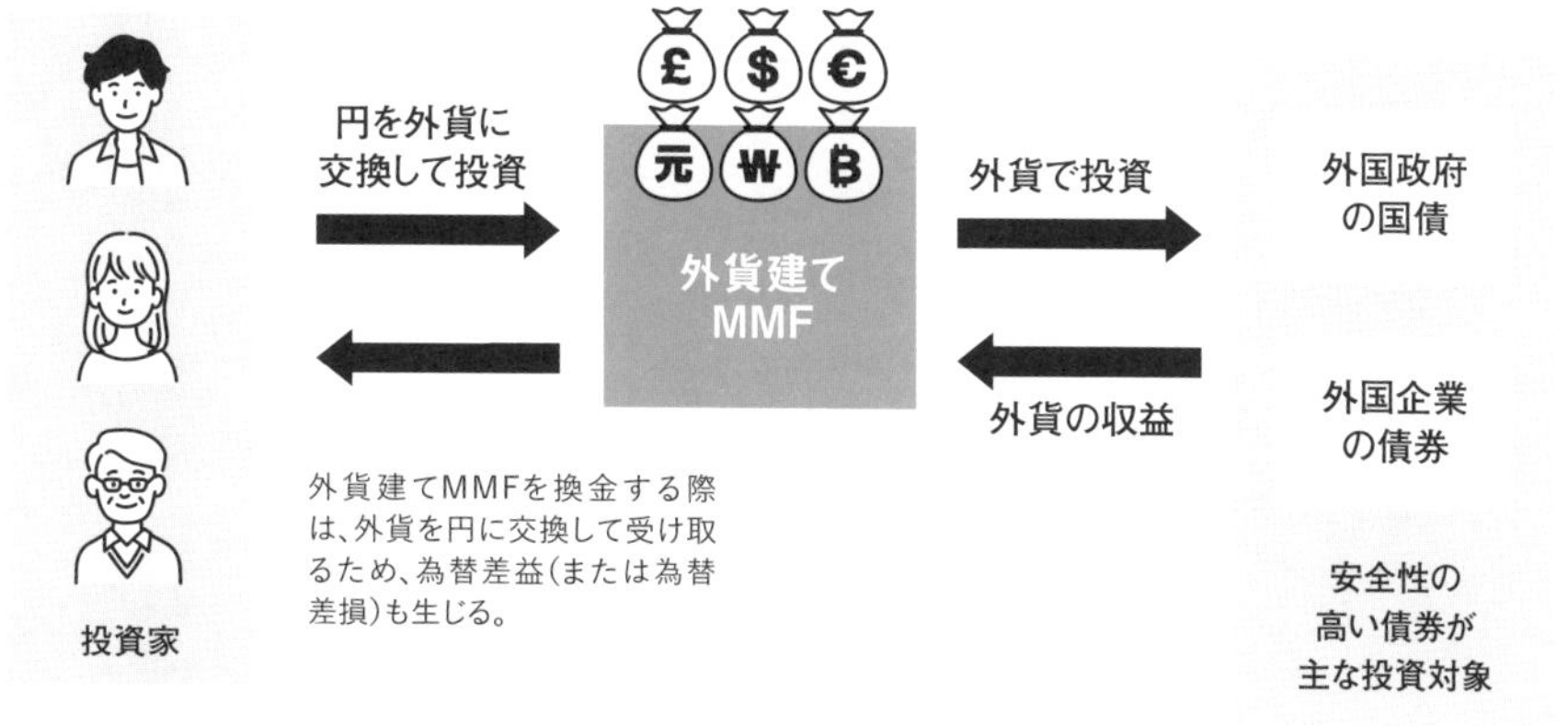

外貨預金と外貨建て MMF の違い

大きな違いは、外貨預金なら預入時の適用金利がわかるのに対して、外貨建て MMF は決算ごとの運用実績で分配額が決まるため、後にならないと利回りが判明しないという点。ただし、外貨預金よりも外貨建て MMF のほうが、一般的に利回りが良い。

	外貨預金	外貨建てMMF
為替手数料	一般的に往復 1 円以上。 (通常、外貨建てMMFより高い)	一般的に往復 50 銭以上。 (通常、外貨預金より安い)
保有中にかかる費用	特にかからない	運用報酬として管理報酬や監査費用等がかかる
金利	変動金利	運用実績による分配(分配金は元本に組み込まれ、複利効果が期待できる)
換金性	普通預金はいつでも換金可能。定期預金の中途換金には条件が付く	いつでも換金が可能
税金	利息と為替差益に 20.315%の税金がかかる	分配金と為替差益に 20.315%の税金がかかる
主なリスク	為替変動リスク、信用リスク	為替変動リスク、信用リスク、価格変動リスク
元本保証	外貨ベースで元本保証。円から投資する場合は、為替変動で元本割れのリスクがある	元本保証はない
資産保護	預金保険の対象外のため、資産保護はない	分別管理の対象となるため、金融機関が破綻しても資産は保全される

COLUMN　このごろ話題のＦＸってどんなものなの?

FX(外国為替証拠金取引)は、外貨の売買で為替差益を狙う取引。また、異なる通貨間の金利差を利用して利益を狙うこともできる。そして最大の特徴は、預け入れた証拠金(元本)の 25 倍までの金額で取引ができること(レバレッジという)。うまくいけば大きな利益となるが、逆に大きな損失を出すおそれもある。ギャンブル的な側面もあり、為替に関する知識と情報をよほど持っていないと危険な投資手段といえそうだ。

上級者向けの投資

少額から可能な「不動産」投資もある

REIT・ETFなら1000円台で投資できる

不動産投資には、不動産物件を購入して家賃収入を得る方法と、不動産を対象にしたＲＥＩＴ《リート》という投資信託で利益を得る方法があります。不動産の直接購入は、多額の資金が必要なのでローンを組む人も多く、その場合、**ローンの返済額を上回る家賃収入がなければ利益が出ません**。

一方、**REITは、投資家から集めた資金をマンションやオフィスビルなどに投資し、家賃や売却で得た収益を投資家に還元する仕組みです**。さらに、そのＲＥＩＴに間接的に投資する「ＲＥＩＴ・ＥＴＦ」という投資信託もあります。

実物不動産による不動産投資の仕組み

賃貸用物件を購入して家賃収入を得るのが、基本的な不動産投資の方法。うまくいけば収益も大きいが、物件探しや多額の資金調達なども必要で、大きな手間と労力がかかる投資といえる。

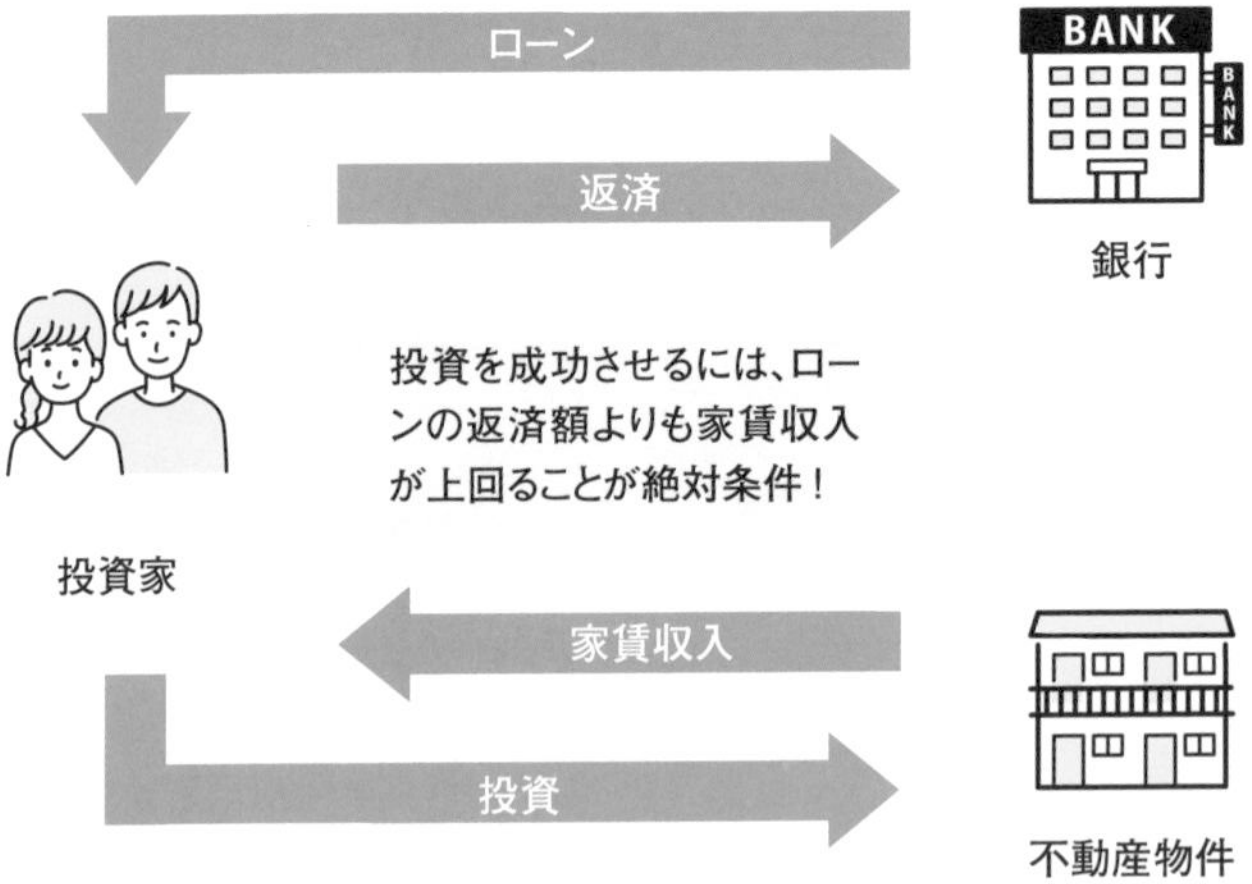

実物不動産のメリットとデメリット

メリット	●計画通りに家賃収入を得られれば、かなりの収益を上げられる。 ●地価が上昇したときに売却できれば、売却益も大きい。 ●資産の一部を不動産で持つことで、相続税額が低くなる場合がある。
デメリット	●物件購入のためには大きな額の資金が必要。 ●ローンの返済のほか、維持・管理費用や税金もかかる。 ●思うような価格で売れなかったり、すぐに売却できないことがある。 ●空き室リスク、自然災害リスク、火災リスクなどがある。

REIT(J-REIT)による不動産投資の仕組み

REITは、投資対象を不動産に絞った上場投資信託の一種。投資信託なので、不動産物件を直接購入するほどの資金がない人でも、不動産投資が可能になる。

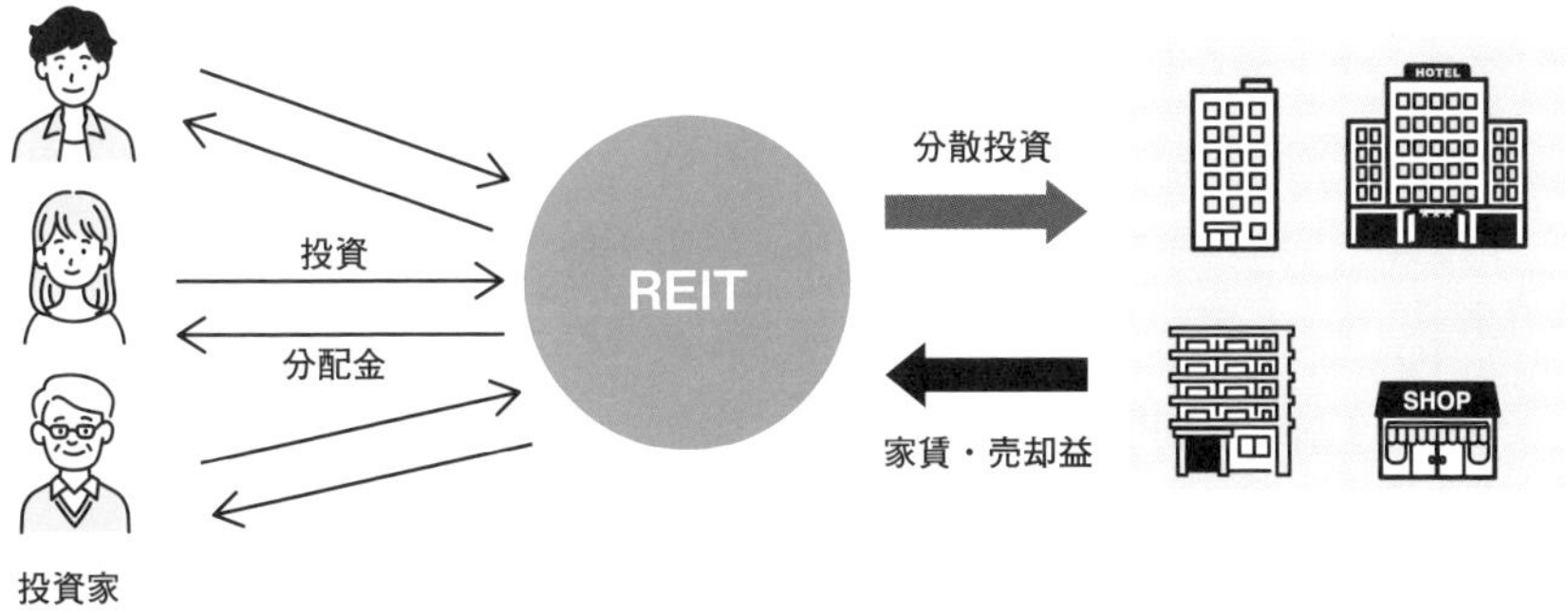

REITのメリット・デメリット

メリット	● 複数の不動産物件に分散投資ができる。 ● 不動産物件の維持・管理のための経費や税金がかからない。 ● NISA口座でREITの購入が可能。
デメリット	● REITを運用する投資法人の倒産リスクがある。 ● 実物不動産投資と比べると、利回りは低くなる(利回り3%台が一般的)。 ● 不動産価格が下がるとREIT価格も下がるリスクがある。

REIT-ETFによる不動産投資の仕組み

REIT-ETFは、複数のREITを組み込んだ「東証REIT指数」に連動する上場投資信託。REITよりもさらに少額で投資ができ、結果的にREIT以上の分散投資となるため、リスクが非常に低い。

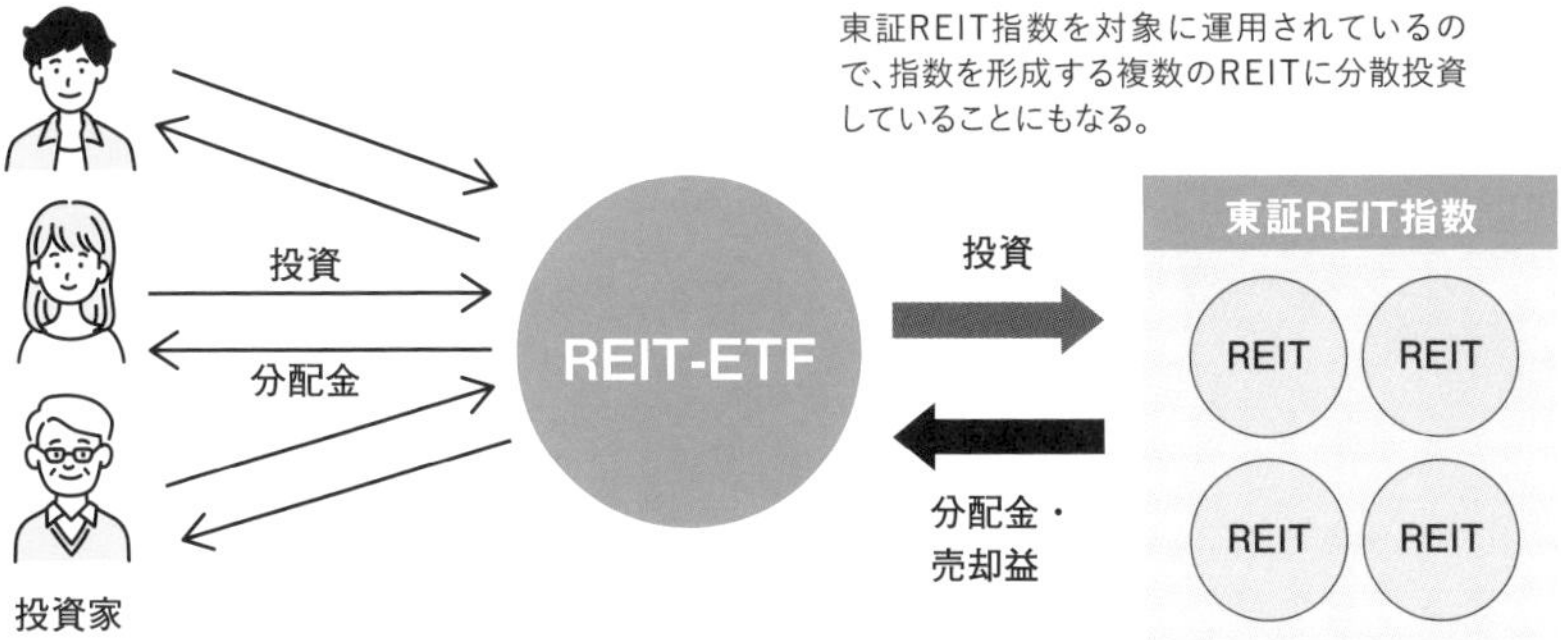

「REIT」と「REIT-ETF」の違い

	REIT	REIT-ETF
投資の対象	マンション、オフィスビル、商業施設など	「東証REIT指数」に組み込まれた複数のREIT
最低投資額	10万～70万円程度。10万円以下のREITもある	1000円台から数万円という少額で購入できる
利回り	概ね3%以上の高利回り	概ね2～3%

上級者向けの投資

リスクヘッジとして有効な「金」投資

「有事の金」は もしものときに力を発揮

「金」投資の場合、**利息や配当金がつかず、値動きだけで損益が決まります。**また、経済や社会の状況が悪化して株価などが下がると、逆に価格は上がりやすいのも金の特徴で、「有事の金」ともいわれます。そのため金は、**もしものときの資産減を防ぐリスク対策資産ともなります。**

「金」投資には、単純に金の現物を購入する方法がありますが、盗難の危険があり保管も大変です。そこで、毎月一定額で金を購入する純金積立や、証券市場で取引できる金のETF（→P.179）を利用したほうが、盗難や保管の心配もなく便利で安心です。

主な「金」投資の方法

	金地金《きんじがね》	純金積立	金ETF

特徴	金の現物を購入する。1g当たり5000円以上が相場。5g単位から購入できる取扱会社もある	毎月一定額の積立（1000円程度から）で金を購入。金の現物は取扱会社が保管してくれる	金価格に連動した上場投資信託。1口4000円台で購入できるものもある
メリット	●現物を保有できる	●毎月1000円などの少額から簡単に始められる ●現物の引き出しができる ●盗難リスクがない	●株式のように市場でいつでも売買ができる ●手数料が安い ●盗難リスクがない
デメリット	●盗難リスクある ●保管コストがかかる	●手数料が比較的高め	●現物の金との交換ができない場合がほとんど
取扱会社	鉱山会社、地金商、商社	貴金属商、鉱山会社、商社	証券会社

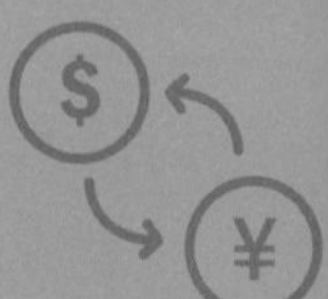

金ETFならNISA口座（→P.184）の利用もできますよ。NISA口座なら、5年間、年間120万円（2024年以降は122万円）までの投資の利益が非課税になりますよ！

純金積立にはドルコスト平均法の効果がある

純金積立は、金の価格変動と関係なく毎月一定の額で金を買い続けるので、高値買いを回避でき、平均購入価格を抑えられるというメリットがある。

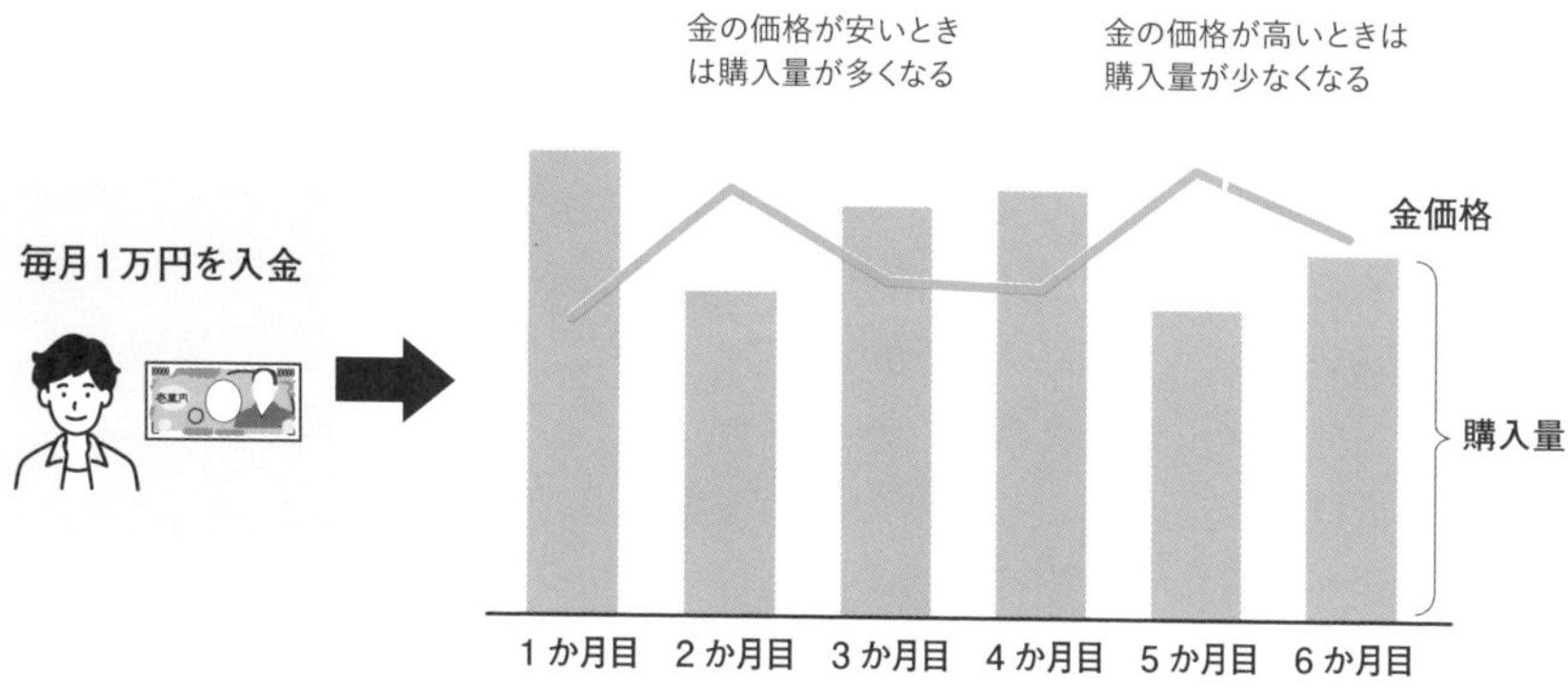

自動的にドルコスト平均法(→P.168)の効果が発揮され、金の価格変動リスクが低減される。

金ETFの仕組み

金 ETF は、金を証券化して、証券市場で売買できるようにしたものだと考えればわかりやすい。

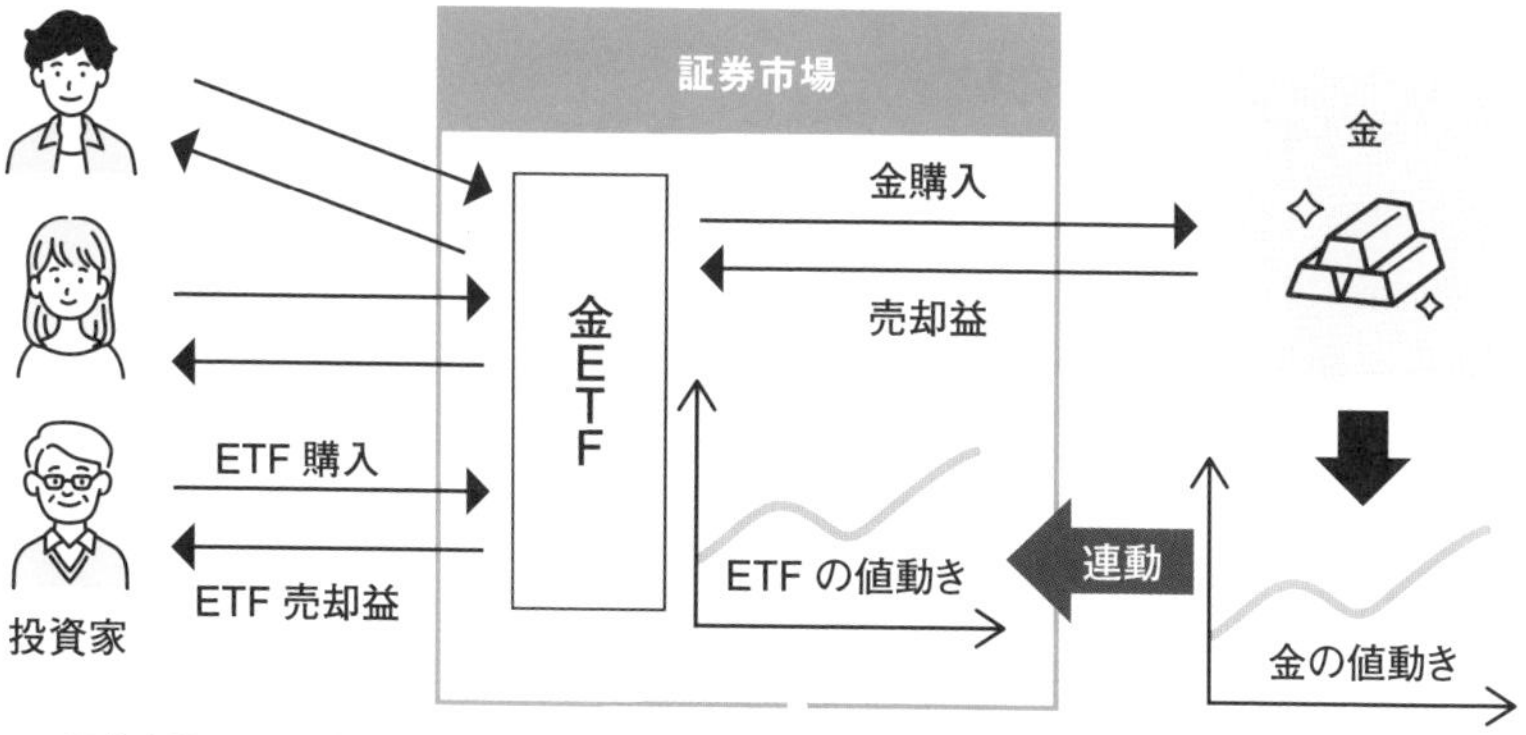

証券市場での取引なので、買ったその日のうちに売却して現金化することも可能。

金の価格の動きと連動して金ETFも値動きする。

COLUMN 金 ETF の銘柄

2020 年 2 月現在、右記の 5 つの金 ETF 銘柄がある。

- 金価格連動型上場投資信託
- 純金上場信託(金の果実)
- SPDR ゴールド・シェア
- ETFS 金上場投資信託
- One ETF 国内金先物

仮想通貨投資は
熟慮したうえで取引を

仮想通貨は、紙幣や硬貨のような実体を持たず、インターネット上でやりとりされる電子データのお金です。円など既存の通貨（法定通貨）と交換でき、買い物の支払いに仮想通貨が使える実店舗も増えています。そして、既存の通貨は国や銀行によって管理されているのに対して、仮想通貨はユーザー全員で取引データを監視し合う、ブロックチェーン（分散型台帳）という技術で管理されていることが最大の特徴です。

仮想通貨が大きな注目を集めるようになったのは、2017 年のいわゆる「仮想通貨バブル」からです。ビットコインなどの仮想通貨が 1 年間で 10 倍以上に急騰し、以来、仮想通貨といえばハイリターンの投資対象というイメージが定着したようです。

しかし、ハイリターンであることは、リスクも高いということ。実際、ビットコインは 2017 年の価格急騰の後、翌年末までに 80% 以上も大暴落し、巨額の損失を被った人もいます。

仮想通貨は価格変動の幅が非常に大きく、株式のように経済活動の利益が値上がりに結び付くものではなく、需給関係だけで価格が決まります。そのため、初心者にとって値動きの予想は至難の業です。大きすぎる価格変動リスクを考えると、仮想通貨は、短期的な利ざやを狙う「投機」と考えたほうがいいかもしれません。

また、サイバー攻撃などによる仮想通貨の消失事件が、過去に何度か発生しているので、もし仮想通貨に投資をするならば、十分な知識を持って万全の注意を払いながら行うことが必要です。

Lesson
7

お金を稼ぐ

仕事を選ぶ

自分の働く産業の賃金目安を知っておこう

どんな仕事でどう働くかが収入差の分かれ道

仕事を収入面から捉えると、**高学歴で正社員として大企業に勤めるのが、一般的に有利**とされています。

しかし最近では、働き方改革の促進や、年功序列をやめて実力主義で評価する企業が増えていて、統計の数字と合致しない場合も多くなっています。また、AI（人工知能）の導入やM&Aによる企業の消滅など、**企業を取り巻く環境はめまぐるしく変化しています。**そのため、初任給がよい仕事でも、その後どうなるかはわかりません。収入だけでなく、自分が重視する要素も仕事選びの大切なポイントになるでしょう。

企業規模による賃金の違い

大企業を100とすると、男性の賃金は中企業で85.0、小企業78.1。女性の賃金は中企業で91.6、小企業84.4となっている。

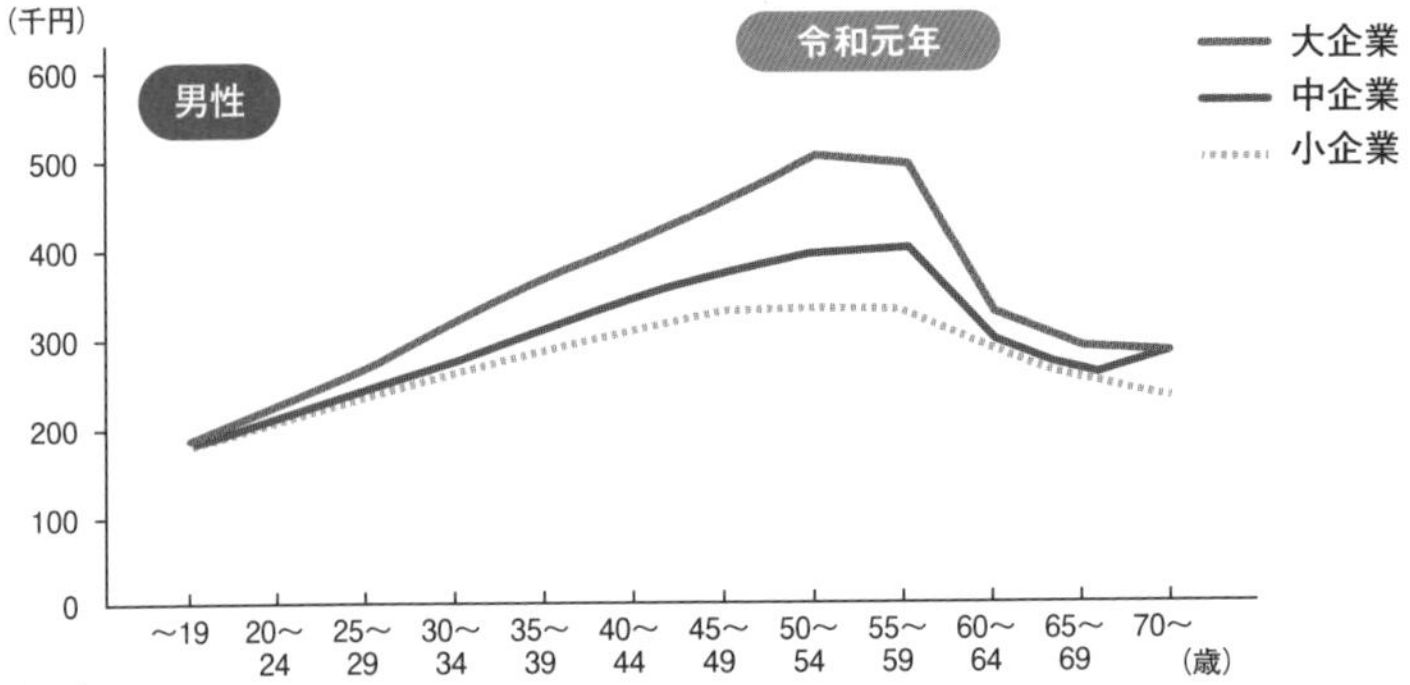

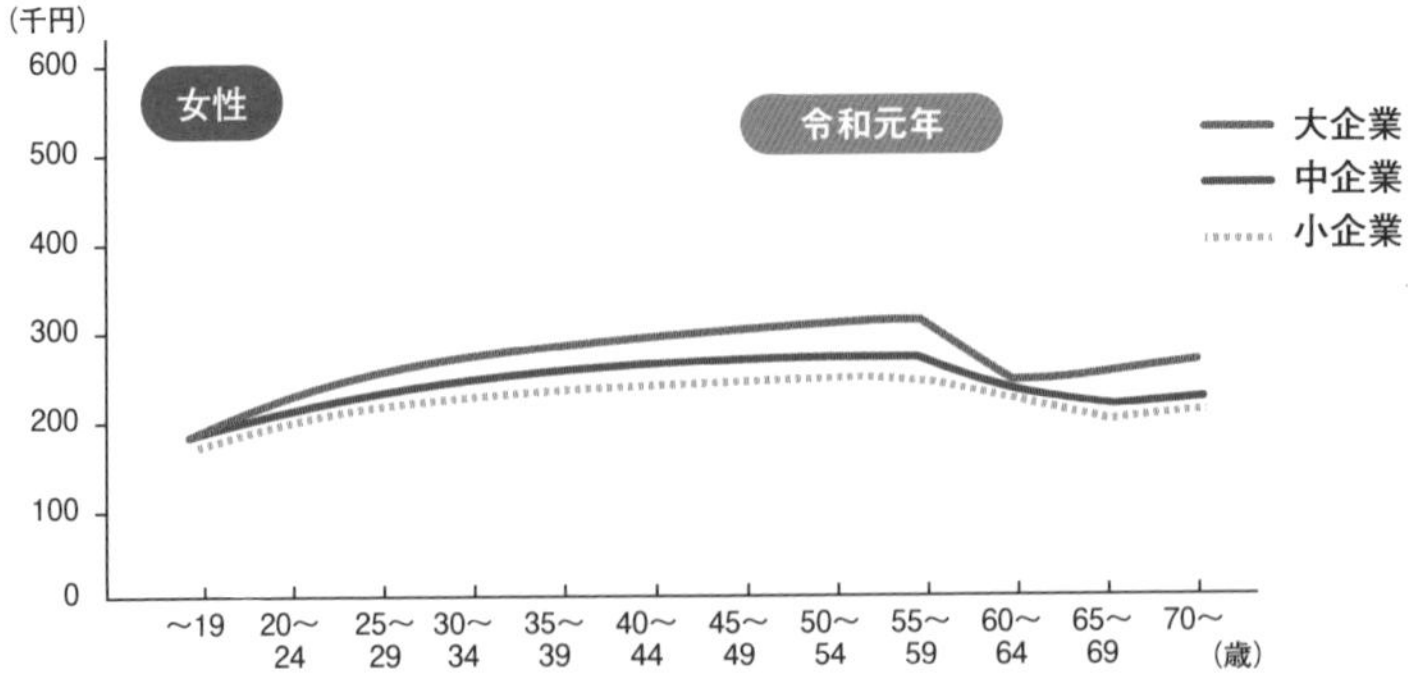

出典：厚生労働省「令和元年賃金構造基本統計調査（企業規模別）」をもとに作成

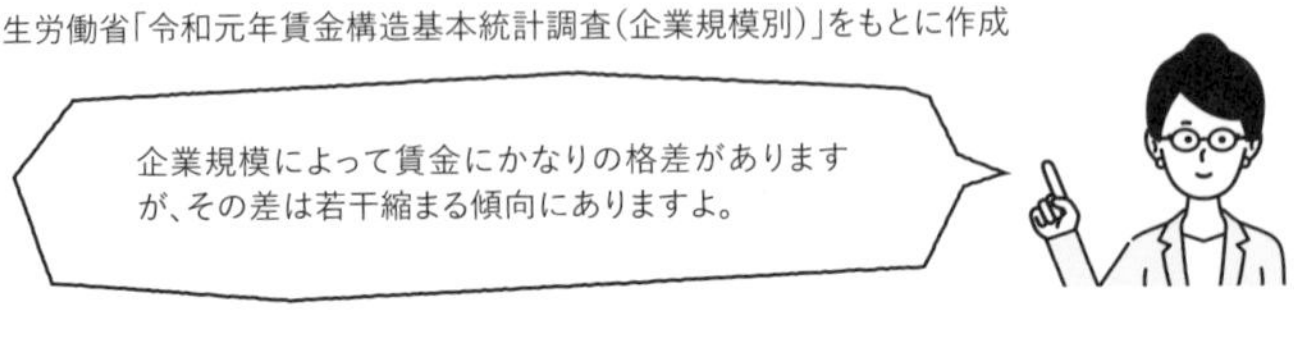

産業別、学歴別の初任給の違い

初任給の高い産業は、大卒のトップが「学術研究、専門・学術サービス業」で、高卒のトップが「建設業」。

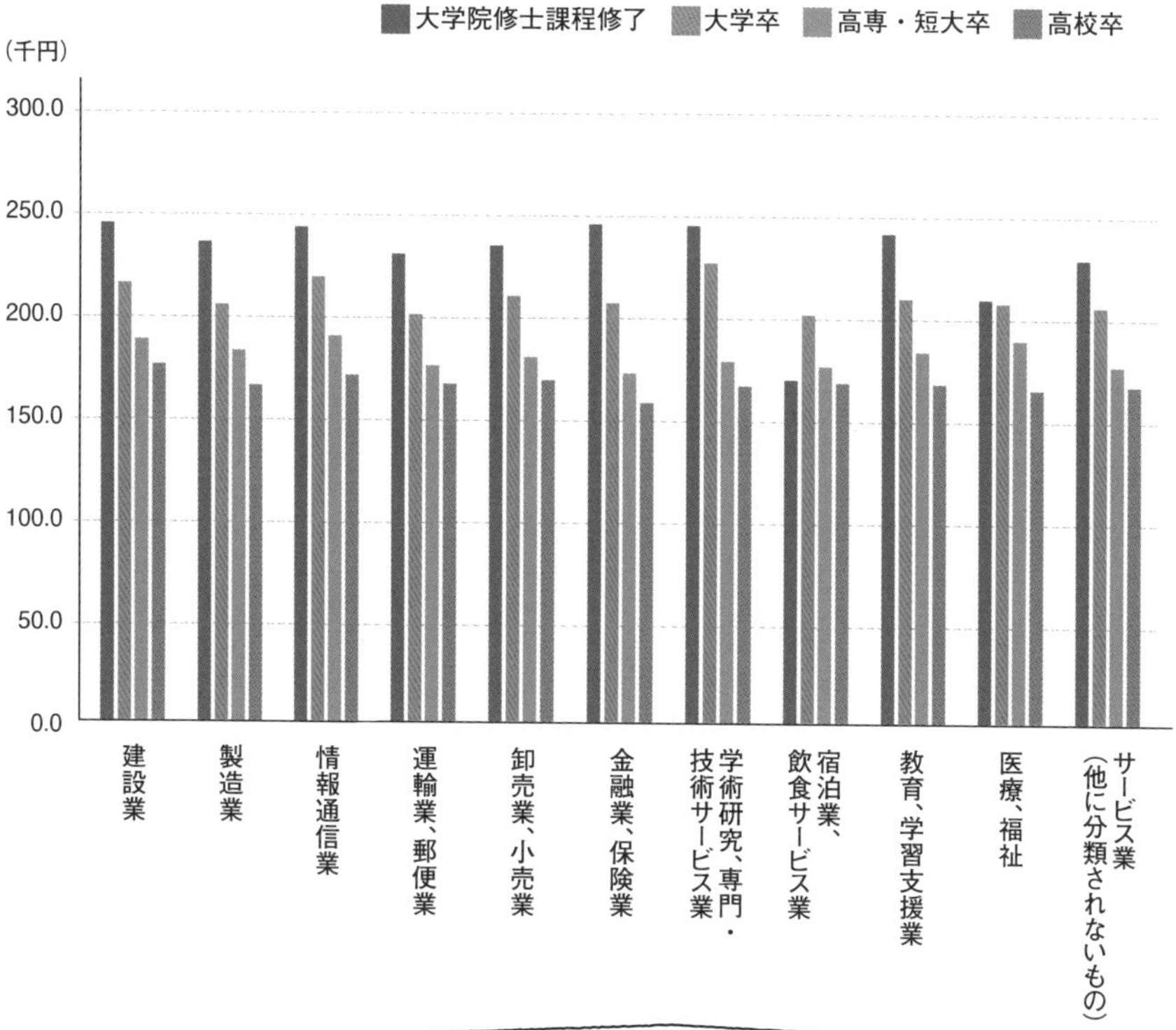

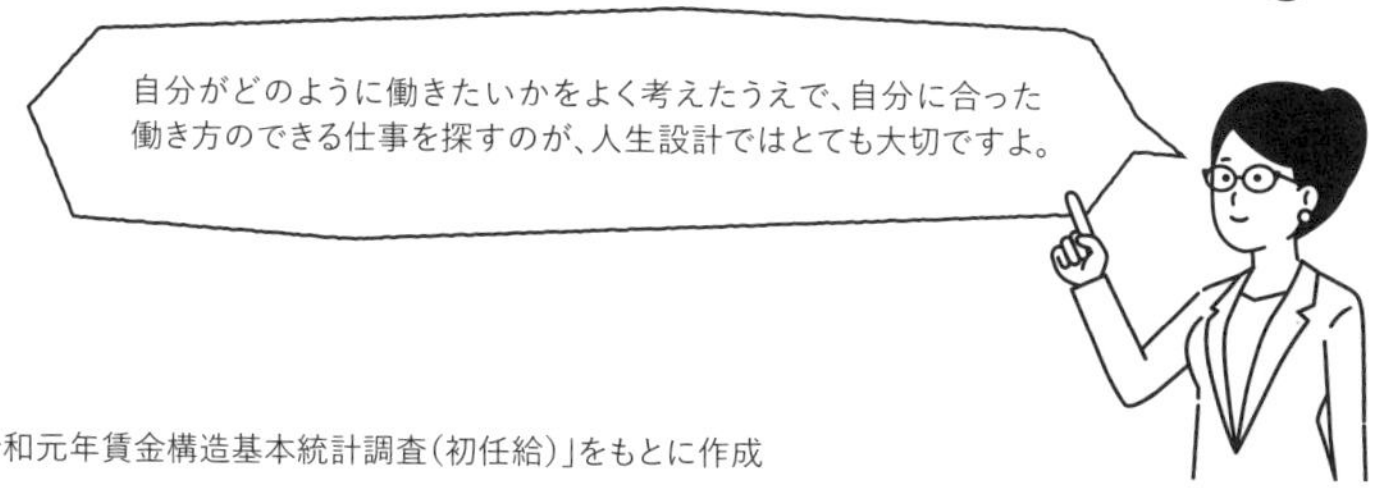

出典：厚生労働省「令和元年賃金構造基本統計調査（初任給）」をもとに作成

COLUMN 就活は『就職四季報』をチェック

『就職四季報』（東洋経済新報社）は、企業の実情を知るための情報が豊富に掲載されている。業界の傾向を知ることができて業界比較も可能なので、就活に役立つ。採用実績や平均年収だけでなく、その企業の有給休暇の取得日数も掲載されていて、働き方の参考になるはず。

性別、学歴、企業規模で生涯賃金に差がつく

人は生きている間にいくら稼ぐのでしょうか。人によってどのくらいの差があるのでしょうか。そこで気になるのが「生涯賃金」です。

学校を卒業してすぐに就職し、一般的な定年の60歳まで働き続けた場合に、受け取る賃金の総額が生涯賃金とされています。ただし、過去に受け取った賃金の総額を調べる統計はないため、以下の生涯賃金はあくまで推計になっています。

生涯でもらえる賃金は、男性の推計によると3億2810万円（引退までで退職金を含む、2017年）となっています。

定年までの生涯賃金

学歴による差は大学・大学院卒と高卒で、男性約 5780 万円、女性約 6650 万円となっている。

生涯賃金（65 歳まで、退職金を含めない、2017 年）

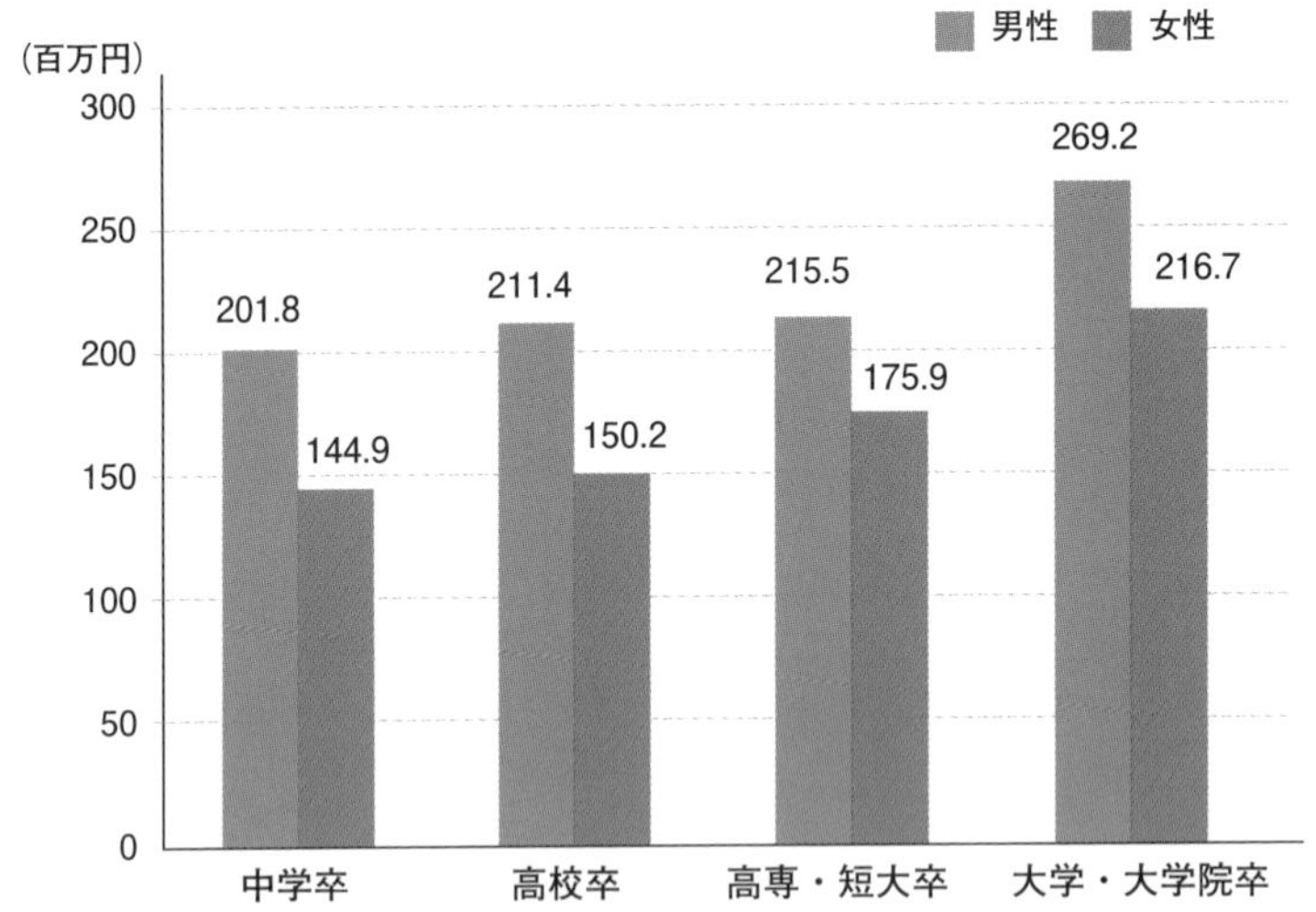

※学校を卒業して新卒で就職し、正社員としてフルタイムで 60 歳まで働いた場合。ただし同じ企業で働いているとは限らず、失業期間もないとして推計。退職金は含まれていない

※生涯賃金は厚生労働省の「賃金構造基本統計調査」による一般労働者の各年齢階級の賃金額、標準労働者の各年齢の賃金額から推計されている

出典：労働政策研究・研修機構「ユースフル労働統計 2019- 労働統計加工指標集 -」をもとに作成

引退までの生涯賃金（男性）

定年後の賃金の上積みは、大学・大卒約5890万円、高卒約4300万円となっている。

男性の生涯賃金（65歳まで、退職金を含む、2017年）

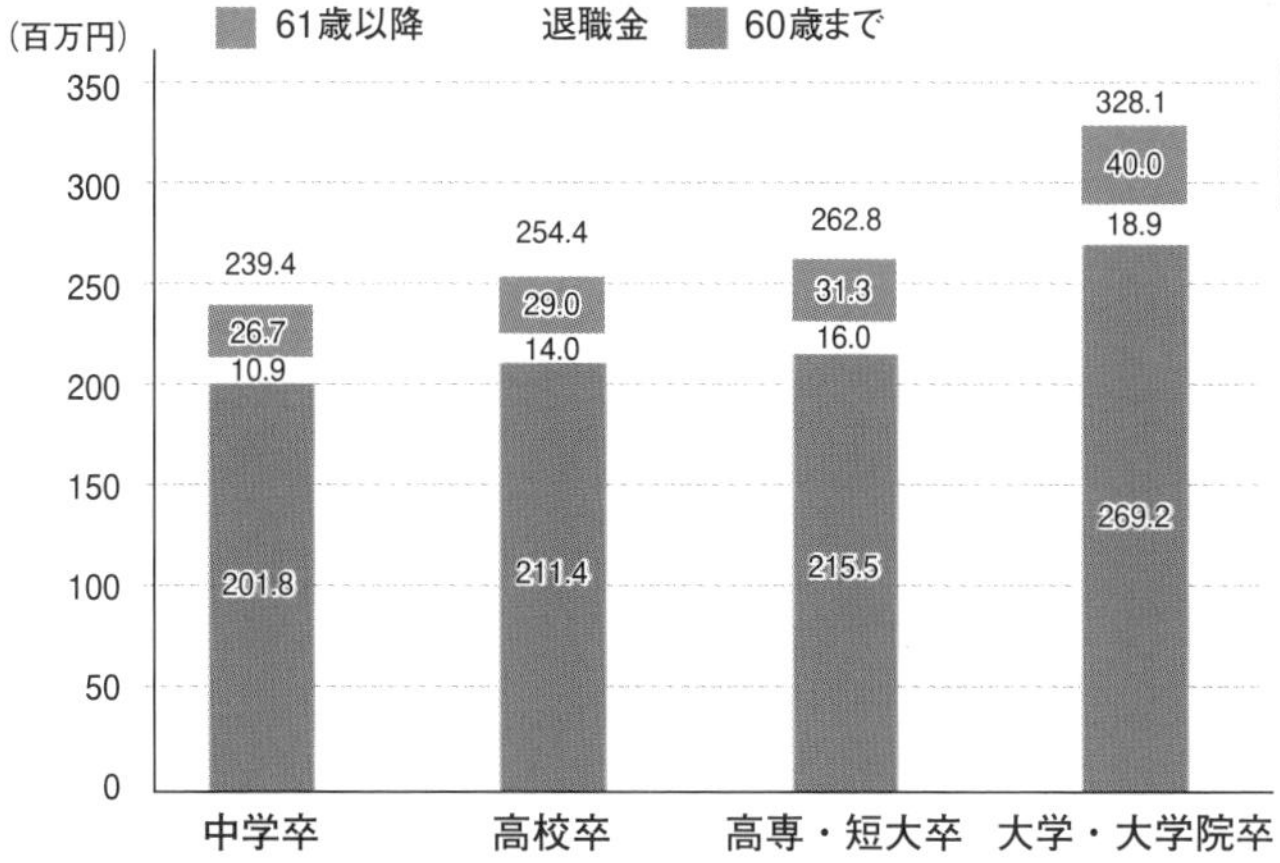

※学校を卒業して新卒で就職し、正社員としてフルタイムで60歳まで働いて退職金を受け取った場合。
さらにその後も引退までフルタイムの非正社員を続けた場合

出典：労働政策研究・研修機構「ユースフル労働統計 2019 - 労働統計加工指標集 - 」をもとに作成

平均引退年齢の推移

雇用者の平均引退年齢は、男性68.8歳、女性66.2歳（2015年）。働けるならいつまでも働いていたいと思っている人が多い。

雇用者の平均引退年齢

（単位：歳）

年	男性	女性
1975	67.9	64.1
1980	67.1	63.7
1985	66.5	63.0
1990	66.6	63.0
1995	67.2	63.6
2000	66.8	63.7
2005	67.1	64.0
2010	67.6	64.8
2015	68.8	66.2

資料：総務省「国勢調査」

出典：労働政策研究・研修機構「ユースフル労働統計 2019 - 労働統計加工指標集 - 」をもとに作成

継続就労希望年齢

（単位：%）

60歳ぐらいまで	11.8
65歳ぐらいまで	21.4
70歳ぐらいまで	23.6
75歳ぐらいまで	10.1
76歳以上	2.7
働けるうちはいつまでも	29.5
無回答	1.0

資料：内閣府「高齢者の地域社会への参加に関する意識調査」（2013年）

「会社員」は本当にいいことずくめ？

会社員は安定した給与と手厚い福利厚生が魅力

会社員は比較的安定した収入を得ることができます。これは法律によって、「**給与は毎月1回以上、一定の期日に、労働の対価として支払う**」と定められているためです。給与を支払う基準に加えて、休日に関しても法律による決まりがあります。賞与（ボーナス）は民間企業には支払い義務がありませんが、慣行や就業規則で支払う会社が大半です。

また、会社には会社員に福利厚生を提供する義務があり、その費用も会社が支払います。ただし**福利厚生が手厚く充実しているかどうかは、会社によって大きく異なります。**

会社員の給与

1 年を通じて勤務した給与所得者の 1 人あたりの給与は平均 441 万円、男性 545 万円で女性は 293 万円となっている。給与はそれほど伸びておらず、前年比の伸び率は平成 28 年 0.3 %、平成 29 年 2.5%、平成 30 年 2%。

年齢階層別の平均給与

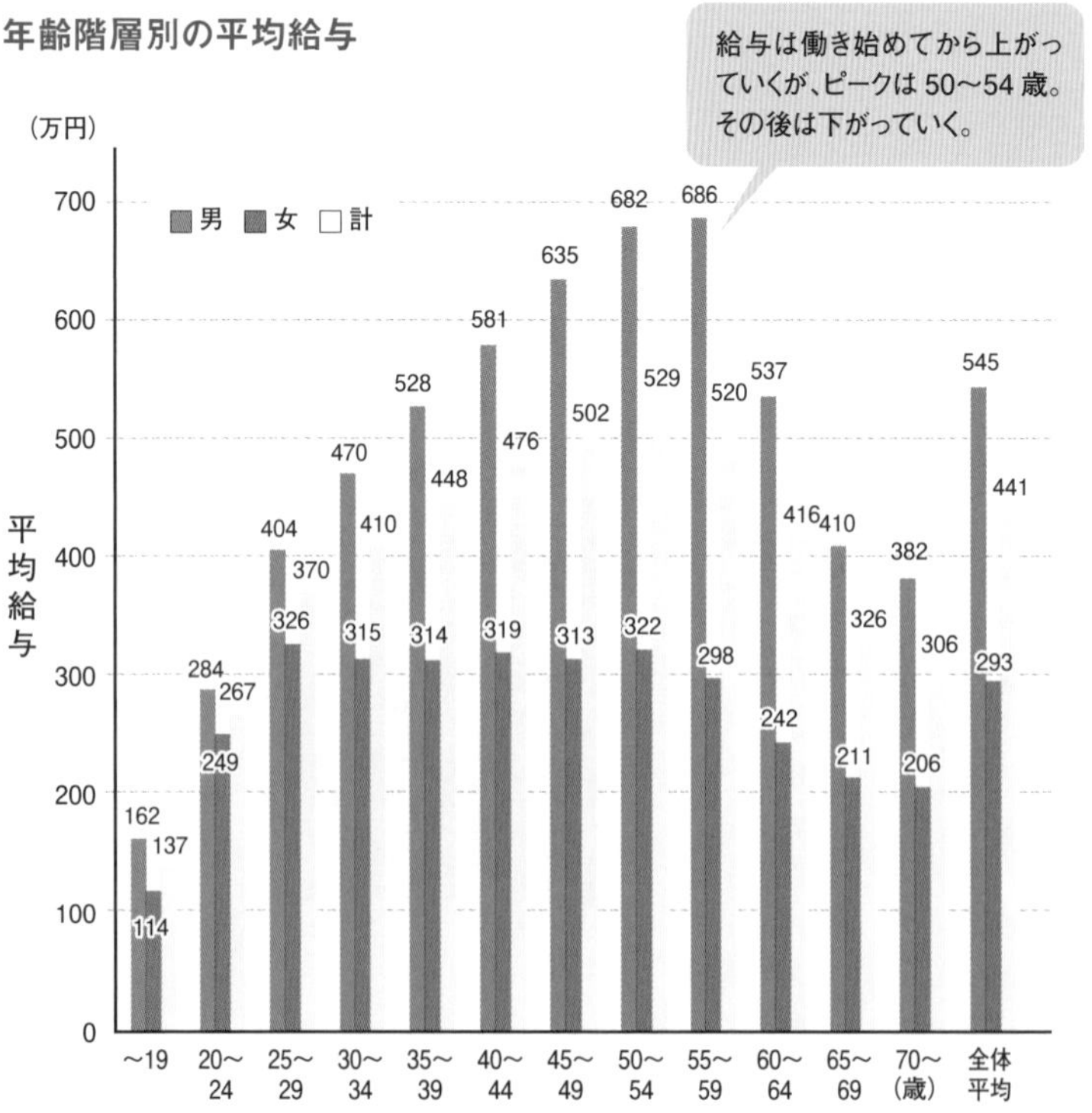

出典：国税庁「平成 30 年分民間給与実態統計調査」をもとに作成

会社員のメリット・デメリット

メリット

- 収入が安定している
- 時間外の労働などに手当がある
- 労働時間が決められている
- きちんとした休日がある
- ローンの審査が通りやすい
- 福利厚生が比較的充実している
- 社会保険料の一部を会社が負担してくれる

デメリット

- 自分の意思にかかわらず職を失うことがある
- 成果を上げても給与に反映されないことがある
- 大幅な給与アップは望めない
- 基本的に会社の方針に従わなければならない
- 仕事上の自由度が低く時間も拘束されやすい
- 自分の意に沿わない仕事をすることがある
- 人間関係が重視され没個性になりがち

会社員のメリットとなる制度

有給休暇		有給休暇の取得は法律で定められている制度。会社はその取得を制限することはできない。パートタイムで働く人も一定の有給休暇の取得ができる
社会保険（→P.118）	労災保険	仕事中や通勤中に起きたケガ・病気・障害または死亡に対する保障。治療費のほか、仕事を休んだときの休業補償、死亡した場合の遺族年金などが支給される。保険料の全額を会社が負担することになっている
	雇用保険	失業して給与をもらえなくなったときに給付を受けられる制度。育児や介護のために休業するときも適用される。保険料は会社と従業員の双方で払うが、業種によって負担割合が違う
	健康保険	労災保険に含まれない私的なケガや病気の保障制度。治療費や休業に対して給付がある。保険料は原則として会社が半額負担する
	介護保険	40 歳からは介護保険に加入することになっており、介護が必要になると給付が受けられる。保険料は原則として会社が半額負担する
	厚生年金	老後の生活を保障してくれる年金。障害者認定されると障害年金、死亡した場合の遺族年金の給付もある。保険料は原則として会社が半額負担する
会社独自の制度		離職後などの生活の助けとなるように独自の制度を設けている会社もある。社内預金、財形貯蓄、確定拠出年金など

新型コロナウイルスの影響を受けて、従業員を解雇せざるを得ない企業や倒産する企業も出ています。こうした状況が続くようであれば、会社員だからといって、必ずしも安心とは言えなくなるでしょう。

給与明細の見方

給与は、会社から支払われる「支給」、天引きされる「控除」、出勤状況が考慮される「勤怠」から構成されていることを踏まえてチェック。

ボーナスや退職金のベースにもなる基本的賃金

決まった労働時間を超えて働いたときに払われる残業代

22時〜翌朝5時の間に働いた場合の割増加算

休日に出勤した場合の割増加算。基礎賃金の35%以上

株式会社○○○○　　給与支給明細書　　社員番号：＿＿＿＿
2020年×月分　　氏名：＿＿＿＿

主任など一定の役職に就いている場合の加算。ただし管理職になると残業代の支給はなくなる

給与からあらかじめ引かれる税金。年末調整で過不足を調整する

勤怠					
	労働日数	出勤日数	有給休暇日数	慶弔休暇日数	欠勤日数
	20	19	1		
	遅刻日数	早退日数	時間外労働		
			7:00		

支給					
	基本給	時間外労働手当	深夜手当	休日手当	役職手当
	270,000	17,500			20,000
	資格手当	家族手当	通勤費	住宅手当	
	30,000	5,000	10,000		

控除					
	健康保険	介護保険	厚生年金	雇用保険	所得税
	17,064	2,718	29,542	2,115	3,120
	住民税				
	35,000				

総支給額
352,500
控除合計額
89,559
差引支給額
262,941

会社によって資格を取得した場合や資格を取得しようとする場合に支給される

扶養家族がいると支給される。会社によって支給額は異なる

会社によって住居費の補助が支給される場合もある

通勤で使用した交通費。会社によって支給額は異なる。1か月あたり15万円まで非課税

前年の所得金額に応じて引かれる税金。居住する市区町村に払う

差引支給額が実際に受け取っている金額です。
きちんと確認しておきましょう。

給与の仕組みを知って給与明細を必ずチェック

会社員がもらう給与は、会社側からみれば「人件費」ということになります。会社の営業活動によって得た収益から、売上原価を引いた粗利の中から捻出されています。

給与は大きく３つの要素で構成されています。**基本給に手当などを加えた「支給」**、**社会保険料や税金などの天引きされる「控除」**、**出勤日数や欠勤などを考慮する「勤怠」**の３つから成り立っています。

給与明細はきちんとチェックしてください。何がいくら支払われ、いくら引かれているか、勤務状況に間違いがないかを確認しましょう。

一般的に**会社員は収入が安定していて、身分が保証**されています。

しかし強弱の差がありますが、**会社員は会社に縛られる存在**だという事実は変わりません。

時間外手当の仕組み

1日8時間、週40時間を超える勤務が時間外労働で、これを一般的に残業という。残業代は月給を所定労働時間で割り、1時間当たりの賃金を算出して計算する。割増加算は25%以上とされている。深夜労働（午後10時〜翌朝5時）の残業は、時間外労働の割増率25%以上に加えて25%以上の割増が必要で基礎賃金の50%以上の割増。

残業代の計算方法

1時間あたりの賃金 × 残業時間 × 割増賃金25%分 = 残業代

例）1時間あたりの賃金が2000円で、残業10時間した場合
2000円 × 10時間 × 1.25 = 2万5000円

深夜残業の計算方法

1時間当たりの賃金 × 深夜残業時間 × 割増賃金50%分 = 深夜残業代

例）1時間あたりの賃金が2000円で、残業8時間、深夜残業2時間した場合
2000円 × 8時間 ×1.25+2000円 × 2時間 ×1.5 = 2万6000円

賞与の仕組み

基本給をもとに計算されるのが一般的。月数は会社全体の業績で決められ、評価係数は個人の勤務成績で決まる。中小企業では経営者の査定で決まる場合も多い。

賞与の計算方法

基本給 × 月数 × 評価係数 = 賞与

例）基本給24万円、2か月分、評価係数「1.2」の場合
24万円 × 2か月分 × 1.2 = 57万6000円

※評価係数は会社によって異なる。たとえば「A評価 =1.2倍、B評価 =1倍、C評価 =0.8倍」などと計算する

賃金をもらう

「派遣社員」や「パート・アルバイト」の待遇は？

正社員との大きな違いは賃金が安いこと

　正社員といわれる会社員と違い、パート、アルバイト、派遣社員、契約社員、嘱託は非正規雇用労働者といわれます。１９９４年から現在まで緩やかに増加を続けています。２０１８年には、**働く人の約5人に2人が非正規雇用**になっています。

　非正規雇用労働者の中には、自分の意思に反して正社員になれずに働いている人も多いのが現状です。そこで政府は、正社員転換へ向けての取り組みを行い、法律を改正しました。**通算5年以上勤務すれば正社員になれる可能性をつくり、有給休暇などの待遇改善もはかられました。**

非正規雇用労働者の特徴

非正規雇用労働者にはいくつかの雇われ方のタイプがある。

派遣社員	人材派遣会社から派遣され、派遣先の会社で働く雇用形態。労働契約は派遣会社との間にあり、雇い主はあくまで人材派遣会社
契約社員	あらかじめ雇用期間が定められている雇用形態。労働契約は契約期間が満了すれば自動的に終了する。 契約期間の上限は基本的に3年
パートタイム	正社員に比べて働く時間が短い雇用形態。「パート」や「アルバイト」も法律上はパートタイム労働者になる。 パートは主に主婦層向けに、短時間勤務が設定されていることが一般的。アルバイトは主にフリーターや学生向けに、働ける時間の都合がつきやすく設定されている

非正規雇用労働者のメリット・デメリット

メリット

- 勤務日や勤務時間を調整しやすい
- 兼業が可能
- 仕事の範囲が限られている
- 責任の負担が少ない
- 異動や転勤はほとんどない

デメリット

- 雇用が不安定
- 休日などで実労働時間が少ないと給与が減る
- 昇給昇格のチャンスが少ない
- 福利厚生の待遇に正社員と差がある
- 社会保険に加入できない場合がある

非正規雇用労働者の賃金

正規雇用労働者に比べて非正規雇用労働者は、賃金が低いというのが最大の課題。

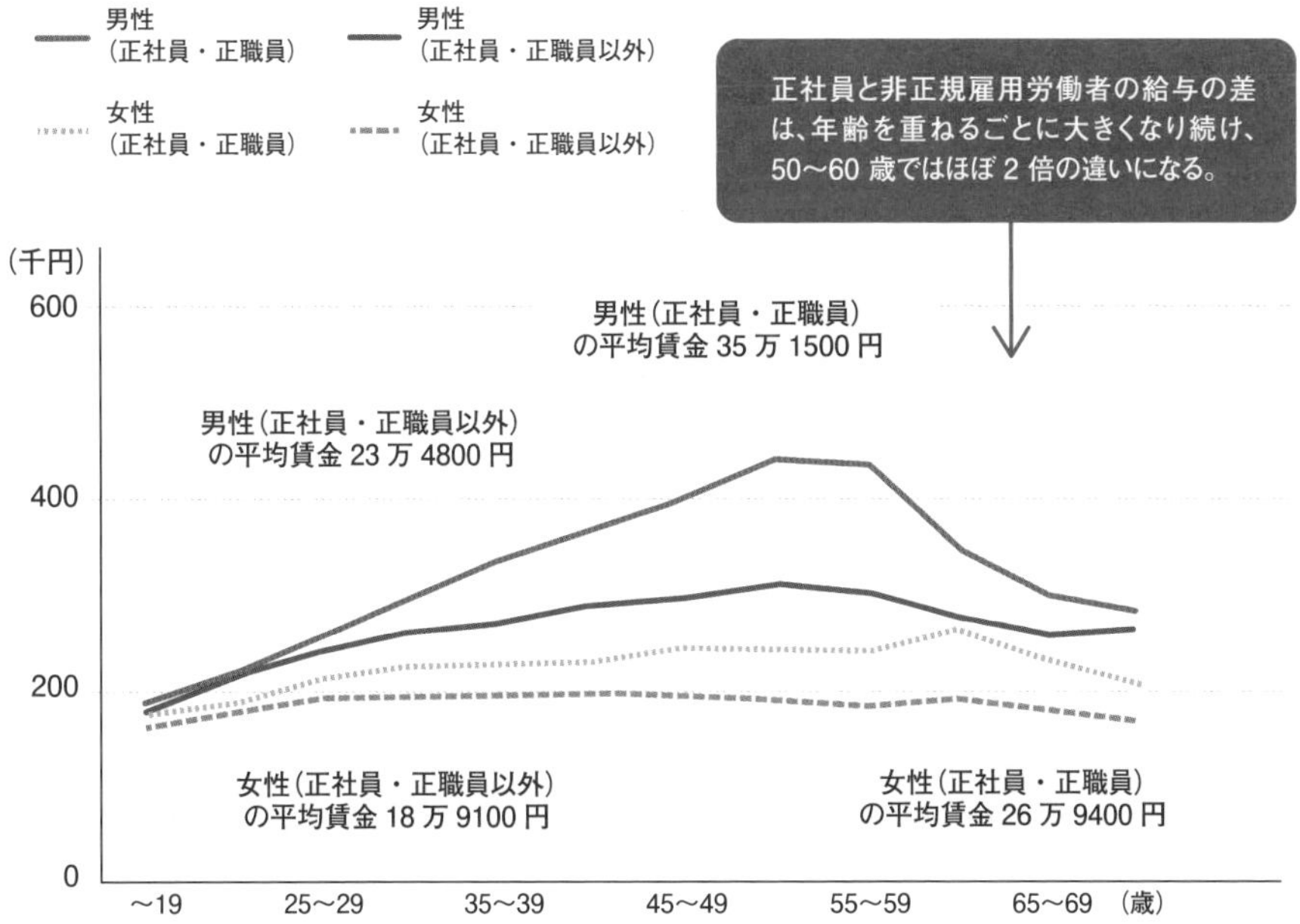

出典：厚生労働省「令和元年賃金構造基本統計調査 雇用形態別表」をもとに作成

COLUMN 非正規雇用労働者も社会保険に加入

パートやアルバイトで働いていても一定の基準に該当すれば、社会保険に加入できる。適用される基準は以下の通り。

雇用保険	①31 日以上引き続き雇用されることが見込まれること ②1 週間の所定労働時間が 20 時間以上であること ※両方の基準を満たしていれば加入できるので、雇い主が手続きを忘れていないか確認しよう
健康保険と厚生年金	①1 週間の所定労働時間が 20 時間 以上であること ②雇用期間が 1 年以上見込まれること ③賃金が月額 8 万 8000 円以上であること ④学生でないこと ⑤従業員が 501 人以上の会社で働いているか、従業員が 500 人以下の会社で働いていて、労使が社会保険に加入することに合意がなされていること ※上記の 5 つの条件を満たしていると厚生年金に加入できて、将来もらえる年金が増える

収入アップを目指す

もうひとつの収入源が確保できる副業

何を目的に副業を行うかきちんと考える

会社員の「副業」が、話題となっています。企業に勤めながら新しいビジネスを始めたり、週末にまったく別の仕事をする人などが増えています。**年功序列の昇給制度がくずれる中、もうひとつの収入源を確保しようという現象**です。働き方改革の影響で、副業を行うための環境も整ってきています。

会社員にとって副収入は大変魅力的ですが、**副業によって獲得できるスキルアップや新しい人脈開拓も忘れてはなりません。**本業ではできない経験を積めるということも、副業選びのポイントです。

副業を始めるときの注意点

- 時間的、身体的に本業に差し支えがないかを考える。本業がおろそかになるのは本末転倒。
- 副業が会社で禁止されている場合もあるので、必ず就業規則を確認すること。勝手に副業を行えば処分を受けることもある。
- 本業で手に入れた物資や情報を利用して副業をしてはいけない。法律に触れる場合もある。とくに同業他社で働くことはやめたほうがよい。

COLUMN　副業にも税金がかかる

アルバイトなどで 2 か所以上の事業所から給与をもらっている場合は、額にかかわらず確定申告をしなければならない。また副業の収入が 20 万円（必要経費を差し引いた額）以上になる場合も確定申告が必要となる。税務署に開業届を出して個人事業主として登録すれば、青色申告（→P.108）をすることで税金の優遇を受けることもできる。

副業に向く仕事

本業と副業という、二足のわらじを履くのはかなり大変。週末だけのアルバイトや、自宅でのすき間時間を利用したパソコン作業など、なるべく時間と体に負担の少ないものを選びたい。（難易度、収入アップ度はあくまでも目安。5 点満点）

モニター

アンケートへの回答、商品のレビュー、テレビ番組などの感想をレポートして報酬を受け取る。インターネット環境があればスマホでも、資金なしですぐに始められる。最近は登録制で報酬をポイントとして受け取り、貯まったポイントをギフト券や現金に交換できる「アンケートサイト」もある

難易度：1　収入アップ度：1

アフィリエイト

自分のブログやウェブサイトに広告を貼り付け、その広告をクリックした閲覧者が商品やサービスを購入すれば報酬がもらえる。勤務時間外にパソコンだけでできるのがメリット。YouTube にチャンネルを開設して動画を投稿し、ユーチューバーとして広告料を稼ぐという方法もある

難易度：2 〜 4　収入アップ度：1 〜 2

在宅ワーク

自宅でパソコンなどを使って働く。未経験でもできる仕事にはデータ入力、録音された音声を文字にするテープ起こし、試験の採点などがある。ある程度のスキルが必要になる仕事では Web ライターやデザイナー、翻訳などがあり、クラウドソーシングサービスに登録して、仕事を探すのが一般的

難易度：2 〜 4　収入アップ度：2 〜 3

アルバイト

早朝・夜間、土日のみといった、本業の勤務時間とかぶらないものや、軽作業などの体への負担が少ないアルバイトが向いている。具体的には清掃、警備、引っ越し、荷物の仕分け、イベント関連、試験監督、試食販売、飲食などの職種。給与は 1000 円前後の時給制がスタンダード

難易度：1 〜 3　収入アップ度：1 〜 2

レッスン講師

自分の得意分野を生かして、生徒にレッスンを行う。自分の自由になる時間にできるのがメリット。英会話などの外国語、料理、パソコンスキル、家庭教師、音楽、マナー、着付けなどがある。生徒集めは大変だが、その分野の専門会社に登録すれば、生徒集めの手間はなくなる

難易度：3 〜 4　収入アップ度：2 〜 4

投資

株や FX などはスマホからも売買ができるので時間の制約は少ない。短期的な取引を繰り返すのではなく、なるべく長期的な視野での投資が望ましい。アパート経営や駐車場経営などの不動産投資という方法もある。ただし、ある程度の資金が必要で、リスクが高いことも理解しておかなければならない

難易度：2 〜 4　収入アップ度：3 〜 5

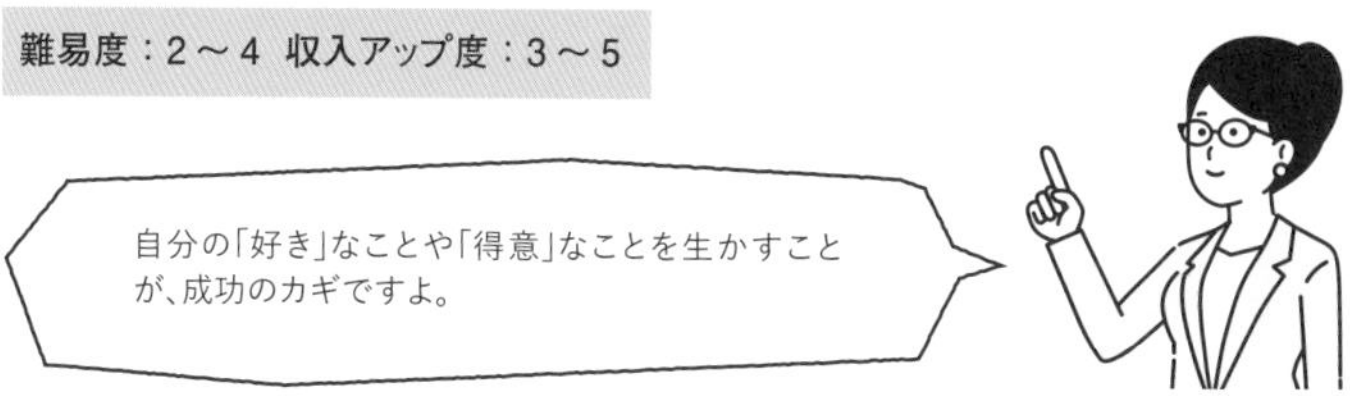

持っていると「有利な資格」とは？

資格を取得すれば将来の可能性が広がる

収入アップの方法として、わかりやすいのが資格の取得です。企業によっては**業務に関連する資格取得に手当を払う**ところもあります。手当がなくても昇給に結びついたり、希望の部署へ配属されるなどの可能性が広がるでしょう。また転職の際に役立つ場合もあるので、**将来のキャリアアップを見据えて、資格取得を視野に入れておきましょう。**

中小企業で働く会社員や派遣社員などの非正規雇用労働者には、公的な職業訓練制度による資格取得という方法もあるので、検討してみてはいかがでしょう（→P.229）。

資格の種類

会社員だけでなく、将来独立して仕事をしようと考えている場合にも資格取得が役立つ。また資格がないと業務ができない仕事も多い。一般的に資格取得の難易度が高いものほど、収入アップにつながる傾向にある。

国家資格	公的資格	民間資格
法律に基づいて、国や国から委託を受けた機関が実施する資格。 知識や技術が一定水準に達していると国から認められたことになる。取得は難しいが、資格の社会的信用度は高く、業務を行う上で有利に働く。	民間団体や公益法人が実施し、文部科学省や経済産業省などの官庁・大臣が認定する資格。 一定レベルの能力が必要な資格であり、信用度や知名度で国家資格と民間資格の中間に位置づけられる。	民間団体や企業が、独自の審査基準で認定する資格。 取得がかなり高難度で社会的に認知されている資格もあるが、あまり役に立ちそうにないものもある。中には資格取得の有用性を騙る悪質商法もあるので注意が必要。

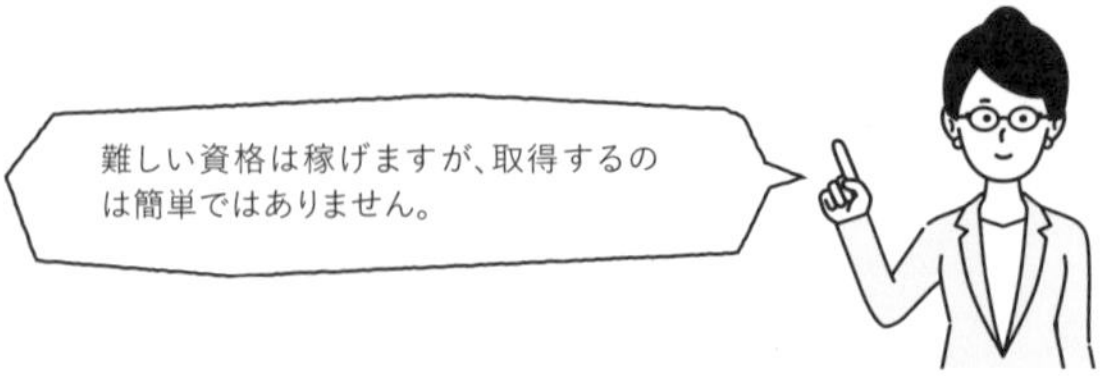

COLUMN　資格取得の勉強

資格によって差はあるが、資格の取得には、それなりの時間と労力、さらに費用が必要になってくる。まずは将来のことも考慮して、自分にとって本当に必要な資格かどうかをよく検討すること。勉強方法は、資格取得できる学校に通う、通信講座を受講する、本や参考書などで独学するなどがある。自分のスタイルに合った方法でかまわないので、確実に成果が望める方法を選ぼう。

キャリアアップに役立つ資格

資格には多種多様なものがあり迷うところだが、収入アップやスキルアップを考えるなら、将来的にも役立つかどうかを考えよう。独立が可能かどうかもひとつのポイントになる。(難易度はあくまでも目安。5 点満点)

TOEIC® テスト	日常生活やビジネスシーンで、英語による会話や文章のスキルを測るためのテスト。初級者も上級者も同じテストを受け、結果はスコア(得点)で示される。会社によっては昇進や海外赴任の条件として、一定以上のスコアが求められることもある 難易度:2〜5
宅地建物取引士	いわゆる「宅建」資格を持つ人。宅地や建物の売買や賃借といった不動産取引法務の専門家。不動産取引の際に、重要事項の説明などを行う。不動産、建設、金融などの業種で生かせる国家資格 難易度:3
ファイナンシャル・プランニング(FP)技能士	ファイナンシャルプランナーは、税金、投資、ローン、不動産、教育、老後、相続などお金に関するエキスパート。人生のありとあらゆる場面で、お金の悩みをサポートしてくれ、そのアドバイスをしてくれる 難易度:4
IT パスポート試験	情報処理技術の初心者でもチャレンジしやすい国家資格。IT エンジニアなら知っておかなければならない基本的な知識を測るための試験。IT 系の職種では有利に働かないが、事務系職種では有効活用できる可能性がある 難易度:2
介護福祉士	介護に関する資格の中では唯一の国家資格。介護の必要なお年寄りや障害者の生活全般をサポートする。介護する人に指導も行えるエキスパート。介護分野はニーズの高い職種なので、就職や転職するときには有利 難易度:2
衛生管理者	労働者の健康障害や労働災害を防止するため、法律で定められた国家資格。労働者が安心できる職場環境を整えるのが職務。50 人以上の労働者がいる職場では、衛生管理者をおく義務がある 難易度:3

COLUMN　AI が仕事を変える

AI が社会に広く浸透してくると、稼げる職種は現在と大きく異なることが予想される。AI が得意とする分野に関わる資格は、将来的にはあまり収入アップの要素にならなくなるかもしれない。

AI に奪われやすい仕事	医療事務、会計監査、CAD オペレーター、銀行窓口、警備員、経理事務、検針員、自動車組立、新聞配達、スーパーレジ、倉庫作業、測量、タクシー運転、通関、電車運転など
AI に奪われにくい仕事	アナウンサー、インテリアデザイナー、観光バスガイド、ゲームクリエーター、デザイナー、外科医、介護、教員、編集者、バーテンダー、美容師、演出家、料理研究家など

参考:野村総合研究所「日本の労働人口の 49%が人工知能やロボット等で代替可能に」ニュースリリース 2015 年

会社員の退職時に必要な手続きは？

退職後に必要な手続きを怠らないこと

会社員なら倒産や解雇というリスクに直面することもあるかもしれません。また心機一転、独立や転職を考えることもあるでしょう。**退職するときは健康保険や年金などの手続きを忘れてはいけません。**ただし退職後の立場によって、手続きの方法が異なるので注意が必要です。

すぐに次の仕事が見つからない場合は、雇用保険から失業給付金を受け取ることができます。会社の都合で離職した場合は、90日から最大330日。自分の都合で退職した場合は、90日から最大150日の給付を受けられます（→P.133）。

失業給付金をもらうには

すぐに再就職する意思がある場合に給付を受けられる。定年退職した場合でも同様。そのため病気やケガなどですぐに働けない場合はもらえない。手続きは住民登録している住所地を管轄するハローワークで行う。

手続きの流れ

①ハローワークで手続き	**必要書類** 雇用保険被保険者証と雇用保険被保険者離職票（元の会社から受け取る）、個人番号確認書類など

↓ 待機期間（7 日間）

②ハローワークで説明会に参加	**受け取る書類** 雇用保険受給資格者証、失業認定申告書、求職活動計画書（ハローワークから再就職が難しいとされた場合）

↓ 1 ～ 2 週間後

③初認定	**必要書類** 雇用保険受給資格者証、失業認定申告書、求職活動計画書（交付を受けた人のみ）、印鑑

↓ 1 ～ 3 か月後

④第 2 回認定	会社都合で退職した場合：約 1 か月後 自己都合で退職した場合：待機期間のあと 3 か月後

初給付（→P.133）	会社都合で退職した場合：離職から約 1 か月後（初認定の後、数日後に第 1 回の振り込み） 自己都合で退職した場合：離職から約 4 か月後（第 2 回認定の後、数日後に第 1 回の振り込み）

退職後の健康保険と年金

失業して収入がなくなっても、健康保険料や年金保険料などは支払わなければならない。ただし退職後の進路によって健康保険や年金の手続きは異なる。

退職後の進路による手続きの違い

個人事業主または無職 ➡

住んでいる市区町村で手続き

- 国民健康保険に加入（退職日から 14 日以内）。保険料は支払う
  必要なもの 退職日が証明できるもの、身分証明書、印鑑
- 国民年金（第 1 号被保険者）に加入（退職日から 14 日以内）。保険料は支払う
  必要なもの 退職日が証明できるもの、身分証明書、年金手帳、印鑑

別の会社に転職 ➡

次の勤務先で手続き

- 入社後に必要書類を担当者に提出
  必要なもの 雇用保険被保険者証、健康保険被扶養者【異動】届（扶養義務がある場合）、源泉徴収票、年金手帳、印鑑

家族の扶養に入る（結婚する、学生になる場合など） ➡

扶養に入る家族の勤務先で手続き（扶養になって 5 日以内）

必要なもの 健康保険被扶養者【異動】届、国民年金第 3 号被保険者該当届（健康保険被保険扶養者届の 3 枚目）、年金手帳、印鑑

- 家族の健康保険に入る。保険料の支払いはない
  （基本手当日額が 3611 円を超える失業給付金をもらっている場合は加入できない）
- 国民年金（第 3 号被保険者）に入る。保険料の支払いはない

倒産や解雇で失業した場合は、国民健康保険の保険料が軽減される場合もあるので、市区町村に確認したほうがいいですよ。

COLUMN 在職中の健康保険に継続加入できる

退職した後も 2 年間は、任意で在職中の健康保険に継続して加入することができる。ただし保険料は全額負担となり、会社が支払っていた部分がなくなるため、在職中の約 2 倍になってしまう。継続する場合は、国民健康保険の保険料と比較してから、加入するかどうかを決めたほうがよい。

セカンドキャリアに向けて
将来を見据えてキャリアアップをはかる

職業訓練を利用してスキルアップ

派遣社員などの非正規雇用者が、収入アップできる近道は、正社員になることです。そのためには**資格取得をはじめ、職業訓練などでのスキルアップが有効な手段**だといえるでしょう。正社員になれる可能性を広げ、転職の際に有利になるかもしれません。これは失業中の人が再就職する場合も同様です。

厚生労働省では非正規雇用者や失業者に向けて、いくつかの施策を行っています。**正社員化を支援する事業所に向けた「キャリアアップ助成金」や、公的な「職業訓練校」**などがあります。

キャリアアップ助成金

非正規雇用労働者のキャリアアップを促進するために、正社員化、処遇改善の取り組みを実施した事業主に助成する制度。「キャリアアップ計画」などを作成して提出する必要がある。

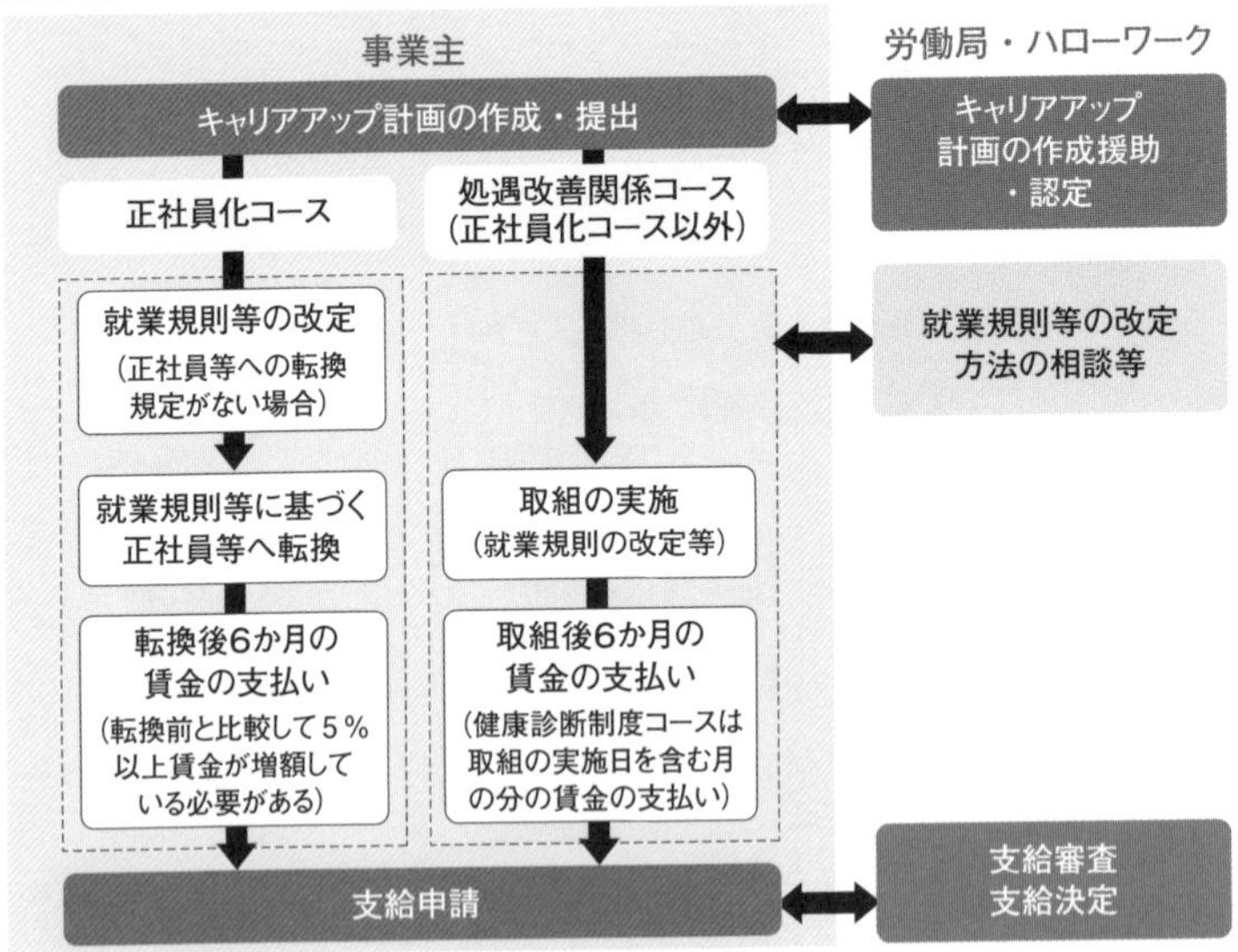

出典：厚生労働省「キャリアアップ助成金のご案内」パンフレット（令和２年）をもとに作成

COLUMN　ほかにもある支援制度

- 教育訓練給付金：働く人のスキルアップを支援する制度で、雇用の安定と再就職の促進を図ることを目的としている。厚生労働大臣の指定する一般教育訓練を受講し修了した場合、本人が支払った訓練費用の一部をハローワークが支給してくれる。
- 日本学生支援機構：基本的に社会人は利用不可であるが、失業や災害などで経済的に就学が困難になった場合には、緊急採用扱いで無利子の奨学金が受けられる制度がある。また大学や専修学校などに通う人を対象として、条件が少し緩和された利息のつく貸与型奨学金もある。

公的職業訓練(ハロートレーニング)

ハローワークでは求職をする人を対象に、再就職に必要な技能や資格を習得できる「職業訓練」を行っている。雇用保険の受給者を対象とする「公共職業訓練」と、雇用保険を受給できない「求職者支援訓練」がある。また、現在働いている人が利用できる「在職者訓練」もある。

公共職業訓練	失業中に失業保険の給付を受けながらスキルアップがはかれる。受講すると、失業保険の給付を訓練が終了するまで延長できる場合もある
求職者支援訓練	就職に必要なパソコンの基礎的な技能・知識を習得する基礎訓練と、さらに専門的な技能・知識を習得する実践訓練がある。一定の要件を満たせば、給付を受けられる
在職者訓練	主に中小企業で働く人を対象に、従事している業務に必要な技能・知識の向上をはかるための訓練。2 ～ 5 日程度の短期間の有料トレーニング

職業訓練

職業訓練を受けるにはハローワークで相談して申し込む。職業訓練校では選考試験が行われる。有料と無料の科目があり、科目によっては資格の取得も可能。

訓練科目(東京都の場合)

機械関係	機械加工、エンジニア養成、メカトロニクス、自動車車体整備、精密加工、金型加工、溶接など
建築・造園関係	木工技術、インテリア設計施工、測量設計、住宅リフォーム、造園土木施工、建築 CAD、ビル管理など
電気関係	電気工事、電気設備技術、セキュリティサービス、ネットワーク施工、電気設備保全など
塗装・印刷関係	自動車塗装、パソコングラフィック、DTP、グラフィック印刷など
情報関係	OA システム開発、IoT システム、ネットワークプログラミング、Web 設計
ファッション関係	和装技術、アパレルパタンナー、製くつ
介護関係	介護サービス、福祉用具、介護福祉用具
その他	環境分析、調理、ビルクリーニング管理、ホテル・レストランサービスなど

出典：東京都「東京都立職業能力開発センター 入校案内 2020」を参考に作成

訓練を受講する際に、受講手当や通所手当(交通費)をもらえる場合もあるので、ハローワークで確認するといいですよ。

セカンドキャリアに向けて

「65歳以上」でも働ける仕事は？

定年後も元気でいれば十分に働ける

2019年の統計によると、日本の総人口は、前年に比べて約26万人減少していますが、65歳以上の高齢者は32万人増加しています。**高齢者の人口は3588万人で、総人口に占める割合は28・4%**となっています。また**働いている高齢者は15年連続で増加し、862万人**（働いている人全体の12・9%）となっています。

高齢になってもたくさんの人が働いていて、そのうちの約4割が「働けるうちはいつまでも働きたい」と思っています。ただし、労働環境に恵まれているとは言い切れません。

高齢者も働く

65歳以上の高齢者の中で働いている人の割合は、男性が33.2%、女性が17.4%である。

高齢者の就業状態

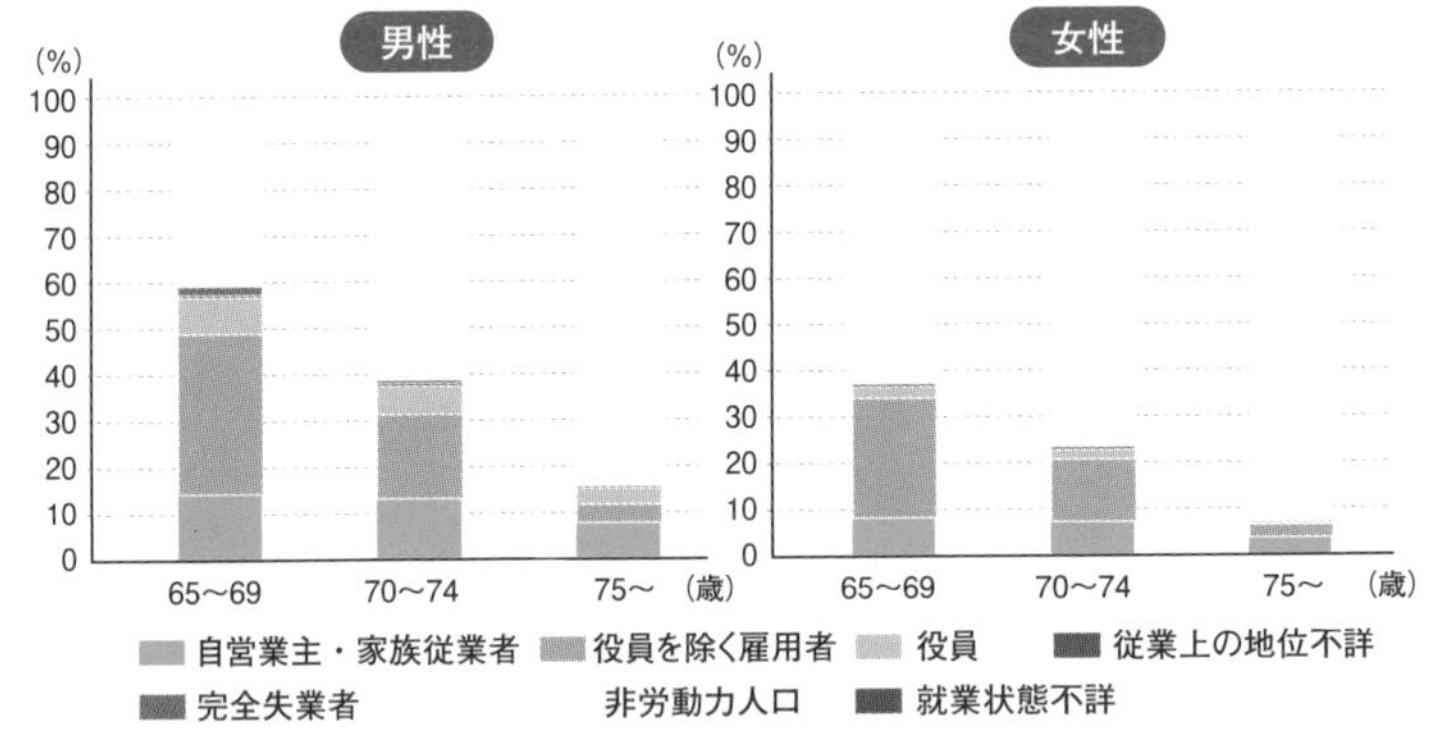

出典：総務省「労働力調査」（平成30年）をもとに作成

いつまで働く？

現在仕事をしている60歳以上の人のうち、「働けるうちはいつまでも」働きたいと回答した人の割合は約4割となっている。

あなたは何歳頃まで収入を伴う仕事をしたいですか

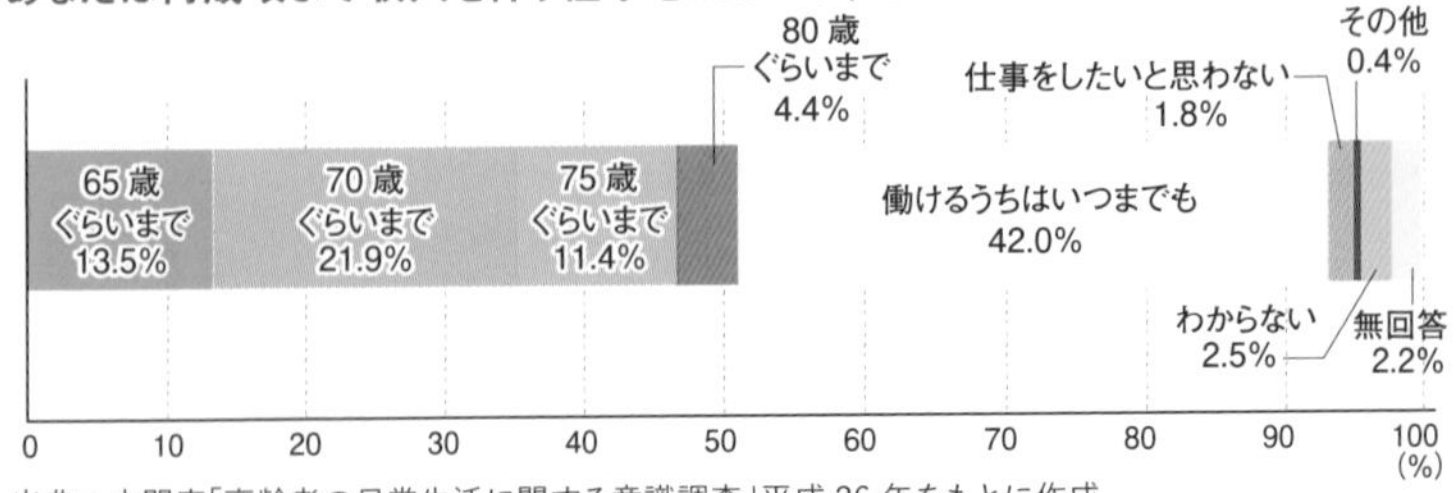

出典：内閣府「高齢者の日常生活に関する意識調査」平成26年をもとに作成

高齢者が働く仕事

高齢者が仕事をしている産業で多いのは、卸売業・小売業 127 万人、農林業 107 万人、サービス業(他に分類されないもの)98 万人となっている。また高齢者の 4 人に 3 人は非正規雇用で働いている。非正規雇用で働いているのは、男女とも「自分の都合のよい時間に働きたいから」という理由もあるようだ。

現職の雇用形態についた主な理由(非正規の職員)

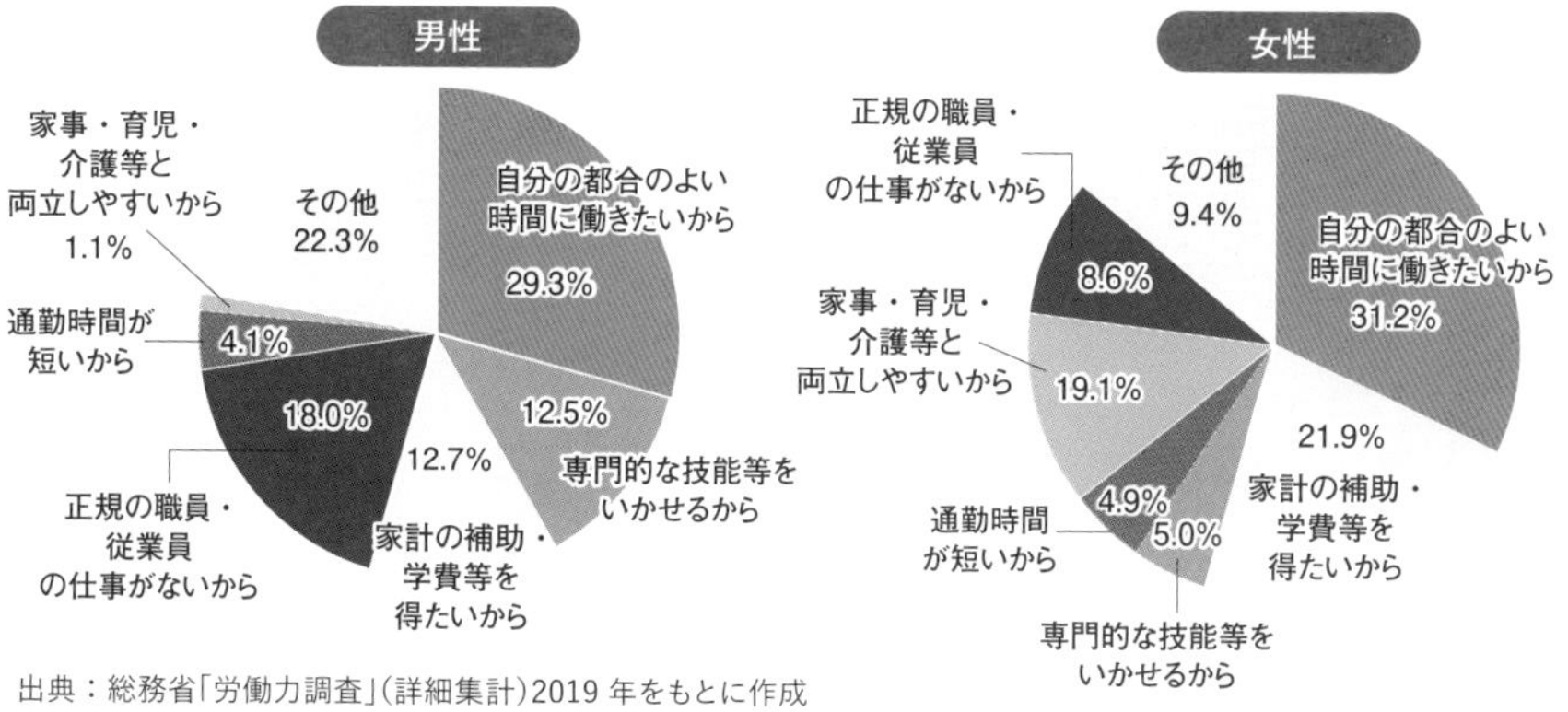

出典：総務省「労働力調査」(詳細集計)2019 年をもとに作成

高齢者に向いている仕事

高齢者だからといってのんびりした生活を送るよりは、はつらつと仕事をしていたほうが生活にハリがあるという人は多い。労働意欲のある高齢者が仕事を選ぶポイントは以下の 4 つ。仕事を探すには、公的な機関ならハローワークやシルバー人材センター、民間の人材派遣会社などがある。

❶ 身体的負担が少ない
❷ 自分の都合のよい時間に働けて長く続けられる
❸ 自分の経験や資格を活かせるか、自分の好きなことを活かせる
❹ 自分の仕事が誰かの役に立っていると実感できる

仕事の具体例

講師、インストラクター	現役時代の専門的なスキルや経験を生かして働ける仕事。身体的負担は少ない
飲食業	体力的には少しきついが、料理好きなら飲食店で働くのもよい
介護	元気なら人手不足が続く介護・福祉の分野で働くことも。介護助手なら資格はいらない
軽作業	体力に自信のない人でも比較的簡単に働ける仕分けや検品などの作業も
警備員	屋内の警備なら高齢者でも働きやすい。資格を保有していると給与が上がる場合も
清掃員	ビルやマンションなどの清掃で誰でも働くことができる。対人ストレスが少ない

マンション管理士や中小企業診断士などの専門資格が必要な職業やカウンセラー、占い師なども定年がないので長くできる仕事ですよ。

売上げで稼ぐ

自分の判断で働ける「個人事業主」

独立して事業を行う個人事業主という働き方

会社に雇われて賃金をもらうのではなく、個人で独立して事業を行う働き方が「個人事業主」です。事業主本人だけでなく、家族も一緒に働いている場合や、従業員を雇っている場合でも、**法人を設立していなければ個人事業主になります**。

企業や団体に雇用されていないという面では、仕事の単位ごとに契約をする「フリーランス」も同じですが、個人事業主とは税務上で区別されています。個人事業主やフリーランスは、**自分の判断で仕事を選べ、その仕事を自分の考えで進める**ことができます。

個人事業主の特徴

個人事業主やフリーランスの職種には、飲食店のオーナー、弁護士、IT エンジニア、カメラマン、デザイナーなどがある。

メリット

- 定年がなく生涯現役も可能
- 自分の判断で仕事ができる
- 仕事をする日や時間を自分で決められる
- 仕事の成果がよいと次の仕事へつながる
- 売上げアップが収入アップに直結する
- 自分で経費を決められる

デメリット

- 収入が安定しない
- 社会保険が充実していない
- 公的年金が少ない
- 仕事の成果が出ないと次の仕事へつながらない
- ローンの審査に通りにくい
- 申告や手続きを自分で行わなければならない

COLUMN　個人事業主の社会保険

個人事業主が加入できる社会保険は限られている。会社員のように雇用されているわけではないので、雇用保険と労災保険はない。基本的に健康保険は「国民健康保険」、年金は「国民年金」となり保険料も全額自分で支払う。

個人事業主を支援する制度

個人事業主には手薄な社会保険を補う制度があり、税制面での優遇措置もある。

取引先の倒産に備える	経営セーフティ共済	取引先の倒産などの不測の事態に、資金を借りることのできる共済制度。月額5000円から20万円の範囲で積み立てることができ、無担保・無保証人で掛金の10倍まですぐに借り入れることができる。掛金は必要経費として認められる。さらに、40か月以上納めていれば解約時に掛金が全額戻るので、退職や廃業したときの退職金としても利用できる。運営は独立行政法人の中小企業基盤整備機構
退職金を備える	小規模企業共済	月々の掛金1000円から7万円の範囲で積み立てる退職金制度。掛金は全額控除できる。退職や廃業のときに受け取り可能で、一括でも分割でもその併用でも給付が受けられる。いざというときには掛金の範囲内で貸付けを受けることも可能。運営は独立行政法人の中小企業基盤整備機構
老後の資金を備える	個人型確定拠出年金(iDeCo)(→P.188)	月々の掛金を積み立てて金融商品で運用する私的年金。掛金は全額控除できて、運用益は非課税になるが、投資リスクがある。掛金の上限が決められているが、個人事業主には上限が高いというメリットがある。積立は60歳まで(2022年からは65歳まで)できるが、60歳になるまで引き出すことはできない
	国民年金基金(→P.126)	国民年金に上乗せして積み立てる公的年金制度。選択の仕方によって掛金や受取額は異なるが、掛金は全額控除の対象となる。あらかじめ受け取る年金額が確定しているというメリットがある反面、受給を受けるときの物価上昇に対応していないというデメリットがある。付加年金と併用はできないが、個人型確定拠出年金との併用はできる
	付加年金(→P.126)	国民年金の保険料に追加で一律400円を上乗せして納めることで、将来もらえる年金の受給額を増やせる公的制度。保険料は全額控除できる。国民年金基金とは併用できないが、個人型確定拠出年金との併用はできる

COLUMN　個人事業主が人を雇う場合

売上げが上がり、忙しくなったら人を雇う場合もあるだろう。たくさんの仕事ができるようになり、さらに売上げが上がるかもしれない。しかし、その分の責任も増える。従業員への給与の支払いはもちろん、その給与から所得税を源泉徴収しての支払いや、雇用保険や労災保険の加入などの義務が生じる。場合によっては、会社を立ち上げることを考えなければならないこともある。

「起業」するにはどうすればいい？

1年で約3割が廃業 起業するときははじめが肝心

起業には大きな決断が必要ですが、起業すること自体はとても簡単です。しかし、はじめの1年で約3割の会社が廃業するといわれており、起業が成功するのはかなり難しいのが現実でしょう。**起業するときは、なぜ起業したいのか、どんな方法で何を行うのか、どうやって資金をまかなうのかをじっくり考えてから行動に移すことが肝心**です。

起業するには2つの方法があります。ひとつは前述した個人事業主になること（→P.232）で、もうひとつが株式会社や合同会社などの法人を設立することです。

個人事業と会社の違い

個人事業は手続きが簡単で、運営費用が少なくて済む。会社は信用が増し、経営基盤が安定しやすい。

	個人事業	法人
設立時の費用	0円（開業届の提出が必要）	6万～25万円（定款の作成、登記が必要）
廃業時の費用	0円（廃業届の提出が必要）	数万円必要（解散登記が必要）
経費にできる範囲	狭い	広い
赤字の繰り越し	3年間	9年間
生命保険料	所得控除	全額経費
会計業務	個人でも可能	一般的に専門家に依頼（事業規模によるが、年間20万円前後）
社会保険	従業員が5人未満の場合は会社負担なし	会社負担あり

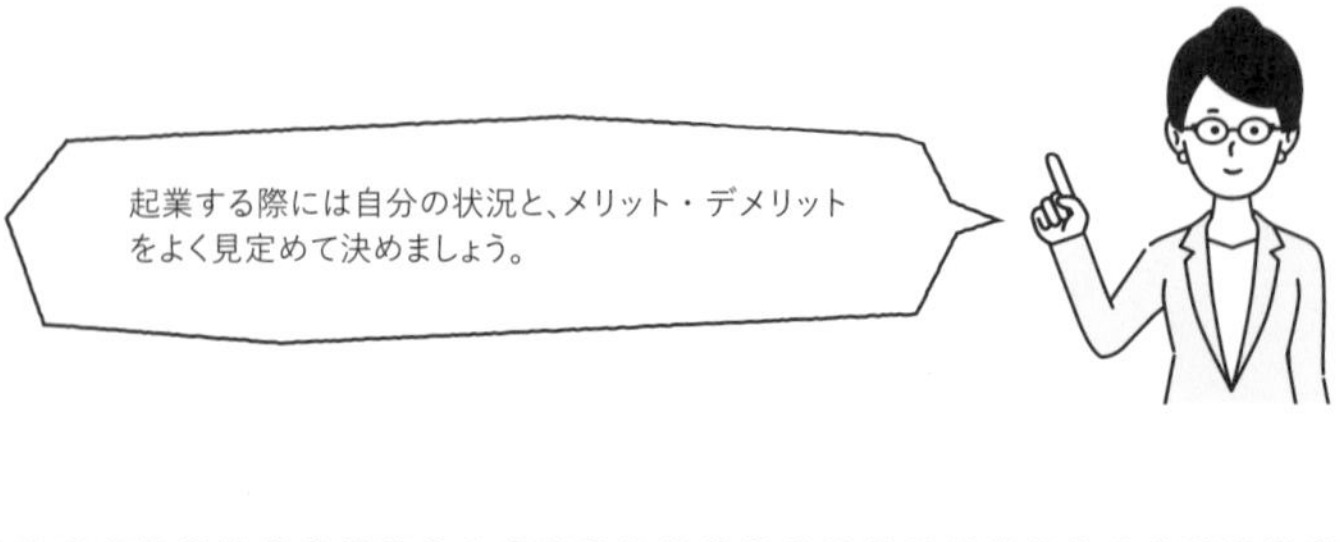

会社設立のメリット・デメリット

メリット

- 信用が得やすい
- 節税しやすい
- 資金調達がしやすい
- 決算月を自由に設定できる
- 有限責任にできる（出資額以上の責任は負わなくてよい）

デメリット

- 赤字でも税金がかかる
- 社会保険に加入しなければならない
- 設立に資金が必要で廃業にも費用がかかる
- 運営に費用がかかる
- 会計や事務手続きなどが煩雑になる

会社を設立することには、多くのメリットがありますが、反面デメリットもあります。上記のメリット・デメリットをよく比較して、事業内容や自分に合った起業方法を考えてみましょう。

COLUMN 会社の種類

経済的な活動をしている主体はすべて「企業」であり、個人事業主やフリーランスも含まれる。企業の中で営利や公益などを目的に作られ、法律で認められた組織が「法人」となる。「会社」は法人の中でも営利目的に活動するものを指している。会社には法律で決められた種類があり、「株式会社」「合資会社」「合同会社」「合名会社」の 4 つとなる。ただ実際には株式会社か合同会社のどちらかが設立される場合がほとんど。会社設立の際にどちらを選ぶかは、会社の将来像をイメージして決めるのがよい。なお法改正により有限会社は新しく設立することはできない。

株式会社の特徴	合同会社の特徴
● 幅広く資金調達ができる	● 許認可に必要な法人格を持てる
● 上場することができる	● 会社設立が安い費用でできる
● 社会的信用度が高い	● 運営費が比較的安い
● 事業継続が比較的容易	● 柔軟な経営ができる
● さまざまな場面で運営費が高い	● 株式会社に比べて信用度が低い

会社設立の流れ

1. 設立の準備

①会社の基本事項を決める

まず発起人を決める。発起人は会社を設立する際に手続きを行う人のこと。次に会社の名前である「商号」を決める。名前は自由に決められるが、重複できないなどのルールがある。類似の商号がないか調べるために、会社の所在地を決める必要がある。

②印鑑を作る

登記を行うときに提出する申請書に必要になるので、あらかじめ実印を用意しておく。

2. 設立時にすること

①定款を作る

会社の根幹となる「定款」を作成する。定款は会社の基本となる事項や、ルールなどを定めたもの。記載すべき項目は以下の通り。

- **事業目的**
- **商号（会社名）**
- **本店所在地**
- **設立に際して出資される財産の価額又はその最低額（資本金）**
- **発起人の氏名又は名称及び住所**
- **発行可能株式総数**

②定款の認証

定款が正しいかどうかを第三者に証明してもらう。本店所在地を管轄する法務局所属の公証役場で行う。電子定款なら 4 万円の収入印紙代が不要。

③資本金を払い込む

会社の登記前には法人口座を作れないので、資本金を発起人名義の口座に振り込む。なお資本金は 1 円でも可能だが、会社の経営を考えるとあまり現実的ではない。

④登記書類を作る

法人を登記するために必要な書類を作成して準備をする。必要な書類は会社の種類によって異なるが、主なものは以下の通り。

- **登記申請書**
- **定款（謄本）**
- **資本金の払込証明書と通帳のコピーをつづったもの**
- **役員の就任承諾書と印鑑証明書**
- **印鑑届書**

⑤登記の申請

資本金払込後の 2 週間以内に法務局に書類を提出する。法務局に申請した日が会社設立日になる。申請は法務局に行かずに、郵送で送ることも可能。書類に不備がなければ、最短 10 日ほどで申請が受領される。

3. 設立後にすること

①税務署への届け出

管轄の税務署へ期限内に書類を提出する。原本とは別にコピーを取っておくこと。

②地方自治体への開業届

自治体へも税金を払う必要があるため、事業開始の届出を行う。

③社会保険の手続き

社会保険への加入は法律で義務づけられている。1 人だけの会社でも加入しなければならない。必要な手続きは以下の機関で行う。

1）年金事務所：健康保険と厚生年金の加入手続きを行う。会社設立日から 5 日以内に申請する必要がある
2）労働基準監督署：従業員がいる場合は労災保険への加入手続きを行う
3）ハローワーク：従業員がいる場合は雇用保険の加入手続きを行う

④法人口座の開設

営業活動で必要なだけでなく、融資を受ける際にも必要になる。審査は個人口座より厳しくなり開設しにくい。口座が開設できたら同時に法人用クレジットカードを作ると、経費管理がラクになる。

まず知っておきたい 新創業融資制度

会社員ではできないことをやりたいとか、ビジネスで大金を稼ぎたいなど、起業する理由は人によってさまざまでしょう。しかし、いずれの場合でも**会社を設立するには、数多くの手続きなどが必要なうえに、まとまった資金が必要**です。

自己資金で賄《まかな》うことができれば面倒は少ないのですが、不足する場合は融資を受けることになります。

融資を受ける場合に一般的なのが、日本政策金融公庫による「新創業融資制度」を利用することです。**銀行などに比べると融資を受けやすい**といわれています。融資が下りるまでに約1か月程度とスピーディーなのは、大きなメリットです。会社設立をサポートしてくれる企業やサイトも多いので、参考にしてみてはいかがでしょう。

新創業融資制度とは

新たに事業を始める人や事業を始めて間もない人が、無担保・無保証人で利用できる融資制度。長期間にわたり固定金利で借りられるので資金計画が立てやすい。詳細は日本政策金融公庫のホームページで確認。

対象者	次の 3 つの要件すべてに該当する人

①創業の要件

新たに事業を始める人、または事業を始めてまだ 2 期分の税務申告をしていない人

②雇用創出の要件

従業員を雇う事業を始める人や、現在勤めている企業と同じ業種で事業を始める場合で同じ業種で通算して 6 年以上勤めている人など

③自己資金要件

創業時に創業資金総額の 10 分の 1 以上の自己資金があることが確認できる人。ただし、「現在勤めている企業と同じ業種の事業を始める人」「産業競争力強化法に定める認定特定創業支援等事業を受けて事業を始める人」などに該当する人は要件を満たしたものとされる

資金の用途	新たに事業を始めるため、または事業開始後に必要になる設備資金および運転資金
融資限度額	3000 万円（うち運転資金 1500 万円）
返済期間	各種融資制度で定める返済期間内
利率	使い道や融資の期間、担保の有無などによって異なる。担保不要の融資だと基準利率は 2.16 ～ 2.45%（年利、令和 2 年 5 月 1 日現在）
担保・保証人	原則不要。代表者が連帯保証人になると利率が 0.1%低減

出典：日本政策金融公庫「新創業融資制度」をもとに作成

COLUMN　ほかにもある資金調達法

経済産業省や厚生労働省、地方公共団体などが扱う補助金・助成金がある。要件をクリアすれば資金を受け取ることができる返済不要の資金援助である。また、最近ではクラウドファンディングによる資金調達も活発になっている。

突然、仕事をクビになったら？

会社から「クビ」と告げられるような、一方的な労働契約の終了を「解雇」といいます。絶対にそんな状況には置かれたくないものですが、もしそうなった場合にぜひ覚えておいてほしいことがあります。それは「会社は自由に解雇を行えない」ということです。

会社が働いている人を解雇するには、客観的に合理的な理由が必要です。社会の常識に照らして納得ができる理由がない解雇は認められません。これは労働基準法などの法律で定められています。また、契約社員のように労働契約の期間が定められている場合は、やむを得ない事情がない限り契約期間の途中で解雇することはできません。

もしあなたが解雇され、その理由に納得ができなかったら「労働基準監督署」で相談してみましょう。労働基準監督署は厚生労働省の出先機関です。会社が倒産して賃金が未払いになった場合は、立て替え払いの相談もできます。

会社を解雇されるとまず困るのがお金のことです。会社の都合による解雇なら失業給付金（→ P.133、226）を受けることができますが、最大 330 日までになります。その後も仕事がみつからなかったら、住んでいる都道府県や市町村で「生活困窮者自立支援制度」の相談窓口をたずねてください。生活全般にわたる悩みの相談ができ、一人一人の状況に応じた支援プランを作成してくれます。具体的には、住居を確保するための家賃相当額の支給、ネットカフェ難民などのための緊急的な宿泊場所や衣食の提供、コミュニケーションが苦手な人のためのプログラムに沿った就労支援などです。

適法な解雇と違法な解雇

● 適法な解雇

普通解雇　解雇の理由に客観的合理性と社会通念上の問題がないことで、解雇理由として認められる条件はかなり厳しい。30 日以上前からの解雇予告が必要

懲戒解雇　社会秩序を著しく乱したことを理由としての解雇。業務上の地位を利用した犯罪や重大なセクシュアルハラスメントを起こした場合など

整理解雇　人員整理の必要性、解雇回避努力義務の履行、解雇する従業員選定の合理性、手続きの相当性の 4 つの条件を満たしたリストラの場合

● 主な不当解雇

- 国籍、性別、学歴、信条を理由とした解雇
- 業務上の負傷や疾病で一定条件を満たしていない場合の解雇
- 出産を理由にした解雇
- 解雇予告を行わない解雇
- 会社の違法行為を申告した労働者にその申告行為を理由とした解雇
- 労働組合に加入したことを理由にした解雇

おわりに

最後までお読みいただき、ありがとうございます。

多くの方のコンサルティングを通して、私は「心」と「お金」が密接に関係していることを日々感じています。単に資産が増えさえすれば、幸せが手に入るとは限りません。しかし、毎日の生活がままならなくても幸せになれるかといえば、それも違います。大切なのは「心と経済のバランス」なのです。どちらが欠けても、幸せな人生を手に入れることはできません。

経済的な自由なくして真の心の自由はないと私は思っています。将来の経済的な安心が得られるからこそ、今の自由を手に入れることができるのです。

ぜひ、お金というツールを使って、心身共に豊かな人生を歩んでいただきたいと思います。それが今までの私の人生経験を通して一番強く思っていることです。

そして、いつか皆さんにお会いしてお話しできる日がくることを心から祈っております。

森本貴子

森本貴子（もりもと・たかこ）

ファイナンシャルプランナー、相続診断士、終活診断士、ヴィジョンセラピスト、T&Rプロコーチ。

1967年大阪府豊中市生まれ。23歳で単身渡米、20代をニューヨークで過ごす。プライスウォーターハウスクーパース役員秘書、米国人弁護士秘書を経て、米インディカー、仏ル・マン 24時間レース優勝チームのマネジメントに従事。2008年、外資系保険会社に入社。ルーキーオブザイヤー、LIMRA継続優秀賞を受賞。

2014年より独立系FP会社であるGift Your Life株式会社に勤務。現在に至る。こころとマネーの不安を解決するコンサルティングやセミナーを開催しており、これまでに2000世帯以上の個別相談、全国で400回以上のセミナー登壇実績を持つ。脳科学にもとづくプロコーチでもある。

一生《いっしょう》困《こま》らない自由《じゆう》を手《て》に入《い》れる
お金《かね》の教室《きょうしつ》

2020年7月5日　第1刷発行

著　者　森本《もりもと》 貴子《たかこ》
発行者　佐藤 靖
発行所　大和《だいわ》書房
東京都文京区関口 1-33-4　〒112-0014
電話　03（3203）4511

装丁・本文デザイン　Isshiki
本文 DTP　Isshiki
編集協力　谷本基樹、佐野悦子、圓岡志麻、長坂亮子、
塩飽晴海

本文印刷　光邦
カバー印刷　歩プロセス
製本所　ナショナル製本

ISBN 978-4-479-79725-8
乱丁・落丁本はお取替えいたします
http://www.daiwashobo.co.jp/